大学写作系列教材

司法文书写作

（第三版）

陈卫东　编著

中国人民大学出版社
·北京·

目 录

第一章
司法文书写作概述

第一节　司法文书的概念与性质

一、司法文书的概念

在司法活动中，通过书面形式将法律实施的情况予以记载是当代司法的必然要求。而司法文书即实施法律的文字凭证和记载，是诉讼活动和非诉讼活动中适用法律的一个重要工具。一般而言，司法文书是法律文书的一种。

法律文书，指的是在司法程序中，司法机关和公证、仲裁机构处理各类普通诉讼案件和特殊诉讼案件时使用或制作的，以及案件当事人、律师自书或代书的，具有法律效力或法律意义的文书的总称。法律文书是一个国家司法活动在文本上的体现及真实记录，在社会生活中具有重要意义。① 法律文书分为规范性法律文书和非规范性法律文书两种。规范性法律文书是指国家机关在其职权范围内制定并发布的，要求人们普遍遵循的行为准则的文书，是法律规范的具体表现形式，具有法律规范的一般约束力，即我们平时所说的“法规”，它是法的渊源。非规范性法律文书是指国家机关等在其职权范围内就个别人或个别事件发布的法律文书，它只对特定的对象有效，不具有人人都必须遵守的一般规范性。规范性法律文书包括宪法、法律，有时也指国家行政机关公布的行政法规。非规范性法律文书包括判决书、裁定书、逮捕证、拘留证等。在中国现有的法律体制之下，由于还未建立判例的效力制度，因此这类文书的效力仅及于特定的案件或相关的主体、客体、行为。

---

① 陈卫东，刘计划．法律文书写作．5版．北京：中国人民大学出版社，2022：1-3.

本书中司法文书定义为：司法机关和当事人在从事司法活动的过程中依法制作的具有法律效力或法律意义的法律文书。与此同时，虽然律师文书不具有国家意志，但它是人们日常生活中常见的写作形式，且基于其制作目的和制作程序等，该类文书同样具备一定的法律意义。而随着公民法律意识的提升，日常生活中律师文书数量也呈现井喷的趋势。因此，本书将与人民的生活息息相关的律师文书也以辅助文书的形式纳入研究的范畴，这既有利于依法治国，又能够更好地维护公民的合法权益。

二、司法文书的性质

根据《辞海》的解释，性质指事物所具有的本质、特点。换言之，性质是一种事物得以区别于其他事物的本质属性。司法文书的性质，是指司法文书所具有的本质、特点。对于司法文书的性质，应从法律属性和文书性质这两个最主要的方面来加以界定。

首先，司法文书具有法律属性，这是司法文书的实质和灵魂。一定时代的法律文书，是其所处时代诉讼制度及法律文化的产物，反之，亦要为特定的法律诉讼制度和传播该时代的法律文化服务。当代中国的法律文书，需要结合新时代的要求，为具有中国特色的社会主义法律制度服务，充分体现司法、执法公正和效率以及社会的公平和正义。司法文书作为法律文书的一种，其制作和运用旨在记载和传递有关法律活动的信息和内容。①

一方面，司法文书的制作应当符合法律规定的实体性和程序性要件，这样才能产生预定的法律效力。因此，在制作司法文书的过程中，必然要通过适用法律，将抽象、普遍的法律规范运用到具体、特殊的案件中，以实现个别案件的公正审理，进而体现法律文书的实体正义价值。从古到今，法律适用问题被认为既是一个重大的理论问题，又是棘手的实践问题。② 只有法律适用准确，符合立法目的并实现法律效果的司法文书才能体现真正的实体价值。与之相对应的是，程序正义在司法文书中的彰显则要依赖司法文书制作的过程，它要求司法文书的形成应符合法律所规定的程序性要件，体现其“过程价值”。一份表述得当、适用准确的司法文书必然是兼顾实体正义和程序正义的综合体。

另一方面，司法文书必须在法律适用的过程中以其特有的规范性和稳定性发挥出重要作用。司法文书的产生和发展，与法律的适用直接相关，它的价值只有在法律活动中才能得到必要的彰显，如果脱离司法活动，司法文书的价值将无法得到实现。比如，在一般情况下，公民享有不受非法逮捕的权利，只有公安机关依据明确和严格的司法程序，在特定的时间地点，向特定犯罪嫌疑人出示了合法有效的逮捕

---

① 潘庆云．法律文书学教程．3版．上海：复旦大学出版社，2017：19－20.

② 樊崇义．诉讼原理．北京：法律出版社，2009：181.

证后，才能启动和实施逮捕行为，逮捕证的法律效力需要在公安机关的逮捕活动中得到体现。[①]

其次，司法文书具有文书性质。司法文书与通用的文书不同。通用文书是国家机关和各种社会组织用以处理日常行政问题所形成的一种文书，司法文书作为法律文书的一种，是一种特殊文书，其承载的主要功能在于通过文字性的表示来展示一项法律活动，而该项法律活动的本质即为法治思维的结果。司法文书的制作主体主要为从事法律工作的法律职业群体，比如法官、检察官等，这些经过良好法律训练的人员具有一个共同的特征，即都是法治思维的主要实践者，他们均在法治思维的指引之下，依据相关法律的规定从事法律行为，其行为的文本载体即为各类司法文书，比如体现法官思维的裁判文书。因此，司法文书的这种性质除了需满足写作规范、写作方法、表述方法、语言修辞、逻辑结构等要素的要求[②]，使相关的人员能准确理解文书中所传递的意思，进而明确其中的文字含义给自身带来的影响之外，还要求具备自身的特点。

一方面，司法文书的写作要满足基本的法律术语表达的要求。法律术语是法治思维的重要载体，因此，司法文书的写作要格外注重法律术语的表达，展现法律的专业性和严谨性。同时，司法文书又是实践性极强的一种公务文书，为体现法律的严肃性，从格式、语言的运用到表达、结构、内容等方面都应该规范化、标准化、精练化、准确化。在具体的写作过程中，第一，司法文书应准确表达相关法律术语，符合法律规定的要求，这是最基础的要求。要在具体的写作过程中使用合适、准确的语词来表述相关的法律术语，并严格区分语词的词性。第二，司法文书的语言风格也要根据其内容来进行个性化的呈现。例如在刑事诉讼中，律师出具的辩护意见，其语言表达可以相对自由；但是法官所出具的判决书、检察官所出具的不起诉决定书等，均要求语言文风客观质朴，对法律用语的使用需精确、恰当，格式亦必须规范。整体而言，司法文书的语言风格须呈现质朴的特点。

另一方面，司法文书在遵循一般文章写作规律的基础之上，既要反映通用文书写作的共同规律，又要体现司法文书的特有规律，从而发挥特殊的重要作用。司法文书在文体上极为讲究，从格式到表达方式、章法结构以及语言文字的运用，都具有突出的文体特色，从而形成了严格、完备的体裁。因此，司法文书的写作不仅需要撰写者具备专业精深的法律知识，还必须具备司法文书的文体知识和写作能力。依照我国法律的规定，公安机关、检察院、法院等机关的侦查、起诉、审判等工作都必须用相应的司法文书来记载和认定才能生效。可见，这种文书担负着体现司法机关实施法律的任务。司法文书写作水平的高低，直接关系到能否较好地体现国家意志，直接关系到能否适时地、准确地适用法律，维护人民的民主权利，直接关系到教育人民遵守法律的效果。总之，它具有高度的法律实用性、现实性，可以说得上是一纸文

---

① 郭天武．司法文书写作．北京：中国法制出版社，2011：3-4.

② 杜福磊，赵朝琴．法律文书写作教程．2版．北京：高等教育出版社，2013：8.

书，笔力千钧。

此外，司法文书的性质还体现在以下方面。

司法文书具有鲜明的人民性。司法文书是反映诉讼程序与实体结果或者确认一定法律行为或者有关法律事实的真实性和合法性的文书。不同的司法文书所要解决的问题各有不同，但其所要达到的具体目的，究其实质，无不是以保障人权，维护法制为归宿。《中华人民共和国刑事诉讼法》（以下简称《刑事诉讼法》）第二条规定了刑事诉讼法的任务是“保证准确、及时地查明犯罪事实，正确应用法律，惩罚犯罪分子，保障无罪的人不受刑事追究，教育公民自觉遵守法律，积极同犯罪行为作斗争，维护社会主义法制，尊重和保障人权，保护公民的人身权利、财产权利、民主权利和其他权利，保障社会主义建设事业的顺利进行”。因此，无论是刑事侦查、起诉、裁判文书还是刑事执行文书，它们的制作与使用，都是为了完成刑事诉讼的任务。作为实施法律工具的刑事司法文书，其所体现的本质正是惩罚犯罪，保护人民，因而具有鲜明的人民性。同样，民事、行政等司法文书，也都是为保证完成民事诉讼任务和行政诉讼任务而制作和使用的，充分体现了保护当事人诉讼权利和合法权益，以及维护和监督依法行政的理念。我们的法律是国家和人民意志的体现，因而反映法律实施结果的司法文书，必然要求以人民利益为本而服务于人民。司法文书通过摆事实，讲道理，评析是非，判断曲直以伸张正义、维护公正，旗帜鲜明地保护人民的最根本利益。①

司法文书具有制作的时效性。司法文书的时效性是由实践中诉讼的时效性所决定的。在实践中，办案往往是有时限的，制作这类文书，必须严格遵守法律有关时限的规定。例如，《刑事诉讼法》第二百零八条规定：人民法院审理公诉案件，应当在受理后二个月以内宣判，至迟不得超过三个月。对于可能判处死刑的案件或者附带民事诉讼的案件，以及有本法第一百五十八条规定情形之一的，经上一级人民法院批准，可以延长三个月；因特殊情况还需要延长的，报请最高人民法院批准。诉讼经济原则是诉讼活动应遵循的一项重要原则，体现于诉讼法的各个环节，总体而言，法律对各个诉讼阶段均予以严格的时限规定，各个具体诉讼环节的司法文书也应受制于这一总的时限要求。因此，司法文书的制作主体要及时制作文书，避免拖延，以节约诉讼成本。同时，对于当事人而言，“迟来的正义非正义”，制作的时效性亦是对公正、效率价值的彰显。

最后，我国执法机关的司法文书，体现了社会主义国家的性质。一般说来，司法文书的性质总是和制定法律的政权性质相一致，也就是说：有什么性质的国家政权，就有什么性质的法律；有什么性质的法律，就有什么性质的司法文书。社会主义国家执法机关的司法文书是忠实于人民民主专政的国家政权，忠实于社会主义法律，忠实

---

① 张泗汉．法律文书教程．3版．北京：法律出版社，2017：2.

于人民利益，忠实于事实真相的。

社会主义司法文书的性质，要求我们用马列主义的立场、观点和方法，深入把握习近平法治思想，依照法律规定，制作各种司法文书。

第二节 司法文书的历史沿革

中国拥有五千年的文明史，是一个具有灿烂文化的古国，而在这灿烂的文化中蕴涵着光辉的法律，中国的法律文化自成体系，并在上下五千年间没有中断过。自李悝创立法治理论到法治的施行，至今已有两千多年的历史，法律制度的建立在中国同样也有着两千多年的历史。同时，中国的司法文书的发展亦源远流长，它历经了漫长的奴隶社会和封建社会。而伴随着“法治”的推行和“法制”的创设，公元前500年之际即正式开展了“折狱”的工作。法制的建立和折狱的程序化也直接使得司法文书成为诉讼者和处理诉讼者依法行使各自权利的一种手段。司法文书依赖法律而存在，是法律具体实施的表现形式，是法律的外壳；同样，法律需要由司法文书来体现，是司法文书的内容，是支撑司法文书的内核。几千年来，中国的法律经历了古代、近现代和当代三个历史时期，其内容可以说是相对固定的。作为法律表现的司法文书，它的历史沿革也应从古代司法文书、近现代司法文书以及当代司法文书这三个历史阶段来展开阐述。①

一、古代的司法文书

我国古代司法文化源远流长，据传早在舜时期，就已经有了法律（见《尚书 ·舜典》）。大约在公元前11世纪的周朝就已经形成了相对完备的诉讼制度。《周礼》中有“史，掌官书以赞治”“掌万民之判”“凡有责者，有判书以治，则听”的记载。②

在我国古代，司法文书作为官府的官吏处理讼案、适用法律的载体，对古代统治者实施政策具有重要意义。司法文书是在案件办理的过程中形成的专用文书，目前出土的秦至汉初司法文书包括爰书、劾状、奏谳文书等类型，见于睡虎地秦墓竹简、里耶秦简、岳麓书院藏秦简、张家山汉简等简牍文书之中。依据睡虎地秦简所见，“有事请殹（也），必以书，毋口请，毋（羁）请”，亦即，有事需要奏请的，必须用文书请示，不得口头请示，也不可由他人代为请示，揭示出文书在政务运作中的独特性。③

追溯法律文书的历史，远在殷商时期，就有不少甲骨文和西周的金鼎文记载了奴

① 雷仲康．试论司法文书的发展与作用．江汉论坛，1996（8）：50.

② 莫神星．诉讼法律文书实务教程．上海：华东理工大学出版社，2014：1-2.

③ 睡虎地秦墓竹简整理小组．睡虎地秦墓竹简．北京：文物出版社，1990：62.

隶主对奴隶的惩罚以及王室之间对规则的争讼裁决，这是我国司法文书的雏形。从现有的历史资料中，我们能够见到的最早的司法文书，首推1975年在岐山出土的《㑇匜铭文》中的判词。根据《㑇匜铭文》记载，在周代，一位名叫伯扬父的法官制作了这份“判词”。《㑇匜铭文》的判词，关于定罪科刑，本刑当如何，减轻后当如何，极有分寸：“按你所犯的罪行，本应鞭打一千下，并处以墨刑。但你能及时认罪交还奴隶，可以减刑。现在只打你五百鞭，并罚铜三百锊。”（现代译文）这说明当时是有刑书作依据的。

相传，在西周中叶，较为齐备的诉讼程序和司法文书便已经在我国出现。例如，对于重要案件须由原告呈“剂”（诉状）。审讯方式依靠察言观色，实行“以五声听狱讼求民情”的审判方式，“五声”亦即“五听”，其具体内容是：一曰辞听，“观其出言，不直则烦”，即观察当事人的言语表达，理屈者则言语错乱。二曰色听，“观其颜色，不直则赧然”，即观察当事人的面部表情，理屈者则面红。三曰气听，“观其气息，不直则喘”，即观察当事人的呼吸，无理则喘息。四曰耳听，“观其听聆，不直则惑”，即观察当事人的听觉，理亏则听语不清。五曰目听，“观其眸子，不直则眊然”，即观察当事人的眼睛与视觉，无理则双目失神。审讯要听“两辞”（双方供词），并记录在案，称为“供”（法庭笔录）；裁决要有“书”（裁判文书），并当庭宣布，称为“读书”（宣判）；执行判决称为“用法”（执行）；等等。在整个诉讼过程中都有相对应的司法文书。

秦朝是中国历史上第一个统一的中央集权的封建国家，经济的发展以及封建法律制度的确立都为司法文书的发展提供了机遇。古代以简为书，自然十分繁重。据史料记载，秦始皇嬴政每天要阅读128斤的公文简牍，正所谓“昼断狱，夜理书”。但这里所指代的“书”并非一般书籍，而是具有特定用途的公务文书，其中主要是司法文书。如果要对此处的司法“文书”这一称谓进行考证，最早可以追溯到《汉书·刑法志》记载的“文书盈于几阁，典者不能编（遍）睹”。这句话的意思是：文书充满了库房、案头，管理者看都看不过来。这里的“文书”主要指公文、案卷等司法文书。古代的官府和官吏的工作主要包括收税与办案，其中办案即处理告状，必须制作司法文书。[①] 秦祚虽短，但秦的制度文明影响深远，“百代皆行秦政法”。秦律体现出了巨大的创制精神，它的制定是历史上“前无古人”的大事件，而秦律又影响了中国传统法律两千余年，表现出“后有来者”的历史功绩。[②] 1975年，湖北云梦睡虎地一座秦墓中出土了秦代竹简一千余支，内容大部分是秦的法律及文书，这是我们当前研究司法文书非常宝贵的资料。比如，当时司法机关受理案件后，比较重视现场勘查和法医鉴定，并做出详尽的笔录。《秦简·封诊式》中的《经死》爰书就详细地记载了一个“经死”（吊死）案件与案情有关的各种现场情况：死者尸体悬挂的位置，绳索的质地和粗细

① 马宏俊．法律文书学．北京：高等教育出版社，2018：6-7.
② 闫晓君．秦律：“第一”律．法学，2020（11）：15：

长短，绳套的相交处，绳索套在脖子上勒出的痕迹和形成的颜色，舌头伸出的情况，遗屎遗尿的状况，以及解下绳索后应注意勘查的各种情况。又如，《贼死》爰书还记述了一例典型的他杀尸体检验报告书，报告中明确记载了尸体在现场的位置，描述了创伤的数目、部位、方向及大小，并据此作出凶器的推定。同时还记述了出血的情况，注意到衣服损伤与肉体损伤的关系，并将其作为物证保存。很有意义的是，该例还记载了尸体的某些个人特征，如身长、发长、肤色等，可以说这是检验无名尸体并记录个人特征最早一例。秦代的司法文书同时还存在一文多用、内容互相取代的问题，这也说明秦代的司法文书还不够完善。

汉代实行州、郡、县三级司法制度，案件逐级上报，起诉后须经“鞫狱”（审讯）、“断狱”（判决）、“读鞫”（宣判）、“乞鞫”（上诉）等程序。汉代除了有依据法律断案的司法文书外，还有依据儒家经典断案的司法文书。这种以典型案例作为判决重要标准的断案方法被称为“决事比”。“决事比”始见于西汉初年，凡断案，无法律明文规定的，可以比照附近的条文，上报皇帝定案。这种判例经汇编再奏请皇帝批准之后具有法令效力，可作为断案的根据。汉武帝时期，采用这种方法制定的《死罪决事比》达 13 472 条之多。汉代律令严密，诉讼制度也较为完备，对司法文书的制作自然提出了较高的要求。办案官吏十分注意写作质量，制作的判词十分严谨，以达定罪减少“乞鞫”之目的。秦汉两代封建社会制度的建立和高度发展，促进了中国古代司法文书的形成。这一时期中国古代司法文书的发展有两大主线：一是现场勘验、讯问类文书的发展；二是判决文书的发展。这些侦查、审判文书的形成逐渐构筑起中国古代司法文书的框架，标志其初步形成。[①]

唐、宋时期是中国古代司法文书的发展、繁荣时期，这一时期的司法文书无论是内容还是形式的表达均呈现了前代无法与之比拟的发展。唐朝把写作判词设为专科，以命题考试的方式让考生写作判词来选拔官吏。宋、明两朝，考选官吏，也都考写判词。这些判词和现代意义上依法断案的判决书虽有很大差异，但都说明当时的封建统治者很重视判词的写作。直至清朝，对判词的写作还规定了格式，限定不得超过 300 字。在传统中国的官僚等级中，一般而言，不论是理论预设还是总体客观事实，对知识和道德的要求都是越往上级越高。故要寻求那些能够精辟阐述某类案件的相关法理和法条适用情形的裁断文书，可在中央审判衙门去寻找。至少到明清两朝，刑部真正承担案件办理、撰写司法意见的司员绝大多数具有较高的律学修养。[②] 清朝依法断案的判词，有许多写得较好，像张船山、樊增祥的判牍就是很著名的。

---

① 陆新淮，郑黎明．试论中国古代司法文书的发展阶段．中州学刊，2004（5）：204.

② 李启成．文学作品、司法文书与法史学研究——以审理“妄冒为婚”案件为中心的研究．政法论坛，2010（2）：28.

同时，我国历代也很注意司法文书的理论研究和写作研究。《周礼》就有“凡有责者，有判书以治，则听”，“掌万民之判”的记载。这里说的判书主要是指具有司法文书性质的“券”，基本上说明了司法文书治理社会纠纷的作用。后来，文章学家则从文学角度研究司法文书或属于司法文书范畴的文章。著名的《文心雕龙》中《书记》篇所列举的“律者”“契者”“券者”等，就都属于司法文书的范畴。到了明朝，文体专家吴讷在《文章辨体》、徐师曾在《文体明辨》中已经把判词列为专门的文体，这说明当时人们已把判词作为一种文体进行研究。

二、近现代的司法文书

20世纪初，为了挽救垂危的统治，清末变法修律，意图打破传统的法制格局并建立新的司法体系。此后沈家本和伍廷芳临危受命，被任命为修订法律大臣，他们参考当时的资本主义国家刑法，把原有的《大清律例》修订为接近西方刑法制度和原则的《大清新刑律》，对刑法作了必要的修改。同时，他们还进行了商事、刑事、民事诉讼等领域的立法，上述法律均于1911年颁行。宣统年间由沈家本编纂的《考试法官必要》吸收借鉴了国外如日本、德国的司法文书的制作经验，并结合中国的法律文化实际，对刑、民判决书的结构和内容进行了统一的规定，除此之外，对诉状、笔录、送达文书等也作了相应的规定，与古代的司法文书迥异。例如，《考试法官必要》对判决书的制作作出的规定如下：

民事判决书应具备：（1）诉讼人之姓名、籍贯、年龄、住所、职业；（2）呈诉事项；（3）证明理由之缘由；（4）判之理由。

刑事判决书应具备：（1）罪犯之姓名、籍贯、年龄、住所、职业；（2）犯罪之事实；（3）证明犯罪之理由；（4）援引法律某条；（5）援引法律之理由。

然而，清末还来不及实行这些现代的司法文书模式，清王朝即被辛亥革命的怒涛所淹没，但上述由沈家本先生所引进的西方现代司法文书模式，开启了现代中国司法文书的先河，后续由民国政府所沿袭。

民国时期的司法文书称为司法机关公文，相当完备。朱翊新编著的《现行公文程式集成》（1946年8月第三版，世界书局出版发行）把公文分为一般行政公文、军事公文和司法公文等类别。而司法公文被称为“司法机关公文”，又分为五大类：一是行政公牍，即一般的行政性公文；二是诉讼文书，即各种诉状，包括检察官起诉书；三是侦查审理文书，包括侦查笔录、法院审理笔录等；四是裁判执行文书，包括判决、裁定、执行命令、执行书等；五是应用文件，包括提票、押票、法院和监狱的各种报表等表格式文书。①

民国时期很重视对司法文书的研究，此时的司法文书基本沿用了清末修律时确立

---

① 熊先觉．司法文书学．修订版．北京：中国法制出版社，2011：20－21.

的文书结构模式，并进行了细化，同时出现了大量关于司法文书类的著作，例如胡暇编《司法公文式例解》、张虚白编《分类译解司法公文程式大全》等。这一时期的司法文书尤其是判决书的水平，已经达到了较高的水准。

三、当代的司法文书

新中国成立之后，我国在晚清和民国初年的司法文书基础上，又学习借鉴了苏联、东欧一些社会主义国家的司法文书模式，司法文书一词就是在那一时期所引入的，之后便根据我国的经验逐步制定了一系列适应我国国情的司法文书样式。

早在 1951 年，中央人民政府司法部便制定颁发了统一的《诉讼用纸格式》，彼时的判决书采用的是“事实—理由—主文”的三段式，内容也较精练、简单。1956 年又制定颁行了《公证文书用纸格式》，这是非诉讼性的文书格式，而这也成为我国 20 世纪 50 年代至 60 年代的统一文书样式，但此时的律师诉讼文书大都限于刑事辩护词和民事代理词，文书格式未得到统一规定。上述两部文书格式的出台基本标志着我国的司法工作已迈入正轨，对司法文书的要求也更为规范化。

党的十一届三中全会以后，随着司法部门工作的恢复与重建，社会主义民主与法制建设不断加强，根据党的十一届三中全会提出的加强民主和法制建设的精神，最高人民法院、最高人民检察院、公安部结合各自的实际情况，于 1979 年制定了《刑法》《刑事诉讼法》等重要法律，要求规范司法文书并先后拟制出多种司法文书格式，此时司法文书也步入了发展的春天。

1980 年 6 月，司法部颁布《诉讼文书样式》，供人民法院参考；1981 年又颁布《公证书试行格式》，包括公证书格式和代书格式，种类相当齐全完备。在此时期，司法文书格式进一步统一和规范化。规定了两种刑事、民事判决书格式：一是“事实—理由—判决（主文）”；一是“主文—事实—理由”。1982 年国家机构改革，调整了政府机构职能，法院的司法行政工作划给最高人民法院管理，继而形成了法院、检察院、公安、司法行政四个系统分别制定和修订司法文书的状况。随着《民事诉讼法》《行政诉讼法》和《刑事诉讼法》的制定和修订，司法文书也不断增删，日趋完备。1982 年 3 月，为了配合《民事诉讼法（试行）》的施行，最高人民法院民庭、经济庭制定颁布《民事诉讼文书样式》，首次较为系统地规范了民事裁判文书的样式和写法，进一步促进了民事裁判文书的发展。检察文书的规范化工作也同时启动。1983 年，最高人民检察院制定了《刑事检察文书格式（样本）》并对其进行了修订。与此同时，侦查文书也得到了进一步的发展，公安部先后制定了一批侦查文书格式以适应“两法”实施的需要，1989 年，公安部在原有的公安文书格式的基础上颁布了《预审文书格式》。①

为了适应新形势下的司法实际工作需要，最高人民法院于 1992 年 6 月根据国情和

---

① 雷仲康．试论司法文书的发展与作用．江汉论坛，1996（8）：52.

民意在原有诉讼文书格式的基础之上制定出《法院诉讼文书样式（试行）》，初步解决了我国诉讼文书制作格式的规范化、统一化问题。随着1996年《刑事诉讼法》和1997年《刑法》的全面修正，国家的各个司法部门陆续制定、修订了一批适应各自司法工作需要的司法文书格式。1996年10月，最高人民法院决定对1992年下发的《法院诉讼文书样式（试行）》进行全面修订，并于1999年4月制发了《法院刑事诉讼文书样式（样本）》。2003年，最高人民法院还先后颁布了《关于〈民事诉讼证据的若干规定〉文书样式（试行）》和《民事简易程序诉讼文书样式（试行）》等。2012年以来，随着《国家赔偿法》和三大诉讼法的修正，最高人民法院发布了《人民法院国家赔偿案件文书样式》《行政诉讼文书样式》和《人民法院民事裁判文书制作规范》《民事诉讼文书样式》。

最高人民检察院对检察文书亦进行了全面修订，于1996年12月下发了《人民检察院刑事诉讼法律文书格式（样本）》。随后，又相继制发了关于审查批准逮捕、审查起诉、自侦案件的内部工作文书格式样本，以及民事行政的检察文书样式。2001年9月，最高人民检察院经过对检察机关的司法文书的全面完善，出台了《人民检察院法律文书格式（样本）》，对其适用的刑事检察、民事行政、刑事赔偿、刑事申诉等文书作了全面规范，构成一个统一、完整的检察文书体系。2013年最高人民检察院因应《刑事诉讼法》的修订和实践经验的发展，对检察工作文书样本进行了新一轮的修订。在2017年修订的《关于加强检察法律文书说理工作的意见》中，最高人民检察院强调了工作文书说理工作对于贯彻落实司法责任制，强化检察权行使和增强检察工作透明度的重要意义。之后，于2020年5月印发《人民检察院工作文书格式样本（2020年版）》，检察工作文书进一步完善。

1996年，公安部为保证公安机关顺利实施修正的《刑事诉讼法》，组织专门力量对各业务部门的侦查文书进行全面清理，同年出台了《公安机关刑事法律文书格式（样本）》。1998年公安机关在实行侦审合一的体制改革后，颁布了《公安机关办理刑事案件程序规定》。2002年再次对公安机关的司法文书进行修改、补充，并颁布了《公安机关刑事法律文书格式（2002版）》。为了贯彻分别于2018年和2020年修正的《刑事诉讼法》和《公安机关办理刑事案件程序规定》，规范公安机关刑事执法活动，公安部于2020年8月下发《关于修改和补充部分刑事法律文书式样的通知》（公法制〔2020〕1009号），对《公安机关刑事法律文书式样（2012版）》中的部分法律文书式样进行了修改和补充。

1979年律师制度重建以来，律师的业务范围从最初的刑、民事案件拓宽到社会经济生活的各个领域，律师诉讼文书也随之发生了很大变化，仅刑事案件的律师诉讼文书就达几十种。2000年7月，司法部下发《关于印发〈刑事诉讼中律师使用文书格式〉的通知》（司发通〔2000〕102号），规定了19种刑事诉讼中律师使用文书格式。1997年1月1日《律师法》施行后，中华全国律师协会为规范律师执业行为，分别于2000年和2017年颁布了《律师办理民事诉讼案件规范》和《律师办理刑事案件规范》，其中，对律师诉讼文书作了比较详细的规定。

第三节　司法文书的任务和作用

一、司法文书的任务

我国法律规定，公安机关、人民检察院、人民法院的侦查、起诉、审判等工作，都必须用相应的司法文书来记载和认定才能产生法律效力。由此可见，司法文书担负着体现司法机关实施法律的任务。如果没有司法文书，各个环节的司法工作便缺乏依据和凭证，比如：立案报告是确定案件成立的根据，起诉书是人民检察院提起公诉的依据，刑事、民事判决书是人民法院审理案件的结论。

（一）体现国家意志

司法文书具有权威性、严肃性，体现着国家所赋予司法机关和个人或组织的实施法律的权力或适用法律保护自己的权利。司法文书是体现这种权力或权利、体现国家意志的直接的文件。司法文书发生效力后，即由国家权力保证实施。另外，诉讼当事人必须直接承受司法文书的法律效力，受司法文书决定的约束。例如，经人民检察院批准并由公安机关签署的逮捕证具有逮捕犯罪嫌疑人的法律效力；人民法院的判决书一经生效，就要依法强制执行。所以，制作司法文书是非常严肃的工作，必须非常慎重。从内容到格式、再到语言文字，都必须正确无误。否则就会因其强制性而造成恶果。

（二）适时、准确地适用法律，维护人民的民主权利，惩罚犯罪

司法文书由于它的适用性所产生的法律约束力，具有很强的时限性和时效性。有的司法文书的制作，在法律上有时限的规定；有的虽没有时限规定，但是其工作进度在客观上有时间的要求。所以制作司法文书要及时，以免贻误工作，错过时机，给审理工作带来困难。司法文书体现国家意志，反映审理案件的过程和结果，必须“以事实为根据，以法律为准绳”，准确地适用法律。就刑事案件的处理而言，通过司法文书的形式，以实体法和程序法为依据，对被告人进行及时的指控和宣判，从而使有罪的罪犯受到应得的法律制裁，使无罪的人受到法律的保护。因此，它是维护社会法律秩序的一个有力武器。有法必依、执法必严。只有这样，才能维护人民的民主权利，惩罚犯罪。总之，司法文书是以实施法律为己任的，是进行法律活动的依据，也是推动法律活动逐步开展直至完成的工具和武器。

（三）调整国家、集体、个人之间的法律关系

司法文书的产生来源于诉讼的特定范围。所谓诉讼活动，指的是在国家司法机关的主持下，查明案件事实，辨别是非曲直，解决诉辩双方争议的活动。包括立案、侦查、起诉、审判和执行的刑事诉讼活动，以及解决各类民商事纠纷案件和行政争议案

件的民事诉讼活动、行政诉讼活动。司法文书判断是非，调处纠纷，依法确认诉讼当事人的权利义务关系，处理违法行为，由此来调整国家、集体、个人之间的法律关系。

（四）教育公民遵守法律

司法文书在客观上还具有对人民群众的宣传教育作用。公开的司法文书，是宣传社会主义法制的一种方式。司法文书是法律、法令的具体运用，是根据具体案件适用法律、法令的结果。依据事实和法律制作的起诉、判决等各类司法文书，是处理各类案件具体生动的写照，是正确适用法律的结果。司法文书由于以法律为准绳，其原则界限十分明确。司法文书的制作与发布，进一步揭示了案件中各种法律关系的发生、发展和消灭的过程，反映了法律、法规实际运行的大量信息。公开使用的司法文书以其对具体案件的叙述、认定以及说理对人民群众起到良好的法律教育作用。它生动地告诫人民：什么是违法，什么是犯罪，什么是侵权行为，什么是违约行为，法官作出判决的依据和理由是什么，不同的行为会承担什么样的法律责任，国家法律保护和支持的是什么、禁止和制裁的是什么等。由此教育当事人和其他公民、法人自觉规范自己的行为，并且也有利于鼓励人民群众同犯罪行为作斗争的主动性和积极性。当然，对于某些具有宣传特性的司法文书，如人民法院的布告，其自身意义便不局限于震慑犯罪，还旨在教育公民遵纪守法，增强法制观念，以减少或避免刑事犯罪行为的发生。

二、司法文书的作用

司法文书的作用就是司法文书在制作过程中所体现出来的效用和价值。我国的法律规定，公安机关、人民检察院、人民法院以及其他法律机关的各项业务活动，必须使用司法文书予以记载、认定，才能发生法律效力。因此，制作司法文书就是要把执法机关的全部业务工作，用文字反映出来。不具有这一合法的文书形式，则执法工作就会失去依据和凭证。没有这样的依据和凭证，作为国家意志的法律，也就无从实施。由此可见，制作司法文书有着重要的作用。具体说，这种作用表现在五个方面。

首先，司法文书是实施法律行为的依据。法律的实现是通过司法、执法机关的运作活动完成的，司法文书正是将抽象的法律规范运用于个案的一种凭据。可以说，保障法律的正确实施是司法文书最根本的目标。司法文书是每一道诉讼程序中的司法活动实施的前提。如在刑事案件中，立案决定书、批准逮捕书、起诉书、判决书等都是启动每个相对应环节所必要的依据。如民事司法文书的具体使用有利于调节民商事法律关系，从而保障当事人的合法权益，促进和发展社会主义市场经济。由此可见，司法文书的制作事关维护国家法律的严肃性、实现执法公正。如前所述，司法文书是权力文件，具有国家的法律效力，诉讼当事人必须直接承受这种法律效力，受已经确定的司法文书规定的约束。这就是说，司法文书规定的任何事项，一经确定，就要付诸实行。小至财产的分割，大至生命的剥夺，诉讼当事人都要按照司法文书所下的断语执行。对于诉讼当事人来讲，已经确定的司法文书，有着直接的法律方面的重大意义。就这个层面而言，司法文书对于确保法律适用的正当性、严肃性也具有重要价值。

其次，执法机关凭借司法文书，准确地陈述和认定事实，精确地阐明国家的法律、法令。这就是说，司法文书可使有罪者认罪伏法，并对其强制执行，使无罪者得到法律保护，使民事当事人明确是非界限，确定其权利与义务。司法活动公正、顺利进行的一个标志就是在各个环节明确司法活动的主体各自承担的职责和享有的权利。在具体的个案中，司法文书在法律规定的基础之上，自然而然地承担起明晰公安司法机关和其他机关的职权以及当事人权利义务内容的作用。例如一份依照法律所制定的民事判决书就明确了诉讼双方当事人在所争议事项上的权利和义务。同时，依照法定程序办案也是公正司法、确保办案质量的基本前提。诉讼活动的每个阶段和环节的运作程序在诉讼法中都有相应的规定，而每个诉讼程序的开始均以相应的司法文书作为实施的前提，执法机关凭借司法文书才能启动依法办案。比如人民检察院审查批准逮捕，必须先有公安机关制作的提请批准逮捕书，这是检察机关批捕的文书基础和依据。而公安机关只有接到人民检察院的批准逮捕决定书后，经过审查才能依法逮捕犯罪嫌疑人。如果没有这一文书作为依据，公安机关就不能执行逮捕，否则将构成违法。又如，民事案件的当事人不服一审判决，在法定上诉期限内提交上诉状，二审法院必须按照第二审程序对本案进行审理。总之，执法机关在自己的诉讼活动和非诉讼活动中，都要直接使用司法文书进行工作。因此，司法文书对执法机关来说，有着直接的现实意义。

再次，公开的司法文书，是宣传社会主义法制的良好形式。司法文书的宣传功效不是通过正面讲解如何适用法律条款，阐述人们的行为规范来达成的，而是由一个个鲜活案例的处理来向人民展示行为的法律边界。比如：什么是应当“作为的”，什么是不应当“作为”的；什么样的行为会导致犯罪的结果，所判处刑罚是多少，什么样的行为是不构成犯罪的。这种司法文书本身就是法律最好的宣传，因为它描述的都是实际生活中鲜活的案例，尤其某些典型案例对人们的行为更具有指导意义。在刑事诉讼中，检察院的起诉书、公诉意见书等通过揭露被告人的犯罪行为，其给被害人及社会所造成的危害和说明对其的依法指控，向人们指出某种犯罪行为应受到国家检察机关的指控。若人民法院认定检察机关的指控成立，则会对该被告人的行为根据事实和相关法律的规定依法作出裁判，而人民法院的判决书、裁定书一旦作出，便是向人们宣告某种行为是否属于犯罪，应当受到怎样的惩处。目前，裁判文书基本要求统一上网，公众可以直接前往相关网站查询判决书的具体内容，通过了解判决书中的案情介绍和法律说理，可以直接地接受法制教育。司法文书是法律、法令的具体化，是根据案件对法律的具体应用。司法文书中的原则界限是十分清晰的，对人民群众能起到良好的教育作用：鼓励人民群众积极同违法犯罪行为作斗争；对社会上的那些不稳定分子能起到警戒作用，教育他们不要以身试法，起到一般预防的作用；对于那些有违法行为的人，可以警告他们应当悬崖勒马，起到震慑和特殊预防的作用。

又次，司法文书亦是衡量司法人员办案能力的重要依据。司法文书既然是案件办理的文字呈现结果，那便意味着，司法人员在办案中执行水平的高低、法律业务能力的强弱乃至于语言文字功底的深浅，最终都必然通过司法文书所反映出来。司法文书与普通当事人的接触比规范性法律文件更为频繁、直接，司法文书作为法律实施的工具，自然而然地承担起实现司法公正的重任。这便要求我们在制作司法文书时应时刻将公平、正义等法律理念铭刻于心，甚至谋篇布局、遣词造句等也处处都要体现法律的正义和公平。须明知一点，司法文书中的一点小差错可能导致当事人对司法公正、法律正义抱有质疑。可见，司法文书亦彰显着司法公正，二者是有机统一体。事实也证明，司法文书的水平高低直接体现其制作人的办案业务能力和素质水平，若不具备相应的法律能力素养，就难以形成一份高质量且规范的司法文书。由此可观之，司法文书是检验、考核司法文书制作者办案能力、业务水平高低的重要标尺。若司法机关制作的司法文书能做到结构完整、叙述事实清楚准确、证据运用确凿充分、理由论证全面、处理结果得当，那么司法文书不仅能反映司法活动，也能充分表达司法行为，提高司法机关办案的透明度，同时也有利于树立司法机关的权威与公正的形象。因此，司法人员必须加强司法文书写作训练，以更好地适应司法实际工作。

最后，执法机关公开执行司法文书，也是我国健全社会主义法制的一个重要标志。司法机关认定的犯罪事实或其他有争议事实的是非曲直以及据以认定的证据，通过司法文书表现出来，说明我国司法机关办案坚持的是“以事实为根据，以法律为准绳”的社会主义法制原则，体现的是社会主义的“有法可依、有法必依、执法必严、违法必究”的法制要求。党的十八届四中全会《中共中央关于全面推进依法治国若干重大问题的决定》强调要“构建开放、动态、透明、便民的阳光司法机制，推进审判公开、检务公开、警务公开、狱务公开，依法及时公开执法司法依据、程序、流程、结果和生效法律文书，杜绝暗箱操作。加强法律文书释法说理，建立生效法律文书统一上网和公开查询制度”。由此可见，“阳光是最好的防腐剂”，司法文书作为法律文书的一种，其内容的公开是我国健全社会主义法制的一个重要标志。正如伯尔曼所言：“没有公开则无所谓正义。”① 近年来，公众的知情权问题得到了愈发的重视，裁判文书等司法文书在互联网上的公布象征着我国在裁判文书公开之路上取得了巨大进步。司法文书的公开具有以下几个重要价值：一是增强决定的可接受性。司法机关所作出的决定的可接受性，正是法律在实践中得到公众发自内心的尊重和信服的程度的体现，它是正义得到彰显的一种表征。法律必须得到信仰，否则就形同虚设。不被接

① 伯尔曼．法律与宗教．梁治平，译．北京：三联书店，1991：48.

受的法律会削弱法律的威严，不利于法律效果的实现。二是有利于监督司法机关的行为。一方面，司法文书所记载的实体和程序事项可以再现程序经历的过程，比如裁判文书所记载的实体和程序事项可再现举证、质证、认证等庭审过程及法官的分析思路等来反映程序的正当与否。公众可以通过阅读相关的文书来发现其中的疏漏和不当之处，从而形成有效的司法监督力量。另一方面，司法文书公开也可以督促司法机关的工作人员进一步提升自己的说理能力，通过逻辑严密的说理来彰显法律的威严，树立公正的形象。

第四节 司法文书的特征和分类

一、司法文书的特征

司法文书具有以下几方面特征。

（一）认定事实的客观性

司法文书最基本、最重要的就是如实认定事实。如刑事案件的司法文书要如实地认定被告人的犯罪事实，民事案件的司法文书要如实地认定原、被告民事纠纷的有关事实。事实是制作司法文书的基础，又是司法文书作出结论的根据，因而，在司法文书中不仅应对事实、证据作出周详的叙述和论断，而且应特别注重其认定事实上的客观性。

认定事实的客观性包括三点。

1. 准确地揭示案件事实的本来面貌

案件事实作为一种社会现象，是纷繁复杂、多种多样的，作为结论的司法文书必须准确地揭示案件事实的本来面貌，对案件事实的前因后果、来龙去脉、情节变化、人物关系，一一如实叙述。切忌随个人的主观好恶扩大事实、缩小问题。任何猜测、怀疑、道听途说、缺乏根据的情况，都不得列入。

2. 全面阐述案件事实的各个侧面

特别是关于数罪并罚的被告人的案情、刑事附带民事案的案情，应对各有关侧面细致全面地进行叙述。即每一个被告人的犯罪事实、他在每一种行为中所处的地位及应承担的刑事责任、他怎样造成以及造成多少损失，等等，都应条分缕析地进行记载。

3. 确切表达案件关键部分的事实

司法文书记载的事实部分需要全面周详，但绝不是事无巨细、不分主次、平铺直叙地记流水账，而是要将各事实之间的内在联系反映出来，反映出其犯罪行为或其他事实的主导方面，也就是关键部分。只有全面、客观、重点突出地认定犯罪事实和有关事实，司法文书作出的结论才有坚实基础，准确无误地定罪量刑才有正确的前提。如果在认定事实上失去其客观性，必然不能准确恰当地执行法律，这样就会造成严重后果。《刑事诉讼法》第五十三条规定：“公安机关提请批准逮捕书、人民检察院起诉书、人民法院判决书，必须忠实于事实真象。故意隐瞒事实真象的，应当追究责任。”如果审判机关在认定事实时失去客观性，就会造成重罪轻判或轻罪重判。

总之，司法文书在认定事实上，要注意其客观全面性，防止主观随意性；要注意把握事实和证据的本质与关键。

（二）适用法律的严肃性

我们的司法工作，不管是侦查、检察、审判还是执行，都必须严格依法办事。司法文书不同于一般的文书，它是司法机关专用的一种特殊的文书，因此，不论是在实体问题的处理方面，还是在程序问题的行使方面，都必须严格依法制作，充分体现出法律性。而这种法律性应集中体现在“以事实为根据，以法律为准绳”的基本原则上。严格依法制作司法文书，具体说来就是要做到以下三点：

（1）不论是刑事案件，还是民事纠纷，事实必须真实、清楚，证据必须确凿、充分，论证必须理由充足，结论必须正确。而要做到这些，又必须严格依法办事。某些模棱两可、含糊其词的用语，如“可能”“大概”“也许”“或者”“恐怕”之类，不能用于文书中。对犯罪嫌疑人进行逮捕和提起公诉，对犯罪分子定罪判刑等，法律都是有明确规定的，在司法文书中都必须准确地把它们写出来，即根据的是什么法，哪一条哪一款，都要交代得清清楚楚，一点也不能含糊。

（2）刑事案件的司法文书，必须将罪与非罪的界限严格区别开来，尤其是那些属于思想意识、道德品质和缺点错误的东西不能作为罪行写入，更不能把它们当作定罪科刑的根据。民事案件的司法文书，必须充分体现权利、义务等有关法律的基本精神，以分清是非曲直，维护国家、集体和当事人的合法权益。

（3）必须严格依照法定程序办事。诉讼程序是实体法得以贯彻实施的保障，也是确定司法文书具有法律效力的必要条件。什么性质的司法文书必须由哪个司法机关和由哪些司法人员制作，什么类型的司法文书必须由哪个司法机关和由哪一级领导审查批准，什么样的事实内容和案件情况应该采用什么样的司法文书的体裁和格式表达，哪些司法文书应经过哪些法律手续才能生效等等，法律都有明文规定，在制作司法文书时必须严格遵守。那种有法不依、执法不严、草率制作司法文书的做法，是十分错误的，应该坚决摈弃。

（三）生效执行的强制性

国家赋予司法机关以实施法律的权力，司法文书是体现这种权力的文件。因此，这种司法文书不同于一般文章、文件，它只能由公安机关、人民检察院、人民法院制作，其他任何机关、团体和个人都无权制作。司法文书确定生效后，在执行时即具有强制性，它所决定的事项，由国家的强制力保证执行，否则当事人可构成拒不执行判决、裁定罪，被判处刑罚。对此，《中华人民共和国刑法》（以下简称《刑法》）第三百一十三条明确规定：“对人民法院的判决、裁定有能力执行而拒不执行，情节严重的，处三年以下有期徒刑、拘役或者罚金”。这就是法律的权威所在，也是法律规范区别于其他社会规范的不同之处。法律要求生效的司法文书，必须坚决执行，这也是法律高度集中统一的本质体现。法律文书确定生效之后，在执行上具有强制性，主要表现在发生法律效力的司法文书，应当立即执行。任何机关、任何人都不能任意改变或撤销，即使任何法院也不能在确定的判决依照法律程序撤销前，对同一案件作出其他任何决定。生效的法律文书也不以当事人的意志为转移。例如，经合法签署的逮捕证就具有逮捕犯罪嫌疑人的法律效力和强制性。检察机关制作的起诉书一经确定，就具有将被告人交付人民法院进行审判的法律性和强制性。同样，人民法院的判决书一经生效，就要依法执行。这些都不以当事人的意志为转移。对于一些民事案件中拖延或不执行人民法院判决书、裁定书的当事人，人民法院首先要对其进行耐心细致的思想政治工作；当事人无正当理由，仍拒不执行的，就应当依法采取强制执行的措施。民事案件的这种强制执行，只是强制当事人履行财产给付等方面的义务，并不能限制当事人的人身自由。用拘押人身的办法，强使其履行义务是违法的。但是，当事人坚持抗拒或进行破坏，已构成犯罪的，应依法追究其刑事责任。

（四）格式的规范性

司法文书是严肃的文书，是内容合法与格式规范的有机统一体，格式规范是它区别于其他公文的重要标志。司法文书是司法机关使用的文书。为了统一规范，各类司法文书有各自的特定格式。各种文书格式是为各类法律文书的内容服务的。应根据法律规定和案件处理的需要，按照一定的格式把各类司法文书应具备的基本内容和特定项目，条理清晰、简明扼要地撰写出来。这不仅是形式上的要求，更重要的是：（1）使司法文书在全国范围内统一行使，保证司法文书的完整性、正确性和有效性，从而更好地为司法工作服务；（2）便于司法人员制作司法文书时按照一定的类型、项目、格式和要求进行，做到条理清晰，事理分明，内容清楚，要求明确，全面发挥司法文书的作用；（3）有利于司法文书的科学管理，保证司法文书的整理、保存和查阅工作的顺利进行，因为有一定规范，就能分门别类、井井有条地装订成册，编号归档，不论案件多么繁杂，时间多么长久，都不会有混淆、紊乱的现象发生。新中国成立以来特别是党的十一届三中全会以后，我国司法机关在实际工作中，逐步形成、改进和完善了各类司法文书的格式，最高人民检察院、最高人民法院、公安部、司法部陆续公布的诉讼文书样式，内容简明，要求完备，格式规范，结构紧凑，切合实际，便于执行。这对于我国各种司法文书的制作、应用、革新和完善，都具有一定的促进和指导作用。

（五）语言的朴实性

语言朴实通俗，是社会主义法制司法文书的一个语言特色。我国社会主义性质的司法文书，带有宣传教育的作用，这就要求我们力求让广大群众从中受到法制教育，提高觉悟，遵守法纪，积极同犯罪行为作斗争。所以，必须用普通的、明确的语言文字去制作司法文书。假如行文不通俗，用语深奥生涩，要想达到上述目的，显然是不可能的。司法工作接触的当事人，绝大多数是普通群众，对他们说的话要通俗易懂。要做到通俗化，必须使用准确、朴实、浅显易懂的语言；不能采用文学上渲染、描绘、形容、夸张、双关、拟人和比喻等手法，不能引经据典地来作说明，不能滥用文言文，而且要切忌文白掺杂以及随意减缩某些规范化的语言，形成不伦不类的东西。另外，在造句方面，司法文书一般以采用肯定、陈述、判断句式为宜，不要采用反问、疑问、设问、感叹等加强语气和加浓感情色彩的句式。总而言之，要踏踏实实，缜密严谨，切忌矫揉造作、华而不实，以保持司法文书的严肃性和真实性，从而准确地反映客观事实。

二、司法文书的分类

为了严格地执行诉讼程序规定的任务，公安机关、人民检察院、人民法院以及其他的法律机关，依法各司其职，相互配合，相互制约，不能互相代替和越权行事。因为它们各自的职能和工作需要不同，在诉讼中要完成的任务不同，因而制作的司法文书的种类也就不同。又因为体现法律程序的过程具体而严格，因而，制作的司法文书的种类也较多。

司法文书的分类，其基本形式有两种：第一种是根据司法文书在诉讼程序中的作用分类，即文书类、报告类、笔录类、证件类、其他类；第二种是根据参与诉讼活动的公、检、法三机关的职能分类。

（一）根据司法文书在诉讼程序中的作用分类

1. 主要体现公、检、法三机关分工负责、互相配合、互相制约，保证准确有效地执行法律的重要文书

提请批准逮捕书——公安机关需要依法对犯罪嫌疑人的人身自由采取强制性限制即予以羁押时，向同级人民检察院提出请求批准逮捕时制作的文书。

批准逮捕决定书——人民检察院作出批准逮捕的决定时制作的文书，送公安机关执行。

补充侦查决定书——人民检察院对公安机关移送审查起诉或者不起诉的刑事案件，经过审查，认为犯罪事实不清、证据不足，或者遗漏了罪行，或者还有其他应当追究刑事责任的同案犯没有追究，需要退回补充侦查时所制作的文书。

起诉意见书——公安机关对刑事案件侦查终结后，认为犯罪嫌疑人的行为已构成犯罪，需要追究刑事责任时制作的文书，移送同级人民检察院审查。

起诉书——人民检察院向人民法院提起公诉时制作的文书。

不起诉决定书——人民检察院对公安机关侦查终结、移送起诉的案件或自行侦查终结的案件，经过审查，认为被告人的行为不构成犯罪，或是因证据不足，不能认定犯罪以及符合《刑事诉讼法》关于不起诉情形之一的规定，从而撤销案件，宣告被告无罪，作出不起诉决定时制作的文书。

抗诉书——人民检察院认为人民法院的判决书或裁定书确有错误时制作的文书，通过原审法院，送上一级人民法院。

判决书——人民法院对案件的实体问题进行审理，就所作出的处理决定而制作的文书，送达当事人和提起诉讼的人民检察院。

裁定书——人民法院就诉讼程序问题或某些实体问题作出裁定时制作的文书。

执行通知书——人民法院将被判处死刑缓期执行、无期徒刑、有期徒刑、拘役的罪犯交付执行时制作的文书，送达公安机关、监狱或其他执行机关。

2. 公安机关内部和人民法院内部以及法院系统内部在办理案件中使用的报告

公安机关立案报告——公安机关受理案件后，经过审查，认为有犯罪事实需要追究刑事责任，且属于自己管辖范围时，由接受案件的单位制作，报请县级以上公安机关负责人批准的内部报告。

公安机关破案报告——公安机关在案件侦查终结之后制作的内部报告。刑事案件经过侦查、预审，认为犯罪嫌疑人的犯罪事实已经查清，证据确实、充分，应追究刑事责任时，侦查即告终结。案件侦破后，如果案情重大，或较典型，应制作总结性的侦破案件的文书。

人民法院审结报告——人民法院在案件审理终结后，由审判人员制作的内部报告。

人民法院死刑案件综合报告——有死刑案件管辖权限的人民法院向有核准死刑案件权限的人民法院报送死刑案件时，在报送判决书的同时报送的报告。

复核死刑、死缓案件审结报告——最高人民法院复核死刑案件，高级人民法院复核死刑缓期执行的案件时所制作的书面报告。

人民法院执行死刑情况报告——由交付执行死刑的人民法院向最高人民法院报送的执行死刑情况的报告。

3. 如实反映和记载侦查、起诉、审判各种诉讼活动的重要阶段的实际情况的笔录

控告笔录——检举人与事件无直接牵连，为维护正义或出于义愤而提出处理犯罪嫌疑人的要求，由相关机关的工作人员根据检举人检举的犯罪事实制作的笔录。

讯问笔录——对刑事案件的犯罪嫌疑人、被告人进行讯问时，如实地记载提问、回答与供述的笔录。

询问笔录——公安机关在办理刑事案件的过程中，在需要询问证人、被害人时制作的反映询问情况的笔录。

现场勘验笔录——侦查人员根据对与犯罪有关的场所、物品、人身、尸体进行勘验和检查的情况，按规定所做的笔录。

尸体检验笔录——对尸体进行勘验和检查所做的笔录。

辨认笔录——在侦查人员主持下，被害人、犯罪嫌疑人或者证人对与犯罪有关的物品、尸体、场所或者犯罪嫌疑人进行辨认时制作的笔录。

侦查实验笔录——公安机关在侦查阶段，根据查明案情的需要，把案件发生的某些事件的情节按当时情况加以重演，将实践情况和实验结果如实记载的司法文书。

搜查笔录——对被告人、犯罪嫌疑人和可能隐藏犯罪嫌疑人或犯罪证据的人的身体、物品、住所及其他有关地方进行搜查后所做的笔录。

证言笔录——在侦查与审理阶段，证人就其所知道的和案件有关的事实、情节进行陈述，依其陈述所做的笔录。

法庭笔录——就审判人员在法庭上对案件进行审理和判决的活动所制作的笔录。

评议笔录——人民法院在审理案件时，由合议庭组成人员就案件审理情况交换意见并对处理方法形成决议。评议笔录是对整个评议活动所做的笔录。

宣判笔录——人民法院在宣告判决时所制作的笔录。

对死刑罪犯验明正身笔录——对依法判处死刑的罪犯经核准后，在执行死刑前对死刑罪犯验明正身时所制作的笔录。

执行死刑现场笔录——对死刑罪犯执行死刑时，就交付执行死刑的情况所做的笔录。

4. 在诉讼活动中起证明作用的证件

拘留证——公安机关依法拘留犯罪嫌疑人时所出示的证件。

逮捕证——公安机关执行逮捕犯罪嫌疑人时所出示的证件。

搜查证——侦查人员在执行搜查任务时，向被搜查人出示的证件。

释放证明——公安机关对于被拘留的人，经讯问，发现不应拘留的应即释放；公安机关提请批准逮捕，而人民检察院不批准逮捕的，公安机关接到通知应即释放；人民法院、人民检察院对于各自决定逮捕的人，经讯问，发现不应当逮捕的，也应即释放。由于以上三种情形释放的，都应发给释放证明。

刑满释放证——对于判处拘役、有期徒刑的罪犯，执行期满后，由执行机关发给的证件。

5. 其他

通知书——司法机关就案件的某一特定事项和要求，告知有关机关和人员所发出的书面文件，如通知辩护人、证人、鉴定人、翻译人员等于指定的时间到庭。

通缉令——公安机关发布的缉捕在逃犯罪嫌疑人归案的命令。

公诉意见书——人民检察院指派的公诉人在法庭调查结束、法庭辩论开始时，依法就案件事实认定及定罪量刑等问题集中发表意见时所适用的司法文书。

调解书——人民法院处理民事纠纷的一种司法文书。

公证书——公证机关依法对当事人申请公证的法律行为或具有法律意义的文件和

事实，确认其真实性、合法性的文书。

布告——人民法院对罪犯的犯罪事实和判处刑罚的情况，以简括的书面形式，向人民群众公布告知的文件。

（二）根据法律机关的职能分类

1. 公安机关经常使用的司法文书

拘留证、逮捕证、搜查证、释放证明、刑满释放证、控告笔录、讯问笔录、证言笔录、询问笔录、现场勘验笔录、尸体检验笔录、侦查实验笔录、搜查笔录、提请批准逮捕书、起诉意见书、传唤通知书、拘传通知书、扣押/解除扣押通知书、取保候审决定书、解除取保候审通知书、监视居住决定书、监视居住委托书、撤销监视居住决定书、拘留通知书、对被捕人家属通知书、提请批准延长羁押期限意见书、立案报告、破案报告、通缉令等。

2. 人民检察院经常使用的司法文书

批准逮捕决定书、不批准逮捕决定书、补充侦查决定书、起诉书、不起诉决定书、抗诉书、公诉意见书等。

3. 人民法院经常使用的司法文书

审结报告，评议笔录，法庭笔录，宣判笔录，对死刑罪犯验明正身笔录，执行死刑现场笔录，通知书，判决书，裁定书，调解书，执行通知书，复核死刑、死缓案件审结报告，死刑案件综合报告，执行死刑情况报告，布告等。

司法文书的种类繁多，这里加以分类列举的，只是其中主要的几十种。

司法文书从作用上看有主有次，从内容上看有简有繁。有的只填表格，有的则需细致制作。对于证件、表格之类只要熟悉，即可制作；而主要的、有代表意义的以及需要精心制作的文书，则需我们不断探究，使其标准化、统一化。本书所要介绍的正是这一部分内容。

第五节　制作司法文书的原则和基本要求

一、制作司法文书的原则

制作司法文书的过程中应当遵循的准则即为制作司法文书的原则，这是对司法文书在制作过程中的理念指引。具体而言有以下几项原则。[①]

（一）尊重客观事实

众所周知，事实是定案的基础，也是司法文书制作的前提。所谓的案件事实是不以办案人员的主观意志为转移的客观存在的事实。制作司法文书必须忠于事实的真相

① 张泗汉．法律文书教程．3版．北京：法律出版社，2017：22－32.

和客观事实，实事求是，这是制作文书的基本原则。司法文书所记载的事实，应当是区别于一般意义上客观真实的法律事实，即与案件的结果有关联并有充分的证据所证明的那些事实。

《中华人民共和国刑事诉讼法》（以下简称《刑事诉讼法》）第五十三条明确规定："公安机关提请批准逮捕书、人民检察院起诉书、人民法院判决书，必须忠实于事实真象。故意隐瞒事实真象的，应当追究责任。"这一规定所体现的实事求是精神，同样适用于制作其他司法文书。一切法律文书的制作和运用都必须针对本案的具体情况并适用最适当的法律。

在具体制作司法文书的过程中，不应罔顾事实，凭空捏造，不论是叙述事实还是记录证据都不应捕风捉影，夸大其词，或者是故意遗漏关键信息，引起对被告人有利或不利的法律后果，凡是记载在司法文书上的事实，只要是经司法机关所认定的，必须是已经查明核实，经得起考验的事实。

此外，由于具体文种的特殊性，同一类司法文书运用中的某些规定或技术也会呈现出差异。例如刑事侦查文书一般采用存根加原本的方式，而通缉令要广泛使用，少则上百份，多则上万份，由领导在呈请通缉报告书批准后再确定印数，然后通过特定的发行渠道发布。因此，这种文书不设存根，而将领导批准的呈请批准报告书存档备查。又如在一般情况下，人民法院应当在立案之日起 5 日内将民事案件原告的起诉状副本发送被告，被告在收到之日起 15 日内提出答辩状。但是对于在中国境内没有住所的当事人送达起诉状，则视情况的不同，按《民事诉讼法》第二百七十四条之规定，有 8 种不同的送达方式；对此类被告，人民法院通知其在收到起诉状副本后 30 日内提出答辩状。对不同对象送达诉讼文书的方式及令其提出答辩的期限要依据对象的不同情况加以确定，这体现了尊重客观事实的原则。①

（二）严格依照法律

如前所述，司法文书是实施国家法律的一种重要手段，它具有法律效力和法律意义。因此司法文书除了要尊重事实之外，还要根据合法性的原则，严格以法律为依据，这也是司法文书区别于其他文书的重要特征，亦是其具备严肃性和强制执行性的根本缘由。司法文书的合法性主要体现在：

（1）应严格遵照法定程序的说明和要求去制作，不能人为地去更改或调整程序，比如对于先写判决再去审理案件等做法应予以坚决地杜绝，因为这违背了法律，是侵害司法公正和公众基本权利的行为。

（2）对于任何一种司法文书的制作，不论是形式上还是实质上的内容均应于法有据。比如我国的《刑事诉讼法》《民事诉讼法》《行政诉讼法》等法律、法规和相关的司法解释是制作同时也是运用各类法律文书的依据。例如《刑事诉讼法》第八十一条第一款规定犯罪嫌疑人必须具备"有证据证明有犯罪事实""可能判处徒刑以上刑罚""采

---

① 张泗汉．法律文书教程．3 版．北京：法律出版社，2017：22－32.

取取保候审尚不足以防止发生下列社会危险性”这三个条件，才“应当予以逮捕”。《刑事诉讼法》第八十七条规定：“公安机关要求逮捕犯罪嫌疑人的时候，应当写出提请批准逮捕书，连同案卷材料、证据，一并移送同级人民检察院审查批准。”这些法律条文均对提请批准逮捕书运用的主体、对象、范围、具体条件以及移送机关、移送方法等进行了具体界定，司法文书的制作和运用必须完全符合所有这些规定。

古人云：“文以载道”。司法文书是严肃的法律内容的载体，必须体现“以事实为根据，以法律为准绳”的根本原则，无论是在对案件事实的叙述，还是对裁判理由的阐释论证上都要基于事实，适用相关的实体法加以认定，并援引准确的法律条文为据。如刑事案件的裁判，必须严格依照刑法的规定准确定罪量刑；民事、经济、行政纠纷案件的调解及判决，须遵循有关民事、经济、行政法规的规定，正确判定当事人的是非曲直，明确过错责任；律师及诉讼当事人为提起刑、民事等诉讼所提交的各类法律书状，涉及刑事责任追究及权利义务争议的实体内容时，应正确适用有关实体法进行阐述，使之于法有据。

（3）合法履行法律手续。

诸多重要司法文书的作用都应在各司法机关内部履行一定的审批手续。只有手续完备、履行完严格的审批程序方可为合法有效的司法文书，否则不具备法律效力。比如立案报告的制作成文，须上报上级机关或上级领导审批，未经该法定程序，该侦查方案便无法实施。其次，某些具有特定发生效力的司法文书也需履行一定的法律手续，如起诉书、判决书、逮捕证、拘留证等文书末端均应加盖制作单位的公章，这是必经的手续。另外，某些重要笔录的形成也应履行一定的手续，比如我国《刑事诉讼法》第一百二十二条规定：“讯问笔录应当交犯罪嫌疑人核对，对于没有阅读能力的，应当向他宣读。如果记载有遗漏或者差错，犯罪嫌疑人可以提出补充或者改正。犯罪嫌疑人承认笔录没有错误后，应当签名或者盖章。侦查人员也应当在笔录上签名。犯罪嫌疑人请求自行书写供述的，应当准许。必要的时候，侦查人员也可以要犯罪嫌疑人亲笔书写供词。”第一百四十条规定：“搜查的情况应当写成笔录，由侦查人员和被搜查人或者他的家属，邻居或者其他见证人签名或者盖章。如果被搜查人或者他的家属在逃或者拒绝签名、盖章，应当在笔录上注明。”若不履行上述法律手续，那么该笔录将失去它的特定效力。

（三）坚持司法公正

法律制度是实现社会公平正义的根本保证，而司法文书则是法律的公平和正义的承载。司法机关对各类案件的认识和处理均应依靠司法文书来传递。不论是实体法还是程序法均依赖司法文书得以体现。而法律在实践中执行的公平与否也得根据其记载的内容来进行评判。从外在形式到具体内容，司法文书均关系着国家法律、法规的具体适用，关系诉讼当事人的权利义务甚至是身家性命。而司法权力被滥用与否、法律适用是否准确适当都得根据司法文书来进行判断。此外，司法文书较之法律文件而言与公正的实际联系更为紧密。因此，这便要求我们在制作司法文书时必须坚持司法公正，不论是司法文书的结构、说理还是遣词造句，都既要体现法律人的严谨和逻辑，更要体现法律的公平和正义，毕竟这是让公众直观感受公平正义等法律理念的绝佳机会。此时，司法文书的任何差错在公众心中可能都会被放大，甚至动摇其对法律公平正义的信念。因此，司法文书作为法律实施的工具和法律公正的体现，自然要全面体现司法的公正，维护法律的尊严。

二、制作司法文书的要求

党的十八大以来，以习近平同志为核心的党中央聚焦影响司法公正、制约司法能力的深层次问题，深入推进司法体制改革，我国社会主义司法制度不断展现蓬勃生机。从《关于全国依法治国若干重大问题的决定》来看，“加强法律文书释法说理”是为了“让人民群众在每一个司法案件中感受到公平正义”，提高司法公信力，从而“全面推进依法治国”。由此可见，法律文书尤其是司法文书在其中起着极为重要的作用。

司法文书不同于一般文章和文学作品，有自己独特的思维方式和表达方式。仅有一般的写作知识、写作能力，不经过专门的、较系统的司法文书基本知识的学习和基本写作技能的训练，缺乏理论指导和科学方法，是难以写出合乎规范的司法文书的。当然，要写好司法文书，并不是单纯的技术性问题，必须具备一定的政治思想水平，有相当的业务知识和文化水平，这就要求我们必须做到以下几点。

（一）加强政治理论和政策、法律的学习

司法工作者必须不断加强对政治理论及党和国家各项方针、政策的学习，加强对法学知识的学习，以提高政治思想水平和专业知识水平，从而在工作中能够立场坚定、观点鲜明，正确地贯彻执行政策和法律，科学地分析案件，做出正确的结论。这是写好司法文书的前提条件之一，只有具备这一条件，才能使制作的司法文书具有高度的思想性、政策性，切实地体现“以事实为根据，以法律为准绳”的原则。

司法文书的写作者应具备较深的法学理论功底，并对我国法律体系有着较为全面地了解，在具备广博的法学理论的基础上，对写作各类司法文书的规定具有较为深入的研究。司法文书写作者法学理论功底的深浅，法律知识掌握的纯熟程度，直接关系着司法文书的质量。

（二）学习和发扬马列主义文风

我们写作司法文书，应当学习和发扬马列主义文风。具体有以下几点内容。

1. 准确性

这是马列主义文风的重要内容之一，也是制作司法文书最根本的要求。司法文书必须“以事实为根据，以法律为准绳”，反映在文风上就必须具有高度的准确性。

司法文书的高度准确性，从广义上说，主要包括事实上的真实性、证据上的确凿性、逻辑上（包括概念、判断、推理）的严密性、语言文字上的准确性；从狭义上说，仅指语言文字上的准确性。但是语言文字上的准确性包含两个方面：一是事实真实、证据确凿、逻辑严密，是语言文字准确性的客观基础；二是语言文字本身要有准确性，这是司法文书的语言表达中最为关键的要求，是由司法文书的严肃性所决定的。司法文书写作一字千钧，事关重大，的确是“笔下有财产万千，笔下有人命关天，笔下有是非曲直，笔下有毁誉忠奸”。因此，在制作司法文书的过程中，制作者切记要对用语进行反复推敲，精选细择，注意词语之间在范围、程度、用法、侧重点、感情色彩上的细微差别。如“判处”与“裁定”、“从重”与“加重”、“讯问”与“询问”这些术语都有本质的区别，不可滥用。又如，司法文书也特别重视对近义词的选择。如“必须”和“应当”两词，虽然都表达祈使性的意思，但是“必须”比“应当”更坚决；“不得”和“不准”“禁止”“严禁”，虽然都是表达限制性的意思，但是“不准”比“不得”、“严禁”比“禁止”更强烈；“可以”和“准予”虽然都是表达允许的意思，但是“准予”比“可以”更为明确。制作司法文书时需要严格选择这些近义词。唯有如此，才能准确反映客观事实。严谨和确切是法律语言的重要特征，也是体现司法文书专业化的方式和途径。司法文书除了要以理性、平和的文风，运用恰当的修辞方式来反映客观事实，阐述理由，以庄重朴素的文风来体现司法活动的规范性和严肃性之外，还要求制作司法文书的人员严格按照法律办事，并加强逻辑、语法的学习和修养，在措辞上保持严谨，这对提高司法文书的质量是很有作用的。

2. 鲜明性

这是马列主义文风的重要内容之二，也是制作司法文书的重要要求。如果司法文书没有鲜明性，就无法明确地反映国家意志。当然，这种鲜明性，不是人为地、主观地拔高它，而仍然是客观的，是靠正确地表达、明确地揭示其实质而显示出它的鲜明性。一般地说，在文章中讲其鲜明性，主要是指观点和材料的统一，即观点突出地反映事物的实质。而在司法文书中讲其鲜明性，主要是指事实和结论统一，处理决定恰当明确，表述实质尖锐清晰。比如，刑事司法文书罪刑相应，罚当其罪，观点明确，表述得力；如果罚不当罪，或畸轻畸重，表述不清，含糊其词，就不能使人口服心服，焉能谈到鲜明性？所以司法文书的鲜明性，必须在事实真实、证据充分的条件下，在一定的格式之内，用最佳的组织形式和表述方式，最鲜明地反映出事实或犯罪的本质，恰当有力地运用法律。

3. 生动性

这是马列主义文风的重要内容之三，制作司法文书也应有生动性。有人认为，写小说有形象、易生动，而司法文书如何生动？诚然，司法文书与文学作品是不同的，司法文书具有严肃性，严肃性往往和生动性在格调上是不同的甚至是对立的，但它们又是统一的，在严肃的司法文书中也可以有生动性。当然，这种生动性不是形象思维上的生动，而是逻辑思维上的生动。司法文书的生动性，主要表现为其表述上的周密、条理和明晰。它不是表现在“塑造形象”和“追求情趣”上，而是要用逻辑上的“钳制力”，使人们感到它的生动力量。这就是说，不能把司法文书写成“官样文章”，不痛不痒，或是“照葫芦画瓢”，生搬硬套，而是要按照事实和格式的要求，按照逻辑上的严密要求，使文章的表述具有很强的说服力，这就是司法文书的生动性。

（三）认真研究各类司法文书的性质作用及应有的内容和写法

司法文书的种类很多，其性质各不相同，不明确它们在诉讼程序上的作用和写作要求，就不能据以准确地掌握某一种司法文书应有的内容和写法。例如：公安局的起诉意见书，是以案件侦查终结的结论为依据向人民检察院提出起诉意见，要求人民检察院进行审查，决定起诉、不起诉的文书。因此，起诉意见书的内容主要应写明犯罪嫌疑人的犯罪事实、证据和起诉理由。又如，人民法院的刑事判决书是对刑事案件的审理决定，它所涉及的问题就比起诉意见书多一些，性质、作用也不同。在有罪判决中，除应写明犯罪嫌疑人的犯罪事实外，还需写明判决理由、适用的法律和所定的罪名、刑罚等。犯罪事实应是严格依据法律，经过审理查明的。至于作案的具体过程、细节，除与定罪量刑密切相关的以外，一般不需详述。文字更要准确、精练。由此可见，不同种类的司法文书，因性质、作用的不同，其内容和写法也有差异。比如侦查、起诉、执行因其所处的诉讼阶段不同，相对应的侦查、检察、裁判和监狱文书的写法也各有差异。即使是同处审判阶段也还有审级和审判程序的差别。比如属于一审或者二审的应制作相应的第一审或者第二审裁判文书；属于审判监督程序的，应制作再审裁判文书。

应当注意的是，在司法文书的写法上还应注重其内容结构。从文书内容上说，它是实质结构；从论证方法而言，可谓逻辑结构。司法文书都具有事实、理由、结论的内容结构，只不过有的文书很简单，不分段，不分项。至于法院的裁判文书则具有明确的“事实—理由—结论（主文）”的三段结构形式，或者是“结论（主文）—事实—理由”的倒三段结构形式，这是制作司法文书的重中之重。而此处的所谓“事实”，是指法官认定的案情事实，是经过法庭调查，当庭举证、质证、认证，而由法官认定的有确凿、充足的证据证明的法律事实，并经过推理论证，准确适用法律条款。司法裁判必须公开、公正、公平，判决必须讲理，只能是有理判决，而不能无理判决。所谓“理由”，包括认定事实的理由和适用法律的理由，即为什么认定这个事实，而不认定那个事实，为什么适用这条法律，而不适用那条法律，必须分析透彻，推理严密，论证充分，以得出正确结论，作出公正主文，使当事人明白赢在哪里，输在何处，为什么赢，为什么输，不仅使当事人服判，还应使社会公众相信判决公正，具有公信力。司法文书的制作质量，法官的综合素质，全都在裁判文书上体现出来。①

① 熊先觉．论司法文书的结构问题．法学杂志，2002（4）：6.

（四）深入司法实践，多学多练，不断总结经验

要写好文章，应深入社会实践，多学多练。同样，写好司法文书，也应深入司法实践，多办案，多写作，不断从中总结经验，摸索规律，掌握要领，提高观察、思维和分析问题及运用语言文字的能力。司法文书是写作者思维活动的产物，司法文书的写作思维又区别于一般的文学作品，它主要强调逻辑思维的运用，旨在通过概念、判断、推理等思维形式去表达作者的思想认识，其实质是写作者逻辑思维的外化。司法文书的制作尤其需要对材料进行认真的分析、比较、综合、如果不通过正确的概念、准确的判断和严密的推理，就难以形成一篇高质量的司法文书。可见，掌握逻辑思维的基本规律，具有较强的逻辑思维能力是司法文书写作者必备的基本功。同时，司法文书也必须仔细修改，反复推敲，字斟句酌，力求准确，不能有丝毫虚假、差错。实践证明，提高写作能力，也就是提高工作能力。在职司法工作者在司法文书的写作上有不少宝贵的经验，应不断总结、提高，大力推广；新参加司法工作的人，应充分认识保证司法文书质量的重要意义，在学习政治理论和法律专业知识的同时，重视司法文书基本知识的学习，加强司法文书的写作训练，了解、熟悉和掌握司法文书的写作原则、要求和方法，做到既能办好案件，又能写好司法文书，为司法工作做出更大贡献。

总而言之，司法文书是司法工作者实施法律的结晶，必须认识到写好司法文书是司法工作者的神圣职责。唯有取得了这一深刻认识，才能理解锻炼写作之才的必要性。写作司法文书绝非雕虫小技，而是“治国之大业”，重任在肩，必须才、学、识、公、直五字俱备。①

---

① 邱世华．司法文书是实施法律的重要工具．法学，1984（2）：41－42．

第二章
公安机关的主要司法文书

第一节　立案报告

一、立案报告的概念

立案，是指司法机关对已经发生的犯罪事件按管辖范围进行审查后，决定作为诉讼案件予以处理的一种诉讼行为。公安机关是主要行使侦查权的司法机关，当其接到控告、检举和自首的材料及报案材料，或者自己在工作中发现犯罪案件时，应按照管辖范围，迅速进行审查或侦查。认为确有犯罪事实需要追究刑事责任时，即应立案处理；认为没有犯罪事实，或者犯罪事实显著轻微，不需要追究刑事责任时，就不予立案。凡是符合立案条件的，都应写成书面报告，报请有关领导机关审查批准，然后据以进行侦查活动。这种书面报告，就叫立案报告。

二、立案报告的要素内容

立案报告主要应写明以下几项内容：

（1）案件发现情况；（2）现场勘验情况；（3）调查情况；（4）案情分析；（5）侦查计划。

下面，我们试以几种主要刑事案件，如凶杀、抢劫、盗窃、强奸等类案件为例，并以凶杀案为主，分别讲述以上几项内容的基本写法。

（一）案件发现情况

应着重写明下列几点。

第一，报案人或案件发现人（包括控告人、检举人）是谁，是否即受害人或事主。可写明其姓名、性别、年龄、职业、住址。

第二，报案人或案件发现人对案件发现情况或发生经过的陈述（目睹或耳闻），包括：案件发生的时间、地点、情节、原因、现场情况等，以及受害人情况，犯罪嫌疑人与受害人的关系，犯罪嫌疑人去向、住址。报案人如不知罪犯是谁，可写明他提供的线索或嫌疑人。

第三，侦查机关发现的案件，应写明发现的经过情况，其内容如前一项。

第四，如果是犯罪嫌疑人自首或被当场拿获，可扼要写明犯罪嫌疑人交代的情况。但必须以勘验、调查证实的情况为依据。

第五，如果是被害人或被抢、被盗的事主陈述，内容同上。

案件的发生是犯罪嫌疑人作案的直接后果，而对作案的情节、原因等还必须进行深入、周密的侦查，才能对全案作出正确结论。所以，这部分只需概括叙述，文字力求简要。

（二）现场勘验情况

犯罪嫌疑人作案的地点和有关场所，叫现场。侦查人员对犯罪嫌疑人作案现场的尸体、痕迹和物品等进行勘验或检验，叫现场勘验。现场勘验是查明案件发生、发现的真实情况，搜集罪证，揭露犯罪嫌疑人，取得第一手资料的重要而有效的侦查方法。立案报告写明现场勘验的情况，其作用在于：为确定案件的成立提供依据，为判断案件性质、确定侦查范围及方向提供证据和线索。

现场勘验应着重写明下面几点。

1. 现场环境状况

这主要是指证明现场周围的自然环境状况。如现场地点是市街还是市郊，是市街应写明市街的位置、周围的道路通向和房屋的分布状况，是市郊应写明所处的方位，周围的地形、地势、山林、田地、河道等状况。现场是室内的，则还应写明该室所在街道、里弄的位置，相邻房屋、居室和楼巷、通道的状况等。

2. 现场尸体状况

遇到凶杀案件，尸体检验是现场勘验的主要内容之一。在报告中应主要记写：（1）死者的姓名、年龄、性别、身份等，如果是无名尸，则应写明其性别、年龄（约计）和体态、衣着、容貌等特征。（2）经过勘验，写明死者是正常死亡或非正常死亡；如果是非正常死亡，那么是自杀、意外事故还是他杀。（3）尸体在现场的具体位置，有无移动迹象，是否第一现场，现场有无伪造。（4）死者内外衣裤和鞋帽的式样、质量、颜色、新旧，有无血迹、斑痕、破损，内外衣裤纽扣的形状、特点、失落状况；死者衣裤袋内有何物品、数量多少，有无书信、遗言、证件、字条，上面写些什么，与案件有无联系。（5）致死、致伤的手段、凶器，致伤的部位、方向、深度及死者姿势、面部表情。（6）尸僵、尸斑部位，呈现颜色、状态；尸冷和僵硬程度，尸体变化情状（有无腐败现象）等。

3. 现场状况

现场在室内，应写明原家具、什物的布置状况和案发后变动的状况；现场在室外，应写明地面、土坎、坡地等的作案痕迹。写明现场有无搏斗、挣扎、翻滚痕迹和现场的地面、墙壁、床帐、被毯、家具、杂物上有无血液和血迹喷溅、沾附状态、拭擦形状等。应写明犯罪嫌疑人遗留或抛弃在现场的物证，如作案工具、衣物、杂物、烟头、纸屑、毛发、血迹、指纹、鞋印、脚印等；同时还应说明犯罪嫌疑人在现场留下的来去路线的痕迹，逗留、隐蔽的痕迹，破坏门窗的痕迹，开启门锁的痕迹，挖墙凿壁的痕迹，杀人行凶的痕迹，抢劫财物或盗窃财物的痕迹等。记述上述项目，既可按勘验步骤的先后次序记写，也可按项目、要点分别记写。采用哪种方式，依勘验的实际情况和不同案件的需要而定。

（三）调查情况

这部分是记写调查有关公民的情况。发现犯罪事实之后，在写立案报告之前，于进行现场勘验之时，或进行现场勘验之后，要对案件进行初步调查。调查是体现公民参与司法的工作方法，也是立案侦查和破案的重要方法。调查材料和现场勘验情况一样，都是分析判断案情的依据，也是立案报告的主要内容。

1. 调查的对象

包括：（1）报案人或案件发现人；（2）事主或受害人；（3）证人；（4）死者的亲属、朋友、邻居；（5）基层干部，其他党、团员及积极分子；（6）其他知道案情的人。

2. 调查的内容

包括：（1）案件发生、发现的时间、地点和经过；（2）案件发生前，受害人的行动、神情，有无异常表现，曾与哪些人接触、往来，住地有无陌生人出现；（3）犯罪嫌疑人是谁，与受害人的关系，作案的情节、手段、原因等；（4）犯罪嫌疑人的性别、年龄和形象特征（包括衣着、面貌、体态、身材、生理缺陷等）、口音、动作特征和逃跑方向、藏匿处所，以及犯罪嫌疑人的相识者、关系人等；（5）受害人的财物丢失情况（种类、数量、名称、价值等）；（6）现场附近居民点、厂矿、机关、学校人员中有无情态异常者，有无活动时间与作案时间接近者，或去向不明者。

总之，调查的内容往往是很复杂的，写进立案报告的事实、材料和意见应严加甄别，与案件相关、有价值的要写，与案件无关或关联不大、没有价值的就不写，不应不加鉴别取舍，全都写上。有时为了迅速立案，来不及调查，就需要向上级写立案报告，这时，当然没有可能也不需要写调查情况。

（四）案情分析

写立案报告，应有初步的分析和判断，向上级表明对案件的认识，以及所持的态度。对案情的分析判断，是初步侦查工作的总结，也是立案报告全部内容的重点所在。因此，它应着重写明：

第一，对死者（或受伤未死者）被致死致伤方法、手段的判断，对凶器、药物的判断，对致死时间的判断。其他刑事案件应写明认定事实的判断。

第二，犯罪嫌疑人是谁；对其形象特征和性情、癖好、习惯、职业、身份及性别、年龄的判断，对其来踪去迹、逃窜方向、隐匿何处的判断等。

第三，对犯罪嫌疑人作案时间、地点（是第一现场还是第二现场）的判断，对作案条件、过程的判断，对作案人数的判断。

第四，对犯罪嫌疑人作案性质、原因、动机、目的、后果的判断。

第五，对证言、证物真伪的判断以及对受害人、知情人的陈述与现场勘验情况是否吻合的判断。

第六，对赃款、赃物及其去向的判断。

以上判断，应根据实际情况有重点地进行分析，不是每个案件都一定要样样俱全。分析判断时，必须以事实为根据，从实际出发，没有根据的东西坚决不写。当对某一问题推断出几种可能时，可以同时列举，并说明可能性较大的判断，作为进一步侦查的依据。另外，还应抓住重点，突出中心，切忌罗列堆砌、巨细无遗地写上一大堆。分析判断的语言力求概括、简明。

（五）侦查计划

侦查计划是立案报告的核心部分，是立案之后，如何继续进行侦查破案的一个方案。它是根据现场勘验和调查访问的结果，在对案情分析认定的基础上制定的继续侦查的破案方案。因此，侦查计划是立案报告不可缺少的重要组成部分，对指导破案工作具有重大的作用。

侦查计划的主要内容有：（1）确定侦查人员的任务分工；（2）确定侦查的方向、范围和主要目标；（3）确定应查明的问题和扩大的线索；（4）确定侦查的步骤、方法、措施和对策；（5）确定侦查的期限（预计）。侦查计划不是一成不变的，随着侦查工作的深入，如果计划已不符合客观实际，在实践中就应及时修订、补充。

立案报告由于有以上固定内容，写作时在构思上并不太费力，而主要应在叙事、说理、说明的表达上下功夫，对各部分内容的内在联系，要以辨析疏通见长。另外，因为立案报告是为了维护国家法制、打击犯罪所必须制定的文书，处于追查、捉拿罪犯的主动地位，写作时应“砥砺其气，必使笔端振风，简上凝霜”，从而表现出依法秉公，为民除害，不放纵犯罪、不掩饰罪行的法制精神。

三、立案报告的写作要求

立案报告是刑事诉讼第一阶段的文字材料，是刑事诉讼活动的第一道工序，具有确立案件成立、指导破案工作的作用。但立案报告只在公安机关内部使用，仅存入侦查卷，而不对外。正确、及时地立案侦查，就能迅速发现和搜集证据，揭露犯罪和证实犯罪。立案越接近犯罪发生的时间，案件的侦破就越快，与犯罪行为作斗争的效果就越好。

书写立案报告首先应坚持迅速及时的原则，任何拖延迟误都可能给侦查工作带来不利，甚至贻误战机，放纵犯罪。其次，书写立案报告还应坚持实事求是的原则。不论是根据公安机关自己发现的犯罪事实，还是根据控告、检举、自首的材料书写立案报告，书写人都应根据事实，如实反映情况，唯有如此，写成的报告才符合立案的目的，使应予追究刑事责任的人被及时立案，进而通过侦查、起诉、审判等诉讼过程，判处其应担负的刑事责任，使不应被追究刑事责任的人免遭立案之苦，正当的合法权益不被侵害。如果书写人不是基于事实，而是基于主观想象或臆断，其结果很可能是混淆是非、错罚无辜。

范文评析

【例文】

关于“8·24”枪支被盗案的立案报告

省公安厅：

2021年8月25日上午8时半，××体育局陈××电话报称：2021年8月24日拂晓，S市体育局业余射击队两支“五四”式手枪被盗，现场已保护，请公安部门派人侦破。

我们接此电话后，立即向上级公安机关作了汇报，同时，派刑侦大队副队长凡××带领4名侦查干部赶赴实地进行现场勘验、调查访问，并初步分析了案情。现将情况报告如下。

一、案件发现经过

8月25日上午7时半，该队队员严××、肖××准备拿自己的武器去训练，发现放在床上的两支“五四”式手枪不见了，于是向带队的哈教练反映，哈教练连忙同她们一起寻找，找不着，就告诉了××体育局的陈××，陈立即向公安局报了案。

二、现场勘验情况

××体育局位于我县工人俱乐部对面，有新旧平房两栋共25个房间，坐东朝西。东面紧靠天皂公路，旧平房北头几间存放着摩托、球类、田径等训练器材，南头几间住着一部分工作人员，平房门前是训练摩托、篮球的场地。新平房共11个房间（15号～25号），有寝室、办公室、会议室等。平房前三面筑有院墙，两侧开设大小门，院墙内是射击靶场。

中心现场是20号房间，东西对开窗户两扇，房门朝西。两侧是该队女队员严××、肖××、马××的单人床铺，东北角放有高低床一张。据当事人讲，24日晚，两支“五四”式手枪放在北床西头，放的位置距东窗2.1米，窗户距地面1.4米，窗户敞开，窗框和窗齿未遭破坏，有关部位未发现作案遗留痕迹；窗外地面石子较多，没有发现明显的痕迹；再往房门及西窗勘验，无异常发现。勘验后，我们对住所进行了拍照，并绘制了现场平面图。

三、调查访问情况

（一）枪支的来源及保管使用。S市体育局业余射击队共15人，其中男队员9人，女队员6人；小口径步枪10支，“五四”式手枪2支。于7月30日借我县体育局靶场进行射击训练。平时，该队队员分三组，训练后各自擦拭武器，存放在20号房间的一个木箱内，有时也放在桌上和床铺上。

（二）当晚人员的活动情况。24日晚，体育局会议室放电影《夺冠》，看电影的多数人员是内部职工，通过分别访问，没有发现可疑的痕迹。

（三）案情调查。8月24日下午5时，队员们训练完毕，各自带着自己的武器回到宿舍。当事人严××、肖××、马××回宿舍后，将手枪先放在桌上，吃罢饭，肖××将两支“五四”式手枪擦拭后，便放在房中的空床上。8点50分马××喊严、肖二人一同去看电影《夺冠》，走时，马××将东西放好，窗关上，锁好了房门。电影看到10点多钟结束，回来时因天气较热，便把东西窗户打开，从空床上拿了脸盆分别打水擦身，然后用脸盆装上衣服放到原处，还发现两只手枪在那里。这时，严、肖二人先睡，马××后睡，并躺在床上看书，忘记了关窗户和熄灯就睡着了。到第二天早晨7点半，严××、肖××准备拿自己的武器去训练，发现枪支不见了（两支“五四”式手枪号码是544×××、542×××）。

四、案情分析

（一）案件是否存在？根据现场勘验和调查访问的情况，认为案件是存在的。理由是：

1.24日下午该队队员训练结束，有人证实枪支带入室内，到第二天上午发现不见，这是事实。

2.现场勘验没能发现痕迹物证，但室内东窗开着，给犯罪分子创造了作案的条件。

（二）时间的推断。根据当事人看电影10点多钟回宿舍，上厕所，洗身后睡觉，到第二天早晨5点多钟起床，中间这段时间即11点多钟至凌晨5点作案的可能性最大。

（三）什么人来偷枪？一种是有预谋、有准备、有目的地偷枪，另一种是偶尔发现，见枪起心。两种比较，第一种人作案的可能性较大。

（四）工作范围。城关镇及附近的人作案可能性大，但不排除流窜犯作案。理由是：

1.城关及城乡接合地区的社会治安情况不好，加上违法犯罪人员多，其中少数人作案是有可能的。

2. 尽管被盗现场处于公路边，来往人员频繁，但本地人毕竟比外地人熟悉情况。当然，流窜犯作案不能排除，因体育局靠近公路边，加上出事的房间一整夜亮着灯，外地人路过那里偶尔见枪起心，也很有可能。

（五）对象刻画。属年轻人作案可能性大，或者有同伙、惯盗惯窃，胆大妄为、熟悉情况，喜欢夜间活动，有预谋、有准备、有目的地作案。可能用窗外钓鱼的手法盗抢。

五、工作部署

（一）开展五摸五查活动。一摸惯盗惯窃的，二摸行凶斗殴个性蛮横的，三摸集团活动及关系复杂的，四摸经常夜出活动的，五摸政治、经济上有嫌疑的。一查思想表现，二查作案时间，三查作案手段，四查夜间活动的地点，五查关系人和事前事后的反常表现。

（二）方法和要求。(1) 从法制教育入手，充分发动群众，大力开展举报揭发。(2) 层层武装骨干，认真开展调查研究。(3) 摸出的对象必须是怀疑有据，否定有理。(4) 发现重点对象，使用××侦查。(5) 讲究策略，注意保密。

（三）力量分工，分三条线：(1) 县直各单位；(2) 城关镇各街道、郊区；(3) 摸流窜犯。

以上报告当否，请指正。

××县公安局
二〇二一年××月××日

【简析】

这份立案报告事项齐全，基本符合要求，语言通顺明了，繁简也还得当。案发经过写得概括简短；现场勘验写得较为详细，把与案件有关的、具有实际意义的事物都记叙得较为明白，为案件的分析判断提供了依据；调查访问情况中写清了需要查明的问题；案情分析较为客观。不足之处是工作部署中力量分工一项简要但不够清楚。

第二节　破案报告

一、破案报告的概念

刑事案件经过侦查、预审，认为犯罪嫌疑人的犯罪事实已经查清，证据确实、充分，应追究刑事责任时，侦查即告终结。

案件侦破后，如果案情重大，或较典型，应写出总结性的侦破案件的书面材料上报。这种材料即为案件侦查终结报告，也就是破案报告。破案报告是案件侦查终结的总结，对勘验、调查的事实和情况以及所取得的材料、证据要进行分析判断，对经验、教训要加以总结评论。它既可以作为制定起诉意见书或者不起诉意见书的依据，又可以对以后的侦查工作起指导作用。如果案情简单，或不够典型，也可以不写，但应填写刑事案件破案报告表，其格式如下：

填报单位：
（公章）

类别		发案地点	
发案时间		伤亡损失	

案情简记：

破案措施：

备注：

审核人：　　　　填表人：　　　　填表日期：

二、破案报告和立案报告的关系

从整个刑事诉讼活动来讲，破案报告和立案报告都是侦查阶段中的书面报告，也就是刑事诉讼活动开始阶段中的司法文书。如果单从侦查阶段来讲，立案报告是通过初步侦查认定犯罪事实，确定案件成立的文书，它只反映案件侦查活动的部分情况；破案报告则是立案确定之后，继续进行侦查直至破案后所写出的书面材料，它所反映的是案件侦查活动的全部情况，是对案件事实已经侦查清楚，认为证据确实、充分，达到了可以向人民检察院提出起诉意见或者不起诉意见程度时的文书。总之，破案报告是侦查终结后所作的总结性的司法文书。所以立案报告是破案报告的基础与先行，破案报告是立案报告的继续与发展。

三、破案报告的要素内容

1. 案情概况

案情概况的内容主要是：案情发生、发现和现场勘验、调查的情况。其写法和要求与立案报告基本相同。但因已经破案，真相大白，故应从破案的角度，照应前后部分的内容，对材料有所选择，概要地加以叙述。原立案报告中不确实的材料要一概剔除。

2. 案情分析

破案报告的案情分析是在立案报告案情分析的基础上更进一层，而非后者的内容的重复；是把侦查终结时所得的证据、材料、线索加以分析，得出更准确、更全面、更符合情况的判断。

3. 侦破方案

侦破方案与立案报告侦查计划的内容、项目大体一样。但因为原订侦查计划已经过实践的检验，在破案过程中也有所修改、补充，了解的情况更全面，判断的依据更可靠，所以，侦破方案应写得更切合案情实际。

4. 破案经过

破案经过的主要内容包括：（1）执行侦破方案的情况（包括方案的变更、修正和补充）；（2）查明犯罪嫌疑人、执行逮捕的情况；（3）预审情况。破案经过是破案报告的重点，写时可按侦破活动进展的时序写，也可按问题、线索逐步查清，疑点逐一查明，最后使案情真相大白的情况来写。写明这部分的目的，在于检验立案报告中的侦查计划、分析判断是否准确，为总结经验教训提供依据。

5. 经验总结

经验总结，包括成功的经验，也包括失败的教训，目的在于通过总结，为今后破案奠定坚实的基础，避免走弯路或少走弯路。总结经验，要求准确、简明、概括。应突出主要的经验教训，不要罗列现象或流于一般化，特别是必须注意实事求是，切忌虚假和夸大。

四、破案报告的写作要求

制作破案报告时，对侦查结果的叙述要主次分明，对关键细节的描述要鲜明突出，对案件侦查过程的叙述要简练概括，对已确认的主要犯罪嫌疑人的基本情况、主要犯罪事实及证据的叙述要具体。

对于侦破过程曲折的案件的叙述应突出重点，特别是其中的经验教训总结。对破案理由的阐述应以分析为主，论述有理有据。引用法条要正确、全面。考虑破案方案应尽可能周全。

范文评析

【例文】

关于“3·4”抢劫银行案的破案报告

发生于我市的“3·4”抢劫银行案，经专案组全力侦查，已查明主要案情，抓获主要犯罪嫌疑人，达到破案条件。现将有关情况报告如下。

一、案件简况

2021年3月4日凌晨5时许，市西区建设银行被人翻墙入室。犯罪嫌疑人在杀死2名值班员，撬开金库及保险柜门，盗走人民币500万元、美金12万后逃跑。市局刑侦队于3月4日将此案立为特大抢劫案。鉴于案情重大，市局领导批示成立专案组，市局主管刑侦工作的林×副局长为组长、刑侦队大队长王××为副组长，并迅速抽调有关业务部门民警40人侦破案件。

据现场勘验，犯罪嫌疑人系用活动软梯搭在银行后围墙处翻墙入院，潜入值班室并杀死值班员、破坏了银行报警系统后，撬坏金库及保险柜门，用事先准备好的袋子把钱装走的。

据尸体检验结果，值班员一人被钝器击中致颅脑损伤死亡，另一人被利器划断喉管致死。经专家鉴定，银行金库及保险柜门，系被有一定专业知识的人撬坏。现场访问材料证实，案发当日凌晨3时许，有人曾见两名25岁左右的年轻人在银行附近出现；凌晨5时许，有人见一辆白色桑塔纳轿车在银行附近停留，车号尾部两个数字是88。

二、案情分析

根据现场勘验、尸体检验、物证检验及现场访问材料分析，此案是一起以抢劫银行为目的，作案目标明确的抢劫案，犯罪嫌疑人在两人以上，经过了充分预谋和准备，有作案经验，心狠手黑，拥有交通工具，具备相当程度的专业知识，特别是在银行报警系统、开保险柜锁等方面有专长，并对现场内部情况比较熟悉，不排除内外勾结作案的可能。

三、侦查措施

根据以上分析，我们采取了以下侦查措施：

1. 通知各车管所、交通缉查部门查案发当日曾在现场附近停留过的尾号为88的白色桑塔纳轿车；

2. 通知各派出所排查曾有过盗窃、抢劫前科的年龄在25岁左右的有作案时间的青年人；

3. 对曾接触、安装过银行报警系统及具有相关知识的人员逐人进行排查；

4. 对本市各修锁行业人员特别是修保险柜的人员逐人进行排查；

5. 将银行被盗的连号人民币告知各商场、饭店、娱乐场所，请其在收款时注意发现银行被抢货币的流通情况；

6. 安排秘密力量控制非法倒汇点、交易所；

7. 向邻近市、县公安机关通报案情，请其协助控制赃物，缉查犯罪嫌疑人；

8. 对近年来未侦破的银行持械抢劫案进行并案侦查。

四、破案经过

2021年6月8日—10日，市局刑侦队秘密力量在安国路顶顶影院附近的非法倒汇点发现一名20岁左右的女子多次倒卖大宗美元，并向江××透露自己手边还有一笔美元。市局刑侦队根据江××反映的情况，于2021年6月11日将这名女子拘传。经查，该女名叫彭×，22岁，住安化路真理街23号，无业，曾因盗窃罪被判刑2年，有吸毒史。彭对出售的美元来源交代不清，嫌疑较大。

经审讯，彭×初步交代，美元是其男友孔××给的，孔××住安化路中平街6号，28岁，无业，有吸毒史。2021年6月15日，市局刑侦队将正欲逃窜的孔××缉捕归案。2021年6月17日经市局领导批准，对彭×及孔××的住处进行了搜查，从孔××的住处搜出了市西区建设银行被抢的人民币80万元、美金8 000元。2021年6月18日，孔××在证据面前，被迫交代了伙同他人杀人、抢劫的犯罪事实及经过：

2021年3月4日凌晨3时许，犯罪嫌疑人孔××、李×、郑×、王××同乘由孔××驾驶的桑塔纳轿车来到现场，用事先准备好的活动软梯搭在银行后围墙上翻入院内，由李×、郑×望风，孔××、王××潜入值班室，孔××持匕首、王××用铁锤将两名值班人员杀死。后由李×破坏了银行报警系统，郑×撬开金库及保险柜门，将钱装入事先准备好的布袋内逃跑。当日晚，4人分赃后，将作案工具及桑塔纳轿车全部沉入×市附近的辽白河。2021年6月30日，市局刑侦队从辽白河中打捞出桑塔纳轿车及匕首、铁锤等物。孔××供述，自2018年以来，他与李×、郑×、王××经常一同吸毒、嫖赌，花销太大，遂密谋抢劫金库。经查，王××，男，29岁，住本市朝阳路鼓中街3号，曾因持械抢劫被判刑10年，无业，有吸毒史；李×，男，47岁，大学文化，市××银行营业部主任，住本市朝阳路定里街56号，有吸毒史；郑×，男，43岁，大学文化，市××保险公司技术部工程师，系孔××表兄，有吸毒史。目前3人在逃。

孔××供述的作案过程，与现场勘验及获取的证据材料和物证基本吻合，具有一定的可信度。据此可以认定“3・4”抢劫银行案系孔××、王××、李×、郑×所为。

五、下一步工作意见

鉴于同案嫌疑人王××、李×、郑×已外逃，专案组拟迅速派员，深入做好涉案人家属的工作，要求他们提供有关线索；同时请特侦队协助获取王××等人的踪迹信息，力争尽快将在逃犯罪嫌疑人缉获到案。对犯罪嫌疑人孔××、彭×抓紧审讯，收集相关证据，做好提请逮捕、移送起诉工作。

综上所述，“3・4”抢劫银行案，主要犯罪事实已经查清，相关证据已经获取，主要犯罪嫌疑人已经到案，拟请批准破案。

妥否，请批示。

“3・4”抢劫银行案专案组
二〇二一年七月五日

【简析】

这份破案报告写得比较好，对一个案件的总结是细致的、完善的。总结了正反两方面的经验。但在文字上还应精练一些。

第三节　取保候审决定书、执行通知书

一、取保候审决定书、执行通知书的概念

取保候审是刑事诉讼过程中为了保障诉讼活动顺利进行而采取的强制措施，是我国刑事强制措施体系中对犯罪嫌疑人人身自由权干预较轻的一种。对于采取取保候审足以防止发生社会危险性的犯罪嫌疑人，应当将取保候审作为优先适用的刑事强制措施。

公安机关在侦查过程中依法对犯罪嫌疑人采取取保候审措施时制作的司法文书，就是取保候审决定书、执行通知书。《公安机关办理刑事案件程序规定》第八十三条规定，需要对犯罪嫌疑人取保候审的，应当制作呈请取保候审报告书，说明取保候审的理由、采取的保证方式以及应当遵守的规定，经县级以上公安机关负责人批准，制作取保候审决定书。取保候审决定书应当向犯罪嫌疑人宣读，由犯罪嫌疑人签名、捺指印。《关于取保候审若干问题的规定》第十四条规定，公安机关决定取保候审的，在核实被取保候审人已经交纳保证金后，应当将取保候审决定书、取保候审执行通知书和其他有关材料一并送交执行。可见，取保候审决定书、执行通知书是根据县级以上公安机关负责人批准的呈请取保候审报告书制作的，是公安机关对犯罪嫌疑人执行取保候审的法律依据，也是犯罪嫌疑人获得取保候审的凭证。

根据我国《刑事诉讼法》第六十七条、《公安机关办理刑事案件程序规定》第八十一条等有关法律规定，犯罪嫌疑人具备下列情形之一的，可以取保候审：

（1）可能判处管制、拘役或者独立适用附加刑的；

（2）可能判处有期徒刑以上刑罚，采取取保候审不致发生社会危险性的；

（3）患有严重疾病、生活不能自理，怀孕或者正在哺乳自己婴儿的妇女，采取取保候审不致发生社会危险性的；

（4）羁押期限届满，案件尚未办结，需要继续侦查的；

（5）拘留后证据不符合逮捕条件的；

（6）提请逮捕后，人民检察院不批准逮捕，需要继续侦查，并且符合取保候审条件的。

二、取保候审决定书、执行通知书的要素内容

取保候审决定书、执行通知书是一种四联填充式文书，由存根、取保候审决定书

正本和副本、取保候审执行通知书四联组成。存根由公安机关留存备查，取保候审决定书的正本交被取保候审人，副本、执行通知书交执行单位。

1. 取保候审决定书正本

正本由首部、正文、尾部三部分组成。

首部包括制作文书的机关、文书的名称、发布字号等。

正文包括犯罪嫌疑人基本情况、取保候审的原因和法律依据、起算时间和保证方式等内容。

（1）犯罪嫌疑人的基本情况。这部分需要逐一填写犯罪嫌疑人的姓名、性别、出生日期、住址、单位及职业、联系方式等内容。

（2）取保候审的原因。可根据案件情况，按照《公安机关办理刑事案件程序规定》第八十一条规定的有关情形分别填写，不能填写“案情需要”或“侦查工作需要”等含糊用语。对于因患有严重疾病被取保候审的，应写明患有何种疾病。

（3）法律依据。可根据案件的具体情况，分别填写《刑事诉讼法》第六十七条第一款、第九十八条等。

（4）起算时间。我国《刑事诉讼法》第一百零五条第二款规定，期间开始的时和日不算在期间以内。因此，取保候审起算时间应当填写取保候审决定日期的次日。

（5）保证方式。采取保证人方式保证的，应当填写保证人姓名；采取保证金方式保证的，应当填写保证金数额。根据《关于取保候审若干问题的规定》第五条规定，保证金的起点数额为人民币一千元；被取保候审人为未成年人的，保证金的起点数额为人民币五百元。决定机关应当综合考虑保证诉讼活动正常进行的需要，被取保候审人的社会危险性，案件的性质、情节，可能判处刑罚的轻重，被取保候审人的经济状况等情况，确定保证金的数额。另外，不能同时采取保证人保证和保证金保证，应根据情况划掉不选择的内容。

尾部包括公安局印和制作文书的日期。这部分内容根据实际情况填写。

2. 取保候审决定书副本

其内容与正本相同，只是在尾部增加了“本决定书已收到”，以及“被取保候审人”（此处由被取保候审人签名或捺指印）、签收日期等。

3. 取保候审执行通知书

其为执行机关对被取保候审人实施监管的凭证，由首部、正文、尾部三部分组成。其中，首部的内容与取保候审决定书相同。正文包括执行单位名称、犯罪嫌疑人取保候审的原因及基本情况、取保起算时间以及保证方式。尾部与取保候审决定书相同。

4. 存根

存根的内容按照格式要求，依次填写文号，案件名称，案件编号，被取保候审人姓名、性别、出生日期，取保原因，起算时间，保证人姓名、性别、出生日期，保证金，办案单位，执行机关，批准人，批准时间以及填发时间和填发人姓名。

存根中的保证人相关信息和保证金数额信息根据保证方式选择其中一项填写，另一项用斜线“/”或者横线“—”划去。批准时间的填写应以公安机关负责人在呈请取保候审报告书上批准同意的时间为准。不能填写制作取保候审决定书的时间，也不能填写犯罪嫌疑人在取保候审决定书上签字的时间。

范文评析

【例文】

×××县公安局

取保候审 决定/执行通知 **书**

（存　根）

×公（××）取保字〔2021〕27号

案件名称　黄×非法经营案

案件编号　××××××××

被取保候审人　黄×　男/女

出生日期　1990年6月9日

取保原因　可能判处有期徒刑以上刑罚，采取取保候审不致发生社会危险性

起算时间　2021年3月11日

保 证 人　李××　男/女

出生日期　1985年12月4日

保 证 金　—

办案单位　××县公安局刑警大队

执行机关　××县公安局××派出所

批 准 人　张××

批准时间　2021年3月10日

填发时间　2021年3月10日

填 发 人　刘××

××县公安局

取保候审决定书

（副　本）

×公（××）取保字〔2021〕27号

犯罪嫌疑人 黄× 性别 男 ，出生日期 1990年6月9日，住址 ××县××街道××小区××号 ，单位及职业 ××有限公司职员，联系方式××××××××××××。

我局正在侦查 黄×非法经营 案，因犯罪嫌疑人 可能判处有期徒刑以上刑罚，采取取保候审不致发生社会危险性，根据《中华人民共和国刑事诉讼法》第 六十七 条之规定，决定对其取保候审，期限从 2021 年 3 月 11 日起算。犯罪嫌疑人应当接受保证人 李×× 的监督/交纳保证金（大写） / 元。

××县公安局（印）

二〇二一年三月十日

本决定书已收到。

被取保候审人：黄× （捺指印）

2021年3月10日

此联附卷

××县公安局

取保候审决定书

×公（××）取保字〔2021〕27号

犯罪嫌疑人 黄× 性别 男 ，出生日期 1990年6月9日 ，住址 ××县××街道××小区××号 ，单位及职业 ××有限公司职员 ，联系方式××××××××××××。

我局正在侦查黄×非法经营 案，因犯罪嫌疑人可能判处有期徒刑以上刑罚，采取取保候审不致发生社会危险性 ，根据《中华人民共和国刑事诉讼法》第六十七 条之规定，决定对其取保候审，期限从 2021 年3月11日起算。犯罪嫌疑人应当接受保证人 李×× 的监督/交纳保证金（大写） / 元。

××县公安局（印）

二〇二一年三月十日

此联交被取保候审人

××县公安局
取保候审执行通知书

×公（××）取保字〔2021〕27号

××县公安局××派出所：

因犯罪嫌疑人黄×可能判处有期徒刑以上刑罚，采取取保候审不致发生社会危险性，我局正在侦查黄×非法经营案，决定对犯罪嫌疑人黄×（性别男，出生日期1990年6月9日，住址××县××街道××小区××号，单位及职业××有限公司职员，联系方式××××××××××）取保候审，交由你单位执行，取保候审期限从2021年3月11日起算。

被取保候审人接受保证人李××的监督/交纳保证金（大写）/元。

××县公安局（印）

二〇二一年三月十日

此联交执行单位

【简析】

该取保候审决定书、执行通知书各项目的填写均符合要求，可供参考。

第四节 提请批准逮捕书

一、提请批准逮捕书的概念

逮捕是法律规定的最严厉的一种强制措施，它直接剥夺了犯罪嫌疑人的人身自由。为防止无辜公民的人身权利受到侵犯，法律规定公安机关要逮捕犯罪嫌疑人时，必须提请人民检察院审查批准。

提请批准逮捕书，是公安机关需要依法对犯罪嫌疑人的人身自由采取强制性限制即予以羁押时，向同级人民检察院提出请求批准逮捕的书面文件。

二、提请批准逮捕书的主要特征

提请批准逮捕书有两个特征：（1）必须由公安机关制作。公安机关要求逮捕犯罪嫌疑人时，不能自行决定，而必须制作提请批准逮捕书，送人民检察院批准。（2）犯罪事实必须有证据证明，必须是对够判处徒刑以上刑罚的犯罪嫌疑人在采取取保候审、监视居住等方法尚不足以防止发生社会危害性而需要逮捕的，才制作这种书面文件。

三、提请批准逮捕书的要素内容

提请批准逮捕书共由六部分组成。

第一部分是名称。名称应写“××公安局提请批准逮捕书”。名称右下方写×公（×）提捕字〔×〕×号，其中第一个“×”处填写制作批准逮捕书的机关代字，如北京市填写“京”；“（）”处填写办案部门简称，如经济犯罪侦查部门制作的文书填写“经”；〔〕中填发文年度；〔〕后填发文顺序号。

第二部分是犯罪嫌疑人的个人情况和辩护律师的相关情况。犯罪嫌疑人个人情况部分应写明犯罪嫌疑人姓名、性别、出生日期、出生地、身份证件种类及号码、民族、文化程度、职业或工作单位及职务、居住地、政治面貌、违法犯罪经历以及因本案被采取强制措施等情况。案件有多名犯罪嫌疑人的，应逐一写明。如果犯罪嫌疑人有辩护律师，应当写明辩护律师的姓名、所在律师事务所或者法律援助机构名称、律师执业证编号。

第三部分是案由和案件来源，具体为单位或公民举报、控告、上级交办、有关部门移送等，简要写明案件侦查过程中的各个法律程序开始的时间，如接受案件、立案的时间。此外，还需具体写明犯罪嫌疑人归案情况。

第四部分是根据所查获的证据材料，证实犯罪嫌疑人的犯罪事实，并说明应当逮捕理由。在叙述犯罪事实时，必须按时间、地点、目的、动机、手段、情节和结果等七方面叙写。如有多种犯罪行为，应一一列出。

第五部分是结论。说明犯罪嫌疑人所犯的罪名，根据《刑法》第×条×款的规定，涉嫌××罪，可能判处刑罚情况，现有证据证明情况，根据《刑事诉讼法》第×条的规定，说明其可能具有社会危险性，或涉嫌××罪，可能判处徒刑以上刑罚，曾故意犯罪或身份不明，犯罪嫌疑人符合逮捕条件，特提请批准逮捕。

第六部分是结尾。写明提请批准逮捕、接受文书的人民检察院的名称，加盖公安局章，注明发文的年、月、日，附注卷宗情况。

四、提请批准逮捕书的使用规定

提请批准逮捕书制作完毕后，由公安局局长签发，连同案卷、材料、证据，一并移送同级人民检察院批准。

公安机关对于人民检察院批准逮捕的犯罪嫌疑人，在逮捕时，应按照执行逮捕的程序规定出示逮捕证；逮捕后，除有妨碍侦查或者无法通知的情形以外，应当把逮捕的原因和羁押的处所，在24小时以内通知犯罪嫌疑人的家属或者其所在单位。

对于人民检察院不批准逮捕的犯罪嫌疑人，公安机关应当在接到通知后立即释放或采取其他强制措施，以防错捕、滥捕。如果公安机关认为人民检察院不批准逮捕的决定有错误，可以要求复议。如果意见不被接受，可以向上一级人民检察院提请复核，上级人民检察院应当立即复核，作出是否变更的决定，通知下级人民检察院和公安机关执行。

五、提请批准逮捕书写作格式

××公安局

提请批准逮捕书

×公（×）提捕字〔×〕×号

犯罪嫌疑人________，____（男/女），身份证件类型及号码__________，出生日期__年__月__日，______人，职业__________，文化程度______，____族，现住____________，政治面貌____，（违法犯罪经历）____________，现被________（采取强制措施情况）。

犯罪嫌疑人涉嫌____________一案，由____________至我局。

经依法侦查查明：______________________________。

认定上述事实的证据如下：____________。

（犯罪嫌疑人认罪认罚的，简要写明相关情况）

综上所述，犯罪嫌疑人____，其行为已触犯《中华人民共和国刑法》第____条之规定，涉嫌____罪，可能判处徒刑以上刑罚。现有____等证据证明，其____（具体说明可能具有社会危险性）或者（可能判处徒刑以上刑罚，曾故意犯罪或身份不明等情况）。依照《中华人民共和国刑事诉讼法》第八十一条、第八十七条之规定，犯罪嫌疑人____符合逮捕条件，特提请批准逮捕。

此致

______人民检察院

××公安局（印）

____年____月____日

附：本案卷宗______卷______页。

病文诊疗

【原文】

××县公安局

提请批准逮捕书

×公（×）提捕字〔2022〕51号

犯罪嫌疑人张×，男，19××年×月×日生，××省××县人，居民身份证号：

××××，汉族，×××人，初中文化，住××镇东街村，原××县化工厂工人，政治面貌为群众。2022 年 6 月 3 日因涉嫌盗窃罪被我局刑事拘留。

犯罪嫌疑人刘××，女，19××年×月×日生，汉族，居民身份证号：××××，×××人，初中文化，住××县临江镇王庄村，系该村村民，政治面貌为群众。2022 年 6 月 16 日因涉嫌窝藏罪被我局刑事拘留。

经依法侦查查明：

1. 2022 年 6 月 3 日凌晨，张×携带改锥、铁棍、手电筒等作案工具窜至××县千童管件厂，用铁棍撬开财务室防盗门，用改锥撬开财务室办公桌的抽屉，盗窃现金 2 950元以及华为牌 P30 手机一部，价值 2 270 元。

2. 2022 年 5 月 2 日晚 10 时许，张×伙同王×、刘×三人开车在××县北环路将××县天然不锈钢公司经理王×绑架至××县与××县交界处的一窑场内，并索要现金 10 万元。得款后，三人用绳子将王×勒死并抛尸于现场。张×分得现金 4 万元，王×、刘×各分得现金 3 万元。刘×回到家后将 3 万元交予妻子刘××，并告知刘××钱的来历。刘××为帮助刘×逃避公安机关的打击，给其妹妹刘××打电话告知刘×绑架他人的情况，让刘×住到其妹妹刘××闲着的房子里。

3. 2022 年 5 月 31 日下午 6 时，张×和孙×骑摩托车在沧乐路抢夺赵×皮包一个，内有现金 900 元。张×分得 500 元，孙×分得 400 元。

认定上述犯罪事实，有报案记录、被害人陈述、证人证言、现场勘验笔录、尸体检验报告等证实。

综上所述，犯罪嫌疑人张×、刘××的行为触犯了《中华人民共和国刑法》，分别涉嫌绑架罪、故意杀人罪、盗窃罪、抢夺罪、窝藏罪。依照《中华人民共和国刑事诉讼法》之规定，特提请批准逮捕。

此致

××县人民检察院

××县公安局（印）

二〇二二年六月十九日

附：（1）本案卷宗一卷，200 页。

（2）犯罪嫌疑人张×、刘××现押于××县看守所。

（3）犯罪嫌疑人孙×取保候审。

（4）犯罪嫌疑人王×因主要犯罪地在山东省××县，我局已将其移送至山东省××县公安局。

（5）犯罪嫌疑人刘×因服毒已于 2022 年 6 月 17 日死亡。

【简析】

这份提请批准逮捕书缺少案由和案件来源，也未写明犯罪嫌疑人归案情况、有无违法犯罪经历。在结论部分，没有公安机关对符合逮捕条件进行说明的内容，也没有明确列出犯罪嫌疑人涉嫌罪名的条款依据，即具体触犯《刑法》哪条哪款、依照《刑事诉讼法》哪条哪款。

【修改文】

××县公安局

提请批准逮捕书

×公（×）提捕字〔2022〕51号

犯罪嫌疑人张×，男，19××年×月×日生，××省××县人，居民身份证号：××××，×××人，初中文化，汉族，住××镇东街村，原××县化工厂工人，政治面貌为群众。违法犯罪经历：2018年因盗窃罪被××人民法院判处有期徒刑2年，缓期两年执行。2022年6月3日因涉嫌盗窃罪被我局刑事拘留。

犯罪嫌疑人刘××，女，19××年×月×日生，×××人，初中文化，汉族，居民身份证号：××××，住××县临江镇王庄村，系该村村民，政治面貌为群众，无违法犯罪经历。2022年6月16日因涉嫌窝藏罪被我局刑事拘留。

犯罪嫌疑人张×盗窃一案，由群众于2022年6月3日报案至我局。我局经审查，于当日立案侦查。同时犯罪嫌疑人交代曾伙同犯罪嫌疑人王×、刘×绑架杀人。犯罪嫌疑人王×、刘×分别于2022年6月4日、2022年6月10日被抓获归案。

经依法侦查查明：

1. 2022年6月3日凌晨，张×携带改锥、铁棍、手电筒等作案工具窜至××县千童管件厂，用铁棍撬开财务室防盗门，用改锥撬开财务室办公桌的抽屉，盗窃现金2 950元以及华为牌P30型手机一部，价值2 270元。

2. 2022年5月2日晚10时许，张×伙同王×、刘×三人开车在××县北环路将××县天然不锈钢公司经理王×绑架至××县与××县交界处的一窑场内，并索要现金10万元。得款后，三人用绳子将王×勒死并抛尸于现场。张×分得现金4万元，王×、刘×各分得现金3万元。刘×回到家后将3万元交予妻子刘××，并告知刘××钱的来历。刘××为帮助刘×逃避公安机关的打击，给其妹妹刘××打电话告知刘×绑架他人的情况，让刘×住到其妹妹刘××闲着的房子里。

3. 2022年5月31日下午6时，张×和孙×骑摩托车在沧乐路抢夺赵×皮包一个，内有现金900元。张×分得500元，孙×分得400元。

认定上述犯罪事实，有报案记录、被害人陈述、证人证言、现场勘验笔录、尸体检验报告等证实。

综上所述，犯罪嫌疑人张×的行为触犯了《中华人民共和国刑法》第二百三十九条、第二百三十二条、第二百六十四条、第二百六十七条之规定，涉嫌绑架罪、故意杀人罪、盗窃罪、抢夺罪。犯罪嫌疑人刘××的行为触犯了《中华人民共和国刑法》

第三百一十条之规定，涉嫌窝藏罪。犯罪嫌疑人张×、刘××可能判处徒刑以上刑罚，依照《中华人民共和国刑事诉讼法》第八十一条、第八十七条之规定，犯罪嫌疑人张×、刘××符合逮捕条件，特提请批准逮捕。

此致

××县人民检察院

××县公安局（印）

二〇二二年六月十九日

附：(1) 本案卷宗一卷，200 页。

(2) 犯罪嫌疑人张×、刘××现押于××县看守所。

(3) 犯罪嫌疑人孙×取保候审。

(4) 犯罪嫌疑人王×因主要犯罪地在山东省××县，我局已将其移送至山东省××县公安局。

(5) 犯罪嫌疑人刘×因服毒已于 2022 年 6 月 17 日死亡。

范文评析

【例文】

××市公安局

提请批准逮捕书

×公（×）提捕字〔2021〕64 号

犯罪嫌疑人王××，男，19××年××月××日出生，江苏省××市××区人，身份证号码 3210××××××××266811，汉族，初中文化，××市标准厂司机，现住××路南街 4 号，政治面貌群众。2007 年因偷窃被劳教 2 年，于 2009 年 7 月被解除教养，后回原单位工作。2021 年 11 月 19 日因涉嫌盗窃罪、抢劫罪、放火罪被我局刑事拘留。

辩护律师刘××，××律师事务所律师，执业证编号××××。

犯罪嫌疑人王××涉嫌盗窃罪、抢劫罪、放火罪一案，由发现人吴××报案至我局，我局经审查，于 2021 年 10 月 28 日立案侦查，犯罪嫌疑人王××于 2021 年 11 月 19 日被抓获归案。

经依法侦查查明：犯罪嫌疑人王××因赌高利贷欠债拖欠已久，负债累累，于

2021 年 10 月 28 日早上 7 点 30 分起床后携带一把克丝钳子乘公共汽车来到××市××区××西路 28 号一住宅区，意欲盗窃。其通过踹门破锁的方式盗窃了两家住户后，在潜入第三家准备盗窃时，发现屋内有人，为抗拒抓捕，遂当场使用暴力用菜刀朝被害人李××头部砍了数刀，在被害人无力反抗准备逃跑时，犯罪嫌疑人又用剪刀在被害人脖子上扎了两三下，导致被害人失血过多当场死亡，随后犯罪嫌疑人王××为毁灭证据，在单元楼内将食用油泼洒在被害人尸体上，用火柴放火焚烧被害人李××的尸体，后逃离现场，共抢劫现金 5 000 元。于 2021 年 11 月 19 日被××市××区公安分局抓获。

认定上述事实的证据如下：克丝钳子 1 把；菜刀 1 把；带血的剪刀 1 把；油瓶 1 个；带指纹的火柴盒 1 个；血手套 1 副；现场犯罪嫌疑人脚印 4 只；报案记录 1 份；现场勘验笔录 1 份；被害人尸检鉴定书 1 份；调查报告 2 份；犯罪嫌疑人脚印对比鉴定书 1 份；讯问记录 1 份；犯罪嫌疑人口供 1 份等。

综上所述，犯罪嫌疑人王××以非法占有为目的，入户盗窃共得 8 000 元存折1 份及现金 5 000 元，数额巨大，情节严重；在居民楼内故意杀人后以放火的方法毁灭罪证，手段残忍，情节严重，足以危及公共安全。上述犯罪事实清楚，证据确凿。其行为已触犯《中华人民共和国刑法》第二百六十四条、第二百三十二条、第一百一十四条之规定，涉嫌盗窃罪、故意杀人罪、放火罪，可能判处徒刑以上刑罚，符合逮捕条件。依照《中华人民共和国刑事诉讼法》第八十一条、第八十七条之规定，特提请批准逮捕。

此致

××市人民检察院

××市公安局（印）
二〇二一年十一月二十日

附：(1) 本案卷宗二卷，400 页。

(2) 犯罪嫌疑人王××现羁押于××市看守所。

【简析】

本篇提请批准逮捕书结构清晰，对侦查所得犯罪事实与法律依据表述方式得当，符合写作要求。

第五节　通缉令

一、通缉令的概念

通缉令，是指公安机关在办理刑事案件过程中，针对应当逮捕的在逃犯罪嫌疑人发布追捕归案命令而制作的法律文书。

通缉令具有法律强制性，是公安机关协同作战并动员和组织群众共同查获在逃的犯罪嫌疑人的有效方式。对于被通缉的对象，各地公安机关都可以将其抓捕，任何公民都有权利和责任将其扭送公安机关处理。因此，发布通缉令对于及时抓获犯罪嫌疑人和案件顺利侦破具有十分重要的作用。

正是基于通缉令影响的广泛性，其制作必须严格依法进行，也即只有依据《刑事诉讼法》第一百五十五条的规定[①]，完全具备通缉的条件时才能够由公安机关制作和发布。通缉的条件包括：第一，主体条件即有足够的证据证明被通缉对象是犯罪嫌疑人；第二，实质条件即被通缉对象符合逮捕条件；第三，形式条件即有证据证明犯罪嫌疑人确实在逃。

二、通缉令的要素内容

通缉令是一种多联填充式文书。通缉令由对内发布联、对外发布联和存根三联组成。

通缉令的存根是公安机关发布对犯罪嫌疑人通缉令的凭证。由公安机关留存备查，在其首部分行居中写明制作的公安机关名称和文书名称，即写明“××公安局”“通缉令”，再按式样所规定的内容的顺序写明以下项目：案件名称，案件编号，被通缉人姓名、性别、出生日期、身份证件类型及号码、住址、单位及职业，通缉时间，批准人，批准时间，办案人，办案单位，填发时间和填发人。

对内发布联是公安机关依法对在逃的犯罪嫌疑人进行追捕的依据。对外发布联是公安机关通过广播、电视、报刊、计算机网络等方式对外发布通缉令的凭证。两联的要素内容基本相同，均包括首部、正文和尾部。

（一）首部

首部包括标题和发文字号。

（1）标题。标题中不写制作通缉令的公安机关名称，只居中写明文书名称，即“通缉令”。

（2）发文字号。通缉令的案号为“×公（×）缉字〔××〕×号”。

（二）正文

对内发布联和对外发布联的正文，应写明犯罪嫌疑人的基本情况、发布范围、简要案情、工作要求和注意事项、附件。

1. 犯罪嫌疑人的基本情况

应当写明犯罪嫌疑人的姓名、性别、年龄、民族、职业、工作单位、户籍所在地、住址、在逃人员网上编号（对外发布联不写此项）、身份证件号码、体貌特征、行为

---

① 我国《刑事诉讼法》第一百五十五条第一款规定，应当逮捕的犯罪嫌疑人如果在逃，公安机关可以发布通缉令，采取有效措施，追捕归案。

特征、口音、携带物品、特长等。

体貌特征要写明通缉对象的面部特征、身高、肤色、体态、发型及发色、生理病理特征、衣着等。行为特征要写明被通缉对象活动的一般规律、行为动作的特殊表现形态。口音要写明被通缉对象是否操有地方口音或操有何种地方口音。携带物品要写明被通缉对象逃跑时，是否携带枪支、弹药、爆炸物、赃款赃物以及有关物品的数量、特征等。特长应写明被通缉对象掌握何种技能，如驾驶、射击、摔跤、爆破等。

2. 发布范围

根据《刑事诉讼法》第一百五十五条第二款的规定，公安机关在自己管辖的地区以内，可以直接发布通缉令；超出自己管辖的地区，应当报请有权决定的上级公安机关发布。因此，发布范围与公安机关的管辖范围密切相关。

3. 简要案情

写明被通缉的犯罪嫌疑人的作案时间、地点、手段、案件性质、情节及后果等。对涉密的内容应当选择性地予以说明。

4. 工作要求和注意事项

写明对被通缉对象的追捕措施以及抓获后的处置措施，并写明办案单位联系人、联系电话及通信地址等。对内发布联一般写为："望各单位接此通缉令后，立即布置警力，严格控制，注意查缉，如果发现犯罪嫌疑人×××，立即拘捕并速告××公安局刑警大队。联系人、联系电话：××××，××××。"

对外发布联则无须写工作要求，可根据案情写明注意事项，包括：

（1）犯罪嫌疑人持有武器，具有危险性，请注意自我保护等内容，例如："被通缉人逃跑时携带枪支，危险性很大，发现其时请立即与公安机关联系，并注意保护自身安全，不要惊动犯罪嫌疑人。"

（2）为了发现重大犯罪线索，抓获犯罪嫌疑人，缴获涉案财物证据，必要时可发布悬赏通缉令。通缉令分为"A级""B级"两个等级。"A级"是为了抓捕公安部认为应重点通缉的在逃人员而发布的命令，其主要适用于情况紧急、案情重大或突发恶性案件。"B级"是公安部应各省级公安机关的请求而发布的缉捕在逃人员的命令。"A级"的悬赏不少于5万元且上不封顶，"B级"不少于1万元。因此，如是悬赏通缉令，则需在此处予以写明。

5. 附件

对内发布联，有条件的，在附件中附犯罪嫌疑人照片、指纹、DNA编号及社会关系。但公开发布的通缉令不得将犯罪嫌疑人的社会关系公开。对外发布联中的附件只需附犯罪嫌疑人的照片。

（三）尾部

尾部包括署名、日期、加盖印章、抄送部门。

（1）署名。写明制发通缉令的公安机关名称。

（2）日期。写明文书制作的具体的年月日。

（3）加盖公安机关印章。

（4）抄送部门。对外发布联无须写明此项，对内发布联应写明抄送的部门名称。例如，抄送部门：××公安局。

范文评析

【例文】

对内发布联

通缉令

×公（×）缉字〔2022〕12号

犯罪嫌疑人的基本情况、在逃人员网上编号、身份证件号码、体貌特征、行为特征、口音、携带物品、特长：犯罪嫌疑人刘××，男，1981年2月10日出生，汉族，××县人，系××县第三中学炊事员，在逃人员网上编号××××，身份证号××××，身高1.68米，平头，瓜子脸，颧凸出，两眼眶深陷，单眼皮，体型较瘦，皮肤较黑，逃走时上穿咖啡色短袖衬衣，内穿白色背心，背心上印有“第三中学”字样，下穿浅灰色长裤，脚穿黑色皮凉鞋，身上可能有被害人血迹，操湖北口音，携带一把自制手枪，该犯罪嫌疑人曾经练过五年摔跤，会驾驶汽车。

发布范围：各市县（区）公安局。

简要案情：2022年8月24日上午9时许，××市××县沙场镇发生一起特大抢劫杀人案。犯罪嫌疑人刘××持尖刀连续杀死二人抢走现金后，携款畏罪潜逃，现予以通缉。

工作要求和注意事项：望各单位接此通知后，立即布置力量，严密控制，注意查缉，如发现犯罪嫌疑人刘××，立即拘捕并速告省公安厅四处或××市公安局刑警支队。

联系人、联系电话：汪××，5277×××（省厅四处）；刘××，6213×××（市局警支）

附：1. 犯罪嫌疑人照片、指纹。

2. 犯罪嫌疑人社会关系。

3. DNA 编号。

××公安局（印）

二〇二二年九月一日

抄送部门：××公安局

（注：此联用于对内发布）

对外发布联

通缉令

×公（×）缉字〔2022〕12 号

犯罪嫌疑人的基本情况、身份证件号码、体貌特征、行为特征、口音、携带物品、特长：犯罪嫌疑人刘××，男，1981 年 2 月 10 日出生，汉族，××县人，系××县第三中学炊事员，身份证号××××，身高 1.68 米，平头，瓜子脸，颧凸出，两眼眶深陷，单眼皮，体型较瘦，皮肤较黑，逃走时上穿咖啡色短袖衬衣，内穿白色背心，背心上印有"第三中学"字样，下穿浅灰色长裤，脚穿黑色皮凉鞋，身上可能有被害人血迹，操湖北口音，携带一把自制手枪，该犯罪嫌疑人曾经练过五年摔跤，会驾驶汽车。

发布范围：各市县（区）公安局。

简要案情：2022 年 8 月 24 日上午 9 时许，××市××县沙场镇发生一起特大抢劫杀人案。犯罪嫌疑人刘××持尖刀连续杀死二人抢走现金后，携款畏罪潜逃，现予以通缉。

注意事项：被通缉人逃跑时携带枪支，危险性很大，发现其时请立即与公安机关联系，并注意保护自身安全。

联系人、联系电话：汪××，5277×××（省厅四处）；刘××，6213×××（市局警支）

附：犯罪嫌疑人照片

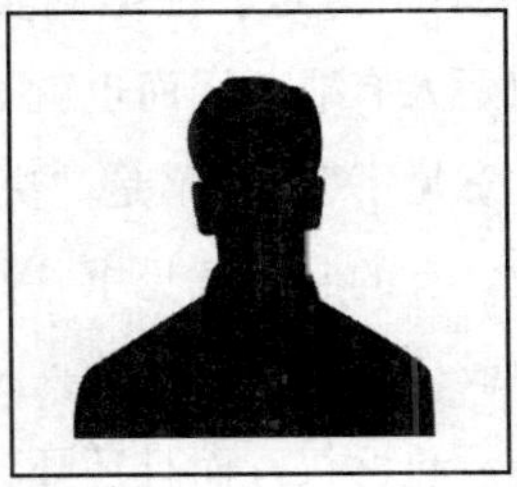

××公安局（印）

二〇二二年九月一日

（注：此联用于对外发布）

【简析】

该通缉令的各内容要件完备，表述清晰，符合通缉令的写作规范。

第六节 起诉意见书

一、起诉意见书的概念

公安机关对侦查终结的刑事案件，认为犯罪嫌疑人的行为已经构成犯罪，应当追究刑事责任，需要起诉时，即制成一种文书，连同案卷材料、证据一并移送同级人民检察院审查决定，这种文书就叫起诉意见书。

公安机关对刑事案件侦查终结后，制作起诉意见书，是对案件本身最重要的总结，也是为法律监督机关对侦查实行监督提供的书面依据，同时是人民检察院、人民法院提起公诉和审理案件的重要基础。这种法律文书，体现了人民检察院和公安机关分工负责、相互配合、相互制约的原则；既达到了惩罚犯罪的目的，又发挥了相互制约、准确执行法律的作用。

二、起诉意见书的主要特征

起诉意见书有以下特征：

第一，主要由公安机关制作起诉意见书。公安机关负责侦查大部分刑事案件，侦查终结后，需要处理犯罪嫌疑人，对其施以刑罚处罚时，公安机关不能直接给予处罚，也不能直接向人民法院提起公诉。按照《刑事诉讼法》的规定，公安机关应提出起诉意见书，移送同级人民检察院审查，由人民检察院决定是否向人民法院提起公诉。

第二，必须是犯罪嫌疑人的行为已经构成犯罪，应当追究刑事责任，需要起诉的，才制作起诉意见书。如果犯罪嫌疑人的行为虽构成犯罪，但依法需要对犯罪嫌疑人从宽处理、不予追究刑事责任时，则属于不提起公诉的范畴。

第三，起诉意见书是在犯罪事实清楚、证据确实充分的前提下制作的。事实不清、证据不足就不能认定犯罪嫌疑人有罪，因而也就不能制作起诉意见书。

第四，起诉意见书仅仅是“意见书”，而不是“决定书”，到底起诉与否，还要由人民检察院决定。在实际工作中，有的起诉意见书往往忽略了这一点，而在结尾时写成“故提起公诉，请依法判刑”或“故将犯罪嫌疑人起诉到你院。请予以惩处”。这样一来，不仅是公安机关自己行使了起诉权，而且还要人民检察院行使审判权，是极为错误的。

三、起诉意见书的要素内容

起诉意见书主要由六部分组成，即首部、案由和案件来源、犯罪事实、起诉理由、尾部、附项，现分别说明如下。

（一）首部

这部分应写明下列事项。

1. 标题

写明“××公安局起诉意见书”字样，其右下方写发文字号：×公（×）诉字〔×〕×号。

2. 犯罪嫌疑人的个人情况

主要有姓名（绰号、别名、曾用名），性别，出生日期，出生地，身份证件种类及号码，民族，文化程度，职业或单位及职务，居住地，政治面貌，违法犯罪经历，因本案被采取强制措施的情况等。如果犯罪嫌疑人有辩护律师，应当写明辩护律师的姓名、所在律师事务所或者法律援助机构名称、律师执业证编号。

（二）案由和案件来源

案由和案件来源具体为单位或公民举报、控告、上级交办、有关部门移送等，简要写明案件侦查过程中的各个法律程序开始的时间，如接受案件、立案的时间。此外，还需具体写明犯罪嫌疑人归案情况。最后写明“犯罪嫌疑人×××涉嫌×××案，现已侦查终结”。

（三）犯罪事实

这是起诉意见书的主体部分，要求写出犯罪嫌疑人犯罪事实的全部过程，把犯罪嫌疑人犯什么罪以及犯罪的时间、地点、目的、动机、手段、情节、结果交代清楚。

时间，要具体到年、月、日、时。必要的要写到分，切忌笼统。

地点，要把案件发生及犯罪嫌疑人作案经过的地域名称、具体地点写清楚。对地名的记述不要写错别字。

目的，要写清犯罪嫌疑人的心理状态中所希望达到的外部结果，写清这一点对于起诉和审判、定罪和量刑都具有重要意义。犯罪目的只存在于故意犯罪行为中，过失犯罪是无所谓目的的。因此，在起诉意见书中把嫌疑人的犯罪心理状态交代清楚，有利于人民检察院正确认定案情性质，乃至有利于人民法院正确定罪量刑，避免将故意犯罪定为过失犯罪而放纵了犯罪嫌疑人，或将过失犯罪定为故意犯罪而加重了犯罪嫌疑人的刑罚，做到罪符其实，罚当其罪。

动机，要写清促使犯罪嫌疑人决意犯罪的意识上的内心起因。写清犯罪的内心起因，把犯罪动机的深层结构表述恰当，有利于定罪量刑。写动机时应和目的区别开来。比如，诬告的动机是对某人复仇，而目的是使其受刑事制裁。再如，杀人的动机可能是害怕某人揭发自己的罪行，而目的则是为了杀人灭口。

手段，要写清犯罪嫌疑人为达到其犯罪目的所使用的犯罪手段。犯罪手段在一定程度上能反映其主观恶性的大小。

情节，要写清犯罪嫌疑人犯罪行为的各阶段情况和变化。对情节的表述应具有系统性和连贯性。通过写情节，达到对犯罪过程的全面了解。

结果，要写清案件的结局。对案件中的人、财、物等最后的归宿和去向要交代明白。

如果犯罪嫌疑人除犯有主要罪行外，还有其他次要罪行，次要罪行可写在主罪之前，以表明犯罪的一贯性，也可写在主罪之后，以表明其继续作案的恶性。

对于共同犯罪或犯罪集团中一案数犯，应先写明共同犯罪的事实，然后分别写明每个犯罪嫌疑人的具体犯罪事实，及其在整个犯罪活动中的作用和主犯、从犯、胁从犯的地位。

（四）起诉理由

这部分主要根据上述认定犯罪嫌疑人所犯罪行，论述其性质、危害程度，应负罪责以及依据什么法律规定构成了什么罪，依据什么法律规定移请人民检察院提起公诉等。

起诉理由这一部分的记述很重要，是案件移送人民检察院审查决定起诉的根据，也给人民法院的审判工作奠定了可靠的基础。

犯罪事实和起诉理由这两部分写完后，正文即结束。以下，在行文中可按格式“依照××之规定”，写明追究犯罪嫌疑人刑事责任的法律根据。最后，写“现将此案移送审查起诉。此致×××人民检察院”字样。

（五）尾部

起诉意见书应由公安机关署名，并注明制作的年、月、日。有人主张把这一部分归入起诉理由部分，这显然不合适；也有人把它并到附项部分，这也欠妥。较妥的办法是另立一部——尾部。

（六）附项

这部分是对两个事项的说明：（1）犯罪嫌疑人案件卷宗的数量（多少卷、多少页）；（2）随案移交的物品数量（多少件）。这些地方很细致，但不应忽略，应坚持法律文书制作上的完备性。

四、起诉意见书的使用规定

公安机关制作好起诉意见书之后，连同案卷材料、证据一并移送同级人民检察院审查决定，同时将案件移送情况告知犯罪嫌疑人及其辩护律师。犯罪嫌疑人自愿认罪的，应当记录在案，随案移送，并在起诉意见书中写明有关情况；公安机关也可以依法向检察机关建议适用速裁程序的内容。

人民检察院对于监察机关、公安机关移送的起诉意见书及其案卷，应当在一个月以内作出决定，重大、复杂的案件，可以延长 15 日；犯罪嫌疑人认罪认罚，符合速裁程序适用条件的，应当在 10 日以内作出决定，对可能判处的有期徒刑超过一年的，可以延长至 15 日。

人民检察院对于公安机关移送的起诉意见书，经过审查，对于主要犯罪事实不清、证据不足，或者遗漏应当追究刑事责任的人和遗漏罪行，认为需要补充侦查的，可以退回公安机关补充侦查，也可以自行补充侦查。补充侦查的案件，应当在一个月内侦查完毕。补充侦查的时间应当单独计算。

五、起诉意见书的写作格式

×× 公安局

起诉意见书

×公（×）诉字〔×〕×号

犯罪嫌疑人________，________（男/女），____年____月____日生，________人，________族，文化程度________，职业或单位及职务__________，住址________，政治面貌________。违法犯罪经历________。犯罪嫌疑人于____年____月____日被捕，现羁押于________看守所。

辩护律师姓名________，所在律师事务所或者法律援助机构名称________，律师执业证编号________________。

犯罪嫌疑人涉嫌________________一案，由________举报（控告/移送）至我局。我局经审查，于____年____月____日立案侦查，犯罪嫌疑人于____年____月____日被抓获归案。犯罪嫌疑人________涉嫌________________案，现已侦查终结。

经依法侦查查明：____。

认定上述事实的证据如下：____。

上述事实清楚，证据确实、充分，足以认定。

综上所述，犯罪嫌疑人____的行为触犯了《中华人民共和国刑法》第____条第____款之规定，涉嫌____罪，依照《中华人民共和国刑事诉讼法》第一百六十二条之规定，现将此案移送审查起诉。

此致

________人民检察院

××公安局（印）

____年____月____日

附：(1) 本案卷宗____卷____页。

(2) 随案移交物品____件。

病文诊疗

【原文】

××× 公安局

起诉意见书

×公（×）诉字〔2021〕32 号

犯罪嫌疑人孙××，男，1973 年 2 月 25 日生，汉族，××省××市人，身份证号××××，小学文化，××市××厂工人，住××省××市××路××号。

违法犯罪经历：2009年3月，因盗窃犯罪，被××市人民法院判处有期徒刑1年。2021年9月13日因涉嫌故意杀人罪，被××市公安局刑事拘留，9月17日被逮捕，现押于××市公安局看守所。

犯罪嫌疑人孙××涉嫌故意杀人一案由××大桥施工队于2021年9月9日报告至我局。我局于9月11日决定立案侦查，并于9月13日将犯罪嫌疑人孙××刑事拘留，9月17日对其执行逮捕。犯罪嫌疑人孙××涉嫌故意杀人案，现已侦查终结。

经依法侦查查明：2021年9月4日下午6时许，孙××用给被害人买东西吃的手段，将在其住所附近玩耍的章××（女，7岁，2014年9月13日出生）骗带到郊外，并控制至深夜。9月5日凌晨1时左右，孙××将章××抱回自己的住处，并在进门时用双手将章××掐死，然后把章××的尸体抱到楼上自己的宿舍，塞进床底隐藏。9月5日下午孙××趁家中无人之际，用小刀将尸体肢解。当夜，孙××骑自行车分两次将尸段抛入河中。9月6日早晨，孙××将其从被害人尸体上剥离下来的肌肉用盐腌制，并于6日中午、7日早上、8日、9日，先后几次烧煮食用。

认定孙××犯罪事实的证据如下：

1. 现场勘验笔录；

2. 现场搜集的搪瓷盆、黑提包、小刀等证物；

3. 被害人家长、玩耍伙伴及××食品门市部店主等所作的供词；

4. 犯罪嫌疑人孙××的供述；

5. 尸体检验报告和血型检验报告；

6. 关于孙××精神状态正常，没有精神病的司法鉴定报告。

上述犯罪事实清楚，证据确实、充分，足以认定。

综上所述，犯罪嫌疑人孙××的行为触犯了《中华人民共和国刑法》第二百三十二条，涉嫌故意杀人罪，依照《中华人民共和国刑事诉讼法》第一百六十二条之规定，现将此案移送审查起诉。

此致

××市人民检察院

×××公安局（印）
二〇二一年九月二十日

附：随案移交物品×件。

【简析】

这里附项的作用是说明两个事项，即犯罪嫌疑人案件卷宗的数量和随案移交物品的数量。本文忽略了第一个事项，没有达到制作法律文书完备性的要求。

【修改文】

×××公安局

起诉意见书

×公（×）诉字〔2021〕32号

犯罪嫌疑人孙××，男，1973年2月25日生，汉族，××省××市人，身份证号××××，小学文化，××市××厂工人，住××省××市××路××号。

违法犯罪经历：2009年3月，因盗窃犯罪，被××市人民法院判处有期徒刑1年。2021年9月13日因涉嫌故意杀人罪，被××市公安局刑事拘留，9月17日被逮捕，现押于××市公安局看守所。

犯罪嫌疑人孙××涉嫌故意杀人一案由××大桥施工队于2021年9月9日报告至我局。我局于9月11日决定立案侦查，并于9月13日将犯罪嫌疑人孙××刑事拘留，9月17日对其执行逮捕。犯罪嫌疑人孙××涉嫌故意杀人案，现已侦查终结。

经依法侦查查明：2021年9月4日下午6时许，孙××用给被害人买东西吃的手段，将在其住所附近玩耍的章××（女，7岁，2014年9月13日出生）骗带到郊外，并控制至深夜。9月5日凌晨1时左右，孙××将章××抱回自己的住处，并在进门时用双手将章××掐死，然后把章××的尸体抱到楼上自己的宿舍，塞进床底隐藏。9月5日下午孙××趁家中无人之机，用小刀将尸体肢解。当夜，孙××骑自行车分两次将尸段抛入河中。9月6日早晨，孙××将其从被害人尸体上剥离下来的肌肉用盐腌制，并于6日中午、7日早上、8日、9日，先后几次烧煮食用。

认定孙××犯罪事实的证据如下：

1. 现场勘验笔录；

2. 现场搜集的搪瓷盆、黑提包、小刀等证物；

3. 被害人家长、玩耍伙伴及××食品门市部店主等所作的供词；

4. 犯罪嫌疑人孙××的供述；

5. 尸体检验报告和血型检验报告；

6. 关于孙××精神状态正常，没有精神病的司法鉴定报告。

上述犯罪事实清楚，证据确实、充分，足以认定。

综上所述，犯罪嫌疑人孙××的行为触犯了《中华人民共和国刑法》第二百三十二条，涉嫌故意杀人罪，依照《中华人民共和国刑事诉讼法》第一百六十二条之规定，现将此案移送审查起诉。

此致

××市人民检察院

×××公安局（印）

二〇二一年九月二十日

附：1. 本案卷宗×卷×页。

2. 随案移交物品×件。

范文评析

【例文】

××市公安局

起诉意见书

×公（×）诉字〔2020〕165号

犯罪嫌疑人崔××，男，19××年×月×日生，河北省××县人，身份证号××××，汉族，初中文化程度，河北省××市××县××镇××村农民，住该村。因涉嫌故意伤害罪，2020年8月12日被我局刑事拘留；经××市人民检察院第一分院批准，同年9月19日被依法逮捕，现羁押于××市看守所。

犯罪嫌疑人张×，男，19××年×月×日生，吉林省××市人，身份证号××××，汉族，初中文化程度，吉林省××市××村×屯农民，住该村。因涉嫌窝藏罪，2020年8月12日被我局刑事拘留；经××市人民检察院第一分院批准，同年9月19日被依法逮捕，现羁押于××市看守所。

犯罪嫌疑人兔××，男，19××年×月×日生，河北省××市人，身份证号××××，汉族，初中文化程度，河北省××市××镇××村农民，住该村。因涉嫌窝藏罪，2020年8月31日被我局刑事拘留；经××市人民检察院第一分院批准，同年10月1日被依法逮捕，现羁押于××市看守所。

犯罪嫌疑人张××，男，19××年×月×日生，吉林省××市人，身份证号××××，汉族，初中文化程度，吉林省公主岭市××村×队农民，住该村。因涉嫌窝藏罪，2020年8月12日被我局刑事拘留，同年9月19日被取保候审。

犯罪嫌疑人段××，男，19××年×月×日生，河北省保定市阜平县人，身份证号××××，汉族，高中文化程度，河北省保定市阜平县××镇××村农民，住该村。因涉嫌窝藏罪，2020年9月1日被我局刑事拘留，同年9月30日被取保候审。

犯罪嫌疑人崔××、张×、兔××、张××、段××涉嫌故意伤害、窝藏一案，由崔××于2020年8月11日17时许报案至我局。我局经审查，于当日立案进行侦查。犯罪嫌疑人崔××、张×、兔××、张××分别于2020年8月12日、8月31日被我局抓获归案；犯罪嫌疑人段××于同年9月1日投案。犯罪嫌疑人崔××、张×、兔××、张××、段××涉嫌故意伤害、窝藏一案，现已侦查终结。

经依法侦查查明：犯罪嫌疑人崔××于2020年8月11日17时许，在本市××区××大厦西北角路边，无照摆摊卖货时，因被本市××区城管大队查处，怀恨在心，持刀将执法的××城管队副队长李××（男，36岁）颈部扎伤，造成李伤及右侧头臂静脉，及右肺上叶被刺伤，致急性失血性休克死亡。犯罪嫌疑人张×、兔××、张××、段××明知崔××负案，仍为其积极提供资金及藏匿地点，帮助犯罪嫌疑人崔××逃匿。

认定上述犯罪事实的证据如下：报案材料、现场笔录、尸检报告、鉴定意见、证人证言。犯罪嫌疑人崔××、张×、兔××、张××、段××对犯罪事实亦供认不讳。

上述犯罪事实清楚，证据确实、充分，足以认定。

犯罪嫌疑人崔××的行为已触犯《中华人民共和国刑法》第二百三十四条之规定，涉嫌故意伤害罪。犯罪嫌疑人张×、兔××、张××、段××的行为均已触犯《中华人民共和国刑法》第三百一十条之规定，涉嫌窝藏罪。依照《中华人民共和国刑事诉讼法》第一百六十二条的规定，现将此案移送审查起诉。

此致

××市人民检察院第一分院

××市公安局（印）

二〇二〇年十月二十三日

附：1. 本案卷宗12卷136页。

2. 随案移交物品1件。

【简析】

该起诉意见书全面准确地反映了犯罪嫌疑人的犯罪事实，正确地区分了罪与非罪的界限；在叙述犯罪事实时，做到了列举一定的证据予以证明，符合写作要求。

第七节　现场勘验笔录

一、现场勘验笔录的概念

任何犯罪分子实施犯罪活动都是在一定的空间中进行的，侦查人员依法对案件发生的地点和遗留与犯罪行为有关的痕迹、物品的场所所进行的实地勘验和调查研究，被称为现场勘验。侦查人员把现场勘验的情况和内容依照法定程序制成的书面材料，叫做现场勘验笔录。

现场勘验笔录是对刑事犯罪现场及勘验活动依法所进行的一种客观记录。它主要由现场记录、现场照相、现场绘图三部分组成。重大案件还包括现场录像。勘验笔录在刑事诉讼中具有重要作用，这主要表现在以下三方面：

第一，没有亲自参加现场勘验的人，通过记录中所记载的内容，能够对犯罪现场的情况有全面的了解。

第二，现场勘验笔录是研究案情的重要依据。在侦查过程中，如果需要了解现场上某一情况时，侦查人员可以根据记录的内容，把现场的原始状况准确地恢复出来。

第三，现场勘验笔录是一种重要的诉讼证据。它不仅能够真实反映犯罪现场以及与犯罪有关的痕迹、物品的客观情况，而且可以鉴别其他证据的真伪。

另外，现场勘验笔录对制作立案报告、破案报告、起诉文书和其他司法文书，也有十分重要的意义。

二、现场勘验笔录的要素内容

现场勘验笔录的结构内容可分为前言、叙述事实及结尾三部分。

1. 前言

其一，勘验的单位，包括现场勘验单位及指派或报告的单位。

其二，勘验事由，即启动勘验的案件缘由。

其三，勘验时间，应具体写明现场勘验开始和结束的年月日时分。

其四，勘验地点，应准确、具体写明勘验现场的地点。

其五，现场情况，包括现场保护情况和现场勘验的条件等。现场保护情况部分需写明保护人、保护措施、是原始现场还是变动现场等情况。现场勘验的条件包括勘验现场的天气、温度、湿度和风向，也包括勘验前现场的条件，以及现场勘验利用的光线。

其六，现场勘验指挥人，包括其姓名、所在单位、职务等。

2. 叙述事实

该部分记载现场勘验情况，包括现场方位和现场概貌、中心现场位置，现场是否有变动，变动的原因，勘验过程、提取痕迹物证情况、现场周边搜索情况、现场访问情况以及其他需要说明的情况。具体而言，包括以下几方面：

其一，现场的具体地点、位置和周围环境。

主要记明现场所在的市、区（县）、街道（乡、村）、门牌号码，以及现场的左邻右舍和四周固定的地物及通向某处的道路等。

其二，现场中心和有关场所的情况，特别要记明现场一切变动和变化的情况。

对现场中心部位一定要写得详细具体。比如，凶杀现场应记明尸体躺卧的具体位置、姿势，周围物体上有无血迹、血迹喷溅的面积，凶器及其他物品的位置和特征，等等。盗窃现场应记明被盗处所抽屉、保险柜等被破坏的情况以及内部存放物品被翻动的情况，遗留下何种痕迹、物品等。至于被盗走财物的种类、数量、特征等，应写在询问笔录中，现场勘验笔录中所记载的内容，仅限于实地勘验中所见到的情况。

除了中心部位以外，还应记明有关场所的情况。比如，室内现场应记明门窗是否被打开，室内桌、椅、床、箱柜、被褥以及其他与犯罪活动有关物体的摆设和存放情况有无被翻动和破坏。

其三，各种犯罪痕迹、物证的所在位置、数量、特征及分布状况等。

其四，现场所见到的各种反常现象。比如，室内现场门窗关闭，唯独一扇窗户的玻璃被打碎，但是，窗框和窗台上的灰尘、蜘蛛网等没有受到任何触动。对于此种情况，笔录中必须详细写明。

3. 结尾

其一，采取痕迹物证的名称和数量。

其二，拍摄现场照片、录像、录音和绘制现场图的种类及数量。

其三，现场勘验记录人员和参加勘验人员签名或盖章。

其四，见证人签名或盖章。

制作现场勘验笔录应注意如下事项：

（1）笔录中记录的顺序应当与进行实地勘验的顺序一致。这样能够使看笔录的人具体了解现场勘验的过程和方法，同时也可以防止因为记载的顺序紊乱而发生遗漏和重复的现象。

（2）笔录的记载应客观、准确。只记录勘验中所见的情况，不能把分析判断的情况载入笔录中去。比如，“房间北墙窗户有块玻璃被打碎，窗台上有一枚明显的胶鞋印，显然犯罪嫌疑人是从这儿进入室内的……”这样记载就不客观。应具体记明玻璃碎片分布的情况，上面有无痕迹，鞋印留在窗台的什么部位，鞋印的大小、特征以及脚尖朝何方向，等等。

（3）笔录的用语要明确、肯定，不能用模棱两可、含混不清的语句，比如“不远的地方”“较近”“大约”等，而应具体说明究竟有多远。

（4）笔录记载的内容既要全面翔实，又要简明扼要、中心突出。也就是说，凡是对案件有意义的情况一定不能遗漏，必须详细载明；凡是与案件毫无关系的情况，则不应列入笔录。

（5）在现场勘验过程中，如果进行了尸体外表检验、现场实验、物证检验、人身搜查等，应单独制作笔录；对上述检验或实验、搜查的结果，也应扼要地加以记载。

（6）多次勘验现场和检查尸体时，每次均应制作补充笔录。如果一案有多处现场时，应分别制作勘验笔录。

范文评析

【例文】

××公安局
现场勘验笔录

现场勘验单位：××公安局

指派/报告单位：××公安局

时间：2022年10月29日16时30分

勘验事由：××市公安局××派出所接报警电话称，××县××村后山树林中发现一辆被抛弃的小轿车内有一具男尸

现场勘验开始时间：2022年10月29日17时10分

现场勘验结束时间：2022年10月29日18时30分

现场地点：××市××县××村后山树林中

现场保护情况：现场已作保护，保护人××市公安局××派出所民警张××，以警戒带圈定了保护范围，现场为原始现场

天气：阴□/晴☑/雨□/雪□/雾□　温度：26℃　湿度：70%RH　风向：东南

勘验前现场的条件：变动现场☑/ 原始现场☑

现场勘验利用的光线：自然光☑/　灯光□/

现场勘验指挥人：王××　　　　单位：××市公安局二处　　　　职务：副处长

现场勘验情况：2020年10月29日16时10分，××市公安局二处接××派出所电话报称：××县××村后山树林中发现一辆被抛弃的小轿车内有一具男尸。现场已作保护，请求派员勘验现场。接报后，××市公安局二处副处长王××、二处四队队长徐×、二处四科科长林×、二处侦查员张××、二处四科技术员朱×共5人，于16时50分赶到现场，并开始对现场进行勘验。勘验时，该村治保主任任××和该村村民刘×作为现场勘验见证人。现场勘验从17时10分开始，当日天晴，微风，勘验在自然光线下进行。现场位于××村后山盘山公路下32米处，距东边电线杆60米，距西边堑沟27米。现场是一片松树林，林中有1.5～2米高的灌木丛，林木树叶茂盛。中心现场位于一个约10平方米的缓坡略平的空地，小轿车撞靠在一棵周长0.3米的松树干上，车下灌木柴草被压倒。从盘山公路至轿车停稳的位置之间，有车轮从灌木上压过的痕迹。轿车是“公爵”牌，车牌号为“×A—×××××”，轿车驾驶室左边挡风玻璃被子弹穿破一孔，弹孔四周玻璃有数条裂缝。轿车其他部位未受损坏。尸体被置于后座踏脚处，死者身上穿花格子白底色水洗丝衬衣，系淡蓝色浅花领带，下身穿深

灰色水洗丝西裤。上衣口袋有本人工作证和54元人民币。死者叫汪××，男，28岁，××市××汽车出租公司司机。尸体后脑正中弹孔为××平方厘米。子弹从左眼下方穿出。头部血斑模糊，上衣和裤子均沾满血浆，血浆已凝固。尸体抬出后，进行了全面检查，未发现有其他伤痕和搏斗过的迹象。现场草木丛中有两种当日留下的脚印：一种是皮鞋印迹，为报案人发现案情时所留；一种是旅游鞋印迹，为犯罪嫌疑人所留。下山途中发现犯罪嫌疑人脚印，并在水库北岸发现血迹和清洗痕迹。犯罪嫌疑人脚印在水库堤坝边缘出现一段后，在水库下方的公路边消失，该地方的路边草地上，有0.6吨小货车停留过的痕迹。勘验中提取了鞋印一枚，指印一枚，掌印一枚，血迹4份，带血白衬衣一件，“五四”手枪子弹壳一枚。现场勘验于18时30分结束。

现场勘验制图2张；照相19张；录像40分钟；录音40分钟。

现场勘验记录人员：

笔录人（签名）：张××，××市公安局二处侦查员

制图人（签名）：朱×，××市公安局二处四科技术员

照相人（签名）：林×，××市公安局二处四科科长

录像人（签名）：王××，××市公安局二处副处长

录音人（签名）：徐×，××市公安局二处四队队长

现场勘验人员：

本人签名：林×　　单位：××市公安局二处四科　职务：科长

本人签名：朱×　　单位：××市公安局二处四科　职务：技术员

现场勘验见证人：

本人签名：任××，性别：男　　出生日期：1978年11月10日，住址：××县××村

本人签名：刘×，性别：女　　出生日期：1986年7月16日，住址：××县××村

二〇二二年十月三十日

【简析】

这份现场勘验笔录对该枪杀案现场及周围情况遗留物等记载较为详明。记载的顺序和勘验的顺序一致，笔录清楚而具有条理性，是一份较好的现场勘验笔录。

第八节　其他笔录

公安机关在侦查过程中，经常会运用讯问犯罪嫌疑人笔录、询问证人笔录和搜查笔录。本节将分别介绍上述三种笔录的制作方法和要求。

一、讯问笔录

讯问笔录又可称为审讯笔录，它是反映讯问活动的书面文件，是对讯问人员提问和犯罪嫌疑人回答的客观记载。详言之，讯问笔录是侦查人员为了证实犯罪、查明犯罪情节或者发现犯罪嫌疑人新的犯罪事实或新的犯罪嫌疑人，依法对犯罪嫌疑人进行讯问，反映犯罪嫌疑人对罪行的供述和辩解以及讯问活动的一种笔录。

讯问笔录是一种重要的证据材料。通过讯问笔录，人们可以了解讯问人员在讯问中提出了一些什么问题，犯罪嫌疑人是如何进行供述和申辩的，可以看出犯罪嫌疑人的认罪态度和口供本身的可靠程度。

讯问笔录的内容主要包括：

（1）讯问时间（包括开始和结束时间）、地点。

（2）讯问人员姓名（按规定至少有两人）。

（3）犯罪嫌疑人的身份概况。

（4）犯罪嫌疑人是否有犯罪行为，犯罪情节、手段、过程、起因、结果，讯问人员提出的问题及犯罪嫌疑人的供述、辩解的情况。

（5）要有完备的法律手续，即每次讯问完毕，应将笔录交给犯罪嫌疑人阅读或向其宣读，一一加以核对。如有错记、漏记，允许犯罪嫌疑人更正或补充，并按指印、签名；如无误或犯罪嫌疑人要借机改口供，或统一前后供词的矛盾，则不予修改，可令犯罪嫌疑人在笔录的末页上加以说明。然后，在笔录的最后一页写明“以上笔录我看过（或向我宣读过），和我说的相符”，让犯罪嫌疑人逐页签名、捺指印，并注明时间。讯问人员和记录员要分别在笔录上签名。

范文评析

【例文】

讯问笔录

讯问时间：2021 年 1 月 20 日 9 时 30 分起至 11 时 0 分。

讯问地点：××看守所。

讯问人（签名）：王××　李××　工作单位：××市公安局××区分局。

记录人（签名）：张××　　工作单位：××市公安局××区分局

被讯问人：曹××　性别：男　　年龄：39 岁　　出生日期：1982 年 5 月 13 日

身份证件种类及号码：身份证 ××××

现住址：××市南关街 213 号　　　　联系方式：××××××××

户籍所在地：××市南关街213号

问：姓名？

答：曹××。

问：性别？

答：男。

问：民族？

答：汉族。

问：出生年月？

答：1982年5月13日。

问：文化程度？

答：初中。

问：职业？

答：××市汽水厂工人。

问：家庭住址？

答：××市南关街213号。

问：家庭情况？

答：妻子，李蓝，34岁，××机械厂；长女，曹红，11岁，学生；次女，曹青，10岁，学生；儿子，曹蓝，9岁，学生。

问：个人简历？

答：自幼未上学，16岁参加工作，现在××市汽水厂工作。

问：你以前是否受过处理？

答：没有。

问：（宣读拘留证）听清了吗？

答：听清了。

问：你为什么被拘留？

答：盗窃。

问：你把你盗窃的经过讲一下。

答：2020年6月5日上午，我到儿童医院准备偷东西。上午10点多钟，我在儿童医院转了一圈，转到诊断室专家门诊最南边屋内，我看见有一个女的，穿一件红色鸭绒衣，她正在问医生什么事情。我挤过去，看到她左上衣口袋内有一部手机，我用右手插到她的口袋里，把手机掏出来。我正准备拿手机走时，被旁边一个男的抓住了。

问：你偷的手机是什么牌子的？

答：是中兴牌的。

问：你为什么偷别人的手机？

答：我想把偷来的手机卖掉弄钱用。

问：还干过什么违法事？

答：没有了。

问：你现在有权聘请律师。

答：知道了。

问：现在向你宣读笔录，你听一下是否与你讲的相符。

答：笔录向我宣读过，和我讲的相符。

被讯问人：曹××（签名或捺指印）

二〇二一年一月二十日

【简析】

该笔录内容较清楚、全面，尽可能再现了犯罪嫌疑人的原始犯罪过程，该笔录的记录方式较好地反映了犯罪嫌疑人的原意，没有随意夸大、缩小或者改变原意，特别是对于涉及定罪量刑的重要情节，尽可能地记录了原话，遵循了原意。

二、询问笔录

询问笔录是在案件侦查、审查过程中，侦查人员、检察人员和审判人员为收集、核实各种证据，依照法定程序对被害人、证人、见证人和知情人等进行调查时所做的记录。

询问笔录的内容包括证人的姓名、性别、年龄、职业、住址和工作单位等；所反映的事件的经过和具体细节；所述情况的来源和当时的环境、自然条件，以及还有谁知道或能够证明所述情况。笔录应当交给证人核对。对于没有阅读能力的，应当向其宣读。如果证人认为记录有差错或遗漏时，应允许其加以改正或补充，但应在改正或补充处捺指印或盖章。证人认为笔录记录无误后，应在笔录上签名或盖章，记录人签名并写上日期。必要时，还可以让证人以书面形式提供证言。

对每个证人都必须单独制作询问笔录，不得把几个人提供的证言写在一份询问笔录里，更不能采用只制作某一个证人的询问笔录，而让其他证人在笔录上签名或者盖章的办法。

范文评析

【例文】

询问笔录

询问时间：2021 年 12 月 9 日 10 时 00 分至 2021 年 12 月 9 日 10 时 35 分

询问地点：××工厂会议室

询问人（签名）：刘××　　工作单位：××市公安局××区分局

记录人（签名）：方××　　工作单位：××市公安局××区分局

被询问人：袁××　性别：男　　年龄：34 岁　　出生日期：1987 年 12 月 1 日

身份证件种类及号码：身份证 ××××

现住址：××市××区××村××号

联系方式：××××

户籍所在地：××市××区××村××号

问：我们是公安局的。今天找你来，主要是证实一下有关吴××被抢劫一案的情况，希望你按照《中华人民共和国刑事诉讼法》的规定，如实地提供证言，不得作伪证或者包庇犯罪，否则是要负法律责任的，听懂了吗？

答：听懂了。

问：12 月 7 日（也就是出事那天）你和吴××在一起吗？

答：12 月 7 日那天下午 6 时 30 分，我和吴××由于赶活晚下班一个小时，出工厂大门时天已经黑了下来，我俩骑着车子就往家奔。厂里在郊外，离家要走一个半小时，当时路上行人很少，我俩心里也一阵阵发慌。大约骑了半个小时，突然从路边窜出一个人，只见他手拿刀子，两眼露着凶光，恶狠狠地对我俩说："要命还是要钱！"当时我俩被这突然出现的情景吓蒙了，半天说了句："要命。"正当那个人上前要摘我们的手表时，小吴抡起拳头把刀子打落，两个人厮打起来，我放下车子也准备一齐上，小吴让我快跑喊人去，我跑到前面一家饭馆把人喊来后，只见小吴躺在路边，满脸是血，我们赶紧把他送到附近医院抢救，大体经过就是这样。

问：你有没有看清罪犯是个什么样的人？

答：大约二十五六岁，身高 1.75 米左右，长头发，说话声音有点嘶哑。

问：看清穿的什么衣服了吗？

答：上衣是一件旧军服，其他没看清。

问：你以上讲的都是事实吗？

答：全部是事实。

以上记录我已看过，与我讲的一样。

证人：袁××（签名或盖章）

二〇二一年十二月九日

【简析】

从内容上看，该记录做到了首先向被询问人表明执法身份，然后查明被询问人的身份等情况，并尽可能如实记录对方陈述的原话，询问较客观、全面。

三、搜查笔录

搜查笔录是侦查人员依法对犯罪嫌疑人或可能隐藏犯罪嫌疑人和犯罪证据的人的身体、物品、住所及其他有关场所进行搜查所做的记录，是搜查结束后，为反映搜查情况而制作的具有法律效力的文书。它对于收集犯罪证据、查获犯罪人、及时迅速地侦破案件有着重要的作用。

搜查笔录的内容要点如下：

（1）案由。

（2）搜查开始、结束的时间（以年、月、日、时、分计算）和地点。

（3）执行搜查人（至少两人）的姓名、职务及所持搜查证的号码。

（4）被搜查人的姓名、住址，搜查范围。

（5）搜查的情况和结果，包括在何处发现作案工具、犯罪痕迹、物品和其他有关犯罪物品的名称、数量、特征等。

（6）参加搜查人及见证人的姓名、职业和住址。

（7）被搜查人意见。

（8）执行搜查人、见证人、被搜查人签名或盖章。

【例文】

搜查笔录

时间：2020 年 8 月 21 日 14 时 10 分至 2020 年 8 月 21 日 16 时 20 分

侦查人员姓名、单位：崔××，××市公安局侦查人员；牛××，××市公安局侦查人员

记录人姓名、单位：牛××，××市公安局侦查人员

当事人：徐××

对象：徐××的住处××市××区××街 81 号

见证人：李××、刘××

其他在场人员：被搜查人家属吴××

事由和目的：××市公安局侦查人员崔××、牛××根据 2020 年 8 月 21 日××市公安局签发的×公×搜查字〔2020〕32 号搜查证，在李××、刘××的见证下，对居住在××市××区××街 81 号的徐××的住处进行搜查。

地点：××市××区××街 81 号

过程和结果：侦查人员在犯罪嫌疑人徐××家中南间卧室衣橱顶上发现日产松下 M900 摄像机 1 架，美能达 X—700 照相机 1 架。在衣橱内发现灰色阿歌娜西装一套。在床垫下发现定期存款单 1 张，户主为黄×，账号××××，存款 2 500 元。在床头橱内发现金项链 1 条，在南阳台纸箱内发现螺丝刀 2 把。在壁橱内发现将军牌香烟 3

条。在搜查中没有违法现象，未损坏任何物品，被搜查人家属能够配合搜查工作。扣押物品，详见扣押物品清单。搜查物品的副本（扣押物品清单）已交吴××收执。

被搜查人或家属对搜查的意见：没有意见。

侦查人员（签名或盖章）：崔××、牛××

记录人（签名或盖章）：牛××

当事人（签名或盖章）：徐××

见证人（签名或盖章）：李××、刘××

其他在场人员（签名或盖章）：吴××

【简析】

该搜查笔录对于证明案件的真实情况有重大意义，符合写作要求。

第三章
人民检察院的主要司法文书

第一节　人民检察院批准逮捕决定书

一、批准逮捕决定书的概念

批准逮捕决定书是人民检察院对公安机关提请批准逮捕的犯罪嫌疑人的案件进行审查后，认为符合《刑事诉讼法》第八十一条规定的逮捕条件，依法批准逮捕时所制作的法律文书。

批准逮捕决定书的制作是依据《刑事诉讼法》第八十一条和第九十一条第三款的规定。批准逮捕决定书是人民检察院批准逮捕犯罪嫌疑人的正式法律凭证，也是公安机关依法执行逮捕的法律依据，充分体现了人民检察院对公安等侦查机关进行法律监督的原则，可以有效地减少和防止审前侦查权滥用、保证办案质量，最大限度地保障公民的人身自由不受侵犯。

二、批准逮捕决定书的要素内容

批准逮捕决定书为填空式文书，共分为四联：第一联为存根，第二联为副本（附卷），第三联为正本，第四联为执行回执。其中，存根和回执联依据所列项目进行填写即可，正本和副本要素内容相同，均由首部、正文、尾部三部分组成。

1. 首部

（1）标题和案号。应分行居中写明人民检察院名称和文书名称。批准逮捕决定书的案号为“×× 检×× 批捕〔20 ××〕×号”，第四联（回执联）不写文书案号。

（2）送达机关名称。二、三联填写提请批准逮捕的公安等机关名称，第四联填写批准逮捕的人民检察院名称。

2. 正文

该部分内容是文书的核心内容，包括案件来源、审查意见、批准逮捕的法律依据以及决定事项。

（1）案件来源。根据《刑事诉讼法》第九十一条第三款规定，人民检察院应当自接到公安机关提请批准逮捕书后七日内作出决定，为严格掌握办案时限，这项内容应写明公安机关提请批准逮捕的具体时间、文书案号以及犯罪嫌疑人的姓名。

例如，“你局于×××× 年×× 月×× 日以××号提请批准逮捕书提请批准逮捕犯罪嫌疑人×××。”

（2）人民检察院的审查意见。即“经本院审查认为，该犯罪嫌疑人涉嫌×× 犯罪”，这里犯罪嫌疑人涉嫌的罪名是指检察机关审查认定的罪名。检察机关认定几个罪名，就在该部分书写几个罪名。

（3）批准逮捕的法律依据和决定事项。写明：“符合《中华人民共和国刑事诉讼法》第八十一条规定的逮捕条件，决定批准逮捕犯罪嫌疑人×××。请依法立即执行，并将执行情况在三日以内通知本院。”

3. 尾部

包括制作文书的时间（向公安机关发文的年月日），并加盖院印。第四联应加盖公安等机关的公章。

三、批准逮捕决定书的写作格式

1. 存根联

××××人民检察院

批准逮捕决定书

（存 根）

××检××批捕〔20××〕×号

案由____

____

犯罪嫌疑人基本情况（姓名、性别、出生日期、公民身份号码、工作单位、住址、是否为人大代表或政协委员）____________________________

____

____

____

____

送达机关____________________

批 准 人＿＿＿＿＿＿＿＿＿＿＿＿＿＿

承 办 人＿＿＿＿＿＿＿＿＿＿＿＿＿＿

填 发 人＿＿＿＿＿＿＿＿＿＿＿＿＿＿

填发时间＿＿＿＿＿＿＿＿＿＿＿＿＿＿

2. 副本联

××××人民检察院

批准逮捕决定书

（副 本）

××检××批捕〔20××〕×号

＿＿＿＿＿＿＿＿：

你＿＿＿＿＿＿于＿＿年＿＿月＿＿日以＿＿＿＿＿＿号提请批准逮捕书提请批准逮捕犯罪嫌疑人＿＿＿＿＿＿＿＿，经本院审查认为，该犯罪嫌疑人涉嫌＿＿＿＿＿＿＿＿＿＿犯罪，符合《中华人民共和国刑事诉讼法》第八十一条规定的逮捕条件，决定批准逮捕犯罪嫌疑人＿＿＿＿＿＿＿＿。请依法立即执行，并将执行情况在三日以内通知本院。

××××年××月××日

（院印）

3. 正本联

××××人民检察院

批准逮捕决定书

××检××批捕〔20××〕×号

＿＿＿＿＿＿＿＿＿＿：

你＿＿＿＿＿＿于＿＿年＿＿月＿＿日以＿＿＿＿＿＿＿＿＿＿＿＿号提请批准逮捕书提请批准逮捕犯罪嫌疑人＿＿＿＿＿＿＿＿＿＿＿＿，经本院审查认为，该犯罪嫌疑人涉嫌＿＿＿＿＿＿＿＿＿＿＿＿犯罪，符合《中华人民共和国刑事诉讼法》第八十一条规定的逮捕条件，决定批准逮捕犯罪嫌疑人＿＿＿＿＿＿＿＿＿＿。请依法立即执行，并将执行情况在三日以内通知本院。

××××年××月××日

（院印）

4. 回执联

××××人民检察院

批准逮捕决定书

（回 执）

＿＿＿＿＿＿＿＿人民检察院：

根据《中华人民共和国刑事诉讼法》第九十条之规定，现将你院____年____月____日________号批准逮捕决定书的执行情况通知如下：

犯罪嫌疑人____________已于____年____月____日由________执行逮捕（或者因____________未执行逮捕）。

特此通知

××××年××月××日

（公章）

范文评析

【例文】

××××人民检察院

批准逮捕决定书

××检××批捕〔2022〕×号

××××公安局：

你局于2022年9月13日以××号提请批准逮捕书提请批准逮捕犯罪嫌疑人吴××，经本院审查认为，该犯罪嫌疑人涉嫌×××犯罪，符合《中华人民共和国刑事诉讼法》第八十一条规定的逮捕条件，决定批准逮捕犯罪嫌疑人×××。请依法立即执行，并将执行情况在三日以内通知本院。

2022年9月16日

（院印）

【简析】

本文书为批准逮捕决定书，写法标准、符合要求。

特别提示

制作人民检察院批准逮捕决定书应注意以下问题：

（1）以批捕的犯罪嫌疑人数量为单位进行写作。即对于同一个犯罪嫌疑人，每一次批准逮捕时均应写作批准逮捕决定书；一次对多名犯罪嫌疑人批准逮捕时，也应当对每一位犯罪嫌疑人单独制作批准逮捕决定书。

（2）对身份特殊的犯罪嫌疑人批准逮捕时应当履行特殊手续。根据有关规定，人民检察院对人大代表、政协委员逮捕，需要履行特别的程序。因此，制作批准逮捕决定书存根联，犯罪嫌疑人如果是人大代表或政协委员的，应当在犯罪嫌疑人基本情况一栏中填写清楚，并依照有关程序报请许可后才能批准逮捕。

（3）批准逮捕决定书存根联中的批准人应填写批准制作该文书的有关负责人的名字；填发人应填写制作该文书的人的姓名；填发时间应填写实际制作文书的时间。

（4）要严格遵循法定的办案期限。人民检察院应当在接到提请批准逮捕书后的七日内，对符合逮捕条件的犯罪嫌疑人制作逮捕决定书。如根据案情需要延长侦查羁押期限的，也应依法履行相应的法律手续，制作相关法律文书。

第二节　人民检察院认罪认罚具结书

一、认罪认罚具结书的概念

认罪认罚从宽制度作为2018年《刑事诉讼法》确立的一项重要制度，是推进刑事司法体制改革的巨大创新，也是立法和司法领域推进国家治理体系和治理能力现代化的重大举措。通过认罪认罚从宽制度，犯罪嫌疑人、被告人可以依法获得程序上从简或实体上从宽的处理，实现有效惩治犯罪、强化人权司法保障、提升诉讼效率、化解社会矛盾、减少社会对抗、促进社会和谐的良好效果。

认罪认罚具结书作为认罪认罚从宽制度不可或缺的重要内容，是犯罪嫌疑人、被告人自愿如实供述犯罪事实，承认自己的罪行，并真诚悔过，愿意积极承担法律责任而签署的法律文书。具结书不仅是犯罪嫌疑人、被告人表明其认罪认罚的法律文书，也具备犯罪嫌疑人、被告人的供述、书证、承诺书、控诉双方的辩诉协议等法律属性。

二、认罪认罚具结书的要素内容

认罪认罚具结书主要由以下四个部分构成。

1. 犯罪嫌疑人身份信息

认罪认罚从宽既可以适用于自然人，也可以适用于单位，故认罪认罚具结书犯罪嫌疑人身份信息也有两种范式，即“（自然人）犯罪嫌疑人身份信息”包括姓名、性别、出生日期、公民身份号码、民族、文化程度、职业以及户籍所在地等信息，“（单位）犯罪嫌疑人身份信息”包括被告单位身份信息（写明单位名称、组织机构代码、住所地、法定代表人姓名、职务等）以及诉讼代表人身份信息（写明姓名、性别、出生日期、工作单位、职务）。

2. 权利知悉

该部分没有内容填写部分，为统一的格式性内容，即“本人已阅读《认罪认罚从宽制度告知书》，且理解并接受其全部内容，本人/本人代表单位自愿适用认罪认罚从宽制度。”

3. 认罪认罚内容

该部分为认罪认罚具结书的核心，包括犯罪事实、指控罪名、量刑建议、适用程序四大内容。

4. 自愿签署声明

该部分为认罪认罚具结书产生法律效力的关键，只有确保犯罪嫌疑人在知情、自愿的情况下签署，才能保证认罪认罚从宽的合法、公正、正当。同时，为了强化认罪认罚从宽过程中犯罪嫌疑人的权利保障，辩护律师或值班律师为犯罪嫌疑人认罪认罚提供充分的法律帮助，并见证全过程，故辩护律师或值班律师也应当签署该声明。

三、认罪认罚从具结书的写作格式

【格式 1】公民认罪认罚具结书

认罪认罚具结书

一、犯罪嫌疑人身份信息

本人姓名________，性别____，____年____月____日出生，公民身份号码：____________________，民族____，文化程度____________，职业____________，户籍所在地：________________________________。

二、权利知悉

本人已阅读《认罪认罚从宽制度告知书》，且理解并接受其全部内容，本人自愿适用认罪认罚从宽制度。

三、认罪认罚内容

本人知悉并认可如下内容：

1. ________人民检察院指控本人犯罪事实：______________________________。

2. ________人民检察院指控本人构成________________________罪。

3. ________人民检察院提出的量刑建议：______________________________。

（如在审理阶段具有赔偿被害人、取得谅解等情节的，将调整量刑建议或者给出具体预期刑期；如相对不起诉，可写鉴于×××情况，我院对你拟决定不起诉。）

4. 本人同意适用速裁程序/简易程序/普通程序。

四、自愿签署声明

本人就本具结书内容已经听取辩护人/值班律师的法律意见，知悉认罪认罚可能导致的法律后果。

本《认罪认罚具结书》是本人在知情和自愿的情况下签署，未受任何暴力、威胁或任何其他形式的非法影响，亦未受任何可能损害本人理解力和判断力的毒品、药物或酒精物质的影响，除了本《认罪认罚具结书》载明的内容，本人没有获得其他任何关于案件处理的承诺。

本人已阅读、理解并认可本《认罪认罚具结书》的每一项内容，上述内容真实、准确、完整。 本人签名：________________　　　　____年____月____日

本人系__________（单位）的律师，担任犯罪嫌疑人/被告人________的辩护人/值班律师。本人证明，该犯罪嫌疑人/被告人已读了《认罪认罚从宽制度告知书》及《认罪认罚具结书》，自愿签署了上述《认罪认罚具结书》。

辩护人/值班律师签名：________________

____年____月____日

本文书一式二份，一份留存附卷，一份送人民法院

【格式2】单位认罪认罚具结书

认罪认罚具结书

一、犯罪嫌疑人身份信息

被告单位×××（写明单位名称、组织机构代码、住所地、法定代表人姓名、职务等）

诉讼代表人×××（写明姓名、性别、出生日期、工作单位、职务）

二、权利知悉

本人已阅读《认罪认罚从宽制度告知书》，且理解并接受其全部内容，本人代表单位自愿适用认罪认罚从宽制度。

三、认罪认罚内容

本人知悉并认可如下内容：

1. ________人民检察院指控本单位犯罪事实：______________________________。

2. ________人民检察院指控本单位构成____________________________罪。

3. ________人民检察院提出的量刑建议：______________________________。

（如相对不起诉，可写鉴于×××，我院拟对××单位决定不起诉。）

4. 本人代表单位同意适用速裁程序/简易程序/普通程序。

四、自愿签署声明

本人就本具结书内容已经听取辩护人/值班律师的法律意见，知悉认罪认罚可能导致的法律后果。

本《认罪认罚具结书》是本人在知情和自愿的情况下签署，未受任何暴力、威胁或任何其他形式的非法影响，亦未受任何可能损害本人理解力和判断力的毒品、药物或酒精物质的影响，除了本《认罪认罚具结书》载明的内容，本人没有获得其他任何关于案件处理的承诺。

本人已阅读、理解并认可本《认罪认罚具结书》的每一项内容，上述内容真实、准确、完整。 诉讼代表人签名：＿＿＿＿＿＿＿＿　　　＿＿年＿＿月＿＿日

本人系＿＿＿＿＿＿（单位）的律师，担任犯罪嫌疑单位/被告单位＿＿＿＿的辩护人/值班律师。本人证明，该诉讼代表人已经阅读了《认罪认罚从宽制度告知书》及《认罪认罚具结书》，自愿签署了上述《认罪认罚具结书》。

辩护人/值班律师签名：＿＿＿＿＿＿＿＿

＿＿年＿＿月＿＿日

本文书一式二份，一份留存附卷，一份送人民法院

第三节　人民检察院量刑建议书

一、量刑建议书的概念

量刑建议书是出席法庭支持公诉的公诉人，在法庭上针对被告人的量刑向法院所做的建议书。本文书属于填空式文书，是公诉人对起诉书指控被告人罪行所应承担刑事责任的总结，是检察机关公诉权的具体体现，有助于法院对被告人的公正量刑。根据《人民检察院刑事诉讼规则》第三百六十四条、第二百七十四条和第二百七十五条的规定，可以分为“普通刑事案件”和“认罪认罚案件”量刑建议书两大类。

二、量刑建议书的要素内容

量刑建议书在结构上包括以下几个部分。

1. 首部

（1）制作单位：人民检察院的名称；人民检察院的名称前应当写明省（自治区、直辖市）的名称；对涉外案件提起公诉时，人民检察院的名称前均应注明“中华人民共和国”字样。

（2）文书名称。

（3）文书编号。

2. 正文

（1）明确被告人姓名、涉嫌罪名、应当追究刑事责任的法律依据、法定刑。

（2）明确被告人的法定量刑情节和酌定量刑情节。

（3）明确最终的量刑建议，包括主刑及其执行方式和附加刑。其中，主刑是必填项，可以提出具体确定的建议。在认罪认罚案件中，量刑建议一般应当为确定刑。执行方式和并处附加刑属于选填项。

3. 尾部

（1）致送法院的名称。

（2）检察人员署名、日期并加盖检察机关印章。

三、量刑建议书的写作格式

【格式 1】普通刑事案件

××××人民检察院

量刑建议书

××检××量建〔20××〕×号

被告人__________涉嫌__________犯罪一案，经本院审查认为，被告人__________的行为已触犯《中华人民共和国刑法》第____条第____款第____项之规定，犯罪事实清楚，证据确实、充分，应当以__________罪追究其刑事责任，其法定刑为__________。

因其具有以下量刑情节：

1. 法定从重处罚情节：____________________。
2. 法定从轻、减轻或者免除处罚情节：____________________。
3. 酌定从重处罚情节：____________________。
4. 酌定从轻处罚情节：____________________。
5. 其他__________。

故根据__________（法律依据）之规定，建议判处被告人__________。（主刑种类及幅度或单处附加刑或者免予刑事处罚），__________（执行方式），并处__________（附加刑）。

此致

__________人民法院

检察官__________

____年____月____日

（院印）

【格式 2】认罪认罚案件

××××人民检察院

量刑建议书

（认罪认罚案件适用）

××检××量建〔20××〕×号

本院以________号起诉书提起公诉的________一案，经审查认为，被告人________的行为已触犯《中华人民共和国刑法》________之规定，犯罪事实清楚，证据确实、充分，应当以________罪追究其刑事责任，其法定刑为________。

被告人____自愿如实供述涉嫌的犯罪事实，对指控的犯罪没有异议，接受刑事处罚，建议判处被告人________________。

此致

________人民法院

检察官________

____年____月____日

（院印）

范文评析

【例文】

××省××县人民检察院

量刑建议书

××检诉量建〔20××〕×号

被告人××涉嫌危险驾驶罪、变造身份证件罪一案，经本院审查认为，被告人××的行为已触犯《中华人民共和国刑法》第一百三十三条之一第一款第（二）项、第二百八十条之规定，犯罪事实清楚，证据确实、充分，应当以危险驾驶罪、变造身份证件罪追究其刑事责任，其法定刑为三年以下有期徒刑、拘役、管制，并处罚金。

因其具有以下量刑情节：

1. 危险驾驶罪。法定从轻处罚情节：坦白、认罪认罚；酌定从重处罚情节：行政劣迹。

故建议对其判处拘役 1 个月，并处罚金。

2. 变造身份证件罪。法定从轻处罚情节：自首、认罪认罚；酌定从重处罚情节：

行政劣迹。

故建议对其判处拘役3个月，并处罚金。

根据《中华人民共和国刑法》第一百三十三条之一第一款第（二）项、第二百八十条等规定，合并刑期建议判处被告人××拘役3个月，并处罚金。

此致

××省××县人民法院

检察官　×××

20××年××月××日

（院印）

【简析】

本量刑建议书中，被告人犯有数罪，在分别指出其触犯的法律、涉嫌罪名、法定刑、量刑情节，对指控的各罪分别提出量刑建议后，根据案件具体情况提出总的量刑建议，充分体现了检察机关量刑建议的规范性、科学性与合法性。

特别提示

制作人民检察院量刑建议书应注意以下问题：

（1）对于认罪认罚案件，量刑建议一般应当为确定刑。对新类型、不常见犯罪案件，量刑情节复杂的重罪案件等，也可以提出幅度刑量刑建议。

（2）法定刑为依法应适用的具体刑罚档次；量刑情节包括法定从重、从轻、减轻或者免除处罚情节和酌定从重、从轻处罚情节，如果有其他量刑理由的，可以列出；建议的法律依据包括刑法、相关法律和司法解释等。

（3）被告人犯有数罪的，应当分别指出其触犯的法律、涉嫌罪名、法定刑、量刑情节，对指控的各罪分别提出量刑建议后，可以根据案件具体情况决定是否提出总的量刑建议。

（4）一案中有多名被告人的，可以分别制作量刑建议书，也可以同一份量刑建议书中集中表述。

第四节 人民检察院起诉书

一、起诉书的概念

根据《中华人民共和国刑事诉讼法》第一百六十二条的规定，人民检察院对于公安机关侦查终结，移送审查起诉的刑事案件或由本院自行侦查终结的刑事案件，经过审查后，认为犯罪嫌疑人的犯罪事实已经查清，证据确实、充分，依法应当追究刑事责任的，应当作出起诉决定，按照审判管辖的规定，向人民法院提起公诉。所以，起诉书就是人民检察院依照法定的诉讼程序代表国家向人民法院对犯罪嫌疑人提起公诉的文书。由于人民检察院提起公诉是以国家公诉人的名义进行的，因而通常称之为公诉书。

二、起诉书的主要特征

起诉书的目的是将特定的刑事案件提交人民法院进行审判，要求对犯罪嫌疑人依法定罪科刑。因此，起诉书具备以下几个特征。

首先，起诉书必须由人民检察院制作。人民检察院对于自行侦查终结的刑事案件，或由公安机关移送审查的案件，认为具备起诉条件，作出起诉决定时，应当制作起诉书，把被告人交付人民法院进行审判。公安机关无权向人民法院提交起诉书，如认为犯罪嫌疑人的行为已经触犯刑律，依法应追究其刑事责任时，只能向检察机关提出起诉意见书。

其次，起诉书所指控被告人的犯罪事实必须已经查清，证据确实、充分。犯罪事实是指犯罪的时间、地点、目的、动机、手段、情节、结果等构成犯罪的主客观情况。犯罪事实清楚，是正确处理案件的基础，也是正确量刑的依据，只有审查清楚犯罪事实，才能在起诉中予以认定。而犯罪事实能否成立，又须依靠证据来证明。证据事实不可靠、不充分，就不能在起诉书中加以认定。

最后，必须是经检察长批准的起诉书，才能移送人民法院提起公诉，将被告人交付审判。

三、起诉书的要素内容

人民检察院的起诉书在体例上与公安机关的起诉意见书具有共同之处，但由于这两个机关各自行使的权力、职责范围不同，因而，起诉书的制作在行文上又有自己的特点。

通常，人民检察院的起诉书由下列部分组成。

1. 首部

这部分应写明下列事项。

（1）标题。

写明“×××人民检察院起诉书”字样。其右下方注明案号：××检××刑诉〔年度〕×号。

（2）被告人的身份情况。

经常使用的有以下项目，即：姓名；性别；年龄（出生日期）；籍贯（出生地）；民族；文化程度；身份证件类型及号码；职业或工作单位及职务；住址；简历，历史较复杂时，写主要简历（包括有无前科），一般案件中简历也可省略；因本案采取强制措施情况。

制作这一部分，应当交代得十分简洁。特别是写主要简历时，不应过细，不应把与犯罪无关的问题写入，如“从小在家玩耍”“家中几口人”等。写明必要的个人情况诸项目的意义是便于分析被告人的心理状态和犯罪根源，分析其可以改造的程度，从而施以正确的惩罚。

被告人是单位时，应写明其单位名称、住所地、法定代表人和诉讼代表人情况。

（3）案由和案件来源。

这部分用于说明检察机关受理的是什么案件及案件是从何处来的，一般来说，需要按一定的格式来写。

如系检察院自侦案件，可写为：

> 上列被告××一案，经本院侦查终结，本院于×年×月×日已告知被告人有权……

如系公安机关移送的案件，可写为：

> 上列被告××一案，由××公安局侦查终结，于×年×月×日移送本院起诉，本院受理后，于×年×月×日告知了被告人×××的权利，审查了全部案件材料。

也可按如下字样写：

> 上列被告××一案，于×年×月×日经本院批准，由××公安局依法逮捕，×年×月×日侦查终结移送本院起诉，本院受理后，于×年×月×日告知了被告人×××的权利，审查了全部案件材料。

采用何种方法表述，不必强求一律，可根据具体情况来决定。但不管怎样行文，都必须将案由、案件来源和审查案件材料情况这三个项目交代、叙写清楚。

2. 犯罪事实和证据

犯罪事实和证据是起诉书的主要部分。起诉书和起诉意见书一样，都要写出被告人的罪名、罪状、罪证，以及认罪态度；在记叙被告人的犯罪事实时，都要具备时间、地点、动机、目的、情节、手段、结果等七大要素。这是两种文书的共同之处。

但是，起诉书所写的事实必须是经过人民检察院根据法律严格审查和核实所认定的，而不是对公安机关起诉意见书所写事实的复述、照搬，也不是它的缩写或改写。因此，起诉书的犯罪事实部分与起诉意见书相比较，有以下不同之处。

第一，在审核事实上，起诉书严于起诉意见书。起诉书产生于起诉意见书之后，是人民检察院代表国家作出的正式公诉文书。起诉书所认定的事实是人民检察院严格审查、核实之后作出的比较成熟的结论。因此，起诉书不仅是法院审判被告人的依据，而且是被告及其辩护人在法庭审理中进行辩护的依据。

第二，在记叙事实上，起诉书简于起诉意见书。起诉意见书在记叙犯罪事实时，一般涉及面较宽，只要无碍于记述主罪，就无可非议。因为它是提请审查是否起诉的意见，事实摆得详尽，便于审查决定。而起诉书则要求突出主要犯罪事实，要求明晰而简略地列出犯罪事实。

第三，在排列事实上，起诉书要有严密的逻辑性和很强的说明力。一般有四种排列法：(1) 按犯罪时间前后的顺序交代犯罪事实，这样较易叙述清楚，也能说明其犯罪的连续性。(2) 按突出主罪方法排列，适用于一人犯数罪的起诉。先述主罪，突出重点；再述次罪，主次分明。(3) 按综合归纳方法排列，适用于被告人作案次数较多，而罪名、情节又大致相同的情况。(4) 在记叙犯罪事实时，为便利行文，一般可采取罪、证分述，这样使罪、证分明，一目了然。但在一定的条件下，罪证合并记叙，也是允许的。

3. 结论

这部分是人民检察院对被告人犯罪事实的分析认定，文字不多，但每句话都是结论性的，直接反映了对被告所犯罪行追究法律责任的具体意见，因而十分重要。具体内容包括：认定被告人的行为已构成什么性质的罪行；对社会危害性大小；根据何项法律规定提起公诉；如有从重、从轻、加重或减轻的情节，还应根据被告人认罪态度及其他原因（如行为人未达到刑事责任年龄）说明从严或从宽处罚的理由；在公诉案件中，如果被告人的犯罪行为给被害人造成了物质损失，有附带民事诉讼情况的，也应在理由后部说明。

写好起诉书的结论部分，要有严密的逻辑思维。这一思维有三个过程。

(1) 分析认定。

即通过对被告人犯罪事实的分析而确定其行为性质。这一认定的特征，必须是简括的，符合客观事物的，这样才能为论证提供客观的、正确的前提。

(2) 分析论证。

这就是要运用逻辑推理，论证被告人有罪。我们经常见到起诉书结论部分有这样的语言：被告人某甲，持刀伤人，罪行严重，致人死亡，危害很大，应当从重惩处。

实际上是两个三段论式推理。即：

定罪推理：刑法中规定了故意伤害他人身体的构成故意伤害罪；被告人某甲持刀伤人，符合故意伤害罪的构成要件。

量刑推理：刑法中规定了被告人具有本法规定的从重惩处情节的，应当在法定刑的限度内从重惩处；被告人某甲持刀伤人致其死亡，罪行严重、危害很大，符合刑法规定从重惩处的情节，应当从重惩处。

这两个三段论的推理过程，分析论证被告人有罪，应从重惩处，论证得较为有力。

（3）分析说明。

经过论证推出应受刑罚处罚的结论，接下来就是顺乎情理、合乎法理地依据结论援引法律。首先援引《刑法》的有关条款，作为认定犯罪的根据；再援引《刑事诉讼法》的有关条款，作为提起公诉的依据；最后说明："请依法（从重或从轻）判处。"

这部分写完，正文即行结束。以下，在行文上可写明"此致××人民法院"。其右下方，由检察官署名，并注明具文时间，加盖公章。

4. 附项

这部分应写明的主要事项有：

（1）被告人名单及住址或羁押处所。

（2）证人和鉴定人等名单及住址。

（3）证据目录、主要证据复印件及数量。

（4）随案移送案卷的册数、页数。

（5）涉案款物情况。

四、起诉书写作格式

【格式1】普通刑事案件适用

××××人民检察院

起 诉 书

××检××刑诉〔20××〕×号

被告人……（写明姓名、性别、出生年月日、公民身份号码、民族、文化程度、职业或者工作单位及职务、是否系人大代表或政协委员、户籍地、住址、曾受到刑事处罚以及与本案定罪量刑相关的行政处罚的情况和因本案采取强制措施的情况等）

[被告单位……（写明单位名称、组织机构代码、住所地、法定代表人姓名、职务等）

诉讼代表人……（写明姓名、性别、出生日期、工作单位、职务）

被告人……（写明直接负责的主管人员、其他直接责任人员的姓名、性别、出生年月日、公民身份号码、民族、文化程度、职业或者工作单位及职务、户籍地、住址、曾受到刑事处罚以及与本案定罪量刑相关的行政处罚的情况和因本案采取强制措施的情况等）]

本案由×××（监察/侦查机关）调查/侦查终结，以被告人×××涉嫌××罪，于（受理日期）向本院移送起诉。本院受理后，于××××年××月××日已告知被告人有权委托辩护人，××××年××月××日已告知被害人及其法定代理人（近亲属）、附带民事诉讼的当事人及其法定代理人有权委托诉讼代理人，依法讯问了被告人，听取了辩护人、被害人及其诉讼代理人的意见，审查了全部案件材料。本院于（一次退查日期、二次退查日期）退回侦查机关补充侦查，侦查机关于（一次重报日期、二次重报日期）补充侦查完毕移送起诉。本院于（一次延长日期、二次延长日期、三次延长日期）延长审查起诉期限15日。

经依法审查查明：

……（写明经检察机关审查认定的犯罪事实，包括犯罪时间、地点、经过、手段、目的、动机、危害后果等与定罪、量刑有关的事实要素。应当根据具体案件情况，围绕《刑法》规定的该罪的构成要件叙写。）

认定上述事实的证据如下：

1. 物证：……；2. 书证：……；3. 证人证言：证人×××的证言；4. 被害人陈述：被害人×××的陈述；5. 被告人供述和辩解：被告人×××的供述和辩解；6. 鉴定意见：……；7. 勘验、检查、辨认、侦查实验等笔录：……；8. 视听资料、电子数据：……。

本院认为，被告人……（概述被告人行为的性质、危害程度、情节轻重），其行为触犯了《中华人民共和国刑法》第××条（引用罪状、法定刑条款），犯罪事实清楚，证据确实、充分，应当以××罪追究其刑事责任。根据《中华人民共和国刑事诉讼法》第一百七十六条之规定，提起公诉，请依法判处。

此致

××××人民法院

检　察　官　×××
检察官助理　×××
××××年××月××日
（院印）

附件：1. 被告人现在处所：具体包括在押被告人的羁押场所或监视居住、取保候审的处所。

2. 案卷材料和证据××册。

3. 证人、鉴定人、需要出庭的专门知识的人的名单及住址，需要保护的被害人、证人、鉴定人的名单及住址。

4. 有关涉案款物情况。

5. 被害人（单位）附带民事诉讼情况。

6. 其他需要附注的事项。

【格式2】认罪认罚案件适用

××××人民检察院

起诉书

××检××刑诉〔20××〕×号

被告人……（写明姓名、性别、出生年月日、公民身份号码、民族、文化程度、职业或者工作单位及职务、户籍地、住址、曾受到刑事处罚以及与本案定罪量刑相关

的行政处罚的情况和因本案采取强制措施的情况等）

［被告单位……（写明单位名称、组织机构代码、住所地、法定代表人姓名、职务等）

诉讼代表人……（写明姓名、性别、出生日期、工作单位、职务）

被告人……（写明直接负责的主管人员、其他直接责任人员的姓名、性别、出生年月日、公民身份号码、民族、文化程度、职业或者工作单位及职务、户籍地、住址、曾受到刑事处罚以及与本案定罪量刑相关的行政处罚的情况和因本案采取强制措施的情况等）］

本案由×××（监察/侦查机关）调查/侦查终结，以被告人×××涉嫌××罪，于××××年××月××日向本院移送起诉。本院受理后，于××××年××月××日已告知被告人有权委托辩护人和认罪认罚可能导致的法律后果，××××年××月××日已告知被害人及其法定代理人（近亲属）、附带民事诉讼的当事人及其法定代理人有权委托诉讼代理人，依法讯问了被告人，听取了被告人及其辩护人（值班律师）、被害人及其诉讼代理人的意见，审查了全部案件材料……（写明退回补充调查/侦查、延长审查起诉期限等情况）。被告人同意本案适用速裁/简易/普通程序审理。

经依法审查查明：

……（写明经检察机关审查认定的犯罪事实，包括犯罪时间、地点、经过、手段、目的、动机、危害后果，以及被告人到案后自愿如实供述自己的罪行，与被害人达成和解协议或者赔偿被害人损失，取得被害人谅解等与定罪、量刑有关的事实要素。应当根据具体案件情况，围绕《刑法》规定的该罪的构成要件叙写。）

（对于只有一个犯罪嫌疑人的案件，犯罪嫌疑人实施多次犯罪的，犯罪事实应逐一列举；同时触犯数个罪名的犯罪嫌疑人的犯罪事实应该按照主次顺序分类列举。对于共同犯罪的案件，写明犯罪嫌疑人的共同犯罪事实及各自在共同犯罪中的地位和作用后，按照犯罪嫌疑人的主次顺序，分别叙明各个犯罪嫌疑人的单独犯罪事实。）

认定上述事实的证据如下：

……（针对上述犯罪事实，列举证据，包括犯罪事实证据和量刑情节证据）

上述证据收集程序合法，内容客观真实，足以认定指控事实。被告人×××对指控的犯罪事实和证据没有异议，并自愿认罪认罚。

本院认为，被告人……（概述被告人行为的性质、危害程度、情节轻重），其行为触犯了《中华人民共和国刑法》第××条（引用罪状、法定刑条款），犯罪事实清楚，证据确实、充分，应当以××罪追究其刑事责任。被告人×××认罪认罚，依据《中华人民共和国刑事诉讼法》第十五条之规定，可以从宽处理。……（阐述认定的法定、酌定量刑情节，并引用相关法律条款），建议判处被告人×××……（阐述具体量刑建议，包括主刑、附加刑的刑种、刑期，以及刑罚执行方式；建议判处财产刑的，写明确定的数额。也可以单独附量刑建议书，量刑建议不在起诉书中表述）。根据《中华人民共和国刑事诉讼法》第一百七十六条之规定，提起公诉，请依法判处。

此致

××××人民法院

检　察　官 ×××

检察官助理 ×××

××××年××月××日

（院印）

附件：1. 被告人现在处所：具体包括在押被告人的羁押场所或监视居住、取保候审的处所。

2. 案卷材料和证据××册。

3.《认罪认罚具结书》一份。

4.《量刑建议书》一份（单独制作量刑建议书时移送）。

5. 有关涉案款物情况。

6. 被害人（单位）附带民事诉讼情况。

7. 其他需要附注的事项。

范文评析

【例文】

××省××市××区人民检察院

起诉书

××检××刑诉〔2022〕×号

被告人潘××，男性，1998年××月××日出生，公民身份号码××××，汉族，初中文化，××厨师，住××省××市××区××村××栋××单元××室（户籍所在地同上）。2016年6月28日因犯聚众斗殴罪被××市××区人民法院判处有期徒刑一年四个月，缓刑二年。2021年10月20日因吸毒被××市××局××分局行政罚款200元。因涉嫌帮助信息网络犯罪活动罪，于2022年9月8日被××市公安局××分局取保候审。

本案由×× 市公安局××分局侦查终结，以被告人潘××涉嫌掩饰、隐瞒犯罪所得案，于2022年10月25日向本院移送起诉。本院受理后，已告知被告人有权委托辩护人和认罪认罚可能导致的法律后果，依法讯问了被告人，听取了被告人及其辩护人的意见，审查了全部案件材料。被告人同意本案适用速裁程序审理。

经依法审查查明：

被告人潘××明知是犯罪所得，仍自己或介绍他人提供银行卡，采取取现、转账方式帮助转移犯罪资金共计人民币 106 268 元，违法所得共计人民币 1 568.4 元，具体犯罪事实如下：

1. 2022 年 5 月 30 日，被告人潘××明知是犯罪所得资金，仍按照吴××（另案处理）的指示，提供自己名下账号为 622203130900293××的工商银行卡接收资金，并帮助吴××取现、转账人民币 44 500 元。通过国家反诈大数据平台查询，前述款项均系电信诈骗资金。潘××非法获利人民币 1 168.4 元。

2. 同年 5 月 30 日，潘××明知是犯罪所得资金，仍向吴××介绍张×甲（已判决）提供银行卡，张×甲帮助转移电信诈骗资金 39 800 元，潘××收取 200 元介绍费。

3. 同年 5 月 31 日，潘××明知是犯罪所得资金，仍向吴××介绍王××（已判决）提供银行卡，王××帮助转移电信诈骗资金 21 968 元，潘××收取 200 元介绍费。

案发后，被告人潘××自动到公安机关投案，其已退缴违法所得人民币1 568.4元。

认定上述事实的证据如下：

1. 接处警情况登记表、受案登记表、立案决定书、户籍信息、行政处罚决定书、到案经过、扣押决定书、扣押清单、调取证据通知书、扣押决定书、刑事判决书等书证；

2. 证人张×甲、李××、张×乙、王××、吴××等人的证言；

3. 被告人潘××的供述与辩解。

上述证据收集程序合法，内容客观真实，足以认定指控事实。被告人潘××对指控的犯罪事实和证据没有异议，并自愿认罪认罚。

本院认为，被告人潘××明知是犯罪所得，仍提供或介绍他人提供银行卡并取现、转账，帮助转移资金共计人民币 106 268 元，情节严重，其行为触犯了《中华人民共和国刑法》第三百一十二条第一款、第二十五条第一款之规定，犯罪事实清楚，证据确实、充分，应当以掩饰、隐瞒犯罪所得罪且系共同犯罪追究其刑事责任。在第二、三笔犯罪事实中，潘××起次要作用，是从犯，适用《中华人民共和国刑法》第二十七条之规定，应当从轻或者减轻处罚。案发后，其自动投案，并如实供述自己的犯罪事实，是自首，适用《中华人民共和国刑法》第六十七条第一款之规定，可以从轻或者减轻处罚。潘某某自愿认罪认罚，适用《中华人民共和国刑事诉讼法》第十五条之规定，可以依法从宽处理。根据《中华人民共和国刑事诉讼法》第一百七十六条之规定，提起公诉，请依法判处。

此致

××省××市××区人民法院

检察官×××

检察官助理××

2022 年 11 月 3 日

（院印）

附件：1. 被告人现取保候审在家（联系方式：××××）。

2. 案卷材料和证据1册。

3.《认罪认罚具结书》1份。

4.《量刑建议书》《适用速裁程序建议书》各1份。

5. 涉案赃款人民币1 568.4元扣押在案。

【简析】

本起诉书对潘、吴等被告人均能在事实中写明他们犯罪的情节，在结论中区分主从，从而反映出他们在共同犯罪中各自的地位和作用。

特别提示

制作人民检察院起诉书应注意以下问题：

一是要细致。叙述犯罪事实要细致周到，具体交代清楚犯罪的时间、地点、人物、事件（包括手段与情节）、原因（包括动机与目的）、结果，并交代清楚被告人的责任。如系共同犯罪案件，还要分清集体责任与每个被告人应负的责任。

二是要准确。分析要实事求是，力求准确，既不能无限上纲，又不能轻描淡写。例如，有一起故意伤害致人轻伤的案件，起诉书认定被告人“行凶伤人，民愤极大，血债累累，令人发指”，显然失之过重；另一起故意杀人案，起诉书却认定“被告人行凶杀人，手段残忍，情节恶劣，后果严重，民愤很大，认罪态度不好，业已构成犯罪”，这个“业已构成犯罪”的结论失之过轻。

三是要全面。对被告人要进行全面分析，既要讲从重情节，又要讲从轻或减轻情节；既要彻底揭露犯罪，又要正视造成犯罪的客观原因；既要注意对被告人不利的方面，又要注意对被告人有利的方面。只有防止片面性，才能保证起诉书的客观公正。

四是要注意观点与材料的一致，善于用材料说明观点，用观点统率材料。例如，有份1981年制作的起诉书写道：“当前，全国人民在党的领导下，为四化做贡献，迫切要求有一个良好的社会秩序，而被告竟敢在1974年至1978年连续盗伐森林。”这里，“当前”的观点与1974年至1978年的材料就很不协调。

第五节 人民检察院不起诉决定书

一、不起诉决定书的概念

人民检察院对公安机关侦查终结、移送起诉的案件或自行侦查终结的案件，经过审查，认为被告人的行为不构成犯罪，或是因证据不足，不能认定犯罪以及符合《刑事诉讼法》关于不起诉情形之一的规定，从而撤销案件，宣告被告无罪，就需要作出不起诉决定。将不起诉决定依法制成的文书，就叫做不起诉决定书。

二、不起诉决定书的主要特征

不起诉决定书的主要特征在于，它是在被告人的行为不构成犯罪，或者依法不应追究刑事责任时所制作的文书。它和起诉书的主要区别是性质和体现的政策不同。从性质上来看，起诉书针对的是已构成犯罪的，不起诉决定书针对的是不构成犯罪或曾构成犯罪但依法可以免予追究刑事责任的。二者所体现的政策也不同，不起诉决定书体现了有错必纠、区别对待的政策，起诉书则体现了国家刑罚权的统一性和严肃性。

三、不起诉决定书的根据

制作不起诉决定书的法定根据是《刑事诉讼法》第十六条、第一百七十五条第四款、第一百七十七条、第一百八十二条第一款等的有关规定。这些有关规定，也就是制作不起诉决定书的范围。

《刑事诉讼法》第一百七十七条第一款规定："犯罪嫌疑人没有犯罪事实，或者有本法第十六条规定的情形之一的，人民检察院应当作出不起诉决定。"

《刑事诉讼法》第十六条规定："有下列情形之一的，不追究刑事责任，已经追究的，应当撤销案件，或者不起诉，或者终止审理，或者宣告无罪：

"（一）情节显著轻微、危害不大，不认为是犯罪的；

"（二）犯罪已过追诉时效期限的；

"（三）经特赦令免除刑罚的；

"（四）依照刑法告诉才处理的犯罪，没有告诉或者撤回告诉的；

"（五）犯罪嫌疑人、被告人死亡的；

"（六）其他法律规定免予追究刑事责任的。"

《刑事诉讼法》第一百七十五条第四款规定："对于二次补充侦查的案件，人民检察院仍然认为证据不足，不符合起诉条件的，应当作出不起诉的决定。"

《刑事诉讼法》第一百七十七条第二款规定："对于犯罪情节轻微，依照刑法规定不需要判处刑罚或者免除刑罚的，人民检察院可以作出不起诉决定。”

《刑事诉讼法》第一百八十二条第一款规定：“犯罪嫌疑人自愿如实供述涉嫌犯罪的事实，有重大立功或者案件涉及国家重大利益的，经最高人民检察院核准，公安机关可以撤销案件，人民检察院可以作出不起诉决定，也可以对涉嫌数罪中的一项或者多项不起诉。”

四、不起诉决定书的要素内容

1. 首部

此部分包括制作文书的人民检察院名称、文书名称和文书编号。

2. 正文

（1）被不起诉人基本情况。

被不起诉人的基本情况按文书中所列项目顺序叙明。如系被不起诉单位，则应写明名称、住所地，并以被不起诉单位代替不起诉书格式中的“被不起诉人”。

（2）辩护人基本情况。

此部分包括辩护人姓名、单位。如系法律援助律师，应当写明指派的法律援助机构名称等。

（3）案由和案件来源。

其中“案由”应当写移送起诉时或者侦查终结时认定的行为性质，而不是负责捕诉的部门认定的行为性质。

“案件来源”包括监察、公安、国家安全机关移送、本院侦查终结、其他人民检察院移送等情况。

应当写明移送起诉的时间和退回补充调查/侦查的情况（包括退回补充侦查日期、次数和再次移送起诉日期）。写明本院受理日期。

（4）案件事实情况。

此部分包括否定或者指控被不起诉人构成犯罪的事实及作为不起诉决定根据的事实。应当根据三种不起诉的性质、内容和特点，针对案件具体情况各有侧重点地叙写。

（5）不起诉理由、法律依据和决定事项部分。

在制作这部分时应当注意：①所引用的法律应当引全称；②所引用的法律条款要用汉字将条、款、项引全。

（6）告知事项。

应当根据《人民检察院刑事诉讼规则》第三百八十五条的规定写明被不起诉人享有申诉权。凡是有被害人的案件，应当根据《中华人民共和国刑事诉讼法》第一百八十条的规定写明被害人享有申诉权及起诉权。

3. 尾部

（1）署名。统一署某检察院院名。

（2）具文日期。本文书的具文日期应当是签发日期。

4. 其他

（1）不起诉决定书以人为单位制作。

（2）不起诉决定书应当有正本、副本之分，其中正本归入正卷，副本送被不起诉人、辩护人及其所在单位、被害人或者其近亲属及其诉讼代理人、监察/侦查机关（部门）。

五、不起诉决定书的写作格式

××××人民检察院

不起诉决定书

××检××刑不诉〔20××〕×号

被不起诉人……［写明姓名、性别、出生年月日、公民身份号码、民族、文化程度、职业或工作单位及职务（国家机关工作人员利用职权实施的犯罪，应当写明犯罪期间在何单位任何职）、户籍地、住址（被不起诉人住址写居住地，如果户籍所在地与暂住地不一致的，应当写明户籍所在地和暂住地），是否受过刑事处罚，采取强制措施的种类、时间、决定机关等］。

（如系被不起诉单位，则应写明名称、住所地等）

辩护人……（写姓名、单位）。

本案由×××（监察/侦查机关名称）调查/侦查终结，以被不起诉人×××涉嫌××罪，于××××年××月××日向本院移送起诉。

（如果是自侦案件，此处写“被不起诉人×××涉嫌××一案，由本院侦查终结，于××××年××月××日移送起诉或不起诉”。如果案件是其他人民检察院移送的，此处应当将指定管辖、移送单位以及移送时间等写清楚。）

（如果案件曾经退回补充调查/侦查，应当写明退回补充调查/侦查的日期、次数以及再次移送起诉时间。）

经本院依法审查查明：

…………

【法定不起诉】本院认为，×××（被不起诉人的姓名）的上述行为，情节显著轻微、危害不大，不构成犯罪。依照《中华人民共和国刑事诉讼法》第十六条第（一）项和第一百七十七条第一款之规定，决定对×××（被不起诉人的姓名）不起诉。

【相对不起诉】本院认为，×××实施了《中华人民共和国刑法》第××条规定的行为，但犯罪情节轻微，具有×××情节（此处写明认罪认罚、从轻、减轻或者免除刑事处罚具体情节的表现），依照《中华人民共和国刑法》第××条之规定，不需要判处刑罚（或者免除刑罚）。依照《中华人民共和国刑事诉讼法》第一百七十七条第二款之规定，决定对×××（被不起诉人的姓名）不起诉。

【存疑不起诉】×××（侦查机关名称）移送起诉认定……（概括叙述监察/侦查机关认定的事实），经本院审查并退回补充调查/侦查，本院仍然认为×××（监察/

侦查机关名称）认定的犯罪事实不清、证据不足（或本案证据不足）（应当概括写明事实不清、证据不足的具体情况），不符合起诉条件。依照《中华人民共和国刑事诉讼法》第一百七十五条第四款之规定，决定对×××（被不起诉人的姓名）不起诉。

【最高人民检察院核准不起诉】本院认为，×××实施了《中华人民共和国刑法》第××条规定的行为，因自愿如实供述涉嫌犯罪的事实，并有重大立功（或案件涉及国家重大利益），经最高人民检察院核准，决定对×××（被不起诉人的姓名）不起诉。

查封、扣押、冻结的涉案款物的处理情况。

被不起诉人如不服本决定，可以自收到本决定书后七日内向本院申诉。

被害人如果不服本决定，可以自收到本决定书后七日以内向××××人民检察院申诉，请求提起公诉；也可以不经申诉，直接向×××人民法院提起自诉。

××××人民检察院

××××年××月××日

（院印）

范文评析

【例文】

××市人民检察院

不起诉决定书

××检××刑不诉〔2022〕39号

被不起诉人叶×甲，男，1980年××月××日出生，公民身份号码35078119800121××××，××族，小学文化，务农，户籍所在地及现住址××市××镇××村××号，因涉嫌盗窃罪，于2021年4月20日被××市公安局取保候审，经本院决定，于2022年8月29日对叶×甲取保候审。

辩护人×××，福建××律师事务所律师，××市法律援助中心指派。

本案由××市公安局侦查终结，以被不起诉人叶×甲涉嫌盗窃罪，于2021年9月2日向本院移送起诉，2021年12月14日本院要求公安机关对叶×甲做刑事责任能力鉴定，公安机关于2022年8月29日补充完毕。本院受理后，于2022年×月×日告知被不起诉人叶×甲依法享有的权利，审查了全部案件材料，现已审查终结。

经本院依法审查查明：

2020年12月间，被不起诉人叶×甲受到叶×乙（已判决）指使，帮助叶×乙将××市××镇××处的四块青石板和四块青石墩搬运装车，后由叶×乙将上述物品以人民币1 160元的价格出售给江××。经福建省考古研究院鉴定，八件涉案物品均为一般文物。

认定上述事实的证据如下：

1. 物证：被盗的石墩、青石板；2. 到案经过、违法信息查询表、户籍证明、行政处罚决定书；3. 证人江××、邹××、廖××、叶×乙的证言；4. 被害人叶×乙的陈述；5. 被不起诉人叶×甲的供述与辩解；6. ××省考古研究院涉案文物鉴定评估报告、×××司法鉴定所〔2022〕精鉴字第××号鉴定文书等鉴定意见；7. 现场勘验检查笔录、现场照片、辨认笔录等。

本院认为，叶×甲为他人秘密窃取财物提供帮助，其行为触犯了《中华人民共和国刑法》第二百六十四条之规定，应当以盗窃罪追究其刑事责任。叶×甲与叶×乙共同盗窃，依据《中华人民共和国刑法》第二十五条之规定，是共同犯罪，叶×甲在共同犯罪中处于次要地位，依据《中华人民共和国刑法》第二十七条之规定，系从犯，应当从轻、减轻或者免除处罚。叶×甲系限定刑事责任能力人，依据《中华人民共和国刑法》第十八条第三款之规定，可以从轻或者减轻处罚。叶×甲自愿认罪认罚，依据《中华人民共和国刑事诉讼法》第十五条之规定可以从宽处理。依据《中华人民共和国刑法》第三十七条之规定，可以免予刑事处罚，依据《中华人民共和国刑事诉讼法》第一百七十七条第二款之规定，决定对叶×甲不起诉。

依法扣押的涉案文物已经发还给被害人。

被不起诉人如不服本决定，可以自收到本决定书后七日以内向本院申诉。

被害人如不服本决定，可以自收到本决定书后七日以内向××市人民检察院申诉，请求提起公诉；也可以不经申诉，直接向××市人民法院提起自诉。

××市人民检察院

××××年××月××日

（院印）

【简析】

该不起诉决定书遵循逻辑规则，说理清晰，语言规范，符合写作要求。

特别提示

不起诉决定书应当公开宣布，并交给被不起诉人及其所在单位。如被不起诉人在押，应当立即释放。

对于公安机关移送起诉的案件，人民检察院决定不起诉的，应将不起诉决定书送公安机关。公安机关认为不起诉的决定有错误时，可以要求复议，如果意见不被接受，可以向上一级检察院提请复核。

对于人民检察院自行侦查的案件，经检察长批准，可以把不起诉决定书的副本分别送达被不起诉人或其家属，以及告发机关、企业、团体和告发人。

对于有被害人的案件，人民检察院应当把不起诉决定书送被害人。被害人如果不服，可在七日内向检察院申诉，检察院应当把复查结果告知被害人。被害人也可以不经申诉，直接向人民法院提起自诉。

对人民检察院不起诉的决定，被不起诉人不服，可在七日内向检察院申诉，检察院应当作出复查决定，通知被不起诉人的同时抄送公安机关。

第六节　人民检察院公诉意见书

一、公诉意见书的概念

公诉意见书，是指人民检察院指派的公诉人在法庭调查结束、法庭辩论开始时，依法就案件事实认定及定罪量刑等问题集中发表意见时所适用的法律文书。

该文书与辩护律师的辩护词相对应。公诉意见书的功能是集中发表公诉意见，全面总结公诉事实、理由和依据。公诉意见书是起诉书的补充，也是对起诉书所认定的案件事实、证据以及适用法律等问题的进一步的论证。因此，公诉意见书并不是起诉书的简单重复，而应当是在起诉书的基础上，根据案件的庭审情况进一步地集中阐发公诉人的观点。

二、公诉意见书的特点

总的来看，公诉意见书有以下特点：

1. 总结性

根据规定，公诉人在法庭调查阶段结束后、法庭辩论环节开始的时候发表公诉意见。而法庭调查阶段所查明的事实和质证的证据，是法庭辩论的基础。同时，法庭调查阶段中控辩双方对于事实、证据和案件定性的争点已经基本呈现，这些都将会是辩论环节的焦点。因此，在法庭辩论正式开始之前，公诉人必须从自身的角色定位和诉讼职能出发，对法庭调查阶段的情况进行全面总结和回顾，以审前和法庭调查阶段的事实和证据进行综合性论证。

2. 论证性

公诉人所发表的公诉意见就是为了使检察机关所提出的指控能够得到法官的认可。为了实现这个目的，公诉人在公诉意见书中不仅要充分论证检察机关指控内容的合法、合理、客观以及真实性，也要对辩方关于在案证据、指控事实的反驳进行有理、有力的回应。

3. 补充性

检察机关对于提起公诉的案件既享有定罪请求权，也享有量刑建议权。其中，检察机关对于定罪请求权的行使主要通过制作起诉书的方式来实现。而对于量刑建议权的行使，一般来讲亦是通过向法院提交书面量刑建议的方式来实现。但是对于不宜提出量刑建议或不宜提交书面量刑建议的案件，则需要公诉人在发表公诉意见的时候，一并提出。此外，若庭审过程中量刑情节发生变化、出现新增证据或者案件事实认定发生改变等，则需要当庭变更量刑建议内容。但是，需要注意的是，公诉意见书的这种补充性只限于量刑建议权方面，而不能在公诉意见书中对于起诉书的指控内容进行补充或修正；需要补充或修正的，应当分别撰写变更起诉书或追加起诉书。

4. 对外性

公诉意见书一般是面向法官、被告人、辩护人、其他案件当事人以及庭审旁听人，其内容具有完全的公开性，这一点上与案件审查报告书等典型的内部法律文书形成鲜明的对比。同时，这也决定了公诉意见书的书写必然具有较大的不同。

三、公诉意见书的要素内容

公诉意见书一般包括以下三大部分：

1. 首部

（1）文书名称。

（2）被告人姓名或名称。

（3）案由（起诉书所指控的罪名）。

（4）起诉书文号。

2. 正文

（1）称谓。根据具体情况，写明“审判长、审判员”或者“审判长、审判员、人民陪审员”或者“审判长、人民陪审员”。

（2）向法庭说明公诉人出庭的法律依据。

（3）根据法庭调查的情况，概述法庭质证的情况、各证据的证明作用，并运用各证据之间的逻辑关系证明被告人的犯罪事实清楚，证据确实、充分。

（4）根据被告人的犯罪事实，论证应该适用的法律条款并提出定罪以及从重、从轻、减轻处罚等意见。（应当对争点重点论述，强化其针对性）。

（5）根据庭审情况，在指控被告人的同时，也要做必要的法制宣传和教育工作。

（6）综合归纳检察机关对被告人依法定罪量刑的最终意见。

3. 尾部

（1）公诉人署名。

（2）发表本文书的日期。

四、公诉意见书的写作格式

×××× 人民检察院

公诉意见书

被 告 人：×××

案　　由：×××

起诉书号：×××

审判长、审判员（人民陪审员）：

根据《中华人民共和国刑事诉讼法》第一百八十九条、第一百九十八条和第二百零九条等规定，我（们）受××××人民检察院的指派，代表本院，以国家公诉人的身份，出席法庭支持公诉，并依法对刑事诉讼实行法律监督。现对本案证据和案件情况发表如下意见，请法庭注意。

……（结合案情重点阐述以下问题：

一、根据法庭调查的情况，概述法庭质证的情况、各证据的证明作用，并运用各证据之间的逻辑关系证明被告人的犯罪事实清楚，证据确实、充分。

二、根据被告人的犯罪事实，论证应适用的法律条款并提出定罪及从重、从轻、减轻处罚等意见。

三、根据庭审情况，在揭露被告人犯罪行为的社会危害性的基础上，作必要的法制宣传和教育工作。）

综上所述，起诉书认定本案被告人×××的犯罪事实清楚，证据确实、充分，依法应当认定被告人有罪，并建议________________（根据是否认罪认罚等情况提出量刑建议或从重、从轻、减轻处罚等意见）。

公诉人　×××

20××年××月××日当庭发表

范文评析

【例文】

×× 市人民检察院

公诉意见书

被 告 人：杨×

案　　由：受贿罪、贪污罪

起诉书号：×检××刑诉〔20××〕×××号

审判长、审判员、人民陪审员：

根据《中华人民共和国刑事诉讼法》第一百八十九条、第一百九十八条和第二百零九条等规定，我受本院检察长的指派，代表本院，以国家公诉人的身份出席今天的法庭，就本院提起公诉的被告人杨×涉嫌受贿罪、贪污罪一案出庭支持公诉，并依法对本案刑事诉讼活动进行法律监督。

在本案的法庭调查过程中，针对起诉书指控，公诉人就受贿和贪污事实向被告人杨×进行了核实，出示了被告人的供述与辩解、证人证言、书证等证据，并与辩护人逐项进行了质证，被告人杨×亦当庭作出了供述和辩解，从而充分将本案中被告人的行为予以了真实的还原。

其中《户籍证明》《××市监狱管理局党委关于周××等同志晋升职级的通知》《××市职业技术学院任职〔2008〕9号》《干部履历表》等书证以及被告人的供述与辩解和另案处理的同案犯贾×的供述与辩解证明了被告人杨×构成犯罪的主体要件；被告人的供述与辩解证明了杨×构成犯罪的主观方面要件；证人证言、另案处理的同案犯贾×的供述与辩解、被告人的供述与辩解、《房产估价报告》证明了杨×构成犯罪的客观方面要件。

为进一步揭露犯罪的社会危害，尊重并保障人权，弘扬法治和公平正义，现对本案证据和案件情况发表如下意见，请合议庭在评议时予以参考。

一、被告人杨×的行为构成受贿罪

（一）杨×具备受贿罪构成要件所要求的特殊主体身份

被告人杨×行为时已满18周岁，具备刑法意义上的辨认和控制自己行为的能力，具有完全刑事责任能力，且系××监狱六监区二分监区主任科员，符合受贿罪中“国家工作人员”这一特殊身份要件，因而符合犯罪的主体条件。

（二）杨×具有收受他人贿赂的主观故意

在受贿罪的构成上，法律并没有区分或排除收受财物与谋取利益的先后顺序，在时间上既可以表现为先收取财物后谋取利益，也可表现为先为他人谋取利益而后收受他人财物。如果行为人在利用职务之便为他人谋取利益之时，并没有收人钱财的意图或者没有证据证明其具有这一意图，但在为他人谋取利益之后，明知或者应知他人赠送钱财是对自己利用职务之便为其谋取利益的酬谢而予以收受的，仍然应当认定其具有受贿的故意，因为行为人事后收受他人财物与事前利用职务之便为他人谋利是相互关联的。认定受贿故意的关键，不是在于行为人为他人谋取利益之时是否具有收受财物的意图，而在于行为人收受财物时是否明知或者应知所收钱财是作为对其利用职务为他人谋取利益的回报，即二者之间是否存在管理关系和因果关系。

杨×利用职务之便利为宋×及其经营的河西××房地产开发有限责任公司谋取利益（包括谋取正当利益）时，并没有立即索取或者非法收受请托人的财物，甚至也没有证据证明其有索取或者非法收受他人财物的收受故意，但在事后，杨×明知宋×将价值为120

万元的住房以60万元（实际支付45万元）的不合理低价出卖给自己的行为与利用职务便利为其谋取利益有关而收受，仍然应认定为具有我国《刑法》第十四条规定的犯罪故意。

（三）杨×实施了利用本人地位上的便利条件，通过其他国家工作人员职务上的行为，为宋×谋取不正当利益并收受财物，数额巨大的客观行为

1. 行为人利用了本人地位上的便利条件，通过其他国家工作人员职务上的行为，为请托人谋取不正当利益。

杨×系时任江南开发区建设委员会主任杨××的弟弟，在说情遭拒后，由杨××将推荐给时任江南开发区建设委员会副主任张×良，张×良“不敢怠慢”，“考虑到杨×是杨××的亲弟弟”便“尽力帮忙”，河西××房地产开发有限责任公司虽“注册时间并不太长、刚成立不久”，“竞争力不强”，但由于张×良在江南开发区建设委员会评标办公会上极力推荐，河西××房地产开发有限责任公司顺利中标江南开发区临江花园小区住宅建设项目。可见杨×利用地位上的便利条件，通过时任江南开发区建设委员会副主任张×良为本不可能中标的河西××房地产开发有限责任公司谋取顺利中标的不正当利益。

2. 杨×收受宋×送予的财物，数额巨大。

为感谢杨×的帮忙，在临江花园小区竣工后，宋×将价值为120万元的住房以60万元（实际支付45万元）的不合理低价出卖给杨×。2014年4月19日，杨×在临江花园售楼处支付了45万元的购房款，并向河西××房地产开发有限责任公司开具了欠款15万元的购房欠条，涉案房屋于同年9月2日已办理房地产登记。同时，由于参与赌博而被骗，杨×丧失了本具备的偿还15万元欠款的能力，故至案发时，15万元欠款未清偿。而宋×声称本来也没想要杨×的钱，所以不会向杨×索要这笔钱，且欠条已经遗失，因而宋×及河西××房地产开发有限责任公司亦未向杨×主张债务。

本案中，行为人为请托人谋取利益的行为和收受贿赂的行为虽然在时空上相分离，但两者具有因果上的联系。事后，杨×明知宋×以不合理低价向自己出售房屋的行为与自己利用职务便利为其谋取中标利益有关而接受，并于支付价款后办理了过户登记的行为，构成收受贿赂的客观行为。根据最高人民法院《关于办理贪污贿赂刑事案件适用法律若干问题的解释》，受贿罪“数额巨大”的标准为20万元至300万元，无论杨×尚未清偿的15万元欠款是否被认定为收受的贿赂，都构成“数额巨大”，根据《中华人民共和国刑法》第三百八十六条之规定，应判处三年以上十年以下有期徒刑，并处罚金或没收财产。

（四）杨×侵犯了国家机关的正常管理活动和国家机关工作人员的职务廉洁性

腐败犯罪社会危害性极大，是对国家工作人员职务廉洁性的玷污和践踏，它不仅腐蚀我们的干部队伍，破坏党同人民群众的血肉联系，而且严重损害党和政府的威信，败坏社会风气，因此中央对反腐败的态度是坚决的，明确提出对任何腐败分子，都必须依法严惩，决不姑息。清除腐败是党心民心之所向。然而，还是有少数领导干

部，无视国家法律，明知故犯，以身试法，利用职务之便，巧取豪夺，以权谋私，把恪尽职守、清正廉洁、克己奉公、勤政为民抛诸脑后。

杨×身为国家工作人员，利用本人地位形成的便利条件，通过其他国家工作人员职务上的行为，为请托人谋取不正当利益，收受请托人财物的行为侵犯了国家机关的正常管理活动和国家机关工作人员的职务廉洁性，具有较大社会危害性。

二、被告人杨×的行为构成贪污罪

（一）关于杨×作为贪污罪主体的身份问题

杨×虽不具有××市职业技术学院财务人员的身份，但由于其指使其具有特定身份即时任××市职业技术学院财务科科长的妻子贾×将单位小金库公款35万元支出用于买房，属于具有特定身份者与国家工作人员相互勾结，利用国家工作人员的职务便利非法占有公共财物的行为，所以杨×虽无特定身份，但以共同犯罪的方式构成了贪污罪要件中的主体。

（二）关于单位“小金库”中财物构成“公共财产”的问题

根据《财政部、审计署、中国人民银行关于清理检查“小金库”的具体规定》，凡违反国家财经法规及其他有关规定，侵占、截留单位收入和应上缴收入，且未列入本单位财务部门账内或未纳入预算管理，私存私放的各项资金均属“小金库”。本案中，××市职业技术学院的“小金库”来自采购教材的回扣，存在贾×以个人名义开户的个人账户下，且无正规账而仅记流水账，即未纳入单位财务部门账内，因而属于法律意义上的“小金库”。

教材的购买属于作为事业单位的××市职业技术学院的公务行为，其中涉及的财物为公共财产，因而“小金库”在来源上具有公共财物的性质。在用途上，“小金库”被用于发放年终教职工福利，也具有公共财物的性质。在占有的形式上，“小金库”处于账外暗中的状态，且仅为少数人知晓，因而具有私人财产的性质。所以“小金库”是兼具公私财产性质的特殊财物。

而贪污罪所保护的法益是混合法益，我国之所以在《刑法》中单列贪污罪，使之与职务侵占罪区别开来，不仅是为了保护公共财产安全，更大层面上是凸显国家工作人员应具备职务廉洁性，体现了我国《刑法》严惩公职人员贪污受贿犯罪的立法目的。国家工作人员对混合型财产的侵害无疑严重侵害了其职务廉洁性，因此贪污犯罪的打击面应当覆盖到混合经济体中，不能盲目坚持职务犯罪的犯罪对象只能是严格意义上的“公共财产”。

在现行《中华人民共和国刑法》中，贪污罪的犯罪对象也不只是严格意义上所谓的“公共财产”。通过《中华人民共和国刑法》第一百八十三条“保险公司的工作人员利用职务上的便利，故意编造未曾发生的保险事故进行虚假理赔，骗取保险金归自己所有的，依照本法第二百七十一条的规定定罪处罚。国有保险公司工作人员和国有保险公司委派到非国有保险公司从事公务的人员有前款行为的，依照本法第三百八十二条、第三百八十三条的规定定罪处罚”，第三百九十四条“国家工作人员在国内公务活动或者对外交往中接受礼物，依照国家规定应当交公而不交公，数额较大的，依照本法第三百八十二条、第三百八十三条的规定定罪处罚”，可以直观看出，立法者的本意并不是把贪污罪的对象局限在第九十一条规定的“公共财产”中，贪污罪的对象是可以并应当包含非公共财产的。

三、量刑情节

（一）贪污罪主犯

本案中，用××市职业技术学院的公款购买房子由杨×首先提出，并在贾×“坚决不同意”时“再三劝说”。两人一起开车去工商银行取出钱款之后，一起带着钱去售楼处购买房屋。杨×称贾×的行为皆系其所逼迫。其后，因为杨×参与赌博被骗，杨×和贾×丧失偿还能力，至案发时，35万元公款未归还。显然被告人杨×对贾×的犯意产生起着作用；在犯罪预备阶段，杨×应承担主要责任；在犯罪实行阶段，两人共同实施了贪污行为；在犯罪既遂后，因杨×的过错，致使犯罪行为的危害结果无法得到有效的填补。因此，被告人杨×在贪污行为中起主要作用，系主犯。根据《中华人民共和国刑法》第二十六条第一款的规定，应对其予以严惩。

（二）退赃

退赃是指犯罪分子将因犯罪行为而获得的款项财物退赔给被害人的行为。根据《中华人民共和国刑法》第三百八十三条第三款、第三百八十六条的规定，在贪污犯罪与受贿犯罪中，积极退赃的可以从轻处罚。最高人民法院在《关于被告人亲属主动为被告人退缴赃款应如何处理的批复》中，对被告人的退赃行为进行了扩大解释，即在被告人无退赔能力且经过其同意的情况下，可由其亲属代为退赔，并视为被告人主动退赔的款项。案发后，杨×的父亲杨×岐代为退赃110万元，应视为被告人杨×本人退赃，故可以对其从轻处罚。

综上所述，起诉书认定本案被告人杨×的犯罪事实清楚，证据确实充分，依法应当认定被告人有罪，并从严判处。

公诉人　××

2014年××月××日

【简析】

公诉意见书对被告人的犯罪构成进行系统分析，详尽得当、合理明晰，同时还对其系列量刑情节进行了列举，符合全面、细致、规范的书写要求。

特别提示

制作人民检察院公诉意见书应注意以下问题：

（1）本文书集中表达公诉人意见，制作和发表时注意与答辩意见等法庭上公诉人发表的意见合理分工，各有所侧重。

（2）本文书第三部分，可视情况决定是否制作。

（3）由于公诉意见书是在法庭上口头宣读的，因此在格式上不像其他文书那样严格，写作也不必拘谨，只要基本结构正确即可。

第七节　人民检察院抗诉书

一、抗诉书的概念

人民检察院是国家的法律监督机关，对人民法院的审判活动是否合法，有权实行监督。刑事诉讼中的抗诉，就是指人民检察院对人民法院的生效判决和裁定，认为确有错误，按照法律规定的程序提请重新审判的诉讼活动。而人民检察院向人民法院提出抗诉时所制作的书面文件，即为抗诉书。

根据我国《刑事诉讼法》第二百二十八条以及第二百五十四条第三款规定，可将人民检察院抗诉书分为两种：一种是按照上诉程序提出的抗诉，即在上诉期限内，人民检察院对同级人民法院的第一审裁判不服而提出的抗诉；另一种是按照审判监督程序提出的抗诉，即人民法院的判决或裁定已过上诉期限，发生了法律效力，最高人民检察院对最高人民法院或地方各级人民法院，上级人民检察院对下级人民法院的判决或裁定认为确有错误时所提出的抗诉。前一种抗诉受时间限制，只有同级人民检察院才能提出；后一种抗诉不受时间限制，只有最高人民检察院和上级人民检察院才能提出。

二、抗诉书的主要特征

一般说来，抗诉书具有下列三个特征：

首先，抗诉书必须由法律监督机关即人民检察院制作。当事人或者他们的法定代理人，不服地方各级人民法院第一审的判决、裁定而向上一级人民法院提出的书面文件只能是上诉书（或称上诉状）。

其次，只有当人民检察院发现人民法院的判决和裁定确有错误时，才需要制作抗诉书。司法实践表明，判决和裁定的主要错误是指：事实不清或证据不足；适用法律不当，重罪轻判或轻罪重判，判处的刑罚和被告人的犯罪社会危害性不相符合；严重违反审判程序；等等。

最后，必须按照法定程序提出抗诉、制作抗诉书，也就是说抗诉书具有严格的法律性。人民检察院的抗诉书是向上一级人民法院提出的，提出时应通过原审人民法院，原审人民法院接到抗诉书后，应将抗诉书连同卷宗、证据移送上一级人民法院，并将抗诉书副本送交当事人。同时，人民检察院还应将抗诉书抄送上一级人民检察院。上一级人民检察院如果认为抗诉不当，可以向同级人民法院撤回抗诉，并通知下级人民检察院。

三、抗诉书的要素内容

抗诉书由以下几部分组成。

1. 首部

这部分应写明下列事项。

（1）标题。

写明“××××人民检察院抗诉书”字样。右下方注明“××检××诉刑抗〔年度〕×号”。

（2）送达单位名称。

根据《刑事诉讼法》第二百三十二条的规定：“地方各级人民检察院对同级人民法院第一审判决、裁定的抗诉，应当通过原审人民法院提出抗诉书，并且将抗诉书抄送上一级人民检察院。原审人民法院应当将抗诉书连同案卷、证据移送上一级人民法院，并且将抗诉书副本送交当事人。”因此抗诉书开头就应写出上一级人民法院的名称。

2. 抗诉案件的来源及原审法院认定的事项

这一部分要具体指出原审法院判决、裁定上的错误，在内容上要写明何处法院、何时、以何号判决或裁定。检察机关认定错误判决或错误裁定的性质是什么。概括说明错误性质是认定事实问题，还是适用法律问题，或是违反审判程序问题。

在行文上可采用如下写法：

> ××市××人民法院×年×月×日以（年度）×刑初×号刑事判决（裁定）书，判处（裁定）被告人××，本院认为此案不当（概括写明为什么不当）。

也可采用如下写法：

> 本院于×年×月×日接到××市××人民法院（年度）×刑初×号刑事判决（裁定）书，审查后认为：

3. 抗诉理由

针对原审判决或裁定的错误阐述抗诉理由。这是抗诉书的主体部分。这一部分需要通过对原审判决（裁定）错误的具体批驳，说明为什么这样的判决（裁定）不当，证实检察机关认定的观点。能否写好这一部分，直接关系到抗诉书的质量高低，关系到抗诉的效果。具体说来，一般可从以下三个方面提出理由。

第一，针对原审判决或裁定事实不清，判决、裁定的证据不足，提出纠正或否定的事实依据和证据。刑事案件的判决应“以事实为根据”，如果事实不清，判决、裁定的证据不足，或者仅根据部分事实就草率下判，以此确定的刑罚就必然有失公允，影响判决的正确性。检察机关发现原审法院的判决或裁定在这些方面确有错误时，就可以运用清楚的事实、充足的证据予以反驳。

第二，针对原审判决或裁定适用法律的错误，认定性质和定罪、量刑的不当，提出纠正或否定的事实依据和法律根据。刑事案件的判决必须“以法律为准绳”，如果原审的判决或裁定在适用法律、定罪量刑上有错误，或是把依法不应当追究刑事责任的人定了罪判了刑，或是定性有误，判刑畸轻畸重，都是对实体法的违反。检察机关如发现这些问题，就应从事实和法律两方面说明其错误，分析其应该从重或从轻的情节和条件作为抗辩的理由。

第三，针对原审判决或裁定违反法定的审判程序，提出纠正的法律依据。审判程序是确保实体法得以正确贯彻实施的重要保障，违反了法定程序，就可能影响正确判决或裁定。例如，不给被告人以回避权、辩护权、上诉权等，都有可能使被告人的正当合法权益受到侵害。检察机关发现原审法院违背法定的审判程序时，可以以《刑事诉讼法》的有关规定，进行反驳，予以纠正。

4. 抗诉要求

这一部分主要是根据前面所写的理由，提请上级人民法院撤销、变更或者重新审理原审裁判。在行文上一般采取：

为此，根据《中华人民共和国刑事诉讼法》第×条第×款之规定，特向你院提出抗诉，请依法撤销原判决（或裁定），予以改判（或重新审理）。

或者采取如下写法：

根据《中华人民共和国刑事诉讼法》第×条第×款之规定，特向你院提出抗诉，请依法重新审判，给犯罪分子以应有的惩罚。

正文至此，即告结束，以下就是尾部。

5. 尾部

这部分应写明“××××人民检察院”字样，并注明具文时间，加盖院章。左下方写明：“抄报：××××人民检察院”。

四、抗诉书的写作格式

【格式1】二审程序适用

××××人民检察院

刑事抗诉书

××检××诉刑抗〔20××〕×号

×××人民法院：

×××人民法院以××号刑事判决（裁定）书对被告人×××（姓名）××（案

由）一案判决（裁定）……（判决、裁定结果）。本院依法审查后认为（如果是被害人及其法定代理人不服地方各级人民法院第一审的判决而请求人民检察院提出抗诉的，应当写明这一程序，然后再写“本院依法审查后认为”），该判决（裁定）确有错误（包括认定事实有误、适用法律不当、审判程序严重违法），理由如下：

……（根据不同情况，理由从认定事实错误、适用法律不当和审判程序严重违法等几个方面阐述）

综上所述……（概括上述理由），为维护司法公正，准确惩治犯罪，依照《中华人民共和国刑事诉讼法》第二百二十八条之规定，特提出抗诉，请依法判处。

此致

×××人民法院

××××人民检察院

二〇××年×月×日

（院印）

抄报：××××人民检察院

附：1. 被告人×××现羁押于×××（或者现住×××）。

2. 其他有关材料。

【格式 2】审判监督程序适用

××××人民检察院

刑事抗诉书

××检××诉刑抗〔20××〕×号

×××人民法院：

原审被告人……（依次写明姓名、性别、出生年月日、民族、职业、单位及职务、住址、服刑情况。有数名被告人的，依犯罪事实情节由重至轻的顺序分别列出）。

×××人民法院以××号刑事判决（裁定）书对被告人×××（姓名）×××（案由）一案判决（裁定）……（写明生效的一审判决、裁定或者一审及二审判决、裁定情况）。经依法审查（如果是被告人及其法定代理人不服地方各级人民法院的生效判决、裁定而请求人民检察院提出抗诉的，或者有关人民检察院提请抗诉的，应当写明这一程序，然后再写“经依法审查”），本案的事实如下：

……（概括叙述检察机关认定的事实、情节。应当根据具体案件事实、证据情况，围绕刑法规定该罪构成要件特别是争议问题，简明扼要地叙述案件事实、情节。一般应当具备时间、地点、动机、目的、关键行为情节、数额、危害结果、作案后表现等有关定罪量刑的事实、情节要素。一案有数罪、各罪有数次作案的，应当依由重至轻或者时间顺序叙述）

本院认为，该判决（裁定）确有错误（包括认定事实有误、适用法律不当、审判程序严重违法），理由如下：

……（根据不同情况，理由可以从认定事实错误、适用法律不当和审判程序严重

违法等几方面分别论述）

综上所述……（概括上述理由），为维护司法公正，准确惩治犯罪，依照《中华人民共和国刑事诉讼法》第二百五十四条第三款之规定，对×××法院××号刑事判决（裁定）书，提出抗诉，请依法判处。

此致

×××人民法院

××××人民检察院
20××年×月×日
（院印）

抄报：××××人民检察院

附：1. 被告人×××现服刑于×××（或者现住×××）。

2. 其他有关材料。

病文诊疗

【原文】

××××人民检察院

刑事抗诉书

×检××诉刑抗〔2021〕×号

××中级人民法院：

原审被告人王×泊，男，1974 年 6 月 3 日出生，汉族，北京市人，初中文化程度，系北京××大学培训中心学 7 楼管理员，住本市海淀区西土城路××号。因涉嫌贪污罪，经本院决定，于 2021 年×月×日被刑事拘留，同年×月×日被北京市公安局××分局逮捕，现羁押于北京市××看守所。

原审被告人王×利，女，1989 年 12 月 29 日出生，汉族，北京市××区人，初中文化程度，系北京××大学培训中心学 7 楼服务员，住北京市××区××镇××村。因涉嫌职务侵占罪，经本院决定，于 2021 年×月×日被刑事拘留，同年×月×日被北京市公安局××分局逮捕，现羁押于北京市××看守所。

原审被告人王×泊贪污、王×利职务侵占一案，由本院侦查、审查终结，于 2021 年×月×日以被告人王×泊犯贪污罪、被告人王×利犯职务侵占罪提起公诉。北京市××区人民法院以（2021）×刑初 1640 号刑事判决书于 2021 年×月×日作出判决：原审被告人王×泊犯挪用公款罪，判处有期徒刑四年；原审被告人王×利犯职务侵占罪，判处有期徒刑一年零六个月。本院于 2021 年×月×日收到此判决，经依法审查，本案的事实如下：

原审被告人王×泊于2010年4月至2019年5月，在任北京××大学培训中心学7楼管理员，负责收取学员住宿费、培训费期间，又分别委托服务员王×利、董×、王××代收住宿费、培训费。服务员将收取的现金和开出的发票交回后，王×泊向服务员出具收款白条，然后将现金和发票交财务处报账。至2019年5月，经对开出的发票和收取的现金进行核对，共短款165 760元，其中董×、王××收取的住宿费、培训费已与王×泊结清，票款相符。原审被告人王×利从其代收的培训费中侵吞了21 975元，大部分用于个人挥霍。原审被告人王×泊从收取的住宿费、培训费中侵吞143 785元。

原审被告人上述犯罪事实清楚，证据确实、充分，足以认定。

本院认为原审被告人王×泊身为国有事业单位从事公务的人员，利用职务之便，贪污公款，其行为触犯了《中华人民共和国刑法》第三百八十二条、第三百八十三条第一款第（一）项之规定，构成贪污罪，被告人王×利利用代收学员住宿费、培训费之机，采用收款不上交的手段，将公款据为己有，数额极大，其行为触犯了《中华人民共和国刑法》第二百七十一条之规定，构成职务侵占罪。应当依法判处刑罚，追究刑事责任。

原审被告人王×利对起诉书指控的内容没有异议。原审被告人王×泊在庭审中承认短款的事实，但否认贪污或使用过公款，辩解短款的原因可能是保险柜被盗、未与服务员结清等原因。

原审判决与本院起诉书在认定原审被告人王×利构成职务侵占罪上没有差异，但对原审被告人王×泊所犯贪污罪的事实，原审判决认为：被告人王×泊在收取培训费、住宿费的过程中，并未采取涂改、隐匿、毁弃账目、单据或携款潜逃等方法，使公款脱离本单位的控制，而被其据为己有。对于未向单位如数上交公款的事实，被告人王×泊亦予以否认，只是拒绝说明公款的去向。因此，其行为侵犯的主要是公款的使用权，符合挪用公款罪的构成要件，应认定为挪用公款罪。据此作出一审判决。

本院认为：原审法院判决认定原审被告人王×泊犯挪用公款罪，定性不准，适用法律不当，量刑畸轻。理由如下：1. 案件定性有误；2. 量刑明显畸轻。

综上，原审判决确有错误，为严肃国法，准确惩治犯罪，依据《中华人民共和国刑事诉讼法》第二百二十八条之规定，特提出抗诉。请依法改判。

此致

××中级人民法院

××××人民检察院
2021年××月××日
（院印）

抄报：××××人民检察院

【简析】

上文从写作步骤来讲，符合人民检察院刑事抗诉书的写作逻辑，但是在抗诉理由的说理部分，还存在明显不足。

抗诉理由部分应针对事实确有错误、适用法律不当或审判程序严重违法等不同情况述写，应突出争议重点，体现抗诉的针对性。如法院适用法律有误，应针对该犯罪行为的本质特征论述应该如何定罪、量刑，从而正确适用法律。

因此，上文在抗诉理由部分述写得过于笼统，应条分缕析加以阐述。

【修改文】

×××× 人民检察院

刑事抗诉书

×检××诉刑抗〔2021〕× 号

××中级人民法院：

原审被告人王×治，男，1974 年 6 月 3 日出生，汉族，北京市人，初中文化程度，系北京××大学培训中心学 7 楼管理员，住本市海淀区西土城路××号。因涉嫌贪污罪，经本院决定，于 2021 年×月×日被刑事拘留，同年×月×日被北京市公安局××分局逮捕，现羁押于北京市××看守所。

原审被告人王×利，女，1989 年 12 月 29 日出生，汉族，北京市××区人，初中文化程度，系北京××大学培训中心学 7 楼服务员，住北京市××区××镇××村。因涉嫌职务侵占罪，经本院决定，于 2021 年×月×日被刑事拘留，同年×月×日被北京市公安局××分局逮捕，现羁押于北京市××看守所。

原审被告人王×治贪污、王×利职务侵占一案，由本院侦查、审查终结，于 2021 年×月×日以被告人王×治犯贪污罪、被告人王×利犯职务侵占罪提起公诉。北京市××区人民法院以（2021）×刑初 1640 号刑事判决书于 2021 年×月×日作出判决：原审被告人王×治犯挪用公款罪，判处有期徒刑四年；原审被告人王×利犯职务侵占罪，判处有期徒刑一年零六个月。本院于 2021 年×月×日收到此判决，经依法审查，本案的事实如下：

原审被告人王×治于 2010 年 4 月至 2019 年 5 月，在任北京××大学培训中心学 7 楼管理员，负责收取学员住宿费、培训费期间，又分别委托服务员王×利、董×、王××代收住宿费、培训费。服务员将收取的现金和开出的发票交回后，王×治向服务员出具收款白条，然后将现金和发票交财务处报账。至 2019 年 5 月，经对开出的发票和收取的现金进行核对，共短款 165 760 元，其中董×、王××收取的住宿费、培训费已与王×治结清，票款相符。原审被告人王×利从其代收的培训费中侵吞了 21 975 元，大部分用于个人挥霍。原审被告人王×治从收取的住宿费、培训费中侵吞 143 785 元。

原审被告人上述犯罪事实清楚，证据确实、充分，足以认定。

本院认为原审被告人王×治身为国有事业单位从事公务的人员，利用职务之便，贪污公款，其行为触犯了《中华人民共和国刑法》第三百八十二条、第三百八十三条第一款第（一）项之规定，构成贪污罪，被告人王×利利用代收学员住宿费、培训费之机，采用收款不上交的手段，将公款据为己有，数额较大，其行为触犯了《中华人民共和国刑法》第二百七十一条之规定，构成职务侵占罪。应当依法判处刑罚，追究刑事责任。

原审被告人王×利对起诉书指控的内容没有异议。原审被告人王×泊在庭审中承认短款的事实，但否认贪污或使用过公款，辩解短款的原因可能是保险柜被盗、未与服务员结清等原因。

原审判决与本院起诉书在认定原审被告人王×利构成职务侵占罪上没有差异，但对原审被告人王×泊所犯贪污罪的事实，原审判决认为：被告人王×泊在收取培训费、住宿费的过程中，并未采取涂改、隐匿、毁弃账目、单据或携款潜逃等方法，使公款脱离本单位的控制，而被其据为己有。对于未向单位如数上交公款的事实，被告人王×泊亦予以否认，只是拒绝说明公款的去向。因此，其行为侵犯的主要是公款的使用权，符合挪用公款罪的构成要件，应认定为挪用公款罪。据此作出一审判决。

本院认为：原审法院判决认定原审被告人王×泊犯挪用公款罪，定性不准，适用法律不当，量刑畸轻。理由如下：

一、案件定性有误

首先，贪污罪和挪用公款罪都是职务犯罪。前者以非法占有公共财物为目的，即为了将公共财物永久归为己有而占有公共财物；后者以取得公款的使用权为目的，即暂时占有公款，准备将来归还。这是区分二罪的关键所在。此外，在行为方式上，前者是永远非法占有公共财物，因此行为人往往采用毁损凭证、掩盖真相等手段；后者从性质上说是暂时非法使用公款，因此在财物账目上往往表现为没有平账。但这种区分不是绝对的，如果行为人主观上根本不想归还，在案发后实际也没有退还，则即使形式上具有挪用公款的特征，也应当以贪污罪处罚。在本案中虽然原审被告人王×泊承认开出的发票和收到的现金存在差额，但其辩解产生差额的原因是由于保险柜被盗、未与服务员结清等原因，自始至终否认动用过公款，而且在案发后也没有任何归还的行为。由此可以认定，原审被告人具有非法占有公共财物的直接犯罪故意，属于硬性侵吞公款 143 785 元。

其次，原审被告人王×泊并非财务人员，根本无法做到平账，即使其毁弃、隐匿了发票，亦可凭借代为收款的服务员所存留的、由其出具的收条等证据证实其收款的事实和数额。其否认动用公款且分文未归还的行为已充分说明其占有公款的主观故意，且已实际将公款据为己有，是否平账或毁弃、隐匿账目不影响对其行为性质的认定。

最后，挪用公款在客观方面具有三种表现形式：挪用公款数额较大，超过 3 个月未还；挪用公款归个人使用，进行非法活动；挪用公款数额较大，进行营利活动。但原审判决对原审被告人王×泊如何使用公款，却语焉不详，只是笼统地表述为“私自截留公款 143 785 元，归其个人使用，数额较大”。究竟原审被告人王×泊如何使用公款，原审判决并未确定。而对公款使用方式的不同直接影响着对行为人的定罪量刑。

因为相关司法解释对三种使用公款的方式规定为犯罪的数额起点及认定为情节严重的数额起点是不相同的。认定挪用公款罪，应当确认行为人如何使用公款，否则将导致无法适用法律。在行为人根本不承认挪用公款、拒绝供认公款去向的情况下，如何能够认定其构成挪用公款罪呢？因此，原审法院在原审被告人王×泊否认挪用公款、拒绝说明公款去向的情况下认定原审被告人构成挪用公款罪是没有事实和法律依据的。

综上，原审法院判决认定被告人王×泊犯有挪用公款罪，定性不准，适用法律错误。

二、量刑明显畸轻

首先，根据《中华人民共和国刑法》第三百八十三条第一款第（二）项之规定，个人贪污数额巨大的，处三年以上十年以下有期徒刑。原审法院在定性不准的基础上，以挪用公款罪判处被告人王×泊有期徒刑四年，量刑畸轻。

其次，即使认定原审被告人王×泊犯有挪用公款罪，根据现有的事实和证据，可以认定王×泊系多次挪用公款。因为自 2010 年 4 月至 2019 年 5 月，原审被告人王×泊负责收取培训费和住宿费，不论是其本人亲自收费还是服务员收费后交到其处，数额一般并不巨大，侵吞公款达到 143 785 元应当数次才能完成。此外，虽然王×泊拒绝说出公款去向，但根据证人周××等人的证言，王×泊的收入和日常支出不符，基本可以判定王×泊将公款用于个人日常使用。所以，应当认定王×泊在较长时间内多次挪用公款。根据《最高人民法院关于审理挪用公款案件具体应用法律若干问题的解释》第三条之规定，多次挪用公款系挪用公款情节严重的情形之一，而根据《中华人民共和国刑法》第三百八十四条之规定，挪用公款情节严重的，处五年以上有期徒刑。原审法院判决没有认定原审被告人王×泊挪用公款情节严重，量刑畸轻。

综上，原审判决确有错误，为严肃国法，准确惩治犯罪，依据《中华人民共和国刑事诉讼法》第二百二十八条之规定，特提出抗诉。请依法改判。

此致

××中级人民法院

××××人民检察院
2021 年××月××日
（院印）

抄报：××××人民检察院

特别提示

书写抗诉理由要做到以下几点：

一是要有针对性。原审判决或裁定哪一部分有错误或不当，就对哪一部分提出抗辩的理由。如果是全部错，则提出全部纠正的理由，做到有的放矢，切中要害。

二是理由的阐述要充分、具体。这是说对原审判决或裁定的错误或不当问题要进行深入、透彻的分析，做到抗之有理，诉之有据，切忌笼统或含糊其词。

三是理由阐述要论证有力、合乎逻辑，具有条理性。理由的阐述应该层次分明，眉目清晰，章法有序。原审判决、裁定如果只有一个方面的错误，则应该按照材料组织的基本要求，或采取由浅入深写法，或采取先总后分写法，或采取多角度论证方法，有顺序地逐一表达清楚。如果有几个方面的错误，阐述分析时就应该用序码分条逐项地针对上述各点逐一阐明理由，切不可将几个问题纠缠在一起，造成头绪纷繁、含糊不清。

第八节　人民检察院补充侦查决定书

一、补充侦查决定书的概念

人民检察院对公安机关移送审查起诉或者不起诉的刑事案件，经过审查，认为犯罪事实不清、证据不足，或者遗漏了罪行，或者还有其他应当追究刑事责任的同案犯没有追究，需要补充侦查时，就可以退回公安机关补充侦查。退回补充侦查时，人民检察院应用书面形式表达，这种文书就叫补充侦查决定书。

二、补充侦查决定书的要素内容

补充侦查决定书主要由下列四部分构成。

1. 首部

首先，写明文书的名称，即“××××人民检察院补充侦查决定书”。其右下方注明文号。

其次，写明退回补充侦查的机关，即报请起诉或不起诉的原公安机关。

最后，指出案由和案件来源。其行文可采用下列格式：

> 你局×年×月×日以×号文书移送起诉（或提请批准逮捕）的被告人的案卷材料收悉。经本院审查，认为：

2. 正文

这是补充侦查决定书的主体部分。这一部分着重阐明退回补充侦查的理由。这里应注意以下两方面的问题：

第一，必须是案件上的重大问题，对于定案有决定性的影响，比如主要犯罪事实情节不清，重要证据不足，遗漏了重要罪行或同案犯罪，才予以退回。如果是一般的、较小的、对定案没有多大影响的问题，或者是检察院自行侦查比较容易解决的问题，就不必退回公安机关补充侦查。

第二，必须在补充侦查决定书中具体明确地指出问题，以便公安机关进行补充侦查时知道人民检察院所需要补充侦查的内容是什么，有目的地去进行。如果不是这样，而是笼统含糊，那么退回去之后，公安机关不知如何着手进行补充侦查，在工作中就会感到有困难。而这样补充侦查的结果，恐怕也达不到要求，最后又得退回去再次进行补充侦查。这样退来退去，来来往往，互相扯皮，既耽误了办案时间，又影响了办案效率。

在实践中，有些地方的检察机关为防止扯皮现象，常常事先和公安机关有关人员交换意见，征得对方同意后，再写成书面意见退回去，这样效果更好一些。

3. 尾部

写明作出退回补充侦查决定的检察机关的名称，注明制作文书的年、月、日，并加盖院章。

4. 附项

退回补充侦查提纲等。

三、补充侦查决定书的写作格式

××××人民检察院

补充侦查决定书

××检××补侦〔20××〕×号

×××公安局：

你____于________年____月____日以________________号文书移送起诉的________________一案，经本院审查认为：________________________。根据《中华人民共和国刑事诉讼法》第一百七十五条第二款之规定，现决定将此案退回你____补充侦查。请在收到本决定书后一个月内将补充侦查材料移送本院。

此致

____公安局

20××年××月××日

（院印）

附件：退回补充侦查提纲

附件：

关于××一案的退回补充侦查提纲

________（侦查机关名称）：

你________（侦查机关简称）以________号起诉意见书移送起诉的犯罪嫌疑人

________涉嫌________一案，为有效地指控犯罪，根据《中华人民共和国刑事诉讼法》第×条第×款之规定，决定将案件退回你________（侦查机关简称）补充侦查。

一、补充侦查的方向

本院审查认为………

二、补充侦查的主要事项和工作

根据上述情况，请你____（侦查机关简称）查明以下事项，并重点做好相关工作：

1. 为查明……，调取（核查、询问、讯问、梳理）……

2. 为查明……，调取（核查、询问、讯问、梳理）……

3. 为核实……，调取（核查、询问、讯问、梳理）……

4. 为核实……，调取（核查、询问、讯问、梳理）……

…………

三、相关工作要求

补充侦查过程中，注意以下问题：

1.……

2.……

…………

联系人：

联系电话：

××××人民检察院
20××年××月××日
（院印）

范文评析

【例文】

××县人民检察院

补充侦查决定书

×检刑补侦〔2022〕2号

××县公安局：

你局于2022年9月13日以×号文书提请批捕的强奸案犯罪嫌疑人吴××一案，经本院审查认为，犯罪嫌疑人曾患过精神病，这次作案时有些反常现象，如在实施行为前就将其打算告诉别人等，究竟有无精神病，需做司法精神病学鉴定。根据《中华人民共和国刑事诉讼法》第一百七十五条第二款之规定，现决定退回你局，补充侦查完毕后，请及时移送本院。若此案另行处理，请及时通知本院。

××县人民检察院
2023 年 9 月 17 日
（院印）

附：侦查卷宗一册。

【简析】

本文书为不附退回补充侦查提纲的补充侦查决定书，写法符合要求。

第九节　人民检察院检察建议书

一、检察建议书的概念

检察建议书可以被定义为，人民检察院为充分履行法律监督职责，在办案过程中，针对发现的各类问题，以非诉讼方式提出有针对性的意见和建议，从而有效参与社会治安综合治理工作，并对刑事诉讼、行政诉讼和民事审判活动进行法律监督所制作的检察法律文书。

随着“四大检察、十大业务”检察现代化布局的推进，检察建议书在刑事、民事、行政以及公益诉讼检察各个业务条线中使用愈发频繁。同时，自 2020 年企业合规试点改革开始以来，为充分发挥参与社会治理的积极作用，一些地方检察机关主动延伸办案职能，尝试向涉案企业提出社会治理检察建议，以督促、引导和帮助其建章立制、堵塞漏洞、合规经营，检察建议书也起到了积极作用。

二、检察建议书的特点

1. 对外性

检察建议书的发送对象是公安、司法机关、涉案单位等，在有些情况下也包括上述机关的上级单位。因此，检察建议书一般是以检察机关的名义制作、发出，属于检察机关对外的法律文书。在发文单位的表述上也只能是“某某人民检察院”而不能是检察机关的某一内设部门或派出机构。

2. 建议性

检察建议书的内容具有建议性而非强制性，这与其所担负的法律监督职能密切相关。也正是这一特点决定了在书写检察建议书的时候需要注意：一是在指出存在问题的时候，也应当提出相应的、具有可操作性的解决方案或者对策性建议；二是检察建议书的提出只是为了帮助接收单位改进工作，所以书写用词和表述方式需要缓和。

3. 法律监督性

检察建议是检察机关履行法律监督职责的非诉讼监督手段之一，在写作过程中应当注意几个问题：第一是准确界定检察建议书的适用范围，在可以直接使用其他检察法律文书的情况下，不要随意地“降格”适用检察建议书；第二是检察建议书一般是针对某种机制性或类型化的问题，具有一定的宏观性，所以书写的时候应当注意对共性问题的提炼、归纳和总结。

4. 服务性

检察机关在办案过程中，针对具体案件所反映的问题，对相关单位提出相应的对策性建议，主要目的是帮助相关单位堵塞漏洞、建章立制、改进工作。因此，检察建议是检察机关主动进行的一项服务性工作。以企业合规检察建议为例，检察机关在办理涉企刑事案件的过程中，如若能够及时延伸检察职能，向那些因内部管理制度不健全而存在着违法犯罪隐患的涉案企业制发合规检察建议书，并能充分激活酌定不起诉中潜藏的激励因子，就可以督促、引导和激励那些具有一定规模且有着合规整改意愿的涉案企业完善合规管理体系。这既是对企业的特殊保护，也是在为企业发展营造良好法治环境。

5. 补充性

检察建议是检察机关其他法律监督手段的有益补充，因此在制发检察建议书的时候需要考虑该特点。具体来讲，一方面，在确定适用情形时需要明确“不宜以其他监督方式提出监督意见的情况下，应当适用检察建议书”。另一方面，在其他检察法律文书无法涵盖某些监督内容的时候，可以通过制发检察建议书进行必要的补充。

三、检察建议书的要素内容

1. 首部

（1）文书名称。

（2）文书编号。

（3）文书送达单位名称。

2. 正文

（1）问题的来源或提出建议的起因。

（2）提出建议所依据的事实。

（3）提出建议的依据和建议内容。

（4）要求事项。

3. 尾部

（1）制作文书的年月日。

（2）制作单位及院印。

四、检察建议书的写作格式

××××人民检察院

检察建议书

××检××〔20××〕×号

1. 写明被建议单位的名称。

2. 案件或者问题的来源。

写明本院在办理案件或者履行法律监督职责中发现该单位存在的问题以及需要提出检察建议的有关情况。

3. 依法认定的案件事实或者经调查核实的事实及其证据。

写明依法认定的案件事实或者经过调查核实后查清的事实及证据。对事实的叙述要求客观、准确、概括性强，要归纳成几条反映问题实质的事实要件，然后加以叙述。

4. 存在的违法情形或者应当消除的隐患。

阐明该单位存在的违法情形或者隐患，包括：刑事诉讼活动或者执行活动中存在的普遍性、倾向性违法问题或者其他重大隐患；制度不健全、不落实；存在管理监督漏洞；民间纠纷问题突出；不依法及时履行职责；需要给予有关人员行政处罚、政务处分、行业惩戒或者追究司法责任等。

5. 建议的具体内容及所依据的法律、法规和有关文件等的规定。

写明建议的具体内容及依据。意见的内容应当具体明确，切实可行，要与以上列举的问题紧密联系。检察建议引用依据有两种情况：一种情况是检察机关提出建议的行为所依据的有关规定，另一种情况是该单位存在的问题不符合哪项法律规定和有关规章制度的规定。

6. 被建议单位提出异议的期限。

告知被建议单位可以提出异议及提出异议的期限。

7. 被建议单位书面回复落实情况的期限。

8. 其他需要说明的事项。

××××人民检察院

20××年××月××日

（院印）

范文评析

【例文1】

××省××市人民检察院

检察建议书

××检行×〔2016〕××号

××市环境保护局、××市城市管理局、××市国土局、××市市场监督管理局、××市安全生产监督管理局：

近期，本院接到群众反映，××市浩宇建材厂（下称“浩宇建材厂”）露天堆放废渣影响日常生活。本院立即走访调查，发现××镇毛许路戚浦塘沿岸小作坊林立，尤以浩宇建材厂炉渣综合利用问题突出，不仅造成环境污染，更存在垃圾处置风险，亟须引起重视。本院于2016年6月23日决定依职权对相关行政执法进行审查监督。

一、浩宇建材厂基本情况

本院经调查核实，现查明：浩宇建材厂在××镇石牌工业区内，位于××村毛许路戚浦塘沿岸，2006年成立，法定代表人王××，主要经营墙体砌块、水泥砼、人行道板等建筑材料销售，是××市唯一经××省经济和信息化委员会验收的拥有"生活垃圾焚烧炉渣制砖技术"的新型墙体材料企业。2009年浩宇建材厂新增"再生沙多孔砖生产销售"项目，在《建设项目环境影响报告表》中显示，再生沙多孔砖是使用、再生利用废炉渣生产、非烧结的墙体材料，年产再生沙多孔砖6 000万块，使用炉渣再生沙8万吨，本项目无工业废水产生，生活污水经生化处理后外排至戚浦塘。2016年2月，本院××检察室联合××镇政府、××市环境监察四中队等现场调查，发现浩宇建材厂外排水浑浊，臭味明显。经采样检测，××市环境监测站出具的两份《水质监测报告》表明，该厂灰渣堆场雨水沟、南下水道的化学需氧量、总磷、氨氮、铜均超标数倍，辗转流入戚浦塘，与水源保护地傀儡湖相通，虽已关闭水闸，但汛期已至，开闸排洪势在必行。另查明，浩宇建材厂与××鹿城垃圾发电有限公司（下称"鹿城公司"）签订《炉渣买卖合同书》，约定鹿城公司将垃圾焚烧产生炉渣全部供给浩宇建材厂独家开发利用，从2008年8月8日至2018年8月7日，若违约承担合作未到期每年2.5万元违约金，若浩宇建材厂不能按环保法规定合理利用炉渣造成环境污染，相关部门提出意见的，鹿城公司有权解除合同。目前，鹿城公司年产炉渣14.6万吨，浩宇建材厂露天堆放炉渣及其再生沙超15万吨，最高点至地面约15米，炉渣性能类似煤炭，松散易垮塌，安全隐患突出。

二、主要问题及法律责任分析

浩宇建材厂依靠焚烧炉渣制砖，但存在多种违法经营，急需整治，主要问题如下：

1. 炉渣堆放问题：近年来，浩宇建材厂制砖量逐年下降，所制砖块因砖体锈蚀、强度不高等问题，销路并不理想；加之，炉渣加水筛洗回收有色金属获利丰厚，直接分包第三方，年回报几百万元。而浩宇建材厂对炉渣制砖工艺投入有限，导致炉渣堆积成山，堆高作业危险，缺乏必要的分层作业，作业面人手不够，产生重大安全隐患。加之，渣堆与××物流园仓库紧邻，一旦塌方，严重危及物流公司及其人员的生命财产安全。

2. 环境污染问题：浩宇建材厂对炉渣预处理的水洗措施伴生大量污水，但企业主没有设立污水净化和循环利用设施，导致污水影响戚浦塘及水源保护地。而且，对于炉渣堆放场地未进行防渗处理、表面未覆土、渗滤液收集系统和处理设施不完善、沼气未进行疏导等，炉渣可能对地表水和地下水造成二次污染。炉渣运输、装卸、堆高与清洗的粉尘和扬尘污染，危害环境。该厂故意隐瞒真相，违反环评报告，使得资源再生的环保项目，变成污染的罪魁祸首。对此，环保部门应当加大行政处罚力度，并对其民事追责。一方面，依据《炉渣买卖合同书》约定，针对该厂的污染行为，鹿城公司有权解除合同，停止炉渣供应；另一方面，对已造成的污染，依据《中华人民共和国侵权责任法》第六十五条，要求该厂予以损害赔偿与生态环境修复。

3. 综合利用问题：对垃圾焚烧炉渣的综合利用已成为业界共识，炉渣制砖技术也基本成熟。然而，浩宇建材厂独家垄断炉渣制砖项目，严重制约××市炉渣综合利用的研发。同时，应当注意炉渣质量也影响综合利用效能。××省建设厅制作的《××垃圾焚烧发电厂二期项目移交生产前初步评价报告》，对鹿城公司问题有多项描述，如：烟气在线监测装置及检查指标分类不符合CJJ90—2009规范要求，不利于运行调整控制达标排放；温度测量显示炉膛温度分布不均，偏差过大，应进行原因分析；飞灰处置需要三联单跟踪等。××省环境保护厅公示的《关于××鹿城垃圾发电有限公司扩建项目二期工程竣工环境保护验收意见的函》（×环验〔2015〕6号）明确："飞灰固化后送××第三垃圾填埋场填埋，焚烧炉渣作为一般固废进行综合利用。"鹿城公司将炉渣综合利用委托浩宇建材厂实施，但未落实环保等企业主体责任。炉渣虽与危险废物相区别，仍对土壤、地表水等存在污染风险，××村曾在浩宇建材厂填没的鱼塘上试图播撒种子，均未见发芽。

4. 非法占地问题：浩宇建材厂非法占地也成为困扰周边村民的一个主要问题，由此引发的信访纠纷不断。该厂土地系向××村租用，2005年为11.5亩的码头，逐年向外扩张，虽然××村已经停止与该企业的土地租赁合同，但浩宇建材厂仍长期非法占地，至今实际占用农用地和建设用地等共3.9公顷（58.5亩）。

三、行政执法与法律适用分析

××市××镇人民政府对于浩宇建材厂上述问题高度重视，先后开展实地调查、工作推进会、告知企业主体责任等，但收效甚微。彻底解决浩宇建材厂问题，需要形成执法合力，齐抓共管，运用多种行政执法手段加强综合治理：

1. 环境保护监管方面：浩宇建材厂再生沙多孔砖项目虽有环评，却至今未通过验收，擅自将生产污水直接外排，与审批意见中"不得有生产废水外排"等要求相悖，违反《环境影响评价法》第二十四、二十六、二十七条关于落实环保措施、重报环评或组织后评价等义务，依据该法第二十八、三十一、三十三条规定，环保部门应查明责任，给予行政处罚。浩宇建材厂违反"三同时"和环评验收规定擅自投入生产，违反《建设项目环境保护管理条例》第十二、十六、十八、二十、二十三条规定的关于建设项目需配套建设环保设施、经验收合格方可投入生产等，依据该条例第二十八条的规定，环保部门应责令其停止生产，并处罚款等。浩宇建材厂违法排放废水，违反《环境保护法》第四十一、四十二条和《水污染防治法》第二十、二十二条规定，依据《环境保护法》第五十九、六十、六十四条和《水污染防治法》第七十四条的规定，环保部门可责令其停产整治，处以罚款，要求企业承担生态环境修复责任。

2. 安全生产监管方面：最直观的安全隐患是炉渣堆，无论高度，还是松散构造都很危险。应参照《金属非金属矿山安全规程》（GB 16432—2006）和《金属非金属矿山排土场安全生产规则》（AQ 2005—2005）相关规定，科学设计炉渣堆土的分层作业路面、挡墙、反坡、排水设施、抗震设施等安全措施，制定定期检查裂缝、保持安全作业距离等安全生产制度，消除安全隐患。应根据《安全生产法》第五、十八、二十八、五十五条，加强对企业的安全生产主体责任落实，建立健全浩宇建材厂的各项安全措施。又根据该法第九十八、九十九条，安监部门应从严整治，对未制定应急预案、未采取措施消除隐患等违法行为，依法责令限期改正，停产整顿，并处罚款。

3. 市场监督管理方面：浩宇建材厂再生砖产量质量逐年下降，依据《××省发展新型墙体材料条例》第二十四、二十六条规定，市场监督管理部门应当加强对该厂再生沙多孔砖的质量监督，对检验合格的应当提供该产品的检验合格证和产品使用说明书，对检查发现的不合格产品、不符合保障人体健康和人身财产安全的产品，及时查处违法行为，依据《产品质量法》第四十九、五十、五十七条，作出停止生产销售、没收违法所得、吊销营业执照、撤销认证资格等处罚。

4. 城市管理方面：依据《城市市容和环境卫生管理条例》第三十六条及《生活垃圾焚烧厂运行监管标准》（GJJ/T 212—2015），城管部门应当加强生活垃圾处理监管，制定监管方案，细化对生活垃圾的进料系统、垃圾焚烧系统、燃烧空气与辅助燃烧系统、余热锅炉系统、控制系统、烟气净化系统、烟气在线监测系统、渗沥液及灰渣输送处理系统的全面监管，及时发现整治违规行为，责令提出改造方案，限期整改。

5. 国土监管方面：依据《土地管理法》第二、三、六十七、七十四、七十六、八十一条，《土地管理法实施条例》第三十六条及《××省土地管理条例》第四十七、五十一条之规定，针对浩宇建材厂非法占地逐年扩大的情况，土地管理部门应当责令退还非法占用土地，没收违法所得，并处罚款。

四、检察建议与对策

浩宇建材厂问题环环相扣、错综复杂，不仅影响周边群众生产生活，而且关系垃圾综合利用及水源保护等民生问题。习近平总书记指出：绿水青山就是金山银山，要像对待生命一样对待生态环境，把不损害生态环境作为发展的底线。依据最高人民检察院《人民检察院检察建议工作规定》第三、五条之规定，建议系统治理相关问题，具体如下：

1. 引入市场竞争机制，拓展焚烧炉渣销路。浩宇建材厂的治理难点在于它是××市唯一处置焚烧炉渣企业，一旦停产，每日400吨炉渣将无法解决。基于此，建议引入竞争，在全市培育多种炉渣综合利用项目，拓展炉渣制砖、烧制陶泥等多元化处置路径，如扶持条件成熟的企业研发炉渣再生利用项目；统筹全市道路建设和场地建设的填充物需求量，尽快消除炉渣山安全隐患；寻求炉渣多元化销售路径，确保及时处置等。同时，作为系统工程的另一面，必须确保垃圾焚烧炉渣无公害，加强源头治理。严防鹿城公司飞灰污染，加强技术改进，解决垃圾“未燃尽”问题，平均分布炉膛燃点，助燃剂化学配比到位，定期更换飞灰收纳布袋，确保风量风压合理分配、充足氧气供应和燃烧时间。

2. 开展环境综合治理，全面消除污染隐患。加快对该区域非法占地问题的综合整治，在对责任单位和责任人行政处罚的同时，做好环境综合治理工作。浩宇建材厂所在毛许路戚浦塘沿岸另有5家小作坊，有收购废物的，有碎玻璃加工的，有五金加工的，有黄沙买卖的，污染隐患突出，考虑到戚浦塘与××市水源保护地相通，建议加强该地区非法建设和沿河码头的整治工作。在对浩宇建材厂开展环境整治的同时，对周边小作坊同步开展治理，铺设污水管道，拆除非法建设物，取缔污染黑作坊，及时采取防污措施，全力确保水源安全。

3. 推进垃圾分类试点，提高综合利用效益。炉渣质量可追溯至垃圾源头，餐厨废弃物因含水量高而影响燃烧效果。借鉴国外经验，餐厨废弃物是有机肥料、生物燃料来源，建议扶持引进餐厨废弃物终端处理工程等垃圾再生利用项目，在社区乡村逐步试点推行餐厨废弃物收集系统，实现变废为宝。同时，完善全市垃圾处理体系规划，统筹协调垃圾分类回收、再生利用、无害处理等功能，对不同的垃圾进行科学利用，最大限度降低环境负担，从源头上为有效利用生活垃圾寻找多元化处置路径。同时，积极引进先进处理技术，落实填埋、综合利用等配套项目的合理选址，促进城市垃圾处理的良性循环。

请在收到后一个月内作出处理并将处理结果书面回复本院。

××省××市人民检察院

2016年7月15日

（院印）

【简析】

该检察建议书作为行政检察建议的典型，逻辑清晰，论点明确，论据清楚，建议翔实，具有很强的可操作性，符合写作要求。

【例文2】

××市××区人民检察院

检察建议书

××检建〔2021〕19号

××交易中心有限公司：

本院在审查起诉林×甲涉嫌合同诈骗罪、职务侵占罪案件中，查明你司作为被害单位，被林×甲合同诈骗人民币2 487 066元，职务侵占人民币845 735.56元。经检察，林×甲利用担任你司交易二部总经理的职务便利，利用你司管理和制度的漏洞实施犯罪，造成你司较大财产损失，你司存在内部管理不规范的问题。

林×甲非法占有你司财物的基本事实如下：

2017年6月至2018年9月期间，林×甲利用其担任你司交易二部总经理，负责与深圳××空港设备有限公司（简称××公司）钢材内销合同的履行的职务便利，使用伪造××公司印章和收货单、将采购钢材业务交由其本人实际控制或关联的公司、私自变卖××公司退回的不合格钢材等方式，非法占有你司财产。

通过对上述林×甲犯罪行为的分析，本院认为你司存在以下几个管理上的漏洞：

1. 对交易部门管理层监管不到位。林×甲作为你司交易二部总经理，其权力没有受到有效监督是其利用职务便利犯罪的重要原因。你司交易二部总经理在签订、履行与××公司的内购合同、与其他公司的钢材购销合同过程中拥有较大的决定权，而林×甲犯罪过程中，未看到你司内部的监督制约机制发挥作用。你司对交易部门管理层在履职过程中的职务行为是否合规的监督制约机制不健全，各级监管层层失守，存在较大的漏洞。

2. 对合同履行情况跟踪落实不到位。林×甲能够通过伪造××公司印章和收货单、私自变卖被退回的不合格钢材等方式非法占有你司财物，正是利用你司对合同履行情况不掌握、对财物管理不严格、财务制度不严密无法及时发现亏空等漏洞，才得以在长达一年多的时间内多次采用上述方法非法占有你司财产。

3. 对内部人员违规经营行为排查应对不到位。林×甲实际控制或关联的广州××贸易有限公司、××供应链有限公司在犯罪过程中发挥了重要作用。你司在长达一年的时间内未发现林×甲与广州××贸易有限公司法定代表人林×乙的父子关联关系，在发现后，亦未采取有效措施防止该公司与你司的实际业务往来，未能及时有效排查和采取措施防范林×甲继续违规交易，林×甲换个公司仍然继续实施本案犯罪行为，致使你司损失进一步扩大。

本院认为，你司内部监督制约机制不完善、合规管理不到位是发生本案犯罪行为的重要原因。你司应当加强内部的合规体系建设，强化内部违规行为的监督制约。

综上，根据《中华人民共和国人民检察院组织法》第二十一条、《人民检察院检察建议工作规定》第三条和第十一条第（一）项，向你单位提出如下检察建议：

一是加强合规制度建设。切实通过制度设计，将权力关在制度的笼子里。建议你司在对外业务联系、合同审核、合同履行情况跟进和监督、财务管理方面强化制度设计，堵塞漏洞，加强合同履行过程中各环节的责任落实和监督，形成一定的权力制约，防止出现“一人包干”、自我监督、部门领导“一言堂”的情况。

二是压实各级监管责任。在本案中，涉案合同均经过你司领导审批。建议你司落实各级审签人员的审查监管责任，在合同审批、审查方面明确职权内容、压实责任，避免将合同审签变成“走过场”的形式主义。

三是重视内部监察建设。本案中，林×甲的犯罪行为具有一定的隐蔽性，其利用广州××贸易有限公司和××供应链有限公司与你司进行交易在形式上难以判断是否违规。因此，需要你司加强内部监察体系的建设，提升内部腐败的预防和查处的水平和能力。

四是建设企业合规文化。企业合规建设关键在人，建议你司通过法治宣传、警示教育、专题培训等方式，提高公司领导及一般员工的合规意识和廉洁意识，加强与检察机关的司法合作，形成廉洁从业、合规经营的公司工作氛围和企业文化。

请收到本建议书后及时研究。如有异议，请在收到本建议书之日起十日内向本院提出。如无异议，请在收到本建议书之日起两个月内采取有效措施推进相关工作，并书面回复本院。

××市××区人民检察院
2021 年 6 月 9 日
（院印）

【简析】

企业合规检察建议书的制发，彰显了检察机关服务优化法治化营商环境的担当作为。该检察建议书的制发是检察机关适用企业合规机制办理涉企刑事案件探索的有力尝试，格式规范、措施清楚、逻辑明确、建议可行。

特别提示

书写检察建议书需要注意以下几点：

第一，人民检察院可以直接向本院所办理案件的涉案单位、本级有关主管机关以及其他有关单位提出检察建议书。

需要向涉案单位以外的上级有关主管机关提出检察建议书的，应当层报被建议单位的同级人民检察院决定并提出检察建议书，或者由办理案件的人民检察院制作检察建议书后，报被建议单位的同级人民检察院审核并转送被建议单位。

需要向下级有关单位提出检察建议书的，应当指令对应的下级人民检察院提出检察建议书。

需要向异地有关单位提出检察建议书的，应当征求被建议单位所在地同级人民检察院意见。被建议单位所在地同级人民检察院提出不同意见，办理案件的人民检察院坚持认为应当提出检察建议书的，层报共同的上级人民检察院决定。

第二，本文书一式三份，一份附卷，一份发送被建议单位，一份报送上一级人民检察院备案，并可根据抄送对象增加印制份数。

第四章
人民法院的主要司法文书

第一节　人民法院第一审刑事判决书

一、第一审刑事判决书的概念

判决是人民法院代表国家行使审判权，依法对审理终结的案件所作出的处理决定。判决书是这个决定的书面表现形式。为了便于诉讼当事人了解人民法院的决定，以利执行，以及便于上级人民法院和人民检察院实行审判监督，人民法院的所有判决都应当制作书面形式的文件。判决书是人民法院代表国家制作的，它是国家政策、法律在每个案件中的具体化，是一种十分重要的司法文书。在整个诉讼活动中，它是案件的结论，对诉讼当事人具有强制性，发生法律效力后具有稳定性，非经审判监督程序不得变更或撤销。

第一审刑事判决是第一审人民法院对审理终结的案件所作的有罪或无罪决定。确定被告人有罪，应做有罪判决；确定被告人无罪，应做无罪判决。无论是哪一类，都应制作判决书。

二、第一审刑事判决书的要素内容及制作方法

第一审刑事判决书主要由三部分构成，即：首部、正文和尾部。正文包括事实、理由和判决结果，是判决书的主体和骨干。

1. 首部

（1）标题中的法院名称，一般应与院印的文字一致，但是基层法院应冠以省、自

治区、直辖市的名称；判处涉外案件时，各级法院均应冠以我国的国名。法院名称和文书种类均应写在各行的正中。

(2) 案号，由立案年度、制作法院、案件性质、审判程序代字和案件的顺序号组成，比如，北京市朝阳区人民法院2018年立案的第25号刑事案件，表述为“（2018）京0105刑初25号”，浙江省宁海县人民法院2020年立案的第121号刑事案件，表述为“（2020）浙0226刑初121号”。案号写在标题下一行的右端，其最末一字与下面的正文各行末尾对齐。

(3) 检察机关一项，过去列为“公诉人”项，并且书写为“××人民检察院检察长（或员）×××”，这是不确切的。因为根据《中华人民共和国人民检察院组织法》第二十条和《刑事诉讼法》第一百七十六条的规定，代表国家提起公诉的是人民检察院，而不是检察院的某一个人。这也和单位参加各种诉讼一样，无论是原告人、被告人或者第三人，都应首先书写单位名称，而不能直接书写单位的代表人。因此应把过去用的“公诉人”项改为“公诉机关”项，并应书写为“××人民检察院”。这样，过去当公诉书上署名的检察人员或出庭支持公诉的检察人员不是同一个人时，其姓名在判决书上出现前后矛盾的问题得以解决。

(4) 书写被告人项的基本情况时，应在样式要求的基础上根据不同情况酌予增减。

第一，被告人如有与案情有关的别名、化名或绰号的，应在其姓名后面加以注明。

第二，被告人的职业，一般应写工人、农民、个体工商户等，有工作单位的，则应写明其工作单位和职务。

第三，被告人的文化程度，如果与案情有关联，也应写入。

第四，被告人曾经受过刑事处罚、行政处罚、劳动教养，或在限制人身自由期间有逃跑等法定从重、加重情节的，应写明事由和时间。

第五，“因本案所受强制措施情况”，应写明被拘留、逮捕的时间。没有的不写此项。

第六，被告人项内书写的各种情况之间，一般可用逗号隔开，如果某项内容较多，可视行文需要，另行采用分号、句号等，不可一概而论。

第七，被告人的住址应写住所所在地；住所所在地和经常居住地不一致的，写经常居住地。

第八，被告人是机关、团体、企业或事业单位的，应在本项内写明其全称和所在地址；其下续列“法定代表人或代表人”项，法定代表人或代表人是其他责任人员因此构成犯罪的，应续项书写前述人员为“被告人”项。

第九，同案被告人有二人以上的，按主犯、从犯的顺序列项书写。

(5) 辩护人是律师的，不写性别，其工作单位和职务应写为“××律师事务所律师”。辩护人如系被告人的亲属，应写明其与被告人的关系。同案被告人有二人以上并各有辩护人的，其辩护人分别在各被告人项的下一行列项书写。

（6）书写案件的由来和审判经过的目的，是体现审判程序合法。写明检察院起诉日期，关系到审理期限的计算；写明公开或不公开开庭审理，关系到是否贯彻执行公开审判原则。根据我国《刑事诉讼法》的规定，对出庭人员应写明被告人及其辩护人（被告人、辩护人有多人的可以概写为“上列被告人及辩护人”）、证人等，以反映依法保障了诉讼参与人的诉讼权利。在这一点上，过去只写出庭支持公诉的检察人员，而忽略了被告人及其辩护人以及证人、鉴定人等，难以说明审判程序的合法性。另外，明显受害严重的被害人，既与案件有密切的利害关系，又是最了解案情的证人，开庭时应当依法通知到庭，写入出庭人员之内。

（7）根据《刑事诉讼法》的规定，报经审判委员会讨论决定的重大、疑难案件，应在“本案”与“现已审理终结”之间，增写“经合议庭评议，审判委员会进行了讨论并作出决定”。

2. 事实部分

法院认定的事实与证据，是定罪量刑的主要根据，必须实事求是，只有经过法庭查证属实的才能写在判决书上。在判决书上写明控辩双方意见，是为了提高审判质量，加强刑事判决的透明度，尊重当事人的诉讼权利，体现人民法院的公正形象；同时突出争讼焦点，便于法院在认定事实、列举证据及阐述理由时加强针对性。因此，必须认真书写控辩双方意见，但在归纳意见时，要言简意赅，防止文字冗长，注意避免与后文的明显重复。同时，对于控辩双方有争执的事实，应当作为重点分析论定。总体而言，在书写时要求做到如下几点。

（1）叙述案情时，应写明案件发生的时间、地点、目的、动机、手段、情节、结果和被告人事后的态度，以及涉及的人和事等要素，并以是否具有犯罪构成要件为重点，兼叙影响量刑轻重的各种情节。

（2）叙述事实要层次清楚，重点突出。一般按时间先后顺序进行，着重写清主要情节。一人犯数罪的，主罪详写，没有因果关系的数罪，应按罪行主次的顺序叙述。一般共同犯罪案件，应以主犯为主线进行叙述。集团犯罪案件，可先综述集团的形成和共同的犯罪行为，再按主犯、从犯或者罪重、罪轻的次序分别叙述各个被告人的罪行。

（3）用作认定事实的证据，一要经过查对属实，主要根据间接证据定案的、证据之间有矛盾的，应当综合分析，去伪存真；二要与被证明的事实具有必然联系；三要能够互相印证；四要尽可能写得明确具体，不能抽象笼统。证据的写法，应该因案制宜。案情简单的，可以集中举证分析论定；案情复杂的，也可以一边叙事，一边举证，进行分析论定；一人多罪或者集团犯罪案件，可以分项或逐人逐罪举证分析论定。

（4）叙事举证时，应注意避免诲淫诲盗，传授犯罪方法；注意保守国家机密，保护检举人的安全和受害人的名誉。

3. 理由部分

理由是判决的灵魂，是将犯罪事实和判决结果有机地联系在一起的纽带。其核心内容是针对案情特点，运用法律规定、政策精神与犯罪构成原理和要件，分析被告人行为的实质，论证应该如何处理，为判决结果定调。应避免空话、套话，千篇一律。在说理时，力求系统透彻，逻辑严密。注意运用法律术语，力求语言精练。按样式书写理由时，还应做到以下几点。

（1）确定罪名，应以《刑法》规定的罪状特征为依据，以被侵犯的直接客体（不是同类客体）为基础。一人犯数罪的，一般先定重罪，后定轻罪；一般共同犯罪和集团犯罪案件，应在分清各被告人的地位、作用和刑事责任的前提下，依次确定主犯、从犯的罪名。

（2）量刑情节对于判刑轻重有较大的影响。如果被告人具有从重、加重或从轻、减轻、免除处罚等情节的一种或数种的，应分别列明或综合论定。

（3）对检察院指控的罪名，正确的应当表示肯定，不构成犯罪或者罪名不当的，应当有理有据地分析评定；对于辩解、辩护的主要理由，应当表明予以采纳或者据理批驳。

（4）引述法律条文，必须周密思考，慎重选择。

第一，应准确、完整、具体。准确，即恰如其分地适合判决结果；完整，即把据以定性处理的法律规定完整列明；具体，即引出《刑法》分则条文的外延最小的规定，条文分款分项的应写明第几条第几款第几项，只分项不分款的则写明第几条第几项。

第二，应具备一定的条理和先后次序。先引述有关定罪与确定量刑幅度的条文，后引述从重、加重、从轻、减轻和免除处罚的条文；先引主刑的条文，后引附加刑的条文；适用以他罪论处的条文时，先引用本条条文，再按本条的规定，引用相应的他罪条文；一人犯数罪的，应逐罪引用法律条文；一般的共同犯罪，可集中引用有关的法律条文，必要时应逐人逐罪引用法律条文；集团犯罪案件，应结合分项判处，逐人逐罪引用法律条文。全国人大常委会的“决定”“补充规定”和单行刑事法规，是对《刑法》的补充和修改，在适用上与《刑法》具有同等效力，仍应按上述原则安排引述顺序。既引用实体法又引用程序法的，一般应先引程序法，后引实体法。

4. 判决结果部分

判决结果是依照有关法律条文的具体规定，对被告人作出的定性处理的结论，是判决书“画龙点睛”的部分，应当字字斟酌，严格推敲。书写判决结果时，应当注意以下几点。

(1) 判处的各种刑罚，应按法律规定写明全称。既不能任意简化，如判处“死刑，缓期二年执行”的，不能简化为判处“死缓”；也不能画蛇添足，如判处“死刑”的，不能写为判处“死刑立即执行”，等等。

(2) 有期的刑罚应当写明刑种、刑期。

(3) 追缴、退赔和没收的财物，应写明其名称和数额。财物多、种类杂的，只在判决书上写明其种类和总数，另列清单作为判决书的附件。

(4) 数罪并罚的应当分别定罪量刑（包括主刑和附加刑），然后按照《刑法》总则第四章第四节的规定，决定执行的刑罚，不应“估堆”量刑。

(5) 一案多人的，应以罪责的主次或者应判刑罚的重轻为顺序，逐人分项引述法律依据，定罪判处。

(6) 机关、团体、企业或事业单位构成犯罪被判处经济处罚的，首先应写明被告（单位）犯什么罪，其次写明判处罚金或者没收财产的种类和数额。如其主管责任人员、直接责任人员因此构成犯罪的，再续项列写对他们的定罪判刑。

5. 尾部

在书写尾部各项时应注意以下各点。

(1) 应由参加审判案件的合议庭组成人员或独任审判员署名。合议庭的一般成员是陪审员的，署名为“人民陪审员×××”；合议庭的一般成员是助理审判员的，署名为“代理审判员×××”；助理审判员担任合议庭审判长的，与审判员担任合议庭审判长的一样，均署名为“审判长×××”；院长或庭长参加合议庭的，应担任审判长，也署名为“审判长×××”。独任审判的案件，主审人是审判员的，署名为“审判员×××”；主审人是助理审判员的，署名为“代理审判员×××”。

(2) 尾部的年月日为判决的决定日期。经过审判委员会讨论的案件，应写审判委员会作出决定的日期；未经过审判委员会讨论而经院长或庭长签发的案件，仍应写合议庭评议或复议作出决定的日期。日期上面加盖院印。

(3) 判决书正本不写“本件与原本核对无异”，应将其制成专用印戳，由书记员将正本与原本核对无异之后，加盖在正本末页的日期的左下方、书记员署名的左上方。个别涂改之处，应盖校对章。

三、第一审刑事判决书的写作格式

【格式1】

××××人民法院

刑事判决书

（一审公诉案件用）

（年度）××刑初××号

公诉机关：××××人民检察院。

被告人：__________（写明姓名、性别、出生年月日、民族、籍贯、职业或工作单位和职务、住址，以及因本案所受强制措施情况等）。

辩护人：__________（写明姓名、工作单位和职务）。

××××人民检察院于××××年××月××日以×检×诉〔××××〕××号起诉书指控被告人×××犯××罪，向本院提起公诉。本院受理后，依法组成合议庭，公开（或不公开）开庭审理了本案。××××人民检察院指派检察员×××出庭支持公诉，被害人×××及其法定代理人×××、诉讼代理人×××，被告人×××及其法定代理人×××、辩护人×××，证人×××，鉴定人×××，翻译人员×××等到庭参加诉讼。本案现已审理终结。

××××人民检察院指控，__________________（概述人民检察院指控被告人犯罪的事实、证据和适用法律的意见）。

被告人×××辩称，__________________（概述被告人对指控的犯罪事实予以供述、辩解、自行辩护的意见和有关证据）。辩护人×××提出的辩护意见是________（概述辩护人的意见和有关证据）。

经审理查明，__________________________（首先写明经庭审查明的事实，其次写明经举证、质证定案的证据及其来源，最后对控辩双方有异议的事实、证据进行分析、认证）。

本院认为，________［根据查证属实的事实、证据和有关法律规定，论证公诉机关指控的犯罪是否成立，被告人的行为是否构成犯罪，犯什么罪（一案多人的还应分清各被告人的地位、作用和刑事责任），应否从轻、减轻、免除处罚或从重处理。对于控、辩双方关于适用法律方面的意见和理由，应当有分析地表示采纳或予以批驳，并阐明理由］。依照____________________（写明判决所依据的法律条款项）之规定，判决如下：

____________［写明判决结果，分三种情况：

第一，定罪判刑的。表述为：

“一、被告人×××犯××罪，判处（写明主刑、附加刑）（刑期从判决执行之日起计算，判决执行以前先行羁押的，羁押一日折抵刑期一日，即自××××年××月××日起至××××年××月××日止）；

“二、被告人×××（写明追缴、退赔或发还被害人、没收财物的名称、种类和数额。没有的不写此项）。”

第二，定罪免刑的。表述为：

“被告人×××犯××罪，免予刑事处罚（如有追缴、退赔或没收财物的，续写第二项）。”

第三，宣告无罪的。表述为：

“被告人×××无罪。”］

如不服本判决，可在接到判决书的第二日起十日内，通过本院或者直接向×××
×人民法院提出上诉。书面上诉的，应交上诉状正本一份，副本×份。

审判长　×××

审判员　×××

审判员　×××

××××年××月××日

（院印）

本件与原本核对无异

书记员　×××

【格式 2】

××××人民法院

刑事附带民事判决书

（一审公诉案件用）

（年度）××刑初××号

公诉机关：××××人民检察院。

附带民事诉讼原告人（被害人）：______（写明姓名、性别、出生年月日、民族、籍贯、文化程度、职业或工作单位和职务、住址等）。

被告人：________（写明姓名、性别、出生年月日、民族、籍贯、文化程度、职业或工作单位和职务、住址，以及因本案所受强制措施情况等，现羁押处所）。

辩护人：________（写明姓名、工作单位和职务）。

××××人民检察院于××××年××月××日以×检×诉〔××××〕××号起诉书指控被告人×××犯××罪，向本院提起公诉；在诉讼过程中，附带民事诉讼原告人向本院提起附带民事诉讼。本院受理后，依法组成合议庭，公开（或不公开）开庭对本案进行了合并审理，××××人民检察院指派检察员×××出庭支持公诉，附带民事诉讼原告人（被害人）×××及其法定（诉讼）代理人×××，被告人×××及其法定代理人×××、辩护人×××，证人×××，鉴定人×××，翻译人员×××等到庭参加诉讼。本案现已审理终结。

××××人民检察院指控，_______（概述人民检察院指控被告人犯罪的事实、证据和适用法律的意见）。附带民事诉讼原告人诉称，____（概述附带民数诉讼原告人的诉讼请求和有关证据）。被告人×××辩称，_______________（概述被告人对人民检察院指控的犯罪事实和附带民事诉讼原告人的诉讼请求予以供述、辩解、自行辩护的意见和有关证据）。辩护人×××提出的辩护意见是______（概述辩护人的辩护意见和有关证据）。

经审理查明，________（首先详写法院认定的事实、情节和证据外，还应写明由于被告人的行为造成被害人直接经济损失的事实。其次写明据以定案的证据及其来源；如果控、辩双方或一方对事实有异议，应予以分析认定。在认定事实时，不但要具体列举证据，而且要通过对主要证据的分析论证，来说明本判决认定的事实的正确性）。

本院认为，________［根据查证属实的事实、证据和法律规定，除论证公诉机关指控的犯罪是否成立，被告人的行为是否构成犯罪、犯什么罪、应否追究刑事责任外，还应论证被害人是否由于被告人的犯罪行为而遭受经济损失，被告人对被害人的经济损失应否负民事赔偿责任（一案多人的还应分清各被告人的地位、作用及其刑事和民事责任），应否从轻、减轻、免除处罚或者从重处罚。对于控、辩双方关于适用法律方面的意见和理由，应当有分析地表示采纳或予以批驳，并阐明理由］。依照__________（写明判决所依据的法律条款项）之规定，判决如下：

__________［写明判决结果。分四种情况：

第一，被告人被定罪判刑并应当赔偿经济损失的，表述为：

“一、被告人×××犯××罪，________（写明主刑、附加刑）（刑期从判决执行之日起计算，判决执行以前先行羁押的，羁押一日折抵刑期一日，即自××××年××月××日起至××××年××月××日止）；

“二、被告人×××赔偿附带民事诉讼原告人×××________（写明受偿人的姓名、赔偿的金额和支付日期）。”

第二，被告人被定罪免刑并应当赔偿经济损失的，表述为：

“一、被告人×××犯××罪，免于刑事处罚；

“二、被告人×××赔偿附带民事诉讼原告人×××________（写明受偿人的姓名、赔偿的金额和支付日期）。”

第三，被告人被宣告无罪但应赔偿经济损失的，表述为：

“一、被告人×××无罪；

“二、被告人×××赔偿附带民事诉讼原告人×××________（写明受偿人的姓名以及赔偿的金额和支付日期）。”

第四，被告人被宣告无罪且不赔偿经济损失的，表述为：

“一、被告人×××无罪；

“二、被告人×××不承担民事赔偿责任。”］

如不服本判决，可在接到判决书的第二日起十日内通过本院或者直接向××××人民法院提出上诉。书面上诉的，应交上诉状正本一份，副本×份。

审判长　×××

审判员　×××

审判员 ×××

××××年××月××日

（院印）

本件与原本核对无异

书记员 ×××

【格式3】

××××人民法院

刑事判决书

（一审自诉案件用）

（年度）××刑初××号

自诉人：________（写明姓名、性别、出生年月日、民族、籍贯、文化程度、职业或工作单位和职务、住址等）。

诉讼代理人：________（写明姓名、工作单位和职务）。

被告人：________（写明姓名、性别、出生年月日、民族、籍贯、文化程度、职业或工作单位和职务、住址等）。

辩护人：_____（写明姓名、工作单位和职务）。

自诉人×××以被告人×××犯××罪，于××××年××月××日向本院提起控诉。本院受理后，依法组成合议庭（或者实行独任审判），公开（或不公开）开庭对本案进行了合并审理。自诉人×××、被告人×××及其辩护人×××等到庭参加诉讼。本案现已审理终结。

自诉人×××诉称，________（概述自诉人指控被告人犯罪的事实、证据和诉讼请求）。

被告人×××辩称，________（概述被告人对自诉人的指控予以供述、辩解、自行辩护的意见和有关证据）。辩护人×××提出的辩护意见是____（概述辩护人的辩护意见和有关证据）。

经审理查明，________（详写法院认定的事实、情节及其证据。双方当事人对事实、情节、证据各持异议的，应当通过对主要证据的分析论证，来说明本判决认定的事实的正确性）。

本院认为，__________（根据查证属实的事实、证据和法律规定，论证自诉人的指控是否成立，被告人是否构成犯罪，是何种犯罪，应当如何处理。对于控、辩双方关于适用法律方面的意见和理由，应当有分析地表示采纳或者予以批驳，并阐明理由）。依照________（写明判决所依据的法律条款项）之规定，判决如下：

__________［写明判决结果。分三种情况：

第一，定罪判刑的，表述为："被告人×××犯××罪，判处____（写明判处的刑罚）（刑期从判决执行之日起计算。判决执行以前先行羁押的，羁押一日折抵刑期一日，即自××××年××月××日起至××××年××月××日止）。”

第二，定罪免刑的，表述为：“被告人×××犯××罪，免于刑事处罚。”

第三，宣告无罪的，表述为：“被告人×××无罪。”]

如不服本判决，可在接到判决书的第二日起十日内，通过本院或者直接向××××人民法院提出上诉。书面上诉的，应交上诉状正本一份，副本×份。

审判长　×××

审判员　×××

审判员　×××

××××年××月××日

（院印）

本件与原本核对无异

书记员　×××

【格式 4】

××××人民法院

刑事附带民事判决书

（一审自诉案件用）

（年度）××刑初××号

自诉人兼附带民事诉讼原告人：________（写明姓名、性别、出生年月日、民族、籍贯、文化程度、职业或工作单位和职务、住址等）。

诉讼代理人：______（写明姓名、工作单位和职务）。

被告人：________（写明姓名、性别、出生年月日、民族、籍贯、文化程度、职业或工作单位和职务、住址等）。

辩护人：________（写明姓名、工作单位和职务）。

自诉人×××以被告人×××犯××罪，要求给予刑事处罚，同时以造成经济损失为由，于××××年××月××日向本院提起控诉。本院受理后，依法实行独任审判（或组成合议庭），公开（或不公开）开庭审理了本案。自诉人×××及其诉讼代理人×××、被告人×××及其辩护人×××等到庭参加诉讼。本案现已审理终结。

自诉人×××诉称，______（概述自诉人指控被告人犯罪和由此造成经济损失的事实、证据和诉讼请求）。

被告人×××辩称，____________________（概述被告人对自诉人的指控予以供述、辩解、自行辩护的意见和有关证据）。辩护人×××提出的辩护意见是____________（概述辩护人的辩护意见和有关证据）。

经审理查明，________（除写明法院认定的犯罪事实、情节及其证据之外，还应写明被告人的行为造成被害人直接经济损失的事实。应写明据以定案的证据及其来源；如是双方当事人对事实、情节或证据各持异议的，应当通过对主要证据的分析论证，说明本判决认定的事实的正确性）。

本院认为，________（根据查证属实的事实、证据和法律规定，论证自诉人兼附带民事诉讼原告人的指控是否成立，被告人的行为是否构成犯罪，应如何处罚，被告人的行为是否给被害人造成经济损失和应否负民事赔偿责任。对于控、辩双方关于适用法律方面的意见和理由，应当有分析地表示采纳或者予以批驳，并阐明理由）。依照________（写明判决所依据的法律条款项）之规定，判决如下：

________［写明判决结果。分四种情况：

第一，被告人被定罪判刑并应赔偿经济损失的，表述为：

“一、被告人×××犯××罪，__________（写明判处的刑罚）（刑期从判决执行之日起计算，判决执行以前先行羁押的，羁押一日折抵刑期一日，即自××××年××月××日起至××××年××月××日止）；

“二、被告人×××赔偿自诉人×××______（写明赔偿的金额和支付日期）。”

第二，被告人被定罪免刑并应当赔偿经济损失的，表述为：

“一、被告人×××犯××罪，免于刑事处罚；

“二、被告人×××赔偿自诉人×××______（写明赔偿的金额和支付日期）。

第三，被告人被宣告无罪但应当赔偿经济损失的，表述为：

“一、被告人×××无罪；

“二、被告人×××赔偿自诉人×××______（写明赔偿的金额和支付日期）。”

第四，被告人被宣告无罪并且不赔偿经济损失的，表述为：

“一、被告人×××无罪；

“二、被告人×××不承担民事赔偿责任。”］

如不服本判决，可在接到判决书的第二日起十日内，通过本院或者直接向××××人民法院提出上诉。书面上诉的，应交上诉状正本一份，副本×份。

审判员　×××

××××年××月××日

（院印）

本件与原本核对无异

书记员　×××

【格式 5】

××××人民法院

刑事判决书

（一审自诉、反诉并案审理用）

（年度）××刑初××号

自诉人（反诉被告人）：______（写明姓名、性别、出生年月日、民族、籍贯、文化程度、职业或工作单位和职务、住址等）。

诉讼代理人（辩护人）：（写明姓名、工作单位和职务）。

被告人（反诉自诉人）：______（写明姓名、性别、出生年月日、民族、籍贯、文化程度、职业或工作单位和职务、住址等）。

辩护人（诉讼代理人）：______（写明姓名、性别、工作单位和职务）。

自诉人×××以被告人×××犯××罪向本院提起控诉；本院受理后，被告人×××于××××年××月××日又以自诉人×××犯××罪提起反诉。本院受理后，依法组成合议庭（或由审判员×××独任审判），对本案公开（或不公开）开庭进行了合并审理。自诉人（反诉被告人）×××及其诉讼代理人（辩护人）×××、被告人（反诉自诉人）×××及其辩护人（诉讼代理人）×××等到庭参加诉讼。本案现已审理终结。

自诉人×××诉称，________（概述自诉人指控被告人犯罪的事实、证据和诉讼请求）。

被告人×××辩称，________（概述被告人对自诉人的指控予以供述、辩解、自行辩护的意见和有关证据）。辩护人×××提出的辩护意见是____（概述辩护人的辩护意见和有关证据）。

反诉自诉人×××诉称，________（概述反诉自诉人指控反诉被告人犯罪的事实、证据和诉讼请求）。

反诉被告人×××辩称，________（概述反诉被告人对自诉人的指控予以供述、辩解、自行辩护的意见和有关证据）。辩护人×××提出的辩护意见是______（概述辩护人的辩护意见和有关证据）。

经审理查明，________（写明法院认定的事实、情节及其证据，对于互诉、互辩中关于事实方面的争执，应当通过对主要证据的分析，说明本判决认定的事实的正确性）。

本院认为，______（根据查证属实的事实、情节和法律规定，论证自诉人或反诉自诉人的指控是否成立，被告人或者反诉被告人或者双方的行为是否构成犯罪，犯的什么罪，应当如何处罚，应否从宽或从严处理。对于控辩双方中关于适用法律方面的意见和理由，应当有分析地表示采纳或者予以批驳，并阐明理由）。依照______（写明判决所依据的法律条款项）之规定，判决如下：

__________[写明判决结果，分四种情况：

第一，被告人构成犯罪，反诉被告人无罪的，表述为：

“一、被告人×××犯××罪，______（写明判处内容）（刑期从______）；

“二、反诉被告人×××无罪。”

第二，被告人无罪，反诉被告人构成犯罪的，表述为：

“一、被告人×××无罪；

“二、反诉被告人×××犯××罪，（写明判处内容）（刑期从____________）。”

第三，双方都构成犯罪的，表述为：

“一、被告人×××犯××罪，（写明判处内容）（刑期从____________）；

“二、被反诉人×××犯××罪，（写明判处内容）（刑期从____________）。”

第四，双方都不构成犯罪的，表述为：

“一、被告人×××无罪；

“二、反诉被告人×××无罪。”]

如不服本判决，可在接到判决书的第二日起十日内，通过本院或者直接向××××人民法院提出上诉。书面上诉的，应交上诉状正本一份，副本×份。

审判长　×××

审判员　×××

审判员　×××

××××年××月××日

（院印）

本件与原本核对无异

书记员　×××

【格式6】

××××人民法院

刑事判决书

（一审公诉案件适用简易程序用）

（年度）××刑初××号

公诉机关：××××人民检察院。

被告人：____________（写明姓名、性别、出生年月日、民族、籍贯、文化程度、职业或工作单位和职务、住址，以及因本案所受强制措施情况等）。

辩护人：____________（写明姓名、工作单位和职务）。

××××人民检察院以××检××诉〔××××〕××号起诉书指控被告人×××犯××罪，于××××年××月××日向本院提起公诉。本院依法适用简易程序，实行独任审判，公开（或不公开）开庭审理了本案。××××人民检察院指派检察员

×××出庭支持公诉，被告人×××及其辩护人×××等到庭参加诉讼。

××××人民检察院指控被告人________（简要概括起诉书指控犯罪事实内容）。

上述事实，被告人在开庭审理过程中亦无异议，并有物证××、书证××、证人×××的证言、被害人×××的陈述、×××公安机关（或检察机关）的勘验、检查笔录和××鉴定意见等证据证实，足以认定。

本院认为，被告人×××的行为（具体）已构成××罪。________（对控辩双方争议的采纳或者驳斥理由）（从轻、减轻或者免除处罚的理由）。依照《中华人民共和国刑法》第××条（第××款）之规定，判决如下：

被告人×××犯××罪，判处________________（写明判处的具体内容）（刑期从判决生效之日起计算。判决执行以前先行羁押的，羁押一日折抵刑期一日，即自××××年××月××日起至××××年××月××日止）。

如不服本判决，可在接到判决书的第二日起十日内，通过本院或者直接向××××中级人民法院提出上诉。书面上诉的，应当提交上诉状正本一份，副本×份。

审判员　×××

××××年××月××日

（院印）

本件与原本核对无异

书记员　×××

【格式7】

××××人民法院

刑事判决书

（一审公诉案件适用速裁程序用）

（年度）××刑初××号

公诉机关：××××人民检察院。

被告人：____________（写明姓名、性别、出生年月日、民族、籍贯、文化程度、职业或工作单位和职务、住址，以及因本案所受强制措施情况等）。

××××人民检察院以××检刑诉〔××××〕××号起诉书指控被告人×××犯××罪，于××××年××月××日向本院提起公诉。本院审查后于当日立案，依法适用速裁程序，实行独任审判，公开开庭审理了本案。××××人民检察院指派检察员×××出庭支持公诉，被告人×××到庭参加诉讼。现已审理终结。

××××人民检察院指控________（简要概括犯罪事实内容）。

针对上述指控的事实，公诉机关向本院提交了相应的证据予以证实。公诉机关认为，被告人的行为（具体）触犯了《中华人民共和国刑法》第××条之规定，构成××罪。提请本院依法惩处________（列明对控辩双方争议的采纳或者驳斥理由，及从轻、减轻或者免除处罚的理由)。

上述事实，被告人在开庭审理过程中亦无异议，且有物证××、书证××、证人×××的证言、被害人×××的陈述、××公安机关（或检察机关）的勘验、检查笔录和××鉴定意见等证据证实，足以认定。

本院对起诉书指控的事实予以确认。

本院认为，被告人×××的××行为构成××罪。________（对控辩双方争议的采纳或者驳斥理由，及从轻、减轻或者免除处罚的理由进行分析评述）。依照《中华人民共和国刑法》第××条（第××款）之规定，判决如下：

被告人××犯××罪，判处______________（写明判处的具体内容）（刑期从判决生效之日起计算。判决执行以前先行羁押的，羁押一日折抵刑期一日，即自××××年××月××日起至××年××月××日止）。

如不服本判决，可在接到判决书的第二日起十日内，通过本院或者直接向××××中级人民法院提出上诉。书面上诉的，应当提交上诉状正本一份，副本四份。

审判员 ×××

××××年××月××日

（院印）

本件与原本核对无异

书记员 ××

【格式8】

××××人民法院

刑事判决书

（一审公诉案件适用普通程序审理“被告人认罪案件”用）

（年度）××刑初××号

公诉机关：××××人民检察院。

被告人：__________（写明姓名、性别、出生年月日、民族、籍贯、文化程度、职业或工作单位和职务、住址，以及因本案所受强制措施情况等）。

辩护人：________（写明姓名、工作单位和职务）。

××××人民检察院于××××年××月××日以××检××诉〔××××〕××号起诉书指控被告人×××犯××罪，向本院提起公诉。本院受理后，依法组成合议庭，公开（或不公开）开庭审理了本案。××××人民检察院指派检察员×××出庭支持公诉，被告人×××及其辩护人×××等到庭参加诉讼。本案现已审理终结。

经审理查明，________（首先写明查明的事实，其次写明举证、质证定案的证据及其来源，最后对控辩双方有异议的事实、证据进行分析、认证）。

上述事实，被告人在开庭审理过程中亦无异议，并有物证××、书证××、证人

×××的证言、被害人×××的陈述、××公安机关（或检察机关）的勘验、检查笔录和××鉴定意见等证据证实，足以认定。

本院认为，被告人×××的行为（具体）已构成××罪。________（根据查证属实的事实、证据和法律规定，论证被告人是否犯罪，犯什么罪，应否从宽或从严处理，对控、辩双方关于适用法律方面的意见和理由，应当有分析地表示采纳或予以批驳。）依照《中华人民共和国刑法》第××条（第××款）之规定，判决如下：

被告人×××犯××罪，判处________（写明判处的具体内容）（刑期从判决生效之日起计算。判决执行以前先行羁押的，羁押一日折抵刑期一日，即自××××年××月××日起至××年××月××日止）。

如不服本判决，可在接到判决书的第二日起十日内，通过本院或者直接向××××中级人民法院提出上诉。书面上诉的，应当提交上诉状正本一份，副本×份。

审判长　×××

审判员　×××

审判员　×××

××××年××月××日

（院印）

本件与原本核对无异

书记员　×××

【格式9】

××××人民法院

刑事判决书

（一审公诉案件适用简易程序审理“被告人认罪案件”用）

（年度）××刑初××号

公诉机关：××××人民检察院。

被告人：____________________（写明姓名、性别、出生年月日、民族、籍贯、文化程度、职业或工作单位和职务、住址等）。

辩护人：____________________（写明姓名、工作单位和职务）。

××××人民检察院于××××年××月××日以×检×诉〔××××〕××号起诉书指控被告人×××犯××罪，向本院提起公诉。本院依法适用简易程序，公开（或不公开）开庭审理了本案。××××人民检察院指派检察员×××出庭支持公诉，被告人×××及其辩护人×××等到庭参加诉讼。现已审理终结。

经审理查明，________（首先写明查明的事实，其次写明举证、质证定案的证据及其来源，最后对控辩双方有异议的事实、证据进行分析、认证）。

上述事实，被告人在开庭审理过程中亦无异议，并有物证××、书证××、证人

×××的证言、被害人×××的陈述、××公安机关（或检察机关）的勘验、检查笔录和××鉴定意见等证据证实，足以认定。

本院认为，被告人×××的行为（具体）已构成××罪。__________（根据查证属实的事实、证据和法律规定，论证被告人是否犯罪，犯什么罪，应否从宽或从严处理，对控、辩双方关于适用法律方面的意见和理由，应当有分析地表示采纳或予以批驳。）依照《中华人民共和国刑法》第××条（第××款）之规定，判决如下：

被告人××犯××罪，判处__________（写明判处的具体内容）（刑期从判决生效之日起计算。判决执行以前先行羁押的，羁押一日折抵刑期一日，即自××××年××月××日起至××年××××月××日止）。

如不服本判决，可在接到判决书的第二日起十日内，通过本院或者直接向××××中级人民法院提出上诉。书面上诉的，应当提交上诉状正本一份，副本×份。

审判长　×××

审判员　×××

审判员　×××

××××年××月××日

（院印）

本件与原本核对无异

书记员　×××

范文评析

【例文1】

×××市×××区人民法院

刑事判决书

（××××）××刑初××号

公诉机关：××××人民检察院。

被告人蔡××，女，××××年××月××日出生于×××省×××县，×族，大学本科，无固定职业，住×市×区×镇×村×屯×号（户籍所在地：×市×区×镇×村×屯×号）。因涉嫌故意杀人罪，××××年××月××日被刑事拘留，××××年××月××日被逮捕。现羁押于×××看守所。

辩护人陈××，××事务所律师。

××××人民检察院以×检刑诉〔2020〕××号起诉书指控被告人蔡××犯故意杀人罪，于2020年2月28日向本院提起公诉，本院于同日立案。本院受理后，依法适用普通程序，并组成合议庭，公开开庭审理了本案。×××人民检察院指派检察官××出庭支持公诉，被告人蔡××及其辩护人××到庭参加诉讼。因不可抗力，审理期间中止审理。现已审理终结。

××××人民检察院指控，2019 年 9 月 24 日凌晨，在×市×区×镇×村×屯×号×楼，被告人蔡××因精神分裂症发作，厌恶其女儿蔡×熙（2016 年 5 月 10 日出生）的哭闹行为，遂用一把剪刀捅向蔡×熙腹部，发现其尚有生命特征后，用双手掐住蔡×熙脖子直至确认蔡×熙已无呼吸后松手，导致被害人蔡×熙死亡。当日 8 时许，蔡××主动报案并在家中等候公安机关处理。公诉机关认为，被告人蔡××故意杀害他人，致一人死亡，其行为触犯了《中华人民共和国刑法》第二百三十二条，应当以故意杀人罪追究其刑事责任，提请本院依法判处。

为支持上述指控，公诉机关提供了如下证据：1. 物证；2. 书证；3. 证人证言；4. 被告人供述和辩解；5. 鉴定意见；6. 辨认笔录；7. 现场勘验检查笔录等。公诉机关认为，被告人蔡××故意杀害他人，致一人死亡，其行为触犯了《中华人民共和国刑法》第二百三十二条，应当以故意杀人罪追究其刑事责任，提请本院依法判处。

被告人蔡××对于公诉机关指控的犯罪事实及罪名均有异议，其辩称其没有故意杀害其女儿，其不应该构成故意杀人罪。被告人蔡××的辩护人对于公诉机关指控蔡××故意杀人罪证据不充分，理由是蔡××没有杀人的动机和故意，蔡××虽然有杀害其女儿的行为，但是实施该行为时蔡××的精神分裂症正在发作，完全丧失行为控制能力，依法不应该承担法律责任，其向本院申请对蔡××重新进行精神病鉴定。

经审理查明，2019 年 9 月 24 日凌晨，在×市×区×镇×村×屯×号×楼，被告人蔡××因精神分裂症发作，用一把剪刀捅向其女儿蔡×熙（殁年 3 岁）腹部，发现其尚有生命特征后，用双手掐住蔡×熙脖子直至确认蔡×熙已无呼吸后松手，导致被害人蔡×熙因口鼻部及颈部受外力作用导致机械性窒息死亡、腹部被单刃尖刀刺伤致左肾脏破裂出血为辅助死因。当日 8 时许，蔡××主动报案并在家中等候公安机关处理。

经××医院司法鉴定所法医精神病鉴定：1. 蔡××医学诊断为精神分裂症；2. 蔡××对本案具有限定刑事责任能力；3. 蔡××目前有受审能力；4. 蔡××案发时具有部分性防卫能力。

另经××公安局物证鉴定所物证检验，蔡×熙的心腔血液中未检出敌敌畏、对硫磷和毒鼠强成分。

上述事实，有经庭审举证、质证的下列四方面的证据予以证明，本院予以确认。

一、证人证言

1. 证人覃××（蔡××前夫）的证言。其证言证实其和蔡××2013 年认识并结婚，婚后生有一子一女，蔡××在生完儿子后开始情绪波动很大，开始猜忌身边的亲近的人，动不动就胡思乱想，并开始经常和其以及她爸吵架，因为这个缘故其与蔡××2018 年离婚，女儿跟蔡××生活，儿子随其生活。蔡××在其认识前就患有精神分裂症。之前蔡××对大女儿还是很好的，其带蔡××去过两次脑科医院治疗。

2. 证人蔡×通（蔡××哥哥）的证言。其证言证实2019年9月24日其外甥女被她母亲蔡××杀害了。当天早上8时许，其老婆刘××打电话给其，然后其到×镇卫生院后看到了其外甥女的尸体。蔡××在读高二的时候精神就开始有问题了，并且也去龙泉山医院治疗，总共去了十多次，也没有治好，偶尔也会发病。

3. 证人李××（蔡××母亲）的证言。其证言证实其听说2019年9月24日蔡××将她女儿杀害了，案发时候其不在现场。蔡××十二岁左右就开始发病，患有精神分裂症，也带她去医院治疗过。后来其和蔡××爸爸离婚，之后都是由蔡××爸爸带她去医院治疗。蔡××和其父亲蔡×甲的关系时好时坏，之前蔡××报过案说蔡×非礼她，具体其不清楚。

4. 证人陈××（××幼儿园保安）的证言。其证言证实2019年9月24日其上班到8点左右，便看到蔡老板（蔡×甲）急急忙忙从家里跑出来，怀里还抱着他外孙女，当时他的外孙女是用毯子包着的，只有头露在了毯子外面。其问蔡老板什么情况。蔡老板嘴里一直说：这个颠婆，这个颠婆。这时候蔡老板的儿媳妇也从家里跑出来看情况，蔡老板又喊道救救其外孙女，然后让其打110和120。之后其就开着其电动车搭着蔡老板到了×镇医院，医院开始对小孩进行抢救。这个时候蔡老板对其说这个颠婆剪小孩的肚子。之后其就走了。蔡老板的女儿有点精神问题，但平时对小孩还是蛮好的。

5. 证人蔡×乙（蔡××伯父）的证言。其证言证实2019年9月24日8时许，其接到蔡×甲的电话，蔡×甲在电话里跟其说蔡×熙被她妈蔡××用刀捅了肚子，现在在某卫生院抢救。挂完电话后其到了某卫生院，到了医院之后其就看到蔡×甲在大厅里哭，后来就有个医生过来问其是蔡×甲的什么人，其跟医生说其是蔡×甲的亲哥，并由其来代为处理这个事情。后面医生告诉其蔡×熙抢救不过来，已经死了。蔡××的精神有点问题，以前也到医院看过。

6. 证人××（Ostonov Okhunjon，乌兹别克斯坦人）的证言。其证言证实其在××儿园做兼职教师，其现在还是××学院的学生。2019年9月5日其在××幼儿园任教的时候，蔡××是这幼儿园中一班的老师，认识了一个星期后，蔡××说喜欢其，但其发现蔡××有女儿在幼儿园读书，其认为蔡××是一个有家庭的人，就没有接受蔡××，只是以普通朋友、同事的身份进行交流。其和蔡××没有发生过性关系。其认识蔡××的这些天觉得蔡××很正常。

7. 证人胡××（××幼儿园中一班老师）的证言。其证言证实蔡××与其一起在该幼儿园做中一班老师，平时蔡××蛮正常，上课也投入，比较热情。

证人韦××、覃××均证实了上述相同事实。

8. 证人覃××（××幼儿园园长行政助理）的证言及蔡××的员工入职登记表。其证言证实其幼儿园招聘过蔡××担任老师，蔡××2019年7月31日到其幼儿园应聘、2019年8月26日签订试用期合同，2019年9月2日做中一班的老师，2019年9月20日离职。蔡××平时喜怒无常，经常发点脾气，但也不至于失控，看不出她有精神病。

二、鉴定材料

1. 法医学尸体检验鉴定书及照片，证实死者蔡×熙符合口鼻部及颈部受外力作用导致机械性窒息死亡，腹部被单刃尖刀刺伤致左肾脏破裂出血为辅助死因。

2. 物证检验报告，证实从死者蔡×熙的心腔血液中未检出敌敌畏、对硫磷和毒鼠强成分。

3. 法医精神病鉴定意见书，证实经××医院司法鉴定所鉴定，蔡××医学诊断为精神分裂症发病期，蔡××对本案具有限定刑事责任能力，蔡××案发时具有部分性防卫能力。

三、勘验检查笔录及其他书证

1. 现场勘验检查笔录、现场图及现场照片，证实案发现场系×镇×村×屯×号×楼东北房。并现场提取了血迹擦拭物、赤足印、剪刀、折叠刀、水果刀、白色纸巾、安全套包装袋、粉色连衣裙、毛巾被、牛仔裤、粉色条纹T恤等，其中水果刀系从便盆内提取。

2. 调取证据清单及××医院病例、治疗记录单等，证实蔡××因精神疾病从2006年开始便到脑科医院治疗的事实。

3. 接处警记录登记表一，证实蔡××2019年9月24日7：57后报警称其在×镇×村×屯×号×楼私人房凌晨4点的时候杀了女儿。

4. 接处警记录登记表二，证实蔡××2019年8月13日9时48分报警称在×镇×村××号，其父亲家暴和性侵其，叫警察过来处理。

5. 情况说明一，证实公安机关未找到蔡××所说的跟其谈恋爱的男子“杨×”。

6. 情况说明二，证实×市×区×镇×村×屯×号的户籍地址所登记户主是李××，×市×区×镇×村×屯×号户籍地址所登记户主是蔡×，李××与蔡×曾为夫妻关系，现已离婚，两个地址相邻互通。其中×市×镇×村×屯×号蔡×已经给予他人开设××幼儿园，×市×镇×村×屯×号为蔡×和蔡××等人日常生活、居住区域。

7. 户籍证明，证实蔡××年满十八周岁。

四、被告人供述和辩解

蔡××的供述。其供述称2019年9月24日凌晨，其女儿在家很不听话，总要看电视，还会喝洗澡水，总要喝牛奶，当晚她总说要喝牛奶，还大声喊“拿剪刀来”，喊了好久，其看见她好难受的样子，其因为没有吃药，身体顶不住了，就用刀插了她两刀肚子，她不喊痛，也不叫，也没见出血，然后其就下楼了，再上楼看见她的时候，她还是原来的样子，一点不出血，然后其就用毯子蒙她起来，用手掐她的喉咙，用手捏她的鼻子，她一直挣扎，其左手掐她的喉咙，右手捏她的鼻子，她一直没有断气，一直到凌晨5点10分这样她就断气了，其当时没有力气了，全身发麻，然后就去洗手洗澡，其的衣服没有丢出去。等早上其爸从外面回来，叫其女儿去读书，其就让他小声点，说乐乐睡着了，然后其爸就亲其嘴巴，还想跟其发生性关系，并且还跟其做爱了几分钟，之后就把其爸推开了。后面其爸就到乐乐房间里，其看见他抱着乐乐一直喊她名字且一直哭，还把乐乐抱出家门了。后面其就打电话报110。其是用一把30厘米左右的水果刀捅其女儿的肚子的。其对其拿刀的地点和捅其女儿的地点进行了指认。

本案事实清楚，证据确实、充分，足以认定。

本院认为，被告人蔡××故意杀害他人，致一人死亡，其行为已触犯了《中华人民共和国刑法》第二百三十二条，构成故意杀人罪。公诉机关指控蔡××犯故意杀人罪成立。蔡××案发后主动报警，报警后在现场等候，归案后又如实供述自己的主要犯罪事实，是自首，依法可以从轻或者减轻处罚。蔡××系限定刑事责任能力人，依法可以从轻或者减轻处罚。关于被告人蔡××及其辩护人辩称蔡××不具有杀人故意，其发病时完全丧失意识，不具有刑事责任能力，故不构成故意杀人罪的辩护意见，本院认为，蔡××患有精神分裂症，案发时发病，因为受不了女儿对其的重复话语进而持刀捅其女儿肚子，后又实施掐脖子等一系列行为，甚至将作案工具水果刀丢到厕所，其还洗澡并主动报警等等，均表明其尚未完全失去自我控制能力，故依法应该采信××医院的鉴定结论，依法认定蔡××具有限定刑事责任能力，在此情形下，其持刀杀害其女儿的行为，主观上具有故意杀人的故意，客观上实施了杀害其女儿的行为，构成故意杀人罪，故对被告人及辩护人的辩解本院不予采纳，对被告人及辩护人关于对蔡××重新做精神病鉴定的申请因无确凿相反证据推翻现有鉴定，本院不予支持。综上，本院决定对蔡××适用减轻处罚。据此，依照《中华人民共和国刑法》第二百三十二条、第十八条、第六十一条、第六十四条、第六十七条第一款之规定，判决如下：

一、被告人蔡××犯故意杀人罪，判处有期徒刑四年。

（刑期从判决执行之日起计算。判决执行以前先行羁押的，羁押一日折抵刑期一日。即自2019年9月24日起至2023年9月23日止。）

二、扣押的作案工具水果刀一把予以没收。

如不服本判决，可在接到判决书的第二日起十日内，通过本院或者直接向×市中级人民法院提出上诉。书面上诉的，应当提交上诉状正本一份，副本三份。

审判长 ×××

审判员 ×××

审判员 ×××

××××年××月××日

（院印）

本件与原本核对无异

书记员 ×××

【简析】

本判决书论证全面，说理较充分，对证据的列举非常翔实，并进行了深入分析，值得借鉴，体现了改革刑事判决书制作的精神。

首先，在事实部分，分别写明了检察机关指控被告人犯罪的事实、被告人的辩解和辩护人的辩护意见以及法院经庭审查明、认定的事实及证据，使本案的整个案情一目了然。这是刑事判决书在叙述事实方法上的一大改革；而过去一般只写经法院查明、认定的事实，不写控辩双方的意见。这种改革体现了对当事人诉讼权利的尊重和人民法院公正裁判的形象，突出了控辩双方争议的焦点，有助于全面了解、掌握案情，从而为法院认定事实、分析证据和阐述理由打下基础，对提高办案质量有重要作用。

其次，在理由部分，针对控辩双方在认定事实上的分歧意见进行了分析论证。首先肯定检察机关对被告人犯罪事实、罪名指控成立，同时采纳了被告人的辩解和辩护人的辩护意见的合理部分，并据理批驳了根据不足的辩解和辩护意见。这就改变了过去在理由部分对控辩双方的意见哪些采纳和哪些不予采纳一般不予评判的态度。

【例文 2】

××××人民法院

刑事附带民事判决书

（××××）××刑初××号

公诉机关：××××人民检察院。

刑事附带民事诉讼原告人卓×1，男，××××年××月××日出生。系被害人卓×2同胞兄弟。

委托代理人吕××、刘××，××律师事务所律师。

被告人胡××，男，××××年××月××日出生于××县。××××年××月××日因涉嫌交通肇事罪被××公安局刑事拘留，××月××日被取保候审，××月××日被逮捕。现羁押于××看守所。

××××人民检察院以×检×诉〔××××〕××号起诉书指控被告人胡××犯交通肇事罪，于2021年3月14日向本院提起公诉。在诉讼过程中，附带民事诉讼原告人卓×1向本院提起附带民事诉讼。本院依法另行组成合议庭，公开开庭进行了合并审理。××××人民检察院指派检察员孔××出庭支持公诉，被告人胡××到庭参加诉讼。本案现已审理终结。

××××人民检察院指控，被告人胡××违反交通运输法规，无证驾驶无牌机动车在道路上行驶，造成交通事故并致一人死亡，应当以交通肇事罪追究其刑事责任。针对上述指控，公诉机关向本院提供了物证、书证、证人证言、被告人的供述与辩解、鉴定意见等证据，提请本院依法判处。

附带民事诉讼原告人卓×1请求判令被告人胡××赔偿死亡赔偿金、丧葬费、误工费等各项经济损失共计人民币375 928.75元。并向本院提交以下证据：1. 卓×1身份证复印件一份。2. 被害人卓×2部分亲属放弃赔偿分割权声明复印件及身份证复印件各四份。3. ××公安局交通警察支队××公交认字〔××〕××号道路交通事故认定书复印件一份。4. 卓×2死亡注销户口证明复印件一份。5. ××县××乡××村村民委员会证明复印件一份。6. ××××年××月××日××省××市道路交通事故鉴定所收据一份。7. ××××年××月××日××省××市道路交通事故鉴定所证明一份。以上证据经庭审举证、质证，足以认定。

被告人胡××对起诉书指控犯罪事实不持异议。

经审理查明，××××年××月××日××时许，被告人胡××无证驾驶无号牌“五征”农用三轮汽车，由××村方向行驶。行至×村路段时被告人胡××告诉车内乘坐人卓×2、董××、董×2、薛××，其驾驶的“五征”农用三轮汽车制动失效，乘坐人卓×2与董××先后跳车，“五征”农用三轮汽车右后轮从卓×2身上压过后向前滑行200米后发生侧翻，造成交通事故，卓×2经医院抢救无效后死亡。经××公安局交警大队认定：胡××负事故的主要责任，董××负事故的次要责任。经××司法鉴定中心鉴定：卓×2应是无号牌“五征”农用三轮汽车右后轮碾压胸腹部导致闭合性胸腹腔损伤内脏出血死亡。经××道路交通事故司法鉴定中心尸体检验鉴定：死者卓×2是因车辆碰撞致闭合性胸腹腔器损伤伴内脏出血死亡。经××司法鉴定中心道路交通事故机动车安全技术司法鉴定意见书鉴定：被告人驾驶的“五征”农用三轮汽车灯光照明系统和制动系统静态检验结果不合格；乘坐人卓×2系被肇事车辆右后轮碾压胸腹部导致闭合性胸腹腔损伤内脏出血死亡。

另查明，案发后，被告人胡××通过公安侦查部门向被害人卓×2亲属赔偿经济损失20 000元整。

上述事实，被告人胡××在开庭审理过程中亦无异议，且有其在本案侦查阶段讯问笔录，证人董××、薛××询问笔录，××公安局事故中队出具的受理道路交通事故案件登记表、道路交通事故现场勘查笔录、道路交通事故现场图、事故照片、交通事故调查报告书、前科劣迹调查表、扣押物品清单、到案经过、案情说明（证实事故车辆未上户），××村村民委员会关于被害人家庭情况的证明（证实被害人卓×2父母双亡，无配偶子女），胡××无证信息查询，××道路交通事故司法鉴定中心卓×2尸体检验鉴定书，××司法鉴定中心道路交通事故机动车安全技术司法鉴定意见书及车辆与人体的接触痕迹鉴定意见书，××公安局事故中队出具的道路交通事故认定书，被告人胡××户籍证明等经庭审举证、质证的证据证实，足以认定。

本院认为，被告人胡××违反交通管理法规，造成重大交通事故，致一人死亡，且负事故的主要责任，其行为已构成交通肇事罪，公诉机关指控罪名成立，本院予以确认。被告人胡××因其犯罪行为给被害人造成经济损失，应当承担相应的赔偿责任。关于附带民事诉讼原告人主张的精神损害抚慰金的诉讼请求，根据《最高人民法院关于刑事附带民事诉讼范围问题的规定》，精神损害赔偿不属于本案审理范围，故对该项诉讼请求本院不予支持。本院对附带民事诉讼原告人诉讼请求中有证据证实的赔偿标准合理部分即死亡赔偿金380 980元、丧葬费27 487.5元予以支持，交通费部分虽未提交相关证据，但鉴于此项支出系合理必要开支，对该项诉讼请求酌情支持

500 元。医疗费及误工费部分因原告人未提交相应证据，故对该二项诉讼请求不予支持，关于停尸费费用应计算在丧葬费中，本院不再重复支持。鉴于被告人胡××对此次事故负主要责任，应承担70％的责任，即应赔偿附带民事诉讼原告人 286 277.25 元，扣除已赔偿 20 000 元，仍应赔偿附带民事诉讼原告人 266 277.25 元。鉴于被告人胡××当庭能如实供述其基本犯罪事实，案发后赔偿被害人家属 20 000 元，认罪态度较好，可依法从轻处罚。结合本案的犯罪事实、量刑情节及社会危害性，依据《中华人民共和国刑法》第一百三十三条、第六十七条第三款，最高人民法院《关于适用〈中华人民共和国刑事诉讼法〉的解释》第一百九十二条，《最高人民法院关于审理道路交通事故损害赔偿案件适用法律若干问题的解释》第一条、第十六条、第二十五条，《中华人民共和国道路交通安全法》第七十六条之规定，判决如下：

一、被告人胡××犯交通肇事罪，判处有期徒刑一年。

（刑期从判决执行之日起计算。判决执行以前先行羁押的，羁押一日折抵刑期一日。即自××××年××月××日起至××××年××月××日止。）

二、被告人胡××赔偿附带民事诉讼原告人卓×1 经济损失 266 277.25 元。

如不服本判决，可在接到判决书的第二日起十日内，通过本院或者直接向××中级人民法院提出上诉，书面上诉的，应当提交上诉状正本一份，副本五份。

审判长　×××

审判员　×××

审判员　×××

××××年××月××日

（院印）

本件与原本核对无异

书记员　×××

【简析】

刑事附带民事诉讼不同于单纯的刑事诉讼，它要在刑事诉讼过程中依照民事诉讼程序附带解决民事赔偿问题，使被害人的合法权益及时得到保护。本判决书从首部、事实、理由到判决结果都完整地反映了刑事附带民事诉讼的特点；本判决书在事实和理由部分均对刑事罪行与民事赔偿部分进行分析、论证，引用的法律依据除了《刑法》以外，还有《民法典》的有关规定，特别是在民事赔偿部分的判决理由中对于责任人具有的过错、应当承担的责任都进行了全面的分析。

第二节　人民法院第二审刑事判决书

一、第二审刑事判决书的概念

第二审刑事判决书，是第二审人民法院根据当事人的上诉或者人民检察院的抗诉，依照《刑事诉讼法》规定的第二审程序，对第一审人民法院作出的尚未发生法律效力的判决或裁定进行审查后作出的书面决定。

《刑事诉讼法》第二百二十七条规定："被告人、自诉人和他们的法定代理人，不服地方各级人民法院第一审的判决、裁定，有权用书状或者口头向上一级人民法院上诉。被告人的辩护人和近亲属，经被告人同意，可以提出上诉。附带民事诉讼的当事人和他们的法定代理人，可以对地方各级人民法院第一审的判决、裁定中的附带民事诉讼部分，提出上诉。"《刑事诉讼法》第二百二十八条规定："地方各级人民检察院认为本级人民法院第一审的判决、裁定确有错误的时候，应当向上一级人民法院提出抗诉。"

第二审人民法院对上诉、抗诉案件，应当就第一审判决认定事实是否清楚、适用法律是否正确、诉讼程序是否合法，进行全面审查，不受上诉或者抗诉范围的限制，并依法做出判决或者裁定。第二审人民法院通过第二审刑事判决，可以及时有效地纠正第一审刑事判决可能发生的轻罪重判、重罪轻判，或者将无罪定为有罪、将有罪定为无罪等错误，从而有利于准确地惩罚犯罪分子，保证人民法院正确行使审判权，有效地保护被告人的合法权益，使无罪的人不受刑事处罚，轻罪的人不受重罚；有利于上级人民法院监督和指导下级人民法院的刑事审判工作，提高办案质量。

二、第二审刑事判决书的要素内容和制作方法

第二审刑事判决书的格式与第一审刑事判决书基本相同，但也有自己的特点。

1. 首部

（1）案号。在上项的右下方写"（年度）×刑终×号"。案号用"刑终"，说明在第二审人民法院适用第二审程序作出的是终审的即发生法律效力的判决。用"刑上""刑二""刑复"等表述都不太确切。

（2）抗诉人和上诉人的称谓及身份事项有以下几种情况：

其一，检察机关提出抗诉的，第一项写"抗诉机关"，第二项写"原审被告人"。

其二，公诉案件的被告人提出上诉的，第一项写"原公诉机关"；第二项写"上诉人"，并用括号注明是"原审被告人"。未成年的被告人的法定代理人或者指定代理人提出上诉的，第一项写"原公诉机关"；第二项写"上诉人"，并在姓名之后用括号注明其与被告人的关系；第三项写"原审被告人"。被告人的辩护人或者近亲属经过被告人同意提出上诉的，第一项写"原公诉机关"；第二项写"上诉人"，并用括号注明其与被告人的关系；第三项写"原审被告人"。

其三，自诉案件的自诉人提出上诉的，第一项写"上诉人（原审自诉人）"，第二项写"原审被告人"；被告人提出上诉的，第一项写"上诉人（原审被告人）"，第二项写"原审自诉人"；自诉人和被告人都提出上诉的，第一项写"上诉人（原审自诉人）"，第二项写"上诉人（原审被告人）"。自诉案件的当事人的法定代理人提出上诉

的，第一项写“上诉人”，并用括号注明其与被代理人的关系；第二项写被代理人，如“原审自诉人”；第三项写“原审被告人”。

其四，共同犯罪案件的个别或者部分被告人提出上诉的，第一项写“原公诉机关”，第二项写“上诉人”，并用括号注明其在原审中的诉讼地位；没有提出上诉的，在第三项写“原审被告人”，以便二审对全案进行审查，一并处理。

其五，人民检察院和当事人同时提出抗诉和上诉的，根据最高人民法院的司法解释，应按抗诉程序进行审理。因此第一项写“抗诉机关”，第二项写“原审被告人”。

其六，附带民事诉讼的当事人提出上诉的，第一项写“上诉人”，第二项写“被上诉人”，即对方当事人，并分别在括号内注明其在原审中的诉讼地位。附带民事诉讼当事人的法定代理人提出上诉的，与自诉案件当事人的法定代理人的书写相同。

上列当事人的身份事项和被拘留、逮捕日期，与第一审刑事判决书的书写相同。

（3）辩护人的称谓和身份事项，与第一审刑事判决书的书写相同。无辩护人的，此项不写。

（4）写明案件来源、一审处理结果、提出上诉或者抗诉的主要理由。具体可写为：“××人民法院审理被告人×××（姓名）××（案由）一案，于××××年××月××日作出（年度）×刑初×号刑事判决。认定×××犯××罪，判处××刑罚。被告人×××不服，提出上诉。（如系被告人×××的辩护人或者近亲属提出上诉的，则写为：‘经被告人同意，上诉人×××不服原判，向本院提出上诉。’如系检察机关提出抗诉的，可写为：‘××人民检察院不同意原判，向本院提出抗诉。’）本院依法组成合议庭，公开（或者不公开）开庭审理了本案。××人民检察院检察长（员）×××（姓名）出庭支持公诉（如未出庭，此项不写；如系抗诉案件，则应表述为‘出庭支持抗诉’），上诉人（或者原审被告人）×××及其辩护人×××、证人×××等到庭参加诉讼。本案现已审理终结。（未开庭的，写为：‘本院依法组成合议庭审理了本案，现已审理终结。’）”

2. 事实

首先概述原判决的基本内容，写明上诉（或者抗诉）的主要理由和辩护的主要意见，以及检察院在二审中提出的新意见。依照《刑事诉讼法》第二百三十六条第一款第（二）项和第（三）项的规定，二审改判都涉及一审认定的事实：或者原判决认定事实没有错误，但适用法律有错误或者量刑不当；或者原判决认定事实不清，证据不足。因此，第二审刑事判决书中事实的叙述，与第一审刑事判决书在要求和侧重点上都有所不同。既要针对上诉或者抗诉的主要理由重点进行叙述，又不要受上诉或者抗诉范围的限制。在叙述方法上，要区别案件的不同情况，采取不同的写法，做到突出重点，详略适当。具言之，在书写事实时，需要注意以下要点：

（1）上诉或者抗诉对原判决认定的事实没有提出异议，二审经审查也确认原判决认定的事实没有错误的，事实部分可以概括叙述。

（2）上诉或者抗诉对原判决认定的事实全部否认的，应针对上诉或者抗诉的主要理由，用二审查证核实的证据材料，逐一写明案件事实，提出认定或者否定原判决事实的根据和理由。

（3）上诉或者抗诉认为原判决认定的事实有部分不符的，二审应就没有争议的事实略述，有争议的事实详述，并针对上诉人或者抗诉人提出的否定这些事实的根据，阐明观点，说明理由。

3. 理由

二审判决应对原判决是否正确，上诉或者抗诉是否合理，进行分析、论证。对上诉或者抗诉有理的应支持，无理的应批驳；原审判决正确的应维持，不正确的应纠正，并指出错误或者不当之处，实事求是地作出令人信服的结论。

（1）对于原判决认定事实没有错误，但适用法律确有错误，或者量刑不当，上诉或者抗诉有理的，应当依法写明原判决的不当之处及改判的理由。

（2）对于原判决认定事实不清或者证据不足，上诉或者抗诉有理的，应写明原判决哪些事实不清（是部分还是全部）、证据不足，以及改判的根据和理由。

（3）对于原判决认定事实和适用法律均不当的，则应充分说明否定原判的根据和理由。改判的案件，除应阐明改判的根据和理由外，还要写明改判所依据的法律条文，即分别引用《刑事诉讼法》和《刑法》的有关条文，作为改判的法律依据；在顺序上，要先引用程序法，再引用实体法。

总之，针对性强，有的放矢，是第二审刑事判决书的特点。即应重点针对一审判决在认定事实或者适用法律上的错误，以及上诉、抗诉的意见和理由，进行充分论证。同时，应注意避免文字上不必要的重复。

4. 判决结果

《刑事诉讼法》第二百三十六条第一款第（二）项和第（三）项规定，第二审人民法院对不服第一审判决的上诉、抗诉案件，经过审理后，应当按照下列情形分别处理："原判决认定事实没有错误，但适用法律有错误，或者量刑不当的，应当改判"；"原判决事实不清楚或者证据不足的，可以在查清事实后改判；也可以裁定撤销原判，发回原审人民法院重新审判"。从审判实践看，属于第二种情况需要变更原判决的，主要存在以下情形：混淆罪与非罪的界限；混淆此罪与彼罪的界限；应按一罪处罚而按数罪并罚，或者相反，应按数罪并罚而按一罪处罚；量刑不当；具有法定从轻、减轻、免除处罚或者从重、加重处罚情节，原审法院没有考虑；等等。依照法律规定和审判实践经验，第二审刑事判决书的主文有三种情况，在书写上必须准确、完整。

（1）原判决认定事实没有错误，但适用法律有错误，或者量刑不当的，应当改判。

第一，全部改判的，首先要撤销原审法院的判决，然后分两行写明改判的内容。可写为："一、撤销××人民法院（年度）×刑初×号刑事判决；二、上诉人（原审被告人）×××（写明改判的内容）。"

第二，部分改判的，应分三行具体写明维持原判的哪一项、撤销原判的哪一项以及如何改判。可写为："一、维持××人民法院（年度）×刑初×号刑事判决第×项（写明维持的具体内容）；二、撤销××人民法院（年度）×刑初×号刑事判决第×项（写明撤销的具体内容）；三、上诉人（原审被告人）×××（写明部分改判的内容）。"

在共同犯罪案件中，确认原判对部分被告人定罪处刑正确，对某一被告人或者部分被告人定罪处刑不当的，改判时，同样应当维持原判正确的部分，撤销原判不正确的部分，再相应予以改判。

（2）原判决事实不清楚或者证据不足的，可以在查清事实后由第二审人民法院直接改判。可写为："一、撤销××人民法院（年度）×刑初×号刑事判决；二、上诉人（原审被告人）×××（写明改判的内容）。"

（3）原判决认定事实、性质（罪名）和适用法律均不当，原审被告人无罪的，应当撤销原判，宣告上诉人无罪。可写为："一、撤销××人民法院（年度）×刑初×号刑事判决；二、上诉人（原审被告人）×××（姓名）无罪。"

5. 尾部

（1）在判决结果的左下方，另起一行写明"本判决为终审判决"，没有必要加上"不准上诉"或者"当事人不得上诉"的字样。

第一，过去有适用法律类推定罪判刑的案件，一般在"本判决为终审判决"之后，续写："由本院依法报请最高人民法院核准以后发生法律效力。"现行法已将类推取消。

第二，本判决书的制作机关如果是高级人民法院，改判的主文中有判处死刑的被告人的，应在"本判决为终审判决"之后，续写"本判决报请最高人民法院核准后生效"；改判的主文中有判处死刑缓期执行的被告人的，在判决书尾部写明"本判决为终审判决"即可。

第三，本判决书的制作机关如果是最高人民法院，改判的主文中有判处死刑或死刑缓期执行的被告人的，在判决书尾部写明"本判决为终审判决"即可。

第四，第二审法院审理上诉、抗诉案件的判决结果，如果是在法定刑以下判处刑罚，并且依法应当报请最高人民法院核准的，在尾部写明"本判决报请最高人民法院核准后生效"。

（2）在上项的右下方，由合议庭组成人员署名。依照《刑事诉讼法》第一百八十三条关于"人民法院审判上诉和抗诉案件，由审判员三人或者五人组成合议庭进行"的规定，应当由参加合议庭的审判员（或者代理审判员），按审判长、审判员的顺序分别署名；没有由人民陪审员陪审和独任审判的情况。

尾部其他各项的书写，与第一审刑事判决书相同。

三、第二审刑事判决书的写作格式

【格式 1】

××××人民法院

刑事判决书

（二审改判用）

（年度）×刑终×号

原公诉机关：××××人民检察院。

上诉人（原审被告人）：________（写明姓名、性别、出生年月日、民族、籍贯、文化程度、职业或工作单位和职务、住址，以及因本案所受强制措施情况等，现羁押处所等）。

辩护人：________（写明姓名、工作单位和职务）。

××××人民法院审理被告人×××（写明案由）一案，于××××年××月××日作出（××××）×刑初×号刑事判决。原审被告人×××不服，提出上诉（写明提起上诉的事实和理由）。本院依法组成合议庭，公开（或不公开）开庭审理了本案。××××人民检察院指派检察员×××出庭履行职务，上诉人（原审被告人）×××及其辩护人×××、证人×××等到庭参加诉讼。本案现已审理终结。

______（首先概述原判决认定的事实、证据、理由和判决结果等基本内容，其次写明上诉、辩护的主要意见，最后写明检察院在二审中提出的新意见）。

经审理查明，____________（写明经二审审理查明的事实、二审据以定案的证据，并针对上诉理由中与原判认定的事实、证据有异议的问题进行分析论证）。

本院认为，____________（根据二审确认的事实、证据和有关法律规定，论证原审法院判决认定事实、证据和适用法律是否正确。对于上诉人、辩护人或者出庭履行职务的检察人员等在适用法律、定罪量刑方面的意见和理由，应当有分析地表示采纳或者予以批驳，并阐明理由）。依照______________（写明判决所依据的法律条款项）之规定，判决如下：

__________［写明判决结果。分两种情况：

第一，全部改判的，表述为：

“一、撤销××××人民法院（年度）×刑初×号刑事判决；

“二、上诉人（原审被告人）________（写明改判的内容）。”

第二，部分改判的，表述为：

“一、维持××××人民法院（年度）×刑初×号刑事判决的第×项，即______（写明维持的具体内容）；

“二、撤销××××人民法院（年度）×刑初×号刑事判决的第×项，即______（写明撤销的具体内容）；

“三、上诉人（原审被告人）________（写明部分改判的内容）。

“（刑期从________________。）”]

本判决为终审判决。

审判长　×××
审判员　×××
审判员　×××
××××年××月××日
（院印）

本件与原本核对无异

书记员　×××

【格式2】

××××人民法院

刑事附带民事判决书

（二审改判用）

（年度）×刑终×号

原公诉机关：××××人民检察院。

上诉人（原审被告人）：______（写明姓名、性别、出生年月日、民族、籍贯、文化程度、职业或工作单位和职务、住址等）。

辩护人：________（写明姓名、工作单位和职务）。

原审附带民事诉讼原告人：________（写明姓名、性别、出生年月日、民族、籍贯、职业或工作单位和职务、住址等）。

委托代理人：______（写明姓名、工作单位和职务）。

××××人民法院审理附带民事诉讼原告人×××控诉被告人×××__（写明案由）一案，于××××年××月××日作出（年度）×刑初×号刑事附带民事判决。被告人×××对判决的刑事部分和附带民事部分均不服，提出上诉。本院依法组成合议庭，公开（或不公开）开庭审理了本案。上诉人（原审被告人）×××及其辩护人×××、原审附带民事诉讼原告人×××及其委托代理人×××、证人×××等到庭参加诉讼。本案现已审理终结。

__________________（首先概述原判决的基本内容，其次写明上诉、辩护的主要意见，最后概述检察院在二审中提出的新意见）。

经审理查明，________（写明原判决认定的犯罪事实和造成被害人经济损失的情况，哪些是正确的或者全部是正确的，有哪些证据足以证明，哪些是错误的或者全部是错误的，否定的理由有哪些。如果上诉、辩护对事实、情况提出异议，应予重点分析答复）。

本院认为，__________[根据二审确认的事实、证据和有关法律规定，论证原审法庭判决认定事实、证据和适用法律是否正确。被告人是否犯罪，犯什么罪，对被害人的经济损失应否负责赔偿（一案多人的还应分清各被告人的地位、作用及其刑事和民事责任），应否从宽或者从严处理。指出原判决的定罪量刑和赔偿经济损失哪些正确、哪些错误，或者全部错误。对于上诉、辩护中关于适用法律、定罪量刑和赔偿经济损失方面的意见和理由，应当有分析地表示采纳或者予以批驳，并阐明理由]。依照________（写明判决所依据的法律条款项）之规定，判决如下：

________[写明判决结果。分两种情况：

第一，全部改判的，表述为：

“一、撤销××××人民法院（××××）×刑初×号刑事附带民事判决；

“二、上诉人（原审被告人）________（写明改判的刑事和附带民事的内容）。”

第二，部分改判的，表述为：

“一、维持××××人民法院（××××）×刑初×号刑事附带民事判决的第×项，即________（写明维持的具体内容）；

“二、撤销××××人民法院（××××）×刑初×号刑事附带民事判决的第×项，即________（写明撤销的具体内容）；

“三、上诉人（原审被告人）________（写明部分改判的刑事附带民事的内容）。”]

本判决为终审判决。

审判长　×××

审判员　×××

审判员　×××

××××年××月××日

（院印）

本件与原本核对无异

书记员　×××

范文评析

【例文】

××××高级人民法院

刑事判决书

（××××）××刑终××号

原公诉机关：××人民检察院。

上诉人（原审被告人）肖××，女，××××年××月××日出生于××省××县，×族，××文化，系××有限公司（以下简称××公司）子公司××物业公司、×

×置业公司总经理，住××省××市××区，××××年××月××日因涉嫌犯非法吸收公众存款罪被刑事拘留，同年××月××日被逮捕，现羁押于××市××区看守所。

辩护人徐××，××律师事务所律师。

上诉人（原审被告人）黄××，女，××××年××月××日出生于××省××市，××族，××文化，系××公司子公司××有限公司（以下简称××公司）××事业部营销总监，住××省××市××区，××××年××月××日因涉嫌犯非法吸收公众存款罪被刑事拘留，同年××月××日被逮捕，现羁押于××市××区看守所。

指定辩护人丰××，××律师事务所律师。

××中级人民法院审理××人民检察院指控原审被告人肖××、黄××犯非法吸收公众存款罪一案，于××××年××月××日作出（××××）××刑初××号刑事判决。宣判后，被告人肖××、黄××均不服，分别提起上诉。本院受理后，依法组成合议庭，经过阅卷，讯问上诉人，听取辩护人意见，认为事实清楚，决定不公开开庭审理。现已审理终结。

原判认定，2015 年 11 月，杨××（另案处理）成立了××集团公司，该公司下设子公司××公司，以及××财富管理有限公司、××装修设计工程有限公司等分公司。××集团公司成立以来，杨××便设计推出了蜂系列产品，依据投资金额不同，将蜂系列产品分为“小蜜蜂”“大黄蜂”“蜂王”“六合蜂”，客户可选择相应的业务充值（其中“小蜜蜂”产品每枚 60 元，“大黄蜂”产品每枚 1 000 元，“蜂王”产品每枚 10 000 元，“六合蜂”产品每枚 60 000 元），充值后成为会员注册和登录××公司在互联网上推出的“××网络技术平台”，即可获三倍于充值金额的虚拟购物券，为了将虚拟购物券变现，会员可以在“××网络科技平台”购买超市购物卡、油卡等商品后变现，也可通过个人在该平台注册为商户或在业务员指定平台商户进行虚假交易消耗虚拟购物券，后由××公司以为商户结货款的形式将现金返还给商户，继而完成以券套现。为了吸引更多的客户购买产品，杨××又在“蜂系列”产品的基础上衍生出“善系列”（包括善行、善居、善装）等产品，以相同的模式进行非法集资活动。

2016 年 2 月至 2016 年 12 月，被告人肖××历任××物业公司总经理、××置业公司总经理，个人及集资团队向社会集资参与人吸收资金 6 864 445.8 元，其个人领取工资提成 500 113.36 元。

2016 年 2 月至 2016 年 12 月，被告人黄××历任××装饰工程有限公司营销专员、营销总监、××公司××事业部营销总监，个人及集资团队向社会集资参与人吸收资金 6 782 134.27 元（个人名下投资 245 000 元），其个人领取工资提成 228 572.67 元。

原判认为，被告人肖××、黄××违反国家金融管理法律规定，以××企业集团公司、××公司及其分公司业务员、管理人员等身份，通过多种形式对外宣传“蜂系列”及其衍生产品，承诺高额返券向社会公众吸收资金，扰乱金融秩序，数额巨大，其行为已构成非法吸收公众存款罪，××人民检察院指控被告人肖××、黄××犯罪事实成立，罪名及适用法律正确，应予支持。根据被告人犯罪的事实、性质、情节和对于社会的危害程度，依照《中华人民共和国刑法》第一百七十六条、第六十七条第一及三款、第五十二条、第五十三条、第六十四条之规定，判决：一、被告人肖××犯非法吸收公众存款罪，判处有期徒刑三年四个月，并处罚金人民币八万元。二、被告人黄××犯非法吸收公众存款罪，判处有期徒刑三年八个月，并处罚金人民币九万元。三、责令被告人肖××退赔赃款五十万零一百一十三元三角六分；被告人黄××退赔赃款二十二万八千五百七十二元六角七分，按比例发还集资参与人。

上诉人肖××及其辩护人辩称：(1) 原审判决将装修等合法业绩及业务员个人投资计入犯罪数额属事实认定错误；(2) 业绩表电子版不能作为真实、可靠的鉴定依据，司法鉴定意见不能作为定案依据；(3) 肖××所在的××物业公司不是为实施犯罪设立，且主要从事合法的楼盘销售活动，应属单位；(4) 原审将肖××认定主犯不当，肖××具有自首情节，且认罪认罚，原审量刑过重。

上诉人黄××及其辩护人辩称：(1) 黄××真实装修业务的业绩和提成应从犯罪数额和非法所得中扣减；(2) 本案应认定××集团单位犯罪；(3) 其犯罪数额、职务、收入等均低于肖××，原审对其量刑重于肖××属量刑失衡；(4) 黄××并非核心管理人员，应认定从犯，且其如实供述、认罪认罚，亦属初犯、偶犯，建议对其适用缓刑。

经审理查明，××中级人民法院在判决书中列举了认定本案事实的证据，相关证据均已在一审开庭审理时当庭出示并经质证。本院经全面审查，对一审判决审理查明的事实及所列证据予以确认。

针对上诉人肖××、黄××所提上诉理由及其辩护人所提辩护意见，根据本案的事实、证据及相关法律规定，本院评判如下：

一、对于上诉人肖××、黄××及其辩护人提出的犯罪数额、非法所得及单位犯罪的上诉理由和辩护意见

经查，××集团销售的“蜂”系列、“善装”、“善居”等产品没有现实赢利点，却最高按照投资额的三倍向客户返券，同时默许客户利用返券套现，从而吸引大量客户投资，该公司本质上是通过许诺高额返券吸引客户投资，变相实施非法吸收公众存款行为，原审将上述业绩、提成计入犯罪数额及认定相关违法所得并无不当。××集团及下属公司成立后主要从事变相非法吸收公众存款犯罪活动，原审判决未将本案认定为单位犯罪符合法律规定。故此节上诉理由和辩护意见不能成立，本院不予采纳。

二、对于上诉人肖××及其辩护人提出鉴定意见不能作为定案依据的上诉理由和辩护意见

经查，鉴定机构根据侦查机关依法取得的检材，结合被告人供述、担任的职务及××集团提成的相关规定作出的鉴定意见符合法律规定，可以作为定案依据。

三、对于上诉人黄××及其辩护人提出的与同案被告人量刑对比问题

经查，本案中肖××具有自首的法定从轻情节，原审判决综合考虑肖××的犯罪

事实、情节和法定、酌定从轻处罚情节，对肖××判处略轻于黄××的刑罚与二人在犯罪中的作用、地位以及造成的后果并不冲突，不存在量刑失衡问题。故此节上诉理由和辩护意见不能成立，本院不予采纳。

四、对于二被告人及其辩护人提出被告人存在法定或酌定从轻处罚情节，应对其从轻处罚的上诉理由和辩护意见

经查，二上诉人虽在××公司担任一定的职务，但其只是执行××公司及杨××的指令，并不参与××公司的政策制定，也不实际占有、使用集资款项。二上诉人归案后对其犯罪行为均如实供述，肖××有自首情节，均依法可予从轻处罚。原审判决对二上诉人量刑有重。故二上诉人相应上诉理由和辩护意见成立，本院予以采纳。

本院认为，上诉人肖××、黄××违反国家金融管理法律规定，变相向社会公众吸收资金，其行为均构成非法吸收公众存款罪，应依法惩处。原审判决认定事实清楚，证据确实、充分，定罪准确。审判程序合法。唯对肖××、黄××量刑有重，应予纠正。依照《中华人民共和国刑事诉讼法》第二百三十六条第一款（二）项，《中华人民共和国刑法》第一百七十六条之规定，判决如下：

一、维持××中级人民法院（××××）××刑初××号刑事判决第三项。

二、撤销××中级人民法院（××××）××刑初××号刑事判决第一项、第二项。

三、上诉人（原审被告人）肖××犯非法吸收公众存款罪，判处有期徒刑三年（刑期从判决执行之日起计算。判决执行以前先行羁押的，羁押一日折抵刑期一日，即从××××年××月××日起至××××年××月××日止），并处罚金人民币八万元（限判决生效后一个月内缴纳）。

四、上诉人（原审被告人）黄××犯非法吸收公众存款罪，判处有期徒刑三年又二个月（刑期从判决执行之日起计算。判决执行以前先行羁押的，羁押一日折抵刑期一日，即从××××年××月××日起至××××年××月××日止），并处罚金人民币九万元（限判决生效后一个月内缴纳）。

本判决为终审判决。

审判长　×××
审判员　×××
审判员　×××
××××年××月××日
（院印）

本件与原本核对无异

书记员　×××

【简析】

该案中，上诉人、辩护人对该案一审判决所认定的犯罪事实均存异议。在判决书

的事实部分，二审法院除了对原判决认定正确的事实、情节加以确认外，逐项对争议点进行了重点分析答复。在理由部分，根据二审确认的事实和有关法律规定，论证了原审被告人的定罪量刑问题和在共同犯罪中的地位，应否从宽或从严处理。本案判决结果为部分改判，先后写明了维持原审判决和撤销原审判决的具体内容，并载明了原审判决书的字号以及维持、撤销的具体项，表述准确恰当。

第三节 人民法院再审刑事判决书

一、再审刑事判决书的概念

再审刑事判决书，是指人民法院依照审判监督程序，对已经发生法律效力的确有错误的刑事判决或者裁定，进行重新审理后，就案件的实体问题依法作出处理决定时制作的法律文书。

二、再审刑事判决书的要素内容和制作方法

再审刑事判决书由首部、事实、理由、判决结果和尾部五部分组成。

1. 首部

（1）标题。要写明“×××人民法院”“刑事判决书”。标题中的法院名称，一般应与院印的文字一致，但是基层法院应冠以省、自治区、直辖市的名称；判处涉外案件时，各级法院均应冠以我国的国名。法院名称和文书种类均应写在各行的正中。

（2）案号。写：“（年度）×刑再××号”。案号写在标题下一行的右端，其最末一字与下面的正文各行末尾看齐。

（3）写明公诉机关和诉讼参与人的基本情况。基本要求和第一审刑事判决书相似，需要重点注意：检察机关一项，写明“原公诉机关为：×××人民检察院”；原审被告人一项，要写明姓名、性别、出生年月日、民族、籍贯、文化程度、职业或工作单位和职务、住址及现羁押处所等；辩护人一项，写明姓名、工作单位和职务。

（4）写明案件由来和审判经过，及提起再审程序的根据，交代公开或不公开开庭审理及到庭的当事人情况，以体现审判程序合法。

2. 事实

首先，需要概述原判认定的事实、据以认定的证据、判决理由和结果。其次，写明再审认定的事实和相关证据，对诉讼双方对原审判决有异议的事实或证据进行列举、分析和认定。此外，还需概述再审中原审被告人及其辩护人的意见，及人民检察院在再审中提出的意见，以增强刑事判决的透明度、促进审判质量的提高。需要注意

的是，在归纳前述主体的意见时，要言简意赅，防止文字冗长，注意避免与后文的明显重复；法院认定的事实与证据，是有罪、无罪和定性判刑的主要根据，必须实事求是，经过法庭查证属实的才能写在判决书上。

3. 理由

在"本院认为"之后，阐明查明的事实、证据和法律依据，诉讼各方对案件的事实、证据及适用的法律有异议的，还需分析原判和诉讼各方的主要意见，阐明该判理由，同时列明据以定罪量刑的法律依据。

4. 判决结果

判决结果是依照有关法律条文的具体规定，对被告人作出的定性处理的结论，应当字字斟酌，严格推敲，需要注意的是，最后应写明判决的法律效力，并交代诉讼各方的上诉权。判决结果分为两种情况：

第一，全部改判的，表述为：

"一、撤销××××人民法院（年度）×刑×号刑事判决；

"二、被告人________（写明改判的内容）。"

第二，部分改判的，表述为：

"一、维持××××人民法院（年度）×刑×号刑事判决的第×项，即________（写明维持的具体内容）；

"二、撤销××××人民法院（年度）×刑×号刑事判决的第×项，即________（写明撤销的具体内容）；

"三、被告人________（写明部分改判的内容）。"

5. 尾部

在书写尾部各项时应按顺序注意以下要点：(1) 由参加审理的审判人员署名；(2) 列明发文日期并加盖人民法院印章；(3) 判决书上原本不写"本件与原本核对无异"，应将其制成专用印戳，由书记员将正本与原本核对无异之后，加盖在正本末页的日期的左下方、书记员署名的左上方；个别涂改之处，应盖校对章；(4) 书记员署名。

三、再审刑事判决书的写作格式

【格式1】

××××人民法院

刑事判决书

（按一审程序再审改判用）

（年度）××刑再××号

原公诉机关：××××人民检察院。

原审被告人：____（写明姓名、性别、出生年月日、民族、籍贯、文化程度、职业或工作单位和职务、住址，以及现羁押处所等）。

辩护人：______（写明姓名、工作单位和职务）。

××××人民检察院指控原审被告人×××犯××罪一案，×××人民法院于××××年××月××日作出（年度）×刑×××号刑事判决，该判决发生法律效力。________（写明提起再审程序的根据）。本院依法另行组成合议庭，公开（或不公开）开庭审理了本案。××××人民检察院指派检察员×××出庭履行职务，被害人×××、原审被告人×××及其辩护人×××等到庭参加诉讼。现已审理终结。

___________（概述原审判决认定的事实、证据、判决的理由和判决结果）。

___________（概述再审中原审被告人的辩解和辩护人的辩护意见。对人民检察院在再审中提出的意见，应当一并写明）。

经再审查明，__________________（写明再审认定的事实和证据，写明经举证、质证定案的证据及其来源，最后对控辩双方有异议的事实、证据进行分析、认证）。

本院认为，_________（根据再审查明的事实、证据和有关法律规定，对原判和诉讼各方的主要意见作出分析，阐明改判理由）。依照________（写明判决所依据的法律条款项）之规定，判决如下：

______________［写明判决结果，分两种情况：

第一，全部改判的，表述为：

“一、撤销×××人民法院（年度）×刑×××号刑事判决；

“二、被告人×××________（写明改判的内容）。”

第二，部分改判的，表述为：

“一、维持×××人民法院（年度）×刑×××号刑事判决的第×项，即________（写明维持的具体内容）；

“二、撤销×××人民法院（年度）×刑×××号刑事判决的第×项，即________（写明撤销的具体内容）；

“三、被告人×××________（写明部分改判的内容）。”］

如不服本判决，可在接到判决书的第二日起十日内，通过本院或者直接向××人民法院提出上诉。书面上诉的，应交上诉状正本一份，副本×份。

审判长 ×××

审判员 ×××

审判员 ×××

××××年××月××日

（院印）

本件与原本核对无异

书记员 ×××

【格式 2】

××××人民法院

刑事判决书

（按二审程序再审改判用）

（年度）××刑再××号

原公诉机关：××××人民检察院。

上诉人（原审被告人）：____（写明姓名、性别、出生年月日、民族、籍贯、文化程度、职业或工作单位和职务、住址、现羁押处所）。

辩护人：______（写明姓名、工作单位和职务）。

××××人民检察院指控原审被告人×××犯××罪一案，×××人民法院于××××年××月××日作出（××××）×刑初××号刑事判决，该判决发生法律效力。________（写明提起再审程序的根据）。本院依法组成合议庭，公开庭审理了本案。××××人民检察院指派检察员×××出庭履行职务，原审被告人×××及其辩护人×××等到庭参加诉讼。现已审理终结。

____________（概述原审判决认定的事实、证据、判决的理由和判决结果）。

____________（概述再审中原审被告人的辩解和辩护人的辩护意见。对人民检察院在再审中提出的意见，应当一并写明）。

经再审查明，____________________（写明再审认定的事实和证据，就控辩双方有异议的事实、证据进行分析、认证）。

本院认为，__________（根据再审查明的事实、证据和有关法律规定，对原判和诉讼各方的主要意见作出分析阐明改判理由）。依照________（写明判决所依据的法律条款项）之规定，判决如下：

________________［写明判决结果，分六种情况：

第一，原系一审结案，提审后全部改判的，表述为：

“一、撤销×××人民法院（年度）×刑初××号刑事判决；

“二、被告人×××________（写明改判的内容）。”

第二，原系一审结案，提审后部分改判的，表述为：

“一、维持×××人民法院（年度）×刑初××号刑事判决的第×项，即________（写明维持的具体内容）；

“二、撤销×××人民法院（年度）×刑初××号刑事判决的第×项，即________（写明撤销的具体内容）；

“三、被告人×××______（写明部分改判的内容）。”

第三，原系二审维持原判结案，再审后全部改判的，表述为：

“一、撤销×××人民法院（年度）×刑初××号刑事判决和本院（年度）×刑终××号刑事裁定；

“二、被告人×××______（写明改判的内容）。”

第四，原系二审维持原判结案，再审后部分改判的，表述为：

“一、维持×××人民法院（年度）×刑初××号刑事判决的第×项和本院（年度）×刑终××号刑事裁定的第×项，即________（写明维持的具体内容）；

“二、撤销×××人民法院（年度）×刑初××号刑事判决的第×项和本院（年度）×刑终××号刑事裁定的第×项，即________（写明撤销的具体内容）；

“三、被告人×××______（写明部分改判的内容）。”

第五、原系改判结案，再审后全部改判的，表述为：

“一、撤销本院（年度）×刑终××号刑事判决；

“二、被告人×××________（写明改判的内容）。”

第六、原系二审改判结案，再审后部分改判的，表述为：

“一、维持本院（年度）×刑终××号刑事判决的第×项，即________（写明维持的具体内容）；

“二、撤销本院（年度）×刑终××号刑事判决的第×项，即________（写明撤销的具体内容）；

“三、被告人×××______（写明部分改判的内容）。”]

本判决为终审判决。

审判长 ×××

审判员 ×××

审判员 ×××

××××年××月××日

（院印）

本件与原本核对无异

书记员 ×××

【格式3】

××××人民法院

刑事判决书

（再审后的上诉、抗诉案件二审改判用）

（年度）××刑再××号

原公诉机关：××××人民检察院。

上诉人（原审被告人）：____（写明姓名、性别、出生年月日、民族、籍贯、文化程度、职业或工作单位和职务、住址、现羁押处所等）。

辩护人：______（写明姓名、工作单位和职务）。

××××人民检察院指控原审被告人×××犯××罪一案，本院于××××年

××月××日作出（年度）×刑再初××号刑事判决，该判决发生法律效力。被告人×××不服，提出上诉。本院依法组成合议庭，公开（或者不公开）开庭审理了本案。××××人民检察院指派检察员×××出庭履行职务，被害人×××、上诉人（原审被告人）×××及其辩护人×××等到庭参加诉讼。现已审理终结。

__________（概述一审判决认定的事实、证据、判决的理由和判决结果）。

__________（概述上诉人、辩护人的辩护意见。对人民检察院在二审中提出的意见，应当一并写明）。

经审理查明，________________（二审认定的事实和证据，就控辩双方有异议的事实、证据进行分析、认证）

本院认为，________（根据二审查明的事实、证据和有关法律规定，对原判和诉讼各方的主要意见作出分析阐明改判理由）。依照______（写明判决所依据的法律条款项）之规定，判决如下：

____________［写明判决结果，分四种情况：

第一，一审法院再审裁定维持原判，二审全部改判的，表述为：

"一、撤销××人民法院（年度）×刑再初××号刑事裁定和××人民法院（年度）×刑初××号刑事判决；

"二、被告人×××______（写明改判的内容）。"

第二，一审法院再审裁定维持原判，二审部分改判的，表述为：

"一、维持××人民法院（年度）×刑初××号刑事裁定和××人民法院（年度）×刑初××号刑事判决的第×项，即______（写明维持的具体内容）；

"二、撤销××人民法院（年度）×刑再初××号刑事裁定和××人民法院（年度）×刑初××号刑事判决的第×项，即______（写明撤销的具体内容）；

"三、被告人×××_____（写明部分改判的内容）。"

第三，一审法院再审撤销原判，二审又全部撤销再审判决的，表述为：

"一、撤销××人民法院（年度）×刑再初×××号刑事判决和××人民法院（年度）×刑初××号刑事判决；

"二、被告人×××_____（写明改判的内容）。"

第四，一审法院再审撤销原判，二审部分维持部分撤销再审判决的，表述为：

"一、维持××人民法院（年度）×刑再初××号刑事判决的第×项，即______（写明维持的具体内容）；

"二、撤销××人民法院（年度）×刑再初××号刑事判决的第×项，即______（写明撤销的具体内容）；

"三、被告人×××_____（写明部分改判的内容）。"］

本判决为终审判决。

审判长　×××

审判员　×××

审判员　×××

××××年××月××日

（院印）

本件与原本核对无异

书记员　×××

【例文】

××××人民法院

刑事判决书

（2020）××刑再××号

原公诉机关：××××人民检察院。

原审被告人汤××，男，××××年××月××日出生，汉族，小学文化程度，农民，籍贯××，住××市××区。因涉嫌保险诈骗，于2016年9月18日被××县公安局刑事拘留，9月24日经××县人民检察院批准被逮捕。2017年5月12日，被××市中级人民法院以保险诈骗罪判处有期徒刑五年六个月，并处罚金人民币30 000元。现在××省××监狱管理分局××监区服刑。

辩护人罗××，男，××××年××月××日出生，汉族，住××省××县。系汤××亲属。

原审被告人武××，男，××××年××月××日出生，汉族，初中文化程度，农民，籍贯××，住××县。因涉嫌保险诈骗，于2016年9月18日被××县公安局刑事拘留，9月24日经××县人民检察院批准被逮捕。2017年5月12日，被××市中级人民法院以保险诈骗罪判处有期徒刑五年，并处罚金人民币20 000元。2019年11月25日，××省××市中级人民法院裁定对武××予以假释（假释考验期限自2019年11月29日起至2021年9月17日止）。现在家。

××省××县人民法院审理××县人民检察院指控原审被告人汤××、武××犯保险诈骗罪一案，于2017年3月1日作出（2017）××刑初563号刑事判决。宣判后，二被告人均不服，分别提出上诉。××市中级人民法院于2017年5月12日作出（2017）××刑终211号刑事裁定，驳回上诉，维持原判。该裁判发生法律效力后，汤××之兄汤×伟不服，向本院提出申诉。本院于2019年11月26日作出（2019）××刑申177号再审决定，指令××市中级人民法院再审。××市中级人民法院于2020年5月25日作出（2020）××刑再2号刑事裁定，维持该院（2017）××刑终211号刑事裁定。2020年7月17日，××省人民检察院作出××刑抗〔2020〕1号刑事抗诉书，向本院提出抗诉。本院依法组成合议庭，于2020年10月20日公开开庭审理了本案。××省人民检察院指派检察员丁××出庭履行职务。原审被告人汤××及其辩护人罗××、原审被告人武××到庭参加诉讼。本案现已审理终结。

原一审经审理查明：2015年9月29日23时许，汤××酒后驾驶×××××号奔驰轿车行驶到××县中心医院门口时，发生撞到树上的单方交通事故，后武××赶到事故现场，应汤××要求，武××拨打“110”报警电话及保险公司电话，谎称是自己驾驶。2016年1月21日，汤××向中国人保财产保险股份有限公司××分公司提出保险理赔款28万元，因该公司发觉此起事故存在顶包嫌疑及多处疑点，将该案移交中国人保财险××支公司处理。同年9月7日，人保财险××支公司向××县公安局报案，同日该局依法询问武××，其如实供述汤××酒后驾车出现交通事故，其为汤××帮忙在报案中谎称自己驾驶车辆并与汤××一起向人保财险公司提出索赔的事实。人保财险××支公司至案发未赔偿汤××。

原一审法院认为，原审被告人汤××、武××以非法占有为目的，隐瞒事实真相，意图骗取保险金28万元，数额特别巨大，其行为已构成保险诈骗罪，且系共同犯罪，依法应予惩处。武××在共同犯罪中起次要、辅助作用，是从犯，应当从轻、减轻或者免除处罚。二人由于意志以外的原因未能获得保险赔偿，是犯罪未遂，可以比照既遂犯从轻或者减轻处罚，且二人在庭审时认罪态度较好、具有悔罪表现，决定对二人减轻处罚，故对其辩护人提出减轻处罚的意见予以适当采纳。案经该院审判委员会讨论决定，依照《中华人民共和国刑法》第一百九十八条第一款第（二）项、第二十五条第一款、第二十三条、第二十七条、第五十二条、第五十三条之规定，判决：一、汤××犯保险诈骗罪，判处有期徒刑五年六个月，并处罚金人民币30 000元（已缴纳）；二、武××犯保险诈骗罪，判处有期徒刑五年，并处罚金人民币20 000元（已缴纳）。

原二审法院查明的事实和证据与一审无异。二审认为，原判认定事实清楚，证据确实、充分，定罪准确，量刑适当，审判程序合法。裁定驳回上诉，维持原判。

××市中级人民法院（2020）××刑再2号刑事裁定认定的事实、证据和原一、二审认定的事实和证据相同。再审法院认为：原判认定汤××、武××保险诈骗28万元，属于数额特别巨大，不违反法律规定；原判也已充分考虑二人具有的法定应当、可以从轻、减轻处罚和酌定从轻处罚的情节，并对二人减轻处罚，量刑并无不当。原判认定事实和适用法律正确，量刑适当。审判程序合法，依法应予维持。经该院审判委员会讨论决定，依照《中华人民共和国刑事诉讼法》第二百五十六条、第二百三十六条第一款第（一）项，最高人民法院《关于适用〈中华人民共和国刑事诉讼法〉的解释》第三百八十九条第一款第（一）项之规定，裁定维持该院（2017）××刑终211号刑事裁定。

××省人民检察院抗诉认为：(1)××市中级人民法院（2020）××刑再2号刑事裁定认定原审被告人汤××、武××保险诈骗28万元属于“数额特别巨大”，适用法律确有错误。目前没有司法解释对保险诈骗罪的数额标准作出规定，但是根据《刑法》精神和有关司法解释体现的量刑原则，保险诈骗罪的数额认定标准应不低于诈骗罪的相关认定标准。2011年《最高人民法院、最高人民检察院关于办理诈骗刑事案件具体应用法律若干问题的解释》将诈骗罪“数额较大”“数额巨大”“数额特别巨大”的标准分别确定为“三千元至一万元以上”“三万元至十万元以上”“五十万元以上”，在司法解释对保险诈骗罪的数额标准作出规定之前，应当参照诈骗罪的数额标准，可以认定为“数额巨大”。(2) 原审判决、裁定认定汤××、武××犯罪未遂、认罪态度较好、具有悔罪表现，予以减轻处罚适当，但认定二被告人为犯罪“数额特别巨大”，分别判处五年六个月和五年有期徒刑，适用法律错误，导致量刑明显不当。提请再审改判。

出庭检察员的意见为：原判认定汤××、武××犯保险诈骗罪，定性准确，二人属犯罪未遂、认罪态度较好、具有悔罪表现，予以减轻处罚适当。但原再审裁定认定二被告人保险诈骗28万元属于“数额特别巨大”，适用法律确有错误，量刑明显不当，应当依法予以纠正。

原审被告人汤××、武××再审庭审中对于原一、二审及原再审认定的事实均无异议。二人均提出，诈骗数额不构成数额特别巨大，系犯罪未遂，原判量刑过重，请求从轻处罚。武××另提出其系从犯。汤××的辩护人提出基本相同的辩护意见。

本院经再审审理查明的事实与原一、二审及原再审判决、裁定认定的事实相同。再审期间，原审被告人及辩护人均没有提出新的证据。再审对原一、二审及原再审认定的事实和证据予以确认。对于检察机关关于原审被告人汤××、武××保险诈骗28万元不构成数额特别巨大、可以认定为数额巨大的抗诉理由，经查，1996年12月16日最高人民法院《关于审理诈骗案件具体应用法律的若干问题的解释》中规定，个人进行保险诈骗数额20万元以上的，属于“数额特别巨大”，但该解释已于2013年1月18日被最高人民法院予以废止，目前尚无相关司法解释对保险诈骗“数额特别巨大”的标准做出明确规定。为了体现罪责刑相适应，根据当前社会经济发展水平，并结合司法实践及本案事实，汤××、武××骗取保险金28万元不宜认定为“数额特别巨大”，可以认定为“数额巨大”，故此抗诉理由成立，本院予以采纳。

本院认为，原审被告人汤××、武××以非法占有为目的，虚构事实，隐瞒真相，意图骗取保险金28万元，其行为均已构成保险诈骗罪。二人系共同犯罪，武××系从犯，应当从轻或减轻处罚。二人因意志以外的原因未能获得保险赔偿，属未遂，可以比照既遂犯从轻或减轻处罚。二人认罪态度较好，且积极缴纳罚金，可以减轻处罚。原一、二审及再审判决、裁定认定事实清楚，证据确实、充分，定罪准确，对二人予以减轻处罚适当，唯认定二人犯罪数额特别巨大不当，应予纠正。检察机关的抗诉理由成立，本院予以采纳。对原审被告人及辩护人提出的不构成保险诈骗数额特别巨大、原判量刑过重的意见，予以采纳。案经本院审判委员会讨论决定，依照《中华人民共和国刑法》第一百九十八条第一款第（二）项、第二十五条第一款、第二十七条、第二十三条、第五十二条、第五十三条，《中华人民共和国刑事诉讼法》第二百五十六条、第二百三十六条第一款第（二）项，最高人民法院《关于适用〈中华人民共和国刑事诉讼法〉的解释》第三百八十九条第一款第三项之规定，判决如下：

一、撤销××省××市中级人民法院（2020）××刑再2号刑事裁定；

二、撤销××省××市中级人民法院（2017）××刑终211号刑事裁定和××省××县人民法院（2017）××刑初563号刑事判决；

三、原审被告人汤××犯保险诈骗罪，判处有期徒刑四年六个月，并处罚金人民币30 000元（刑期从判决执行之日起计算，判决执行前先行羁押的，羁押一日折抵刑期一日，即自2016年9月18日起至2021年3月17日止。罚金已缴纳）；

四、原审被告人武××犯保险诈骗罪，判处有期徒刑四年，并处罚金人民币20 000元（刑期从判决执行之日起计算，判决执行前先行羁押的，羁押一日折抵刑期一日，即自2016年9月18日起至2020年9月17日止。罚金已缴纳）。

本判决为终审判决。

审判长　×××
审判员　×××
审判员　×××
二〇二〇年××月××日
（院印）

本件与原本核对无异

书记员　×××

【简析】

本判决书事实部分归纳具体，详细叙述了案件缘由，又不失详略结合。对于双方争议焦点的概括清楚明了，并作出了分析和回应。在判决部分，理由充分，法律运用一目了然，对每个问题的处理简洁明晰、条理分明。

第四节　人民法院第一审民事判决书

一、第一审民事判决书的概念

民事案件是指有关民事权利和义务的案件，以及有关财产权益纠纷（其中包括婚姻、家庭等方面）的案件，也包括经济纠纷案件。第一审民事判决书是第一审人民法院依照《民事诉讼法》规定的第一审程序，对审理终结的第一审民事案件就实体问题作出的书面决定。

民事判决书和刑事判决书在制作方面的总要求是一致的，即语言简练，判决有理有据，使人信服。《民事诉讼法》第一百五十五条规定，判决书应当写明判决结果和作出该判决的理由。判决书内容包括："（一）案由、诉讼请求、争议的事实和理由；（二）判决认定的事实和理由、适用的法律和理由；（三）判决结果和诉讼费用的负担；（四）上诉期间和上诉的法院。判决书由审判人员、书记员署名，加盖人民法院印章。"这是制作民事判决书的法律依据。

二、第一审民事判决书的要素内容和制作方法

第一审民事判决书由首部、事实、理由、判决结果和尾部五部分组成。

1. 首部

应依次写明标题、案号、诉讼参加人及其基本情况，以及案件由来、审判组织和开庭审理过程等，以体现审判程序的合法性。

（1）标题中的法院名称，一般应与院印的文字一致，但基层法院应冠以省、直辖市、自治区的名称。分两行在正中写明"××人民法院民事判决书"，文书种类应写在法院名称的下一行。专门人民法院制作的民事裁判文书，应写法院的类别，海事法院的名称应冠以所在地的名称，涉外民事案件的裁判文书，还应冠以国名。

（2）案号由年度和制作法院、案件性质、审判程序的代字以及案件的顺序号组成，年度应用阿拉伯数字。如××市××区人民法院 2022 年受理的第 5 号民事案件，就写为"（2022）××民初 5 号"。

（3）写明当事人的身份事项。当事人，是指因民事权益发生争议，而以自己的名义进行诉讼，并受人民法院裁判约束，与案件审理结果有直接利害关系的人，包括原告、被告、共同诉讼人、代表人和第三人。由于当事人在诉讼中所处的法律地位不同，享有的诉讼权利和承担的诉讼义务不同，所以他们有着不同的称谓，裁判文书中所要求反映的事项也不完全相同。

当事人是自然人的，写明其姓名、性别、出生年月日、民族、籍贯、职业或者工作单位和职务、住址。住址应写明其住所所在地；住所所在地与经常居住地不一致的，写经常居住地。当事人是法人的，第一项写法人的名称和所在地址，第二项写法定代表人的姓名和职务。当事人是不具备法人条件的组织或者起字号的个人合伙的，写明其名称或者字号和所在地址，并另起一行写明代表人及其姓名、性别和职务。当事人是个体工商户的，写明业主的姓名、性别、出生年月日、民族、籍贯、住址；有字号的，在其姓名之后，用括号注明"系____（字号）业主"。被告提出反诉的案件，可在本诉称谓后用括号注明其反诉称谓，如"原告（反诉被告）""被告（反诉原告）"。

需要注意的是，在书写时不要漏列和错列当事人。第一，要注意把符合条件的未成年人列为当事人。根据《民事诉讼法》的规定，凡是有诉讼权利能力的人，都可以作为民事诉讼当事人。《中华人民共和国民法典》（以下简称《民法典》）第十三条规定："自然人从出生时起到死亡时止，具有民事权利能力，依法享有民事权利，承担

民事义务。”因此，未成年人是具有民事诉讼权利能力的人。但是，由于未成年人没有民事行为能力或者民事行为能力受限制，他们的民事诉讼活动，法律规定应当由他们的法定代理人代为进行。第二，不要把死者列为当事人。公民在死亡后，就丧失了民事权利能力，诉讼权利能力亦随之消灭。实践中，将在诉讼过程中死亡的当事人仍列为原告或者被告的做法，显然是不恰当的，应根据死者生前诉讼争议的类别区分处理：如果争议涉及财产权益，应当更换当事人，由死者的合法继承人继续诉讼；如果属于人身关系的诉讼（如离婚、解除收养关系），案件应当终结。第三，共同诉讼的案件，不要遗漏共同诉讼人。根据《民事诉讼法》的规定，共同诉讼中的原告和被告，就是共同诉讼人，判决书的遗漏，可能使当事人丧失应享有的权利或者逃避应履行的义务，亦不能将共同诉讼人笼统称为“当事人”，而没有具体区分原被告，这是不规范的。第四，不要把不符合第三人条件的错列为第三人。一定要严格按照《民事诉讼法》的规定，结合案件的具体情况，确定是否是第三人，防止错用和滥用；当事人中有第三人参加诉讼的，应按原告、被告、第三人的顺序依次书写。第五，起诉或者应诉的人如果不符合当事人的条件，不能列为当事人。按照《民事诉讼法》的规定，起诉或应诉的人，必须符合法律规定的条件。提起诉讼的原告，必须是自己的民事权益受到侵害或者发生争议而要求保护的人；被告必须是侵害了原告的民事权益或者与之发生争议的人。人民法院在审查起诉时，应当对当事人的资格认真进行审查，如果发现起诉或者应诉的人不符合当事人的条件，则不能被列在判决书上，应进行更换，并将更换后的当事人列在判决书上。

（4）写明诉讼代理人的身份事项。诉讼代理人的称谓要写准确具体，不能将诉讼代理人称为“代理人”，还要具体地写明是哪一种诉讼代理人，按照《民事诉讼法》的规定，诉讼代理人分为法定代理人和委托代理人两种，需要在判决书中加以区分。具言之，在诉讼代理人栏内，写明法定代理人、委托代理人的姓名、性别、职业或者工作单位和职务、住址。如果是法定代理人，在姓名之后应用括号注明其与当事人的关系；如果是当事人的近亲属作为委托代理人，也应在姓名之后，用括号注明其与当事人的关系；如果诉讼代理人是律师，只需写明姓名和所在律师事务所的名称即可；如果法定代表人委托了诉讼代理人，应先列单位名称，后列法定代表人，再列委托代理人。此外，诉讼代理人的身份事项，应分别写在被代理的当事人的下一行，不要将诉讼代理人与当事人分开集中书写，即不应写为：

原告：×××（姓名）。

被告：×××（姓名）。

委托代理人：×××（姓名）。

委托代理人：×××（姓名）。

这样无法分辨谁是谁的委托代理人。如果用括号注明是谁的委托代理人，也显得累赘。

（5）案由、审判组织、审判方式和开庭审理过程可写为：“原告×××（姓名）诉被告×××（姓名）××（案由）一案，本院受理后，依法组成合议庭（或者依法由审判员×××独任审判）公开（或者不公开）开庭进行了审理。原告×××、被告×××、第三人×××和他们的诉讼代理人×××、×××、证人×××等到庭参加诉讼。本案现已审理终结。”

2. 事实

事实是确认当事人间是否存在民事法律关系的依据，是解决民事案件的基础。因此，判决书首先要把事实写清楚。

（1）事实部分的内容。

第一，原告的具体诉讼请求、双方争议的事实和各自的理由。即原告通过诉讼具体要求解决什么争议的问题，解决的意见和理由；被告对原告提出的诉讼请求和理由是如何答辩的；第三人的主要意见是什么。只有写明这几方面争议的事实内容，才能全面反映案情，明确双方争执的焦点。需要注意的是，这些争议的事实是当事人双方提供的，可能有真有假，有夸大有缩小，请求和意见也不一定完全合理合法，但都应当客观地、如实地写进判决书中去。这是由民事诉讼法律关系的特点所决定的，在民事案件中，当事人的诉讼地位是平等的，人民法院要依法保障当事人平等地行使诉讼权利，并反映在判决书上。此外，如果被告人反诉的，还应将反诉的事实写在判决书上，并明确标明“反诉”二字。但要注意分清“反诉”与“反驳”，从诉讼性质上讲，反诉并不是反驳，反驳是被告为维护自己的合法权益，提出各种理由来反对原告的请求，以否认和减轻自己的民事责任，并使原告败诉的一种手段。标明“反诉”，有利于更好地体现当事人诉讼权利平等的原则，并可防止漏判。

第二，判决认定的事实。事实必须是人民法院经过查证所确认的事实，一般包括当事人之间的法律关系，纠纷发生的时间、地点、原因、经过、情节，双方争议的焦点，认定事实的证据等八个要素。当然，这八个要素并不是每一个民事案件都必须全部具备的，要视案件的具体情况酌情处理；同时，在叙述事实时，必须实事求是，有根有据，不能认定的事实不要写在判决书上；要注意保守国家机密，对个人隐私情节也不要描述。此外，不仅要列举据以认定事实的证据，还要进行分析论证。

（2）事实部分的书写。

第一，由于民事判决书的事实部分包括当事人争议的事实和判决认定的事实，因此，一般应分段书写。首先简要叙述原告的诉讼请求及其所根据的事实和被告答辩的意见，以突出双方争议的焦点。然后根据法庭查明的事实，客观地叙述纠纷的来龙去脉。这种书写方法可称之为“事实叙述两段法”，体现了民事案件的特点，既把当事人的诉讼请求和法院认定的事实加以区别开来，层次分明，又使前后衔接，融为一体，构成了民事判决书完整的事实部分。过去，不少人民法院的民事判决书，只写法院认定的事实，是不符合《民事诉讼法》的规定和民事诉讼法律关系的特点的，应当予以改正。

第二，对当事人的诉讼请求和理由的叙述，一般可以采用两种方法：一是根据双方当事人的原意进行综合归纳（即转述），作出准确的叙述；二是引用当事人的原话，这样不仅保持了原意，而且保持了原话，生动、具体地表达了原告的诉讼请求和被告答辩的意见。但要善于对当事人双方的诉称进行选择和提炼，力求简明扼要。

第三，抓住中心，突出重点，不要平铺直叙，轻重倒置。在叙述当事人争议的事实时，要抓住双方争议的焦点；在叙述判决认定的事实时，则要抓住要害。例如，在准予离婚的案件中，引起双方感情破裂的原因可能是多方面的，判决书就要抓住引起双方感情破裂的主要的、起决定性作用的事实和原因来叙述。主要因素详述，次要因素略述或者不述，做到详略适当，使判决的正确性、合法性一目了然。

3. 理由

理由是根据事实和法律，对当事人间争议的是非曲直进行公正、合理的评定，是判决的重要依据。第一审民事判决书的理由由两部分构成，即判决的理由和所适用的法律。

（1）判决的理由。

人民法院根据判决认定的事实、证据，针对当事人双方争议的事实和理由，依照有关法律的规定，指出其正确和错误，分清是非、责任。民事案件首先要分清是非和责任问题。所以，判决书必须阐述清楚，谁是谁非，谁应承担民事责任，应承担多大民事责任，谁不应承担民事责任，纠纷如何解决。对当事人正当的请求和理由予以支持，不正当的请求和理由予以驳斥，进行教育。

书写判决的理由，应当注意以下几点：

第一，坚持“以事实为根据，以法律为准绳”的原则。民事纠纷属于是非、责任问题，属于法律上的权利义务关系问题。解决这些纠纷，除了运用法律手段以外，主要依靠说服教育的方法。因此，判决理由的论述，必须实事求是，以理服人，清楚透彻，才能达到解决纠纷、息讼止争的目的，

第二，阐述理由要有针对性。民事案件的情况复杂，涉及社会生活各个方面。即使是同一类型的案件，其具体情节和当事人双方争议的焦点也往往各不相同。因此，要针对每起案件的特点和双方争议的焦点，具体阐明理由，针对性强，切中要害。

第三，说理的逻辑要严密。阐述理由时，不仅要求观点明确，还要注意论据与论点之间的内在联系，要根据案件事实，进行合乎事理的分析，使结构严谨，条理清晰，说服力强。

第四，分析事实要恰如其分。论断要切合案件的实际，不夸大，不缩小，使事实和理由相一致。阐述理由，用词要恰当，表达要准确，语气要平和。

（2）判决所适用的法律。

人民法院解决具体的民事案件所依据的民事法律条文，如《民法典》等和其他民事法规，必须准确地引用有关的法律条文。需要注意三个问题：（1）对有关法律条文要有正确的理解，防止错引和漏引。（2）要按条、款、项、目的顺序来引用。即条下

为款，款下为项，项下为目。如果某一条文下面没有分款，而是直接分列几项的，就不要加“第一款”，只写“第×条第×项”即可。(3) 凡条文分条、款、项或者分条、项的，引用时应具体写明第几条第几款第几项（或者第几条第几项），而不要笼统地写第几条。

4. 判决结果

判决结果，是人民法院根据认定的事实，依照法律规定，对审理终结的案件所作出的决定。书写判决结果，要求做到明确、具体、完整。(1) 明确，即主文要确切地指出解决当事人之间纠纷的结论，表述要清楚明确，不能含糊不清，模棱两可。例如，准予离婚的案件，要明确地写明：“准予×××（姓名）与×××（姓名）离婚。”不准离婚的案件写明：“驳回×××（姓名）的离婚诉讼请求。”(2) 具体，即主文决定的事项必须是具体的，有实在意义的。(3) 完整，即主文决定的事项不要有遗漏。如给付之诉，要明确指出谁给付谁，给付的标的物是什么，给付的数额、时间和具体方法。但一审判决给付或者履行的时间不要写具体的年月日，只需写明自本判决生效后×日内给付或者履行即可。因为一审判决后，当事人不服可以提出上诉，判决尚未确定，写明具体的给付或者履行日期往往难以保证实现。

此外，需要注意的是，诉讼费不是双方当事人争议的标的，诉讼费用负担的决定，不是判决主文的内容，不能把诉讼费用负担的决定，作为主文的一项写在主文里面，需要在主文之后，另起一行，写明诉讼费用由谁负担。如：“诉讼费用×元，由被告（或者原告）×××（姓名）负担。自本判决生效后×日内交纳。”

5. 尾部

与第一审刑事判决书基本相同，不同之处在于上诉期限不同。第一审民事判决书的上诉期限为 15 日，在中华人民共和国领域内没有住所的当事人上诉期限为 30 日。

三、第一审民事判决书的写作格式

【格式】

××××人民法院

民事判决书

（一审民事案件用）

（年度）×民初×号

原告：______（写明姓名或名称等基本情况）。

法定代理人（或代表人）：______（写明姓名和职务）。

法定代理人（或指定代理人）：______（写明姓名等基本情况）。

委托代理人：______（写明姓名等基本情况）。

被告：______（写明姓名或名称等基本情况）。

法定代表人（或代表人）：______（写明姓名和职务）。

法定代理人（或指定代理人）：______（写明姓名等基本情况）。

委托代理人：______（写明姓名等基本情况）。

第三人：______（写明姓名或名称等基本情况）。

法定代表人（或代表人）：______（写明姓名和职务）。

法定代理人（或指定代理人）：______（写明姓名等基本情况）。

委托代理人：______（写明姓名等基本情况）。

______（写明当事人的姓名或名称和案由）一案，本院受理后，依法组成合议庭（或依法由审判员×××独任审判），公开（或不公开）开庭进行了审理。______（写明本案当事人及其诉讼代理人等）到庭参加诉讼。本案现已审理终结。

原告×××诉称，______（概述原告提出的具体诉讼请求和所根据的事实与理由）。

被告×××辩称，______（概述被告答辩的主要内容）。

第三人×××述称，______（概述第三人的主要意见）。

经审理查明，______（写明法院认定的事实和证据）。

本院认为，______（写明判决的理由）。依照______（写明判决所依据的法律条款项）之规定，判决如下：

______（写明判决结果）。

______（写明诉讼费用的负担）。

如不服本判决，可在判决书送达之日起十五日内，向本院递交上诉状，并按对方当事人的人数提出副本，上诉于××××人民法院。

审判长　×××

审判员　×××

审判员　×××

××××年××月××日

（院印）

本件与原本核对无异

书记员　×××

范文评析

【例文 1】

×××市××中级人民法院

民事判决书

（20××）××民初×号

原告：李××，男，1967 年 2 月 1 日出生，汉族，××省××县人，住××省××县。

委托诉讼代理人：许×，××律师事务所律师。

委托诉讼代理人：周××，××律师事务所律师。

被告：刘××，男，1972年12月11日出生，汉族，××省××市人，住××省××市。

原告李××与被告刘××合同纠纷一案，本院于2022年1月6日立案后，依法适用简易程序，公开开庭进行了审理。原告李××的委托诉讼代理人许×到庭参加诉讼，被告刘××经本院合法传唤，未到庭参加诉讼。本案现已审理终结。

原告李××诉称：原告委托被告对××酒店进行拆迁工程项目，双方达成口头协议，约定由原告支付工程款，被告提供拆迁队进行拆迁工程。被告于2020年9月30日、2020年10月13日向原告出具二份收据，约定由原告支付订金50 000元，项目于2020年10月15日前办理进场手续和签订分包合同，否则全额无息退还。原告按约支付了订金，被告未履行进场拆迁义务，故原告提起本案诉讼，请求（1）判令解除原、被告签订的合同；（2）判令被告返还原告订金人民币50 000元及利息2 015.9元（利息计算方式：以50 000元为基数，自2020年10月13日起按照全国银行间同业拆借中心公布的贷款市场报价利率的标准计算至清偿之日止，暂计至2021年10月27日）；（3）判令被告支付原告律师费8 000元，上述款项合计为60 015.9元；（4）判令本案诉讼费由被告负担。

原告为支持其所主张的事实和诉讼请求提供以下证据材料：收据两份、借记卡账户历史明细清单一份、微信聊天记录、微信转账记录、民事委托代理合同一份、网上银行电子回单一份。

被告刘××在答辩期内未提出答辩意见，在举证期限内亦未提供证据。

本院经审理认定事实如下：2020年9月30日，被告刘××向原告李××出具收据一份，载明："今收到李××关于××酒店拆迁项目订金人民币叁万元整，项目于二〇二〇年十月十五日前办理进场手续和签订分包合同，否则全额无息退还。"同日，原告向被告银行转账3万元；2020年10月13日，被告向原告出具收据一份，载明："今收到李××拆××酒店订金人民币贰万元整（￥20 000.00），此款在拆迁费用扣除，若不能如期办理，全额无息退还。"同日，原告向被告微信转账2万元。

上述事实，有原告提供的收据、转账记录等证据在卷予以佐证，本院依法予以确认。

本院认为，依法成立的合同，对当事人具有法律约束力。当事人应当按照约定全面履行自己的义务。当事人订立合同，有书面形式、口头形式和其他形式。本案中，原告主张双方订立了口头合同，约定被告承接原告的拆迁项目，对此口头协议，原告提供了被告出具的两份收据予以佐证，对此本院认为，收据中明确约定被告因××酒店拆迁项目先后收取原告订金3万元、2万元，并约定于2020年10月15日前办理进场手续，否则全额无息退还。被告未提供证据证明其已经按约履行了拆迁义务，构成根本违约，原告依法主张解除合同，并要求被告返还订金5万元具有事实和法律依据，本院予以支持。原告对于利息的主张违反了双方在收据中载明的全额无息退还的约定，对于利息的诉求，本院不予支持。原告主张律师费亦不具有事实和法律依据，本院不予支持。被告刘××经本院传唤，无正当理由未到庭参加诉讼，视为对自己诉讼权利的放弃，本院依法可以缺席判决。

综上所述，依照《民法典》第四百六十五条、第四百六十九条、第五百零九条、第五百六十三条、第五百六十六条，《最高人民法院关于适用〈中华人民共和国民法典〉时间效力的若干规定》第一条第二款，《中华人民共和国民事诉讼法》第一百四十七条之规定，判决如下：

一、解除原告李××与被告刘××订立的关于××酒店拆迁项目的合同；被告刘××于本判决生效之日起十日内返还原告李××订金5万元；

二、驳回原告其余诉讼请求。

如果未按本判决指定的期间履行给付金钱义务，应当按照《中华人民共和国民事诉讼法》第二百六十条之规定，加倍支付迟延履行期间的债务利息。

案件受理费1 300元，减半收取计650元，由被告刘××负担，此款原告已垫付，由被告于本判决生效之日起十日内给付原告。

如不服本判决，可在判决书送达之日起十五日内，向本院递交上诉状，并按对方当事人或者代表人的人数提出副本，上诉于××省××市中级人民法院。

审判长　×××

代理审判员　××

代理审判员　×××

二〇××年九月二十日

（院印）

本件与原本核对无异

书记员　××

【简析】

民间借贷纠纷案件是一类常见的民事案件，随着社会的发展，牵涉的主体日益多元化，涉及的法律关系复杂，推理认定过程较为曲折。因此，在制作此类裁判文书时，应特别注意其特殊性，抓住主线，层层展开。

该判决书完整规范，值得借鉴。一是在事实部分，准确归纳了原告的诉讼请求和事实根据，既简要，又具体。以原告提供的事实根据和理由为基础，循着整个事件发展的脉络，将法院认定的事实焦点逐一写明，叙述事实详略得当。二是在判决理由部分，以事实为根据，对借贷主体的认定、借贷行为的构成，依据法律的有关规定做了详细的分析和论证，并对争议问题予以分析回应，用词准确、肯定，充分表达了法院对本案纠纷的处理依据和意见。

第五节　人民法院第二审民事判决书

一、第二审民事判决书的概念

上一级人民法院按照上诉审程序审理当事人不服一审人民法院所做的判决、裁定而提起上诉的民事案件，并对此作出的判决书，称为第二审（或终审）民事判决书。二审法院通过对民事案件的二审，可以及时有效地纠正一审民事判决或裁定可能发生的错误，切实保障当事人的合法权益，从而提高审判质量。

二、第二审民事判决书的要素内容及制作方法

第二审民事判决书一般分为如下五个部分。

1. 首部

这部分应当依次写明：

（1）标题：写明“××人民法院民事判决书”字样。其右下方注明案号。

（2）当事人栏：由原告提起上诉的案件，应写上诉人（原审原告）及其姓名、性别、年龄、民族、籍贯、职业、住址等身份事项。由被告提起上诉的，写明上诉人（原审被告）及其姓名、性别、年龄、民族、籍贯、职业、住址等身份事项。上诉人的对方，应写被上诉人及其姓名、性别、年龄、民族、籍贯、职业、住址等身份事项。有代理人的，分别写明代理人的姓名及身份等项，并应写明与当事人的关系（写在上诉人、被上诉人的次行）。

（3）案由栏内先写明：“……一案，上诉人对××人民法院××××年××月××日（年度）×民初×号判决不服，向本院提出上诉。”并依次写明开庭审理的时间、审判组织和审判方式，可写为：“本院于××××年××月××日，由审判员×××担任审判长，和审判员×××、×××组成合议庭，书记员××担任记录，依法公开（或不公开）进行审理。”或：“本院依法组成合议庭，对本案进行公开（或不公开）审理。”独任审判的，可以写：“本院于××××年××月××日开庭依法公开（或不公开）进行了审理。”

2. 事实

事实是二审做出改判或者维持原判的根据，应当交代完整，结构清晰，层次分明。二审程序是建立在一审之上的，所以书写时要体现出二审的特点，需要注意以下两点：（1）应在全面审查一审案卷、材料和证据的基础上，简要概括审查清楚的双方当事人争议的主要事实和认定的证据，以及原审法院判决的内容；（2）作为上诉审判决，应主要针对上诉人提出的问题进行叙述，着重将上诉人所提出的问题阐释清楚并加以论证分析，对于没有分歧的事实，可以采取概述的方法或者不写，做到有主有

次、详略得当。

3. 理由

理由建立在事实基础上，为作出判决结果提供依据，因此应根据二审查明的事实，对上诉人提出的请求和上诉理由、被上诉人的答辩事项、原审判决认定事实和法律依据是否正确，以及二审判决改判或维持原判的理由进行分析论证，做到有理有据，彰显法律的公平正义。该部分的书写应当准确清晰，条理清楚，并写明以下两点：（1）上诉人不服原审判决的理由，以及对这些理由的分析认定。正确的应当予以支持，错误的应当予以驳斥。（2）对原审判决的认定，原审判决正确的应予以维持，错误的应当及时纠正。要求实事求是，有分析论证，分清是非，以理服人。

4. 判决结果

判决结果是二审判决书中的关键所在。这部分应当根据《民事诉讼法》第一百七十七条的规定，区分不同情形写明处理决定：（1）原判决、裁定认定事实正确，适用法律准确，应写明："驳回上诉，维持原判。"（2）原判决、裁定认定事实错误或适用法律错误的，应依法改判。如系全部改判，应写明："原判决撤销"，并阐释改判的具体内容；如系部分改判，应具体写明改判哪部分，及具体内容。（3）原判决认定基本事实不清的，可以发回原审人民法院重新审判，应写明："撤销原判决，发回××人民法院重新审判。"也可以查清事实后改判，并写明改判的具体内容。（4）原判决存在严重违反法定程序的情形的，应发回原审人民法院重新审判，写明："撤销原判决，发回××人民法院重新审判。"

5. 尾部

应写明以下事项：

（1）"本判决为终审判决。"

（2）其他项目与第一审民事判决书相同。

三、第二审民事判决书的写作格式

××××人民法院

民事判决书

（二审维持原判或者改判用）

（年度）×民终×号

上诉人（原审×告）：________ （写明姓名或名称等基本情况）。

被上诉人（原审×告）：________ （写明姓名或名称等基本情况）。

第三人：________ （写明姓名或名称等基本情况）。

（当事人及其他诉讼参加人的列项和基本情况的写法，除双方当事人的称谓外，与第一审民事判决书样式相同。）

上诉人×××因＿＿＿＿＿＿（写明案由）一案，不服××××人民法院(年度)×民初×号民事判决，向本院提起上诉。本院依法组成合议庭，公开（或不公开）开庭审理了本案。＿＿＿＿（写明当事人及其诉讼代理人等）到庭参加诉讼。本案现已审理终结。(未开庭的，写："本院依法组成合议庭审理了本案，现已审理终结。")

＿＿＿＿（概括写明原审认定的事实和判决结果，简述上诉人提起上诉的请求和主要理由，被上诉人的主要答辩，以及第三人的意见)。

经审理查明，＿＿＿＿（写明二审认定的事实和证据）。

本院认为，＿＿＿＿（根据二审查明的事实，针对上诉请求和理由，就原审判决认定事实和适用法律是否正确，上诉理由能否成立，上诉请求是否应予支持，以及被上诉人的答辩是否有理等，进行有分析的评论，阐明维持原判或者改判的理由）。依照＿＿＿＿（写明判决依据的法律条款项）之规定，判决如下：

＿＿＿＿［写明判决结果。分四种情况：

第一，维持原判的，写：

"驳回上诉，维持原判。"

第二，全部改判的，写：

"一、撤销××××人民法院（年度）×民初×号民事判决；

"二、(写明改判的内容，内容多的可分项书写)。"

第三，部分改判的，写：

"一、维持××××人民法院（年度）×民初×号民事判决的第×项，即（写明维持的具体内容）；

"二、撤销××××人民法院（年度）×民初×号民事判决的第×项，即（写明撤销的具体内容）；

"三、(写明部分改判的内容，内容多的可分项书写)。"

第四，维持原判，又有加判内容的，写：

"一、维持××××人民法院（年度）×民初×号民事判决；

"二、＿＿＿＿（写明加判的内容）。"］

＿＿＿＿（写明诉讼费用的负担）。

本判决为终审判决。

审判长　×××

审判员　×××

审判员　×××

××××年××月××日

（院印）

本件与原本核对无异

书记员　×××

范文评析

【例文】

×××市××中级人民法院

民事判决书

（××××）××民终××××号

上诉人（原审被告）：潘××，女，1982 年 9 月 1 日出生，汉族，住××省××市××区。

被上诉人（原审原告）：许××，女，1979 年 12 月 21 日出生，汉族，住××省××市××区。

委托诉讼代理人：周××，××律师事务所律师。

上诉人潘××因与被上诉人许××买卖合同纠纷一案，不服××省××市××区人民法院（2022）××民初 7210 号民事判决，向本院提起上诉。本院于 2023 年 2 月 6 日立案后依法组成合议庭进行审理。本案现已审理终结。

上诉人潘××上诉请求：撤销一审判决，支持上诉人要求退货的请求。事实与理由：一、上诉人的定制数量为：红色 120 件，粉色 240 件，青色 240 件，灰色 120 件，共为 720 件，单价为人民币 10.30 元，总金额为 7 416 元。而被上诉人发出了其所有库存，其中包含上诉人未定的颜色，实际数量为 2 950 件，远超上诉人订货量。上诉人于 2020 年 1 月 12 日提出异议，被上诉人答复等到 2021 年问问其他客户。上诉人的先生也分别于 2021 年 2 月 3 日及 2022 年 1 月 21 日向被上诉人就定制产品质量问题提出异议，要求退货处理，被上诉人一直不予处理。二、上诉人、被上诉人未约定检验期限，被上诉人于 2020 年 1 月 2 日发送数张发货单进行对账时，其中一张发货单上记载“翅膀定做，数量 2 950，单价 10.3，金额 30 385 元”，上诉人于 2020 年 1 月 12 日对数量提出异议，并于 2020 年 1 月 21 日支付了其余单张货款 21 555 元及翅膀定做货款 4 445 元，共计 26 000 元，可视为上诉人对货物数量的不认可。其后 2021 年 2 月 3 日及 2022 年 1 月 21 日均向被上诉人就定制产品数量和质量问题提出异议。三、被上诉人所供产品无厂名、厂址、联系电话，根据《中华人民共和国产品质量法》第二十七条定性为“三无产品”，未达上市销售标准不准予销售，故上诉人根据《中华人民共和国产品质量法》第四十条有足够理由要求退货。四、被上诉人所供产品不符合 GB18401－2010《国家纺织品基本安全技术规范》强制性国家标准，属于质量不合格产品，不能正常供婴幼儿使用。综上所述，请求二审依法支持上诉人的上诉请求。

被上诉人许××答辩称，本案双方个人之间的买卖，对质量没有明确的要求，上诉人明确与被上诉人合作多年，若有质量问题被上诉人应当是知晓的。双方争议的数量、质量都是经过上诉人确认的，销货清单通过微信发给上诉人，其中一张有显示交易数量、单价及总金额。上诉人收到货后都没异议，并向被上诉人支付了 26 000 元的货款。至于上诉状提到的事实部分中的“问问其他客户”，被上诉人的意思是说上诉人卖不掉的话，可以帮上诉人联系下有无其他人接货，不是说退货的意思。综上，请求二审驳回上诉，维持原判。

许××向一审法院起诉请求：判令被告潘××支付货款 25 900 元，并赔偿自起诉之日起至实际履行之日止按全国银行间同业拆借中心公布的贷款市场报价利率计算的利息损失。

一审法院经审理认定，原告许××与被告潘××存在罩衣买卖关系，双方主要通过微信进行下单、对账、沟通。2020 年 1 月 2 日，原告通过微信向被告发送销货清单，催讨货款 51 900 元。被告回复“好，我对下”；2020 年 1 月 12 日，原告再次通过微信催讨货款，被告回复“好的，20 号前都会安排”；2020 年 1 月 21 日，原告再次催讨，被告支付了 26 000 元，剩余款项未支付。2021 年 1 月 21 日，原告通过微信向“禧禧”（微信昵称）催讨货款 25 900 元，2021 年 2 月 3 日，“禧禧”回复表示配色太丑，袖口松紧带太紧，要求退货，未获原告同意。后原告诉至该院。

一审法院认为，原告许××与被告潘××自愿成立买卖合同关系，双方意思表示真实，且内容未违反法律法规禁止性规定，应为有效。被告潘××尚欠原告货款 25 900 元，事实清楚，证据确实。现原告要求被告偿付该货款并赔偿利息损失，合理合法，该院依法予以支持。被告辩称，原告提供的罩衣数量、质量均存在问题，该院认为，原、被告未约定检验期限，被告在发现数量或质量不符合约定时应在合理期限内通知原告。被告于 2019 年 10 月 19 日收到货物，其间并未提出异议。原告于 2020 年 1 月 2 日向其发送数张发货单进行对账时，其中一张发货单上记载“翅膀定做，数量 2 950，单价 10.3，金额 30 385 元”，被告对数量及质量均未提出异议，并于 2020 年 1 月 21 日支付了货款 26 000 元，可视为被告对货物质量和数量的认可。2021 年 2 月 3 日，被告对数量和质量提出异议，该院认为，被告一直在售卖该批罩衣，对罩衣数量、质量早已知晓，在原告数次催讨货款后才提出异议，该时间已过合理期限，故对其辩称该院不予采纳。综上，依照《中华人民共和国民法典》第五百七十七条、第六百二十六条之规定，判决如下：被告潘××于判决发生法律效力之日起十日内支付原告许××货款 25 900 元，并赔偿以 25 900 元为基数自 2022 年 12 月 13 日起至实际履行之日止按全国银行间同业拆借中心公布的贷款市场报价利率计算的利息损失。如未按本判决指定的期间履行给付金钱义务，应当依照《中华人民共和国民事诉讼法》第二百六十条之规定，加倍支付迟延履行期间的债务利息。案件受理费 448 元，依法减半收取 224 元，由被告潘××负担。

本院二审期间，当事人没有提交新证据。

本院经审理认定的事实与一审法院认定的事实一致。

本院认为，上诉人与被上诉人之间存在的买卖关系事实清楚，双方并无异议。上诉人上诉主要是认为其向被上诉人订货数量为720件，而被上诉人直接实际发货2 950件，多余部分应退还给被上诉人。上诉人于2019年10月19日收到货物，上诉人当时并未对货物的数量与质量提出异议，后被上诉人于2020年1月2日向上诉人发送了对账单，载明数量为2 950件，金额为30 385元，上诉人也没有提出异议，相反在1月21日支付了货款26 000元。直到2021年2月3日上诉人才对案涉货物的数量、质量提出异议，明显超过了法律规定的合理期限。综上，上诉人的上诉理由不能成立，本院不予支持。原审判决认定事实清楚，适用法律正确，判决得当，应予维持。依照《中华人民共和国民事诉讼法》第一百七十七条第一款第（一）项之规定，判决如下：

一、驳回上诉，维持原判。

二、二审案件受理费448元，由上诉人潘××负担。

本判决为终审判决。

审判长　××

代理审判员　××

代理审判员　×××

××××年××月××日

（院印）

本件与原本核对无异

书记员　×××

【简析】

本文结构完整，书写规范，原审认定事实、判决理由、原审原告起诉内容、原审被告辩称内容、上诉人上诉理由、被上诉人辩称、二审法院认定事实、判决理由、判决结果均有交代，详略得当。

第六节　人民法院第一审行政判决书

一、第一审行政判决书的概念

第一审行政判决书，是第一审人民法院依照《中华人民共和国行政诉讼法》（以下简称《行政诉讼法》）规定的第一审程序，对审理终结的第一审行政案件，就实体问题作出的书面决定。

人民法院审理行政案件，对国家行政机关的具体行政行为是否合法做出公正的判决，以确定当事人之间的行政权利义务关系，纠正行政违法行为，调整、稳定行政法律关系。

二、第一审行政判决书的要素内容和制作方法

第一审行政判决书由首部、事实、理由、判决结果和尾部五部分组成。

1. 首部

（1）制作文书的机关名称和文书名称，如分两行写为“××省××市中级人民法院行政判决书”。右下方注明案号。

（2）原告、被告及其法定代表人（或者代表人）、法定代理人（或者指定代理人）和委托代理人的身份事项。行政判决书中的被告，要写明被诉的行政机关名称、所在地址；另起一行写明该机关的法定代表人（指行政机关的“首长”）及其姓名和职务等。

（3）案件由来、审判组织。审判方式和开庭审理过程，可写为：“原告×××不服××××（行政机关名称）××××年××月××日×字〔年度〕第×号处罚决定（复议决定或者其他具体行政行为），向本院提起诉讼。本院受理后，依法组成合议庭，公开（或者不公开）开庭审理了本案。（写明到庭的当事人、代理人等）到庭参加诉讼。本案现已审理终结。”

书写这段的目的是说明审判程序是否合法。如有的被告经两次合法传唤而未到庭的，还应写明：“被告×××经本院两次合法传唤，无正当理由拒不到庭。”

2. 事实

事实部分应写明两方面的内容：当事人行政争议的内容；经法院审理认定的事实和证据。

（1）当事人行政争议的内容。行政诉讼是以原告不服行政机关的具体行政行为为前提的。当事人行政争议的事实，一般应先概括写明被告所作的具体行政行为的主要内容、列举的证据和所依据的法律和法规；然后简要叙述原告不服行政机关复议或者处罚、处理决定的主要理由和诉讼请求，以及被告的答辩；如有第三人参加诉讼的，再简述第三人的意见。在行文上要力求简明扼要，如实反映出当事人之间发生行政诉讼争议的实质问题，避免不必要的前后重复和照抄起诉状、答辩状。

（2）法院认定的事实和证据。这是判决书的关键部分。事实要客观、真实，表达要准确、具体。要把行政争议发生的时间、地点、内容、情节和因果关系等交代清楚。行政诉讼不同于民事诉讼，被告负有举证责任。《行政诉讼法》第三十四条明确规定：“被告对作出的行政行为负有举证责任，应当提供作出该行政行为的证据和所依据的规范性文件。”因此，判决书应强调被告的举证责任，判决认定的事实要注重证据。证据必须经法庭查对属实；在方法上，要注意叙事与举证紧密结合。

3. 理由

理由部分应写明两方面的内容：判决的理由；判决所依据的法律、法规条款。

（1）判决的理由。根据查明的事实和有关法律规定以及行政诉讼的特点，就行政机关所作的具体行政行为是否合法，原告的诉讼请求是否有理，进行分析、论证，阐明人民法院的观点。阐述理由要有针对性，具体问题具体分析，讲理讲法，恰如其分，合乎逻辑。

（2）判决所依据的法律、法规条款。表述要做到正确、具体、完整。根据《行政诉讼法》的规定，审理行政案件应以法律和行政法规、地方性法规为依据。地方性法规适用于本行政区域内发生的行政案件。同时应参照国务院各部委根据法律和国务院的行政法规、决定、命令制定、发布的规章，省、自治区、直辖市以及省或自治区人民政府所在地的市和经国务院批准的较大的市的人民政府根据法律和国务院的行政法规制定、发布的规章。如果被诉行政机关与受诉人民法院不在同一地区，人民法院审理行政案件适用地方性法规时，应当以作出具体行政行为的行政机关依法所适用的地方性法规为依据。引用法律、法规要写明所适用的具体条、款、项或者目。人民法院作出的判决或者裁定，需要参照有关的规章时，应当写明“根据《中华人民共和国行政诉讼法》第×条，参照×××规章（条、款、项）的规定”。

4. 判决结果

判决结果即判决的主文，是人民法院对当事人之间的行政诉讼争议作出的实体处理结论，依照《行政诉讼法》的规定，人民法院经过审理，根据不同情况，可分别作出以下判决：

（1）判决维持。这是肯定具体行政行为合法的判决。依照法律规定，判决维持，必须是具体行政行为证据确凿，适用法律、法规正确，符合法定程序。这是确认具体行政行为合法的三个基本条件。这三个条件是统一的、不可分割的整体；缺少其中任何一个条件，都不能判决维持具体行政行为。

（2）判决撤销或者部分撤销，并可判决被告重新作出具体行政行为。判决撤销，是否定具体行政行为合法的判决。依照法律规定，判决撤销，必须是具体行政行为的主要证据不足或者适用法律、法规错误，或者违反法定程序，或者超越职权，或者滥用职权，或者明显不当。只有具备上述六种行为之一的，才能判决全部撤销。某种具体行政行为，部分合法、部分不合法的，则对合法部分判决予以维持，对不合法部分判决予以撤销。

判决被告重新作出具体行政行为，是判决撤销行政机关具体行政行为的一种补充。具体行政行为虽因违法被撤销，但是问题并未得到解决，还需行政机关对相关人作出处理决定。在这种情况下，可以判决被告重新作出具体行政行为。这样做既可以使行政机关纠正原违法的具体行政行为，又可以重新作出合法的具体行政行为，以维护正常的行政管理秩序。但被告不得以同一的事实和理由作出与原具体行政行为基本相同的具体行政行为。

(3) 判决被告限期履行法定职责。这是指当被告不履行或者拖延履行法定职责时，判决被告必须在一定期限内履行。根据《行政诉讼法》的有关规定，对符合法定条件申请被诉行政机关颁发许可证和执照，被诉行政机关拒绝颁发或者不予答复的，申请被诉行政机关履行保护人身权、财产权的法定职责，被诉行政机关拒绝履行或者不予答复的，被诉行政机关没有依法发给抚恤金的，可以判决被告限期履行法定职责。具体期限，则应根据案件的具体情况和履行的实际可能来确定。

(4) 判决变更具体行政行为。这是指当行政处罚显失公正时，判决直接改变具体行政行为。判决变更必须具备两个条件：一是依照法律、法规规定实施了拘留、罚款、吊销许可证和执照、责令停业整顿、没收财物等行政处罚的行为；二是这种行政处罚行为必须是显失公正的。只有这两个条件同时具备，才能判决变更。

在行文上，具体可作如下表述：

第一，维持行政机关具体行政行为的，写为："维持××××（行政机关名称）××××年××月××日×字〔年度〕第×号处罚决定（复议决定或者其他具体行政行为）。"

第二，撤销行政机关具体行政行为的，写为："一、撤销××××（行政机关名称）××××年××月××日×字〔年度〕第×号处罚决定（复议决定或者其他具体行政行为）；二、（写明判决被告重新作出具体行政行为的内容。如果不需重新作出具体行政行为，此项不写。如果确认被告的具体行政行为侵犯原告合法权益而应当承担行政赔偿责任，则应写明赔偿数额、交付时间等）。"

第三，部分撤销行政机关具体行政行为的，写为："一、维持××××（行政机关名称）××××年××月××日×字〔年度〕第×号处罚决定（复议决定或者其他具体行政行为）的第×项，即（写明维持的具体内容）；二、撤销××××（行政机关名称）××××年××月××日×字〔年度〕第×号处罚决定（复议决定或者其他具体行政行为）的第×项，即（写明撤销的具体内容）；三、（写明判决被告重新作出具体行政行为的内容。如果不需重新作出具体行政行为，此项不写。如果确认被告侵犯原告合法权益而应当承担行政赔偿责任，则应写明赔偿数额、交付时间等）。"

第四，判决行政机关在一定时期内履行法定职责的，写为："责成被告××××（写明履行法定职责的期限和内容）。"

第五，判决变更行政处罚的，写为："变更××××（行政机关名称）××××年××月××日×字〔年度〕第×号处罚决定（或者复议决定），改为（写明更改后的处罚内容）。"

第六，单独判决行政赔偿的，写为："被告××××赔偿原告×××（写明赔偿金额、交付时间或返还原物，恢复原状）。"

5. 尾部

与第一审民事判决书不同的是，《行政诉讼法》第六十八条规定："人民法院审理行政案件，由审判员组成合议庭，或者由审判员、陪审员组成合议庭。”因此，法院审理行政案件，一律实行合议制，不适用《民事诉讼法》关于简单的民事案件由审判员独任审判的规定。判决书应当由审理该案的合议庭组成人员署名，不产生独任审判的问题。

其他各项如写明诉讼费用的负担、交代上诉权等，与第一审民事判决书相同。

三、第一审行政判决书的写作格式

×××× 人民法院

行政判决书

（一审行政案件用）

（年度）×行初×号

原告：________（写明起诉人的姓名或名称等基本情况）。

法定代表人（或代表人）：________（写明姓名和职务）。

法定代理人（或指定代理人）：________（写明姓名等基本情况）。

委托代理人：________（写明姓名等基本情况）。

被告：________（写明被诉的行政机关名称和所在地址）。

法定代表人（或代表人）：________（写明姓名和职务）。

委托代理人：________（写明姓名等基本情况）。

第三人：________（写明姓名或名称等基本情况）。

法定代表人（或代表人）：________（写明姓名和职务）。

法定代理人（或指定代理人）：________（写明姓名等基本情况）。

委托代理人：________（写明姓名等基本情况）。

原告×××不服××××（行政机关名称）××××年××月××日×字〔年度〕第×号处罚决定（复议决定或者其他具体行政行为），向本院提起诉讼。本院受理后，依法组成合议庭，公开（或不公开）开庭审理了本案。________（写明到庭的当事人、代理人等）到庭参加诉讼。本案现已审理终结。

________________（概括写明被告所作的具体行政行为的主要内容及其事实与根据，以及原告不服的主要意见、理由和请求等）。

经审理查明，________（写明法院认定的事实和证据）。

本院认为，________________（根据查明的事实和有关法律规定，就行政机关所作的具体行政行为是否合法，原告的诉讼请求是否有理，进行分析论述）。依照________（写明判决所依据的法律条款项）之规定，判决如下：

________________________〔写明判决结果，分六种情况：

第一，维持行政机关具体行政行为的，写：

“维持××××（行政机关名称）××××年××月××日×字〔年度〕第×号

处罚决定（复议决定或者其他具体行政行为）。”

第二，撤销行政机关具体行政行为的，写：

“一、撤销××××（行政机关名称）××××年××月××日×字〔年度〕第×号处罚决定（复议决定或者其他具体行政行为）；

“二、（写明判决被告重新作出具体行政行为的内容。如果是不需要重新作出具体行政行为的，此项不写。如果是确认被告的具体行政行为侵犯原告合法权益而须承担行政赔偿责任的，应当写明赔偿的数额和交付时间等）。”

第三，部分撤销行政机关具体行政行为的，写：

“一、维持××××（行政机关名称）××××年××月××日×字〔年度〕第×号处罚决定（复议决定或者其他具体行政行为）的第×项，即（写明维持的具体内容）；

“二、撤销××××（行政机关名称）××××年××月××日×字〔年度〕第×号处罚决定（复议决定或者其他具体行政行为）的第×项，即（写明撤销的具体内容）；

“三、（相对撤销部分写明判决被告重新作出具体行政行为的内容。如果是不需要重新作出具体行政行为的，此项不写。如果是确认被告侵犯原告合法权益而须承担行政赔偿责任的，应当写明赔偿的数额和交付时间等）。”

第四，判决行政机关在一定期限内履行法定职责的，写：

“责成被告××××（写明被告应当履行的法定职责内容和期限）。”

第五，判决变更行政处罚的，写：

“变更××××（行政机关名称）××××年××月××日×字〔年度〕第×号处罚决定（或复议决定），改为（写明变更后的处罚内容）。”

第六，单独判决行政赔偿的，写：

“被告××××赔偿原告×××（写明赔偿的金额、交付时间，或者返还原物、恢复原状等）。”]

________（写明诉讼费用的负担）。

如不服本判决，可在判决书送达之日起十五日内，向本院递交上诉状，并按对方当事人的人数提出副本，上诉于××××人民法院。

审判长　×××

审判员　×××

审判员　×××

××××年××月××日

（院印）

本件与原本核对无异

书记员　×××

范文评析

【例文】

北京市××区人民法院

行政判决书

（2021）京××行初××号

原告：李×珠，女，××××年××月××日出生。

被告：××机场公安局北京××机场东航站区派出所，住所地北京市××区××机场3号航站楼。

负责人万×明，所长。

委托代理人韩×，男，××机场公安局北京××机场东航站区派出所干部。

委托代理人宋×，男，××机场公安局北京××机场东航站区派出所干部。

原告李×珠（以下称原告）不服被告××机场公安局北京××机场东航站区派出所（以下称被告）罚款处罚，向本院提起行政诉讼。本院于××××年××月××日受理后，依法组成合议庭，公开开庭审理了本案。原告，被告委托代理人韩×、宋×到庭参加了诉讼。本案现已审理终结。

被告于××××年××月××日作出××公（×东）行罚决字〔2021〕×号《行政处罚决定书》（以下称被诉《行政处罚决定书》），认定××××年××月××日××时××分许，在由深圳飞往北京的国航××航班上，原告私自将自己60L的座位更换到座位60F，且不听从航空公司工作人员劝阻，原告的行为扰乱了机舱内的秩序。根据《中华人民共和国治安管理处罚法》（以下称《治安管理处罚法》）第二十三条第一款第（三）项之规定，决定给予原告罚款二百元的行政处罚。

原告诉称，在飞机上存在大量空座位的情况下，原告为了遵守国家防疫规定，与邻座乘客保持防疫安全距离，仅在平流层乘客可活动期间由60L更换至同排五个连续空座位中的60F，但被告按照扰乱机舱秩序进行行政处罚，其认为自己全程无过错，处罚结果不公正。被诉处罚决定存在如下问题：一是事实认定有误。案发事实是原告牺牲了自己的生命安全保障，满足了机组人员不负责任且蛮横无理的要求，回到了自己的座位。原告从主观意愿到客观结果都没有想要或造成扰乱公共秩序。二是执法程序不合规。被告不仅存在随意执法的嫌疑，且其判定该事件应当进入司法程序的依据完全忽视了原告换座是在疫情特殊情况下采取的不得已行为；被告将原告、机组工作人员以及证人带至派出所后，曾单独将机组工作人员叫到派出所大门外商议，涉嫌妨碍司法公正；被告作出的处罚结果先于给原告制作笔录；被告在给原告制作笔录时曾表示“看看明天早上6点前能否搞完这个事”。这对原告的心理状态造成极大干扰，被告制作的笔录中除了事实陈述部分，所有签字画押并非原告真实意愿的表达。综上，原告认为，国航工作人员为了自身工作方便，避免承担大数据追踪的责任，坚持采取粗暴激烈的方式，将完全合情合理的换座行为上升至航空报警。被告作为民航系统的行业公安单位，又将一个在疫情期间特殊发生，情节极其轻微，本可以口头教育即可完结的事件上升至正式司法程序，在一个遵纪守法的好公民身上浪费国家大量公检法资源实属不该。故提起本次诉讼，请求法院撤销被告于××××年××月××日作出的被诉《行政处罚决定书》。

在指定期限内，原告未向本院提交证明被诉行政处罚决定违法的证据。

被告辩称：一、该所认定原告扰乱公共交通工具上的秩序一案事实清楚、证据确实充分。××××年××月××日××时××分许，在由深圳飞往北京的国航××航班上，原告登机后，即未按登机牌标识座位就座，飞机平飞后再次更换座位，空乘人员期间多次反复劝阻，明确告知其不得自行调换座位，其间原告情绪激动不听劝阻，长时间占用其他座位。其行为对航空器上的秩序造成了一定影响。该所经过前期依法取证，取得了原告的询问笔录、乘务人员和乘客的自书材料、机上安全执勤记录仪视听资料及民警出具到案经过等证据。二、该所对原告处以行政罚款二百元的行政处罚决定，程序合法、适用法律准确、裁量适当。首先，该所是依法对首都机场区域内违反治安管理的行为进行处罚的适格主体。其次，关于原告主张民警执法程序不合规，该所认为：1. 根据《治安管理处罚法》第二十三条第一款第（三）项之规定，民警告知原告，其实施扰乱机上秩序的行为，可能适用罚款或拘留，是民警依据《行政处罚法》处罚与教育相结合的原则，结合原告机上扰序的具体案例，对其进行普法教育工作，因此民警不存在随意执法，更没有判定该事件应当进入司法程序，民警的行为言语并无不妥。2. 民警确实曾将机组工作人员叫到派出所大门外，但仅是因为民警考虑到机组人员飞行时长及休息问题，向机组人员解释需要他们配合工作，同时需要消耗一定的时间，希望机组人员对公安机关法律程序予以理解。同时向机组人员就嫌疑人所实施的行为所涉嫌违法的法律进行解释。在征得机组人员同意后，民警将机组人员再次带进派出所。根据记录仪录像，显示外出过程仅为2分钟30秒左右。民警依法履职，不存在其他的违法违规行为。3. 民警在对原告制作完成询问笔录之后，才出具被诉《行政处罚决定书》，并由其本人阅读后签字。而在整个询问过程中，民警是结合整个案情，鉴于原告当时配合公安机关工作，依据《行政处罚法》处罚与教育相结合的原则，对适用法律依据、裁量幅度等进行宣传教育，也是希望通过言语安抚原告作为一名知识女性的紧张情绪。4. 根据《治安管理处罚法》第八十三条之规定，对违反治安管理行为人，公安机关传唤后应当及时询问查证，询问查证的时间不得超过八小时；情况复杂，依照本法规定可能适用行政拘留处罚的，询问查证的时间不得超过二十四小时。××××年××月××日××时，办案民警将原告传唤至派出所开展工作，××月××日××时××分左右，原告在被诉《行政处罚决定书》上签名按手印后离开派出所，留置原告在派出所的时间不足三个小时，因此，办案民警并未违反相关法律规定。原告作为具有完全行为能力的成年人，应对自己的言行承担相应的法律责任，办案民警对其调查处理的过程中，均未发生任何执法不规范的行为，因此，其在相关法律文书上的签名按手印的行为，是真实的意思表达，是合法有效的。三、飞行中的航空器作为正在运行的公共交通工具，机组工作人员负有维护航空器正常运行秩序，管理乘机旅客行为的责任。乘机旅客也应当配合机组工作人员的管理，共同维护好航空器上的正常秩序。如果乘客不服从机组工作人员管理，机上的正常秩序受到破坏，就会出现混乱状态，影响飞机飞行安全与其他乘客的正常活动。原告两次私自更换座位，且第二次私自更换座位后不服从机组工作人员管理，在乘务员劝说其回到自己座位未成功的情况下，安全员对其告知其行为属于强占公共交通工具座位的行为，并且妨碍了机组正常履行职责，应立即停止，否则将承担法律责任，原告依然不服从机组管理，直到飞机开始降落时，才回到自己的座位。座位号57H、60J、63H的乘客均反映，原告拒绝配合机组工作人员的管理。该所认为，原告私自更换座位，不服从飞行中航空器上机组工作人员的管理，其行为扰乱了公共交通工具上的秩序，符合《治安管理处罚法》第二十三条第一款第（三）项的规定。该所依照《治安管理处罚法》《公安机关办理行政案件程序规定》的有关规定，严格履行了受案、传唤、询问、调查、告知等相关程序，做到了程序合法。故该所作出的处罚，程序合法、适用法律准确、裁量适当，请求法院驳回原告的诉讼请求。

在法定期限内，被告向本院提交了如下证据和规范性文件依据：

一、作出被诉《行政处罚决定书》认定违法事实及执法程序的证据：

1.《受案登记表》《受案回执》，证明案件事实来源合法，该所依法受理。

2. 办案民警出具的《到案经过》《工作说明》及接受到案民警证件的复印件，证明民警依法将原告口头传唤到案。

3. 被诉《行政处罚决定书》《呈请行政处罚审批表》，证明该所依法作出行政处罚决定并送达原告。

4.《中央非税收入统一票据（电子）》，证明原告已交纳罚款。

5.《行政处罚告知笔录》，证明该所依法履行告知程序。

6. 被告对原告制作的《询问/讯问笔录》，笔录记载原告自述“上飞机后，我坐在了54J，起飞前，乘务员要求坐回到自己的座位60L，后来我就坐回到了60F位置附近”“我在深圳机场办理值机时，我担心新冠疫情风险，就要求办理值机的工作人员帮我调到相对人少的位置”“上飞机后，看到后舱的人相对较多，但是基本每一个人身边都是空位置的，只有我的座位旁边有一名旅客”“我当时找到空乘……请她帮我核实一下并要求换座位，后来她明确拒绝了，然后为了不耽误飞机起飞，我就回到了自己的座位60L”“后来等飞机起飞平稳后，可以离开座位了，我当时就自己换到了旁边60F没人的位置……乘务员过来要求我回到原座位，我没有同意……直到飞机开始降落，我才回到自己的座位60L”。

7. 航班主任乘务长周××出具的《证人亲笔证词》，主要内容为：旅客登机期间，60L旅客自行坐到54J，声称不可以坐到自己座位处，需要换座。6号乘务长许×随后去地服处沟通是否可以地面更改。18：55分地服随乘务长上机表示不可以更换座位，并与航班安全员、乘务员一同劝该旅客回自己座位就座，在19：09分成功劝该旅客回自己座位就座。飞机起飞后15分钟，该旅客自行换到60F，乘务员和安全员又去劝阻，但该旅客情绪激动，不听劝阻。随后报告机长，在机长指示下决定报警处理。

8. 航班安全员刁×出具的《证人亲笔证词》，主要内容为：在今日航班上，60L旅客擅自调换座位，乘务员要求其进行摄录。在此期间乘务组与深圳地面多次劝说后，该旅客回到原位。在飞机起飞后大约20：10分左右，此旅客换到60F，乘务组再次对其进行劝说，但该名旅客不配合工作。安全员在20：40分左右介入，向其告知其行为属于扰乱机上秩序，要承担相应法律责任，并要求其回到原座位，但该名旅客仍然不配合，并表示愿意承担法律责任。据其周围旅客告知，此旅客在21：58分回到自己座位，随后飞机在22：10落地北京首都机场。

9. 航班6号乘务长许×出具的《证人亲笔证词》，主要内容为：地面迎客期间，60L原告登机要求换座，自行入座54J，本人第一时间按疫情防控标准话术沟通告知其无法换座，但尽可能帮助询问地服工作人员协调。地服工作人员表示除座位故障安全隐患外，其他情况不能调换。带领地面工作人员一同上机与原告解释沟通长达10分钟未果。1号乘务长安排安全员打开执法记录仪，僵持到最后关机门前一分钟，机长催促解决不完报警时，原告才回到原位。航班起飞15分钟时，11号乘务员向其报告60L女士再次自行换座60F，本人要求乘务员再次劝说无果。本人报告1号乘务长后再次劝说旅客，其情绪激动，本人及时回避由1号乘务长与安全员接手对旅客劝说。

10. 同乘航班乘客李×出具的两份《证人亲笔证词》，主要内容为：本人乘坐航班登机后看见机组人员手拿记录仪对着一位乘客拍摄，并有其他机组人员与这位乘客进行交谈。交谈时间大概20分钟左右，这位乘客回到了座位上。大概20：20分左右发现机组人员又与这位乘客交谈并用记录仪拍摄，这位乘客的位置不是刚开始的座位，交谈了大概半小时左右，这位乘客依然坐在那里没有起来。距降落30分左右这位女士自己回到了60L座位上，降落后警察将其带到派出所。

11. 同乘航班乘客刘××出具的两份《证人亲笔证词》，主要内容为：本人座位右前方有一位穿粉红色衣服的女士，因未坐在登机牌指定的位置，空姐多次劝说，双方沟通15分钟，这位女士以个人防疫安全为由不愿意回自己的位置。在各位机组人员多次劝说下，最后返回自己的座位。

12. 同乘航班乘客赵××出具的两份《证人亲笔证词》，主要内容为：有一位女士在前方要求换座，经乘务员多次劝阻并告知如不返回原座位就需下机处理后坐在其右手边。起飞约半小时后，该女士要求出去下，我让开后她坐到60排中间没人处。后空乘和空警前来劝阻，多次说明根据防疫要求不能换座，该女士不同意。持续大概30分钟，后空乘告知将报警处理，该女士同意。后21：48分左右该女士回到原有座位，飞机落地后警察将该女子带走。

13. 光盘及《光盘制作说明》，内容为机组安全员在飞机上用执法记录仪拍摄的三段视频资料，分别为19：01分—19：10分，飞机起飞前机组人员劝说原告回原座位的影像；20：07分—20：34分，飞机起飞后机组人员劝说原告回原座位的影像；22：25分—22：50分，被告民警出警在飞机上执法过程的影像。

以上6～13号证据用以证明原告私自更换座位，不听劝阻，扰乱机舱秩序的事实。

14.《航班机组报警单》，证明警情来源是机组工作人员报警。

15.《移交证据清单》，证明机组工作人员将收集的三份证人亲笔证词移交该所。

16. 七份《行政案件权利义务告知书》，被告知人分别为原告、上述三位机组人员和三位同航班乘客，证明该所依法告知原告及证人权利与义务。

17.《违法嫌疑人饮食及休息信息登记表》，证明该所依法保障原告的基本权利。

18. 原告的户籍证明及身份证复印件、上述三位机组乘务员《中国民航空勤登记证》和三名同航班乘客的身份证复印件、登机牌，证明原告身份及证人的身份情况。

19.《网上比对工作记录》，证明该所对原告是否属于网上在逃人员进行核查。

二、作出被诉《行政处罚决定书》的法律依据：

1. 职权依据：《中华人民共和国行政处罚法》（2021年修正，以下称《行政处罚法》）第二十二、二十三条、《中华人民共和国人民警察法》（2012年修正）第七条、《治安管理处罚法》（2012年修正）第二条；

2. 程序依据：《治安管理处罚法》第七十七条、第八十二条、第八十三条、第八十五条、《公安机关办理行政案件程序规定》（2018年修正）；

3. 行政处罚依据：《治安管理处罚法》（2012年修正）第二十三条第一款第（三）项、第九十一条，《中华人民共和国民用航空安全保卫条例》（2011年修订，以下称《民用航空安全保卫条例》）第二十五条。

经庭审质证，本院对上述证据认证如下：被告东航站区派出所提交的证据均系在履行行政执法程序中制作、调取的，收集证据手段合法、证据形式符合法定要求、内容客观真实且具有与本案待证事实的关联性，能够证明该所作出被诉《行政处罚决定》所依据的事实、履行程序的基本情况，本院依法予以采纳并采信。

根据上述有效证据并结合当事人当庭陈述，本院经审理查明：××××年××月××日22时15分，被告接报案称，××××年××月××日19时20分许，在由深圳飞往北京的国航航班上，座位号60L的旅客本案原告私自更换座位至60F，且不听从航空公司工作人员劝阻，原告的行为扰乱了机舱内的秩序。被告接报案后出警前往航班，接收了《航班机组报警单》、同航班乘客李×、刘××、赵××出具的《证人亲笔证词》，经初步甄别认为属于该单位管辖的行政案件，遂制作《受案登记表》并开具《受案回执》，继续对案件予以调查处理。

××××年××月××日23时23分，被告对原告进行询问并制作《询问/讯问笔录》，原告陈述了在航班上私自更换座位的事实及理由。航班主任乘务长周××、安全员刁×、6号乘务长许×分别书写了《证人亲笔证词》，陈述了原告不听从机组人员劝阻私自更换机上座位的事实。同程航班乘客李×、刘××、赵××分别书写《证人亲笔证词》，陈述了亲历的事实经过。被告调取了航班安全员用记录仪拍摄的视频资料并刻录光盘予以保存。

××××年××月××日0时49分，被告在核实了原告身份、调集了前述证据的基础上，制作《行政处罚告知笔录》，告知原告其实施的行为扰乱了机舱内秩序，已构成扰乱公共交通工具上的秩序，公安机关将根据《治安管理处罚法》第二十三条第一款第（三）项的规定对其进行罚款处罚，其享有陈述申辩的权利。原告在笔录中书写"我不提出陈述和申辩"，并签名按手印。此后，被告作出前述被诉《行政处罚决定书》并向原告送达。原告已自行履行该处罚决定，缴纳罚款二百元。

本院认为，《治安管理处罚法》（2012年修正）第二条规定，扰乱公共秩序，妨害公共安全，侵犯人身权利、财产权利，妨害社会管理，具有社会危害性，依照《中华人民共和国刑法》的规定构成犯罪的，依法追究刑事责任；尚不够刑事处罚的，由公安机关依照本法给予治安管理处罚。《行政处罚法》（2021年修正）第二十二、二十三条规定，行政处罚由违法行为发生地的县级以上地方人民政府具有行政处罚权的行政机关管辖。法律、行政法规另有规定的除外。本案被告作为对首都机场区域内负有治安管理职责的公安机关，对于降落于首都机场航班上的报警具有接收、受理并依法对违反治安管理的行为作出处罚的法定职责。

《治安管理处罚法》（2012年修正）第二十三条规定，有下列行为之一的，处警告或者二百元以下罚款；情节较重的，处五日以上十日以下拘留，可以并处五百元以下罚款。其中第（三）项规定为"扰乱公共汽车、电车、火车、船舶、航空器或者其他公共交通工具上的秩序的"。本案中，被告以该条规定为据对原告作出行政处罚，故此原告客观上实施了何种行为及应如何对其定性是本案的核心问题。对此，本院分析如下：

一、对原告实施行为事实认定的证据分析。对于行为人实施行为的认定应有充分确凿证据。本案中，公安机关调取的证实原告在航班上实施扰乱行为的证据共有三类：一为其本人的自述。被告对其所作的询问笔录记载，原告本人自述了上飞机后未在登机牌指示座位就座，后经劝阻坐回原位，但飞机平飞后又离席择空位就座的事实经过。二为证人证言，分别为航班三位机组工作人员和同乘旅客出具。上述人员作为事件的亲历者，均陈述了所见事实且描述的事实经过与原告本人自述基本一致。三为机组安全员拍摄的影像资料。该资料客观记录了原告在机组人员反复劝阻的情况下，仍不按登机牌确定的座位就座的全部过程。上述三类证据能够形成完整证据链条，足以证明原告不听从机组人员指引，私自更换座位就座的事实。

二、对原告实施行为的定性分析。原告未经允许不按照登机牌指示座位就座，且不听从机组人员劝阻，其行为性质从以下三个方面详述：

一就航空器飞行安全角度而言。公共汽车、电车、火车、船舶、航空器都是人民日常乘坐的交通工具，但航空器与其他交通工具相比具有特殊性，它对配载的要求非常高，乘客的座位、行李重量及位置都对航空器的平衡有着极其重要影响。当乘客办理完登机手续，乘客的座位信息、行李重量信息等都被计入航空器的载重，相关部门需要依据这些信息按照航空器安全飞行的重心要求，做行李摆放分配和其他相关配置、装载工作。也就是说，即将起飞航班上的座位安排以及货仓货物、行李的放置位置均已按照相关技术要求做好安排，而上述信息也是机长确认飞机重量、重心，计算航空器相关飞行参数的依据。一旦航空器的配载平衡被破坏，将对航空器的飞行安全造成极大影响，因此，每一位乘客办理登记时取得登机牌上确认的座位，直接影响航空器飞行的安全技术指标。试想如果乘客登机后，看到空座位即随意就座，势必会破坏航空器为保证飞行安全已确定的平衡参数，给飞行安全造成极大隐患。因此，为避免航空器失衡影响操作性能而危及飞行安全，航空器上的座位是不允许乘客擅自调换的。

二就社会公众法定义务的遵守角度而言。公共秩序是维护社会公共生活所必需的秩序，自觉遵守公共秩序是每一个公民应尽的基本义务。而公共交通工具上的秩序更是确保公共交通工具正常、安全运行的基本条件之一。本案涉及民用航空器上的秩序，包括管理秩序、运营秩序等，其维护既需要机组人员切实履行工作职责，同时也离不开旅客对规则的自觉遵守。关于民用航空器机组人员应履行的工作职责和旅客应遵循的行为准则，《中华人民共和国民用航空法》（以下称《民用航空法》）、国务院制定颁布的《民用航空安全保卫条例》以及交通运输部根据前述有关规定制定的《公共航空旅客运输飞行中安全保卫工作规则》（交通运输部令 2017 年第 3 号）均作出了相应的规定，上述法律、行政法规、部委规章是为维护民用航空秩序，保障民用航空安全，保护民用航空活动当事人各方合法权益的法律文件，是民用航空活动参与人均应遵循的规则。首先，关于民用航空器机组的工作职责。依据《民用航空法》的规定，机组是民用航空器飞行安全的责任主体，承担着保护民用航空器及其所载人员和财产的安全的职责。根据《民用航空安全保卫条例》第二十二条、第二十三条的规定，航空器在飞行中的安全保卫工作由机长统一负责。航空安全员在机长领导下，承担安全保卫的具体工作。机长、航空安全员和机组其他成员，应当严格履行职责，保护民用航空器及其所载人员和财产的安全。在航空器飞行中，对扰乱航空器内秩序，干扰机组人员正常工作而不听劝阻的人，可以采取必要的管束措施。其次，关于旅客应遵守的行为准则。《民用航空安全保卫条例》第二十五条明确将“（一）在禁烟区吸烟；（二）抢占座位、行李舱（架）；（三）打架、酗酒、寻衅滋事；（四）盗窃、故意损坏或者擅自移动救生物品和设备；（五）危及飞行安全和扰乱航空器内秩序的其他行为”作为航空器内禁止实施的行为加以规定。《公共航空旅客运输飞行中安全保卫工作规则》中将扰乱行为定义为在航空器上不遵守规定，或不听从机场工作人员或机组成员指示，从而扰乱机场或航空器上良好秩序的行为，且对航空器上的扰乱行为作了具体列举式规定，其中包括强占座位、行李架和妨碍机组成员履行职责的行为。综合上述规定可以认定，民用航空器的机组人员负有维护客舱秩序、确保客舱安全的管理职责，乘机旅客听从乘务人员指引，约束自身行为，不实施前述法律规范禁止的行为，是对民用航空器上管理秩序的维护和行为规则的遵守，是社会公众应遵循的法定义务。

三就疫情防控期间的防护要求而言。2020 年，新型冠状病毒席卷全球，严重影响人们的生命健康和社会经济发展，本案即发生在疫情防控期间。鉴于疫情防控形势的严峻性和复杂性，在此期间，社会各界和公众均应增强防护意识，主动做好自我防护，共同筑牢疫情防控的人民防线。因此，本案原告在诉讼意见中始终强调出于个人疫情防护安全的角度选择空位就座，其初衷和意愿本无可厚非。但在此本院需强调的是，个人特殊防护需求的实现需建立在对公共防护安全和公共秩序维护的基础上。首先，本案发生在民用航空器上。在疫情防控常态化背景下，航空公司应严格落实执行各项疫情防控措施，做好机组人员个体防护、机上服务和航空器防疫管理的各项工作。客观上，如果航班上旅客不多，在符合航空器配载要求的情况下，尽可能将旅客安排分散就座确实更有利于减少和降低旅客间的接触，降低传染风险。但隔位就座或分散就座并非航空器上应遵守的疫情防控要求。因此，原告的主张具有满足个人防护要求的特殊性，而其实现则必须听从机组人员的引导和安排。对其提出的要求，机组人员已经与地面勤务部门联系但未被许可，在此情况下原告仍坚持不按登机牌指定座位就座构成了对机上公共秩序的破坏。其次，众所周知，疫情防控期间，一旦发生确诊病例，开展对重点人员的数据筛查、轨迹的追踪溯源是极为重要的传染病防治措施。人员轨迹数据越精准、全面，越能快速划定重点人群范围，及时有效阻断疫情的传播。按照登机牌上指定位置就座，是确保追踪溯源的基础。如果航空器上旅客均出于个人安全，按照个人意愿随意择空位就座，则不符合公共防疫安全要求，给疫情防控工作造成极大困扰。最后，疫情防控期间，航空器上应制定有疫情防控的应急处置的工作预案。其中保留一定空余座位，作为机上应急事件处理的物理隔离区使用是疫情防控技术指南的要求之一。因此，航空器上的空余座位并非供旅客随意使用，否则会给应急处置造成不利影响。

综合以上分析可以认定，原告不按照登机牌上指定的座位就座，拒不听从机组人员的引导和劝阻。此种不服从机组人员管理的行为，即构成对航空器内正常管理秩序的侵扰。被告对其行为所作的违法定性符合法律规定，本院应予支持。

关于原告的诉讼理由，本院一一回应如下：1. 尽管原告出于维护个人安全目的更换座位，但不听从机组人员引导私自更换座位的行为，客观上构成了对公共秩序的扰乱；2. 办案人员对原告实施违法行为可能导致法律后果的告知并非属于未经调查即作出处罚结果；3. 办案人员对机组人员告知其应配合公安机关工作，履行作证义务并不构成妨碍司法公正；4. 公安机关基于询问查证时间不得超过24小时的规定要求，对开展案件调查所作的时间提示并不具有向原告施压的意图，此主张系原告的主观臆断；5. 原告作为具有完全民事行为能力人，否认其在相关法律文书上的签名、按手印的真实意思表示没有事实依据。原告所持上述诉讼理由，本院均不予采纳。

综上，本院认为，被告依法具有行政处罚权，已调取了充分确凿证据证实原告在国航××航班上私自更换座位且拒不听从机组人员劝阻，对其实施行为的违法性定性准确，作出行政处罚种类的确定符合法律规定，且履行了法定程序，故对被诉行政处罚决定的合法性本院予以认可。在此需要指出，良好、有序的公共秩序是社会文明进步的基本标志。每一个公民均应自觉遵守法律法规，在社会生活中养成约束自身行为的行为习惯，共同承担起维护公共秩序和安全的使命。

综上，原告要求撤销被告作出的被诉《行政处罚决定书》的诉讼请求不能成立。依照《中华人民共和国行政诉讼法》第六十九条之规定，判决如下：

驳回原告李×珠的诉讼请求。

案件受理费50元，由原告李×珠负担（已交纳）。

如不服本判决，可于判决书送达之日起15日内，向本院提交上诉状，并按对方当事人人数提交副本，同时交纳上诉案件受理费人民币50元，上诉于北京市××中级人民法院。

审判长　朱×巍

人民陪审员　王×军

人民陪审员　陆×军

二〇二一年××月××日

本件与原本核对无异

书记员　刘×霞

【简评】

本判决书入选2021年度优秀裁判文书展，是一篇优秀的裁判文书范例。该判决书格式和内容符合要求，说理充分。以社会主义核心价值观为指导，加强裁判文书释法明理作用，围绕原告客观上实施在航空器上私自更换座位，且不听劝阻行为的定性这一焦点问题，从航空器飞行安全、社会公众的法定义务、航空器上疫情防护要求三个方面分析，综合认定原告行为的违法性，对疫情防控常态化期间审理该类治安处罚案件具有重要参考价值。同时，该案也为社会公众在个人特殊防护安全需求和公共防护安全、公共秩序维护的选择上，提供了正确的价值指引。

就文书内容而言，有以下可圈可点之处：

（1）本文在书写比较规范的同时，在对争议部分的论证批驳方面比较到位，归纳事实问题的争议焦点准确。

（2）事实部分。首先依次写明了被告认定的事实、适用的法规和作出的具体行政行为的内容，原告申诉的理由，复议机关作出复议决定的时间、文号、内容，以及原、被告双方诉讼争议的焦点和各自的态度、立场、要求。然后简明扼要地写明了经法庭查明认定的事实，叙述了事件发生的经过，并对原、被告向法庭提供的证据进行了审查核实。整个事实部分结构安排规范，内容完整。

（3）理由部分。说理充分，有针对性地指出了原告存在的过错，对被告认定的事实、证据、适用的法规和程序逐项审查。精准引用法律、法规，对原告的辩解一一予以驳回，说理过程有理有据，清晰表明了法院的态度。层次清楚，针对性强。

（4）判决结果部分表述完整、准确，尾部合乎要求。

特别提示

制作第一审行政判决书应注意：

（1）准确、清楚地表述当事人情况。

（2）主文表述准确具体，详略得当。语言表述要斩钉截铁，不能模棱两可，造成歧义。

（3）结论要清楚明白，使人一目了然；要明确有信服力，起到定分止争的作用。

第七节　人民法院第二审行政判决书

一、第二审行政判决书的概念

第二审行政判决书，是第二审人民法院依照《行政诉讼法》规定的第二审程序，对不服第一审判决的上诉案件审理终结后，就实体问题依法作出的维持原判或者改判的书面决定。《行政诉讼法》第八十五条规定："当事人不服人民法院第一审判决的，有权在判决书送达之日起十五日内向上一级人民法院提起上诉。"我国实行的是两审终审制。人民法院依照第二审程序审理行政案件所作的判决，是终审的判决。为此，

《最高人民法院关于贯彻执行〈中华人民共和国行政诉讼法〉若干问题的意见（试行）》规定，第二审人民法院对上诉案件的审理，必须全面审查第一审人民法院认定的事实是否清楚，适用法律、法规是否正确，有无违反法定程序，不受上诉范围的限制。

通过第二审人民法院的审判活动，不仅可以纠正第一审行政判决中可能发生的错误，使当事人的合法权益得到保护，而且有利于上级人民法院监督下级人民法院的行政审判工作。因此，制作第二审行政判决书有重要的意义。

二、第二审行政判决书的要素内容和制作方法

第二审行政判决书由首部、事实、理由、判决结果和尾部五部分组成。第二审是复审，因此，制作第二审行政判决书应当充分体现上诉审的特点，强调针对性和说服力。

1. 首部

与第二审民事判决书不同的是：

（1）案号应用“行终”。如“（年度）×行终×号”。

（2）依照《行政诉讼法》第八十六条的规定：“人民法院对上诉案件，应当组成合议庭，开庭审理。经过阅卷、调查和询问当事人，对没有提出新的事实、证据或者理由，合议庭认为不需要开庭审理的，也可以不开庭审理。”因此，第二审程序的审理方式有两种，即开庭审理和不开庭审理。开庭审理是原则，书面审理是例外。实行书面审理的，则应在当事人、诉讼代理人到庭参加诉讼之后，写：“本院依法组成合议庭，对本案进行了审理。现已审理终结。”实行开庭审理的表述方法与第二审民事判决书相同。

2. 事实

第二审行政判决书的事实部分，由两个方面的内容构成：

（1）上诉争议的内容。包括：原审认定的事实和判决的结果，上诉人的上诉请求及其主要理由，被上诉人的主要答辩。叙述要概括、简练，抓住争议焦点，防止照抄原审判决书、上诉状和答辩状，但又要不失原意。

（2）二审查明认定的事实和证据。要注意根据不同类型的案件书写。如果原审判决事实清楚，上诉人亦无异议的，简要地确认原判认定的事实即可；如果原审判决认定的事实清楚，但上诉人提出异议的，则应对有异议的问题进行重点叙述；如果原审判决认定的事实不清，证据不足，经二审查清事实后改判的，则应具体叙述查明的事实和有关证据，予以澄清。

3. 理由

第二审行政判决书的理由部分，也由两个方面的内容构成：

（1）维持或者改判的理由。应针对上诉请求和理由，就原审判决认定的事实是否

清楚，适用法律、法规是否正确，有无违反法定程序，上诉理由是否成立，上诉请求是否予以支持，以及被上诉人的答辩是否有理等，进行分析、论证，阐明维持原判或者撤销原判予以改判的理由。理由一定要有针对性和说服力，注意事理分析和法理分析，回答上诉争议的主要问题，引出合乎逻辑的公正结论。

（2）二审判决所依据的法律条款。应引用《行政诉讼法》第八十九条的规定。其中，全部改判或者部分改判的，除先引用《行政诉讼法》的有关条款外，还应同时引用改判所依据的实体法的有关条款。

4. 判决结果

《行政诉讼法》第八十九条规定："人民法院审理上诉案件，按照下列情形，分别处理：

"（一）原判决、裁定认定事实清楚，适用法律、法规正确的，判决或者裁定驳回上诉，维持原判、裁定；

"（二）原判决、裁定认定事实错误或者适用法律、法规错误的，依法改判、撤销或者变更；

"（三）原判决认定基本事实不清、证据不足的，发回原审人民法院重审，或者查清事实后改判；

"（四）原判决遗漏当事人或者违法缺席判决等严重违反法定程序的，裁定撤销原判决，发回原审人民法院重审。"

根据上述规定，二审判决结果可分以下四种情况书写：

第一，维持原判的，写为：

"驳回上诉，维持原判。"

第二，对原审判决部分维持、部分撤销的，写为：

"一、维持××人民法院（年度）×行初×号行政判决第×项，即（写明维持的具体内容）；

"二、撤销××人民法院（年度）×行初×号行政判决第×项，即（写明撤销的具体内容）；

"三、（写明对撤销部分作出改判的内容。无须作出改判的，此项不写）。"

第三，撤销原审判决，维持行政机关的具体行政行为的，写为：

"一、撤销××人民法院（年度）×行初×号行政判决；

"二、维持××（行政机关名称）××××年××月××日×字〔年度〕第×号处罚决定（复议决定或者其他具体行政行为）。"

第四，撤销原审判决，同时撤销或者变更行政机关的具体行政行为的，写为：

"一、撤销××人民法院（年度）×行初×号行政判决；

"二、撤销（或者变更）××（行政机关名称）××××年××月××日×字〔年度〕第×号处罚决定（复议决定或者其他具体行政行为）；

“三、（写明二审法院改判结果的内容。无须作出改判的，此项不写）。”

5. 尾部

与第二审民事判决书相同。

三、第二审行政判决书的写作格式

××××人民法院

行政判决书

（二审维持原判或改判用）

（年度）×行终×号

上诉人（原审××）：______（写明姓名或名称等基本情况）。

被上诉人（原审××）：______（写明姓名或名称等基本情况）。

（当事人及其他诉讼参加人的列项和基本情况的写法，除当事人的称谓外，与第一审行政判决书样式相同。）

上诉人×××因（写明案由）一案，不服××××人民法院（年度）×行初×号行政判决，向本院提起上诉。本院依法组成合议庭，公开（或不公开）开庭审理了本案。（写明到庭的当事人、诉讼代理人等）到庭参加诉讼。本案现已审理终结。（未开庭的，写：“本院依法组成合议庭，对本案进行了审理，现已审理终结。”）

（概括写明原审认定的事实和判决结果，简述上诉人的上诉请求及其主要理由和被上诉人的主要答辩内容）。

经审理查明，______________（写明二审认定的事实和证据）。

本院认为，______________（针对上诉请求和理由，就原审判决认定的事实是否清楚，适用法律、法规是否正确，有无违反法定程序，上诉理由是否成立，上诉请求是否应予支持，以及被上诉人的答辩是否有理等，进行分析论证，阐明维持原判或者撤销原判予以改判的理由）。依照（写明判决所依据的法律条款项）之规定，判决如下：

______________________〔写明判决结果。分四种情况：

第一，维持原审判决的，写：

“驳回上诉，维持原判。”

第二，对原审判决部分维持、部分撤销的，写：

“一、维持××××人民法院（年度）×行初×号行政判决第×项，即（写明维持的具体内容）；

“二、撤销××××人民法院（年度）×行初×号行政判决第×项，即（写明撤销的具体内容）；

“三、______（写明对撤销部分作出的改判内容。无须作出改判的，此项不写）。”

第三，撤销原判决，维持行政机关的具体行政行为的，写：

“一、撤销××××人民法院（年度）×行初×号行政判决；

“二、维持××××（行政机关名称）××××年××月××日×字〔年度〕第×号处罚决定（复议决定或其他具体行政行为）。”

第四，撤销原审判决，同时撤销或变更行政机关的具体行政行为的，写：

“一、撤销××××人民法院（年度）×行初×号行政判决；

“二、撤销（或变更）××××（行政机关名称）××××年××月××日×字〔年度〕第×号处罚决定（复议决定或其他具体行政行为）；

“三、（写明二审法院改判结果的内容。如无须作出改判的，此项不写）。”]

______（写明诉讼费用的负担）。

本判决为终审判决。

审判长　×××

审判员　×××

审判员　×××

××××年××月××日

（院印）

本件与原本核对无异

书记员　×××

病文诊疗

【原文】

××市高级人民法院

行政判决书

（2022）×行终 1817 号

上诉人（原审原告）：××纸业（中国）投资有限公司。

法定代表人：黄××，董事长。

委托代理人：沈××，职员。

被上诉人（原审被告）：国家工商行政管理总局商标评审委员会。

法定代表人：何××，主任。

委托代理人：徐××，该委员会审查员。

上诉人××纸业（中国）投资有限公司（简称××纸业公司）因商标申请驳回复审行政纠纷一案，不服××市第一中级人民法院（2022）×行初1682号行政判决，向本院提出上诉。本院2022年11月12日受理本案后，依法组成合议庭进行了审理。本案现已审理终结。

××市第一中级人民法院认定：第316××号“金××JINLIMEI及图”商标（简称引证商标）的申请日为2012年4月27日，指定使用在第16类笔记本、手册、贺卡等商品上。××纸业公司于2016年12月12日向国家工商行政管理总局商标局（简称商标局）申请注册第577××号“××”商标（简称申请商标），指定使用在第16类卡纸板、包装纸、纸质奶油容器、纸等商品上。商标局于2019年5月5日就申请商标作出了商标部分驳回决定，驳回申请商标在纸、印刷品、硬纸管商品上的申请注册。××纸业公司不服商标局的驳回决定，于2019年6月5日向国家工商行政管理总局商标评审委员会（简称商标评审委员会）提出商标驳回复审申请。2021年8月1日，商标评审委员会作出第××号决定。

××市第一中级人民法院认为：引证商标仍为有效在先商标。申请商标指定使用的印刷品等商品与引证商标核定使用的笔记本等商品属于类似商品。申请商标与引证商标标志均包含中文“××”，二者在整体外观、呼叫等方面相近，并存使用在类似商品上，易使相关公众对商品的来源产生混淆误认，已构成使用在类似商品上的近似商标。××纸业公司提出等待商标局对引证商标作出是否撤销的决定后再进行本案的审理缺乏法律依据，不予支持。

××市第一中级人民法院依照《中华人民共和国行政诉讼法》第八十九条的规定，判决：维持商标评审委员会作出的第××号决定。

××纸业公司不服原审判决，向本院提出上诉，请求撤销原审判决及第××号决定。其上诉理由是：在评审阶段××纸业公司已针对引证商标向商标局提出撤销申请，商标评审委员会应当中止本案审理。申请商标与引证商标整体差异极大，不致造成消费者的混淆，不属于近似商标。

商标评审委员会服从原审判决。

经审理查明：

引证商标为××市金××文具有限公司于2012年4月27日向商标局申请注册的第316××号“金××JINLIMEI及图”商标（见下图），该商标指定使用在第16类笔记本、手册、贺卡、文具、夹子（文具）、订书钉、订书机、碎纸机、回形针、铅笔刀商品上。该商标专用期至2023年7月20日。

附图一（略）

××纸业公司于2016年12月12日向商标局申请注册第577××号“××”商标（见下图），该商标指定使用在第16类卡纸板、包装纸、纸质奶油容器、锥形纸袋、包装用塑料膜、纸板盒或纸盒液体食品包装物、纸、印刷品、硬纸管商品上。

附图二（略）

商标局于2019年5月5日就申请商标作出了商标部分驳回决定，因申请商标与引证商标在纸、印刷品、硬纸管商品上构成近似商标，故驳回申请商标在纸、印刷品、硬纸管商品上的申请注册。

××纸业公司不服商标局的驳回决定，于2019年6月5日向商标评审委员会提出商标驳回复审申请，主要复审理由有：申请商标与引证商标在整体外观方面区别较大，未构成近似商标。并且，××纸业公司对引证商标提出连续三年不使用的撤销申请，请求待引证商标权利确定后再进行审理。

2021年8月1日，商标评审委员会作出了第××号决定。该决定认定：申请商标指定使用的印刷品等商品与引证商标核定使用的笔记本等商品属于类似商品。申请商标与引证商标均包含中文"××"，二者在整体外观、呼叫等方面相近，并存使用在类似商品上，易使相关公众对商品的来源产生混淆误认，已构成使用在类似商品上的近似商标。据此，依据《中华人民共和国商标法》（简称《商标法》）第三十条的规定，对申请商标在复审商品上的注册申请予以驳回。

××纸业公司不服第××号决定，起诉至××市第一中级人民法院。

以上事实有申请商标档案、引证商标档案、第××号决定、商标部分驳回决定通知书及当事人陈述等证据在案佐证。

本院认为：

《商标法》第三十条规定，同他人在同一种商品或者类似商品上已经注册的或者初步审定的商标相同或者近似的，由商标局驳回申请，不予公告。

在商标驳回复审案件审理中，商标评审委员会根据审理时的事实状态进行审查，在引证商标仍为有效的情况下，商标评审委员会作出第××号决定并无不当。直至本案二审审理期间，××纸业公司仍未提供引证商标被撤销的证据，故引证商标仍为有效的在先商标。××纸业公司关于中止本案审理的请求缺乏事实和法律依据，本院不予支持。对于××纸业公司有关申请商标与引证商标不构成近似商标的上诉主张，本院也不予支持。

综上所述，原审判决及第××号决定证据充分，适用法律正确，程序合法，应予维持。××纸业公司的上诉理由缺乏事实和法律依据，不能成立，其上诉请求本院不予支持。依照《中华人民共和国行政诉讼法》第八十九条第一款第（一）项之规定，判决如下：

驳回上诉，维持原判。

一、二审案件受理费各一百元，均由××纸业（中国）投资有限公司负担（均已交纳）。

本判决为终审判决。

审判长　××

代理审判员　××

代理审判员　××

二〇二三年一月九日

（院印）

本件与原本核对无异

书记员　××

【简析】

本文存在的主要问题是判决理由的论述不全面。第二审行政判决书的判决理由与第一审行政判决书相类似，这部分是行政判决书的核心部分，应依据法律规范、法学理论和逻辑推理阐述判决的理由和法律规范。而本文在判决理由部分只对不予支持××纸业公司关于中止本案审理的请求的理由进行了论述，对于是否支持××纸业公司提出的申请商标与引证商标不构成近似商标的上诉主张缺乏法律规范和法理的论述。

【修改文】

××市高级人民法院

行政判决书

（2022）×行终 1817 号

上诉人（原审原告）：××纸业（中国）投资有限公司。

法定代表人：黄××，董事长。

委托代理人：沈××，职员。

被上诉人（原审被告）：国家工商行政管理总局商标评审委员会。

法定代表人：何××，主任。

委托代理人：徐××，该委员会审查员。

上诉人××纸业（中国）投资有限公司（简称××纸业公司）因商标申请驳回复审行政纠纷一案，不服××市第一中级人民法院（2022）×行初 1682 号行政判决，向本院提出上诉。本院 2022 年 11 月 12 日受理本案后，依法组成合议庭进行了审理。本案现已审理终结。

××市第一中级人民法院认定：第 316××号“金××JINLIMEI 及图”商标（简称引证商标）的申请日为 2012 年 4 月 27 日，指定使用在第 16 类笔记本、手册、贺卡等商品上。××纸业公司于 2016 年 12 月 12 日向国家工商行政管理总局商标局（简称商标局）申请注册第 577××号“××”商标（简称申请商标），指定使用在第 16 类卡纸板、包装纸、纸质奶油容器、纸等商品上。商标局于 2019 年 5 月 5 日就申请商标作出了商标部分驳回决定，驳回申请商标在纸、印刷品、硬纸管商品上的申请注册。××纸业公司不服商标局的驳回决定，于2019年6月5日向国家工商行政管理总局商标评审委员会（简称商标评审委员会）提出商标驳回复审申请。2021年8月1日，商标评审委员会作出第××号决定。

××市第一中级人民法院认为：引证商标仍为有效在先商标。申请商标指定使用的印刷品等商品与引证商标核定使用的笔记本等商品属于类似商品。申请商标与引证商标标志均包含中文“××”，二者在整体外观、称呼等方面相近，并存使用在类似商品上，易使相关公众对商品的来源产生混淆误认，已构成使用在类似商品上的近似商标。××纸业公司提出等待商标局对引证商标作出是否撤销的决定后再进行本案的审理缺乏法律依据，不予支持。

××市第一中级人民法院依照《中华人民共和国行政诉讼法》第八十九条第一款第（一）项的规定，判决：维持商标评审委员会作出的第××号决定。

××纸业公司不服原审判决，向本院提出上诉，请求撤销原审判决及第××号决定。其上诉理由是：在评审阶段××纸业公司已针对引证商标向商标局提出撤销申请，商标评审委员会应当中止本案审理。申请商标与引证商标整体差异极大，不致造成消费者的混淆，不属于近似商标。

商标评审委员会服从原审判决。

经审理查明：

引证商标为××市金××文具有限公司于2012年4月27日向商标局申请注册的第316××号“金××JINLIMEI及图”商标（见下图），该商标指定使用在第16类笔记本、手册、贺卡、文具、夹子（文具）、订书钉、订书机、碎纸机、回形针、铅笔刀商品上。该商标专用期至2023年7月20日。

附图一（略）

××纸业公司于2016年12月12日向商标局申请注册第577××号“××”商标（见下图），该商标指定使用在第16类卡纸板、包装纸、纸质奶油容器、锥形纸袋、包装用塑料膜、纸板盒或纸盒液体食品包装物、纸、印刷品、硬纸管商品上。

附图二（略）

商标局于2019年5月5日就申请商标作出了商标部分驳回决定，因申请商标与引证商标在纸、印刷品、硬纸管商品上构成近似商标，故驳回申请商标在纸、印刷品、硬纸管商品上的申请注册。

××纸业公司不服商标局的驳回决定，于2019年6月5日向商标评审委员会提出商标驳回复审申请，主要复审理由有：申请商标与引证商标在整体外观方面区别较大，未构成近似商标。并且，××纸业公司对引证商标提出连续三年不使用的撤销申请，请求待引证商标权利确定后再进行审理。

2021年8月1日，商标评审委员会作出了第××号决定。该决定认定：申请商标指定使用的印刷品等商品与引证商标核定使用的笔记本等商品属于类似商品。申请商标与引证商标均包含中文“××”，二者在整体外观、呼叫等方面相近，并存使用在类似商品上，易使相关公众对商品的来源产生混淆误认，已构成使用在类似商品上的近似商标。据此，依据《中华人民共和国商标法》（简称《商标法》）第三十条的规定，对申请商标在复审商品上的注册申请予以驳回。

××纸业公司不服第××号决定，起诉至××市第一中级人民法院。

以上事实有申请商标档案、引证商标档案、第××号决定、商标部分驳回决定通知书及当事人陈述等证据在案佐证。

本院认为：

《商标法》第三十条规定：“申请注册的商标，凡不符合本法有关规定或者同他人在同一种商品或者类似商品上已经注册的或者初步审定的商标相同或者近似的，由商标局驳回申请，不予公告。”

在商标驳回复审案件审理中，商标评审委员会根据审理时的事实状态进行审查，在引证商标仍为有效的情况下，商标评审委员会作出第××号决定并无不当。直至本案二审审理期间，××纸业公司仍未提供引证商标被撤销的证据，（法理论证），故引证商标仍为有效的在先商标。××纸业公司关于中止本案审理的请求缺乏事实和法律依据，（理由），本院不予支持。对于××纸业公司有关申请商标与引证商标不构成近似商标的上诉主张，（理由），本院也不予支持。

综上所述，原审判决及第××号决定证据充分，适用法律正确，程序合法，应予维持。××纸业公司的上诉理由缺乏事实和法律依据，不能成立，其上诉请求本院不予支持。依照《中华人民共和国行政诉讼法》第八十九条第一款第（一）项之规定，判决如下：

驳回上诉，维持原判。

一、二审案件受理费各一百元，均由××纸业（中国）投资有限公司负担（均已交纳）。

本判决为终审判决。

审判长　××

代理审判员　××

代理审判员　××

二〇二三年一月九日

（院印）

本件与原本核对无异

书记员　××

范文评析

【例文 1】

××市高级人民法院

行政判决书

（2021）×行终 2332 号

上诉人（原审原告）：××××集团有限公司，住所地××省××市××区。

法定代表人：范×昱，董事长。

委托诉讼代理人：包×灵，北京××律师事务所律师。

被上诉人（原审被告）：国家知识产权局，住所地北京市海淀区。

法定代表人：申×雨，局长。

委托诉讼代理人：周×兵，国家知识产权局审查员。

上诉人××××集团有限公司（简称××公司）因商标申请驳回复审行政纠纷一案，不服××知识产权法院（2020）×行初 10354 号行政判决，向本院提起上诉。本院于 2021 年 3 月 22 日受理本案后，依法组成合议庭进行了审理。本案现已审理终结。

××知识产权法院查明：

一、诉争商标

1. 申请人：××公司。

2. 申请号：364××。

3. 申请日期：2019 年 2 月 20 日。

4. 标志：（略）

5. 指定使用商品（第 9 类，类似群 0912；0913）：电缆包皮层；电缆等（统称复审商品）。

二、引证商标

1. 注册人：阮×飞。

2. 注册号：859××。

3. 申请日期：2010 年 8 月 23 日。

4. 注册公告日期：2012 年 2 月 14 日。

5. 专用期限至：2022 年 2 月 13 日。

6. 标志：（略）

7. 核定使用商品（第 9 类，类似群 0901；0903—0905；0908—0909；0912—0913；0921—0922）：计算器；办公室用打卡机等。

三、被诉决定

商评字〔2020〕第 163××号《关于第 364××号“××铜业 CEDARCOPPER 及

图”商标驳回复审决定书》。

被诉决定作出时间：2020 年 6 月 17 日。

国家知识产权局以诉争商标在复审商品上的申请注册违反了《中华人民共和国商标法》（简称《商标法》）第三十条的规定为由，决定：驳回诉争商标在复审商品上的注册申请。

××公司不服被诉决定，于法定期限内向××知识产权法院提起行政诉讼。

××知识产权法院认为，诉争商标在复审商品上与引证商标构成使用在同一种或类似商品上的近似商标，诉争商标在复审商品上的申请注册违反了《商标法》第三十条的规定。据此，××知识产权法院依照《中华人民共和国行政诉讼法》第八十九条之规定，判决：驳回××公司的诉讼请求。

××公司不服原审判决，向本院提起上诉，请求撤销原审判决和被诉决定，判令国家知识产权局重新作出决定，其主要上诉理由是：一、诉争商标与引证商标在构成要素、呼叫等方面差异明显，未构成近似商标；二、引证商标在“电线；电开关”商品上的注册已被撤销，不再构成诉争商标在复审商品上的在先权利障碍，诉争商标在复审商品上的申请注册应当予以核准。

国家知识产权局服从原审判决。

经审理查明：原审法院查明的事实清楚，且有诉争商标和引证商标的商标档案、相关证据材料、被诉决定以及当事人陈述等证据在案佐证，本院对此予以确认。

在二审诉讼期间，××公司提交了国家知识产权局于 2021 年 1 月 6 日作出的第 1726 期《注册商标撤销公告》，该公告撤销了引证商标在“电线；电开关”商品上的注册。

上述事实，有国家知识产权局作出的《注册商标撤销公告》等予以佐证。

本院认为：

《商标法》第三十条规定，申请注册的商标，凡不符合本法有关规定或者同他人在同一种或者类似商品上已经注册的或者初步审定的商标相同或者近似的，由商标局驳回申请，不予公告。

《最高人民法院关于审理商标授权确权行政案件若干问题的规定》第二十八条规定，人民法院审理商标授权确权行政案件的过程中，国家知识产权局对诉争商标予以驳回、不予核准注册或者予以无效宣告的事由不复存在的，人民法院可以依据新的事实撤销国家知识产权局相关裁决，并判令其根据变更后的事实重新作出裁决。

原审法院和国家知识产权局关于诉争商标在复审商品上与引证商标构成使用在同一种或类似商品上的近似商标，因而违反《商标法》第三十条规定的相关认定虽并无不当，但根据二审查明的事实，引证商标在“电线；电开关”商品上的注册已被撤销并予以公告。基于该事实，诉争商标在复审商品上申请注册的权利障碍已经消失。国家知识产权局应针对该事实重新审查诉争商标的申请注册。故本院对被诉决定及原审判决的结论予以纠正。××公司关于引证商标不再成为诉争商标在复审商品上申请注册的在先权利障碍的上诉理由成立，本院予以支持。

鉴于上述事实发生在二审诉讼期间，且本院处理结论是在考虑该新的事实基础上作出的，因此本案一、二审诉讼费用，均应当由××公司负担。

综上所述，由于原审判决及被诉决定所依据的事实发生新的变化，因此不宜再予以维持。××公司的上诉请求成立，本院予以支持。依照《中华人民共和国行政诉讼法》第八十九条第一款第（二）项、第三款，《最高人民法院关于审理商标授权确权行政案件若干问题的规定》第二十八条之规定，判决如下：

一、撤销××知识产权法院（2020）×行初10354号行政判决；

二、撤销国家知识产权局作出的商评字〔2020〕第163××号《关于第364××号“××铜业CEDARCOPPER及图”商标驳回复审决定书》；

三、国家知识产权局针对××××集团有限公司就第364××号“××铜业CE-DARCOPPER及图”商标提出的驳回复审申请重新作出决定。

一、二审案件受理费各一百元，均由××××集团有限公司负担（均已交纳）。

本判决为终审判决。

审判长　孔××

审判员　孙××

审判员　刘×

二〇二一年六月九日

（院印）

本件与原本核对无异

法官助理　何×

书记员　郭××

【简析】

本判决书格式规范，事实清楚，有较强的说服力。

（1）判决书首部上诉人、被上诉人、委托代理人、法定代表人的基本情况规范，案件的来源清楚，上诉人上诉的时间和各方当事人的态度明确。

（2）事实部分突出叙述了经法院审理查明的事实，段落清晰，结构紧凑，内容完整，体现了法院在行政诉讼中重点审查具体行政行为合法性的特点。

（3）理由部分注意运用实体法说明。引用法律、法规条款具体，立论扎实，说服力强。

【例文2】

××市第三中级人民法院

行政判决书

（2021）×行终120号

上诉人（原审原告）：杨××，男，1961年4月18日出生，汉族，住××市××区。

被上诉人（原审被告）：××市××区规划和自然资源局，住所地××市××区。

法定代表人：彭××。

委托代理人：陈××。

委托代理人：张××，上海市××律师事务所律师。

原审第三人：××市××区建设用地事务所，住所地××市××区。

法定代表人：笪××。

委托代理人：凤××。

上诉人杨××诉被上诉人××市××区规划和自然资源局（以下简称××规划资源局）责令交地决定一案，不服××铁路运输法院（2020）×7101行初765号行政判决，向本院提起上诉。本院于2021年3月10日受理后，依法组成合议庭审理了本案，现已审理终结。

原审认定：××市××路12号（以下简称涉案房屋），土地性质为集体土地。1991年7月，杨××户获得编号×××××××××的××县农村宅基地使用证，载明户主姓名杨×2（2000年2月9日报死亡），建筑面积合计146.58平方米，其中楼房106.12平方米，平房18.53平方米，灶间17.93平方米。1991年10月，杨××户因水泥平顶出现裂缝、渗水，经其所在的生产队及大队批准，杨××户获准原房升高21平方米，并缴纳规划建设管理费人民币（以下币种同）10元（单价0.5元）。1991年11月，杨××户因饲养鸡鸭，经其所在的村民小组及村民委员会批准，杨××户获准在自己宅基地使用范围内建造7平方米副业棚，并缴纳规划建设管理费3.5元（单价0.5元）。2010年9月16日，××市人民政府批准××市××区人民政府（以下简称××区政府）对含××镇有关村队农村集体土地在内的土地进行征收。次日，××区政府公布×（×）征告〔2010〕第2号《征收土地方案公告》，涉案房屋所在地块亦在征收范围内。同月25日，原××市××区规划和土地管理局（因机构改革，相关职责现转隶至××规划资源局）发布《征地补偿安置方案公告》。2012年8月27日，××区政府核发《关于××地区新建多层商品住房土地使用权基价及价格补贴标准事项的通知》，明确××地区新建多层商品住房的土地使用权基价为每平方米建筑面积3 450元，价格补贴系数为30%。同年10月8日，原××市××区规划和土地管理局作出涉案房屋所在地块的《征地房屋补偿方案公告》（××征地房补方〔2010〕第1号），征收范围包含涉案房屋所在地块。次月9日，××区政府批复同意《征地房屋补偿方案》和《××村地块（二期）征收集体土地居住补偿实施办法》（以下简称《补偿实施办法》）。《征地房屋补偿方案》明确原××市××区规划和土地管理局为征地房屋补偿组织实施单位，××市××区建设用地事务所（以下简称××用地事务所）为征地房屋补偿具体实施单位；产权调换房屋的房源及价格（一房一价），以及签约期限、协议生效条件的签约率等。《补偿实施办法》所涉的时间均以2012年5月21日为限，该时间节点与符合农村村民建房申请条件的人数认定、已建未建房屋的补偿价、可建未建房屋的补偿价均有关联。《补偿实施办法》还规定符合原当地农村村民建房申请条件的可建未建建筑面积的认定，现住房建筑面积以2012年5月21日前符合原当地农村村民建房申请条件的人数计算，××镇农村村民建房标准为建筑面积30平方米/人……经审核、公示、认定后，可与原房面积一并计算为征地房屋补偿的房屋建筑面积，并按补偿标准分别计算；征地房屋补偿的建安重置结合成新单价，评估时点为作出《征地房屋补偿方案公告》之日即2012年10月8日；产权调换房屋的补贴单价、家用设备移装费用补贴；签约期限为60日，具体开始时间另行公布等。2012年11月15日，原××市××区规划和土地管理局公布签约开始日为2012年11月27日，考虑到放假因素，签约期限顺延至2013年1月21日。

征收中，涉案房屋建筑面积经核定为169.58平方米（其中楼房133.12平方米、平房18.53平方米、灶间17.93平方米），棚舍面积28平方米。杨××户在涉案房屋地址登记的在册户籍人口为4人，分别为吴××（2015年12月10日报死亡）、杨××、徐××、杨×3。经核定，杨××户符合农村村民建房申请条件的人数为5人，除户籍在册的4人外，杨×3妻子郑×作为外来媳引进；根据××镇人均30平方米的建房标准，杨××户可建未建建筑面积为0平方米，杨××户应安置建筑面积169.58平方米。××市××土地房地产估价有限公司以2012年10月8日为评估时点对涉案房屋进行评估并作出《××市征收集体土地居住房屋补偿分户评估报告》（以下简称《评估报告》），楼房评估单价为725元/平方米，平房评估单价为664元/平方米，灶间评估单价为645元/平方米，房屋装修补偿款为50 804元，房屋附属物补偿款为5 708元，上述评估报告于2012年11月13日向杨××户送达。

2013年9月18日，××区政府作出《关于同意取消××村（二期）征地房屋补偿生效比例条款的批复》（以下简称取消生效比例条款批复），取消了征地房屋补偿方案和补偿实施办法中"……在签约期限内，本征地房屋补偿范围内签约比例未达到90%的，《补偿协议》不生效"的条款。涉案房屋所在地块居民对取消生效比例条款批复提起行政诉讼，××市××区人民法院（以下简称××法院）作出了（2014）×行初字第92号行政判决，认为××区政府作出上述批复的行为合法，判决驳回杨××等的诉讼请求，××市第二中级人民法院（2015）×二中行终字第394号行政判决维持了××法院的上述判决。

2018年6月27日，××用地事务所向杨××户送达涉案房屋评估报告、告知书（含空白回执），告知杨××户可在收到上述材料之日起5日内提交对涉案房屋评估报告意见的回执，若到期未提交视为对评估报告无异议。次日，杨××户提交回执，表示对评估报告有异议。后××用地事务所委托××市土地估价师协会土地估价专家委员会（以下简称专家委员会）对评估报告进行鉴定。专家委员会于2019年8月28日前往涉案房屋进行现场查勘，因杨××户拒绝配合现场查勘评估，导致鉴定工作无法继续进行，专家委员会于2019年10月9日作出《××市××路12号杨×2（亡）

杨××等（户）征地房屋补偿价格评估分户报告鉴定终止的函》，终止鉴定。因杨××户与××用地事务所未能达成补偿协议，××用地事务所于2019年12月17日向杨××户送达该户具体补偿方案，确定杨××户应得征地房屋补偿款为917 061.13元，房屋装潢及附属物杂项补偿款56 512元，无证建筑补贴材料费为40 000元，副业棚补偿款 11 200 元，家用设备移装费补贴款 2 130 元，产权调换房屋补贴金额1 204 438.27元，各项补偿、补贴款合计为2 231 341.58元。安置两套产权调换房屋建筑面积合计为192.86平方米，供应价格合计为2 246 189.97元。同日，××规划资源局向杨××户送达协调会议通知，告知组织双方于2019年12月19日召开协调会议，杨××及其儿子杨×3出席协调会，会上未能达成协议，杨××户表示不接受具体补偿方案。2020年1月10日、1月17日，××用地事务所分别2次向杨××户送达实施具体补偿通知，通知杨××户到指定地领取具体补偿方案和安置房屋的入户通知，杨××户无人到场办理进户手续。因杨××户无正当理由拒绝接受补偿，且拒不搬迁和交出土地，××规划资源局遂于2020年4月3日作出×（×）征地责令〔2020〕009号责令交出土地决定（以下简称被诉责令交地决定）并向杨××送达，主要内容为：根据《××市征收集体土地房屋补偿暂行规定》（以下简称《暂行规定》）第二十六条的规定，责令杨××等（户）于收到本决定书之日起十五日内搬离××市××路12号房屋，交出土地，搬至××路×××弄×××号×××室、××区××镇××路×××弄×××号×××室，并由杨××户向××用地事务所支付各项补偿、补贴款与产权调换房屋供应价格抵扣后的差价款14 848.39元。杨××不服，遂起诉至原审法院，请求撤销被诉责令交地决定。

原审认为：涉案房屋所在的地块属集体土地，××区政府经××市人民政府批准于2010年9月17日对涉案房屋所在地块进行征收，截至2011年11月4日尚未实施房屋补偿，故符合《暂行规定》第二十八条规定的集体土地已征但房屋未拆、未补的情形，故××规划资源局依法可以对涉案房屋进行征收补偿。

根据《暂行规定》，××规划资源局作为本行政区域的征地房屋补偿工作组织实施部门，对征地事务机构与宅基地使用人在征地房屋补偿方案规定的签约期限内达不成补偿安置协议，宅基地使用人无正当理由拒绝接受补偿，且拒不交出土地的，有权作出责令交出土地决定。本案中，杨××户未能在签约期限内与××用地事务所就补偿安置事宜达成一致意见，××用地事务所遂制定具体补偿方案，向杨××户送达，并向××规划资源局报送。××规划资源局在答复期限内进行协调，但未达成一致。××用地事务所两次向杨××户送达实施具体补偿通知，通知杨××到指定地领取具体补偿方案和安置房屋的入户通知，杨××户均无人到场办理进户手续。在此情况下，××规划资源局作出被诉责令交地决定，执法程序符合《暂行规定》及《××市征地房屋补偿争议协调和处理试行办法》的相关规定。

《暂行规定》第十二条规定，征地房屋补偿应当以合法有效的宅基地使用证、房地产权证或者建房批准文件计户，按户进行补偿。房屋的用途和建筑面积，以宅基地使用证、房地产权证或者建房批准文件的记载为准。本案，××规划资源局结合杨××户的宅基地使用证、杨××户签字盖章确认的涉案房屋勘丈数据、建筑面积测算表，核定涉案房屋建筑面积依据充分、正确。《补偿实施办法》规定，现住房建筑面积以2012年5月21日前符合原当地农村村民建房申请条件的人数计算，杨××户的户口簿及户籍资料摘录等材料反映，2012年5月21日前该户在册人员4人，引进1人。××规划资源局根据××用地事务所提供的户籍等资料认定杨××户符合建房申请条件人数为5人正确。结合涉案房屋的建筑面积，××规划资源局核定杨××户可建未建建筑面积、安置建筑面积亦正确。至于杨××提出认定杨××户符合建房申请条件人员中遗漏杨××孙子、遗漏房屋面积等异议。根据《补偿实施办法》，在签约期限内，其父母已被认定为本次征地房屋补偿中符合原当地农村村民建房申请条件的新出生婴儿，可认定为符合建房申请条件人员。涉案房屋所在地块签约期限为2012年11月17日至2013年1月21日，杨××孙子出生时间为2013年4月10日，未在签约期限内出生，不符合认定条件。杨××提出21平方米应认定为房屋建筑面积而非副业棚，并提供副业棚、围墙专用表等证据证明。根据副业棚、围墙专用表反映，1991年时系因水泥平顶出现裂缝、渗水批准原房升高21平方米，并非批准增加房屋建筑面积，杨××异议不能成立。根据《暂行规定》第二十四条第一款的规定，征地房屋补偿的评估时点，为征地房屋补偿方案公告之日。××村地块（二期）的《征地房屋补偿方案公告》于2012年10月8日作出，以该日作为评估时点符合上述条款规定。××规划资源局认定的涉案房屋的各类补偿款、补贴款等款项以及安置房屋的房款均有相应的证据予以佐证，且计算正确。综上，××规划资源局依据《暂行规定》第二十六条之规定作出被诉责令交地决定认定事实清楚，证据充分，适用法律正确。杨××的诉请主张缺乏事实根据和法律依据，不予支持。据此，原审遂依照《中华人民共和国行政诉讼法》第六十九条之规定，于2021年1月7日判决驳回杨××的诉讼请求，案件受理费50元由杨××负担。判决后，杨××不服，上诉于本院。

上诉人杨××上诉称：被诉责令交地决定依据的×府土〔2010〕649号《关于批准××区人民政府2010年第一批次建设项目征收土地的通知》（以下简称649号文）系××市人民政府于2010年9月16日作出的涉案征地批文，而本案的安置补偿工作在2018年左右才开始，根据相关法律法规规定，涉案征地批文已经自动失效；被上诉人作出涉案责令交地决定明显缺乏法律依据，缺少有效的补偿决定程序，剥夺上诉人对补偿安置争议请求协调、裁决的权利；被诉责令交地决定依据2012年的补偿安置标准，违反《国土资源部关于进一步做好征地管理工作的通知》；2013年9月18日生效比例条款取消，签约期限应当延长至2013年11月18日，上诉人孙子于2013年4月10日出生，系在签约期限内出生，应当认定为符合原当地农村村民建房申请条件的人口且根据补偿方案增加的条款补偿50万元；《××乡人民政府社员副业棚、围墙专用表》时间形成于宅基地使用证颁布之后，记载原房升高 21 平方米，阳台宽度为 2 米，房屋建筑面积的认定错误；上诉人不存在违反管理法律、法规规定，实施阻挠国家建设征收土地的行为，不符合责令交出土地决定作出的法定条件；被诉责令交地决定仅有选择产权调换的补偿方式剥夺了上诉人安置补偿方式的选择权。原审判决认定事实不清，证据不足，请求撤销原审判决，依法改判支持上诉人的原审诉请或发回重审。

被上诉人××规划资源局辩称：被诉责令交地决定认定事实清楚、证据确凿、程序合法；××区政府发布 649 号文和《征地补偿安置方案公告》，《征地补偿安置方案》经依法批准后，××村地块征地补偿安置工作即依法实施，不存在涉案征地批文自动失效之情形；被上诉人根据《暂行规定》等相关法律法规以及《征地房屋补偿方案》《补偿实施办法》对上诉人给予补偿，符合法律规定；上诉人之孙杨×彬出生于 2013 年 4 月 10 日，并非在签约期限内出生，故不应认定为符合原当地农村村民建房申请条件的人员；被上诉人根据上诉人（户）《农村宅基地使用证》及经上诉人本人签字确认的《征收集体土地居住房屋补偿登记表》《征收集体土地居住房屋阳台建筑面积测算表》以及××镇人民政府依法认定的该户可建未建建筑面积等证据材料，依法认定上诉人（户）房屋建筑面积，符合《暂行规定》第十二条规定；上诉人的其他理由亦无法律与事实依据，依法不能成立。原审判决认定事实清楚，审理程序合法，适用法律法规正确，请求依法驳回上诉，维持原判。

原审第三人××用地事务所述称：原审第三人作为××区征地事务机构，根据《暂行规定》等法律法规及《征地房屋补偿方案》《补偿实施办法》制定了上诉人（户）的具体补偿方案，方案中包括补偿标准、安置房屋的地点、搬迁期限等内容均符合相关规定；上诉人的上诉理由缺乏事实与法律依据，原审判决认定事实清楚，审理程序合法，适用法律法规正确，请求依法驳回上诉，维持原判。

经审理查明，原审判决认定的事实清楚，本院依法予以确认。

本院认为：根据《暂行规定》第二十六条第一款规定，宅基地使用人或者房屋所有人无正当理由拒绝接受补偿，且拒不交出土地的，由区（县）土地管理部门责令宅基地使用人或者房屋所有人限期交出土地。区（县）土地管理部门作出交出土地决定的，应当出具行政决定书。本案中，因在规定签约期限内，上诉人杨××户与××用地事务所未能达成补偿安置协议，××用地事务所按照经批准的征地房屋补偿方案向该户提供具体补偿方案实施补偿，该户未接受补偿。被上诉人××规划资源局经组织协调，双方仍未能达成一致。××规划资源局审查认为上诉人杨××户无正当理由拒绝接受补偿，且拒不搬迁和交出土地，据此向该户作出被诉责令交出土地决定，符合作出责令交地决定的法定条件。经审查，被诉责令交地决定认定事实清楚，适用法律正确，程序合法。原审已充分阐述，二审不再赘述。

对于上诉人就房屋建筑面积所提异议，本院认为，根据上诉人（户）《农村宅基地使用证》及经上诉人本人签字确认的《征收集体土地居住房屋补偿登记表》《征收集体土地居住房屋阳台建筑面积测算表》等证据，被上诉人认定涉案房屋建筑面积为169.58平方米，棚舍面积28平方米，阳台27平方米。上诉人认为其提交的《××乡人民政府社员建房用地施工执照》《××县农村居民建房用地申请表》《××乡人民政府社员副业棚、围墙专用表》《××村镇规划建设管理费统一收据》可以证明其房屋面积增加21平方米，阳台的宽度为2米。本院认为，《××乡人民政府社员副业棚、围墙专用表》记载的是原房升高21平方米，大队意见为同意原平顶升高，并不能证明批准同意涉案房屋建筑面积增加21平方米。况且该申请表用于副业棚等的审批，并非建房审批，故被上诉人结合相关证据将其认定为棚舍面积，并无不当。阳台的测量经过上诉人的签字确认，其提出的相关异议缺乏依据，不能成立。

对于上诉人提出该户符合建房申请条件人员中遗漏杨××孙子杨×彬以及主张应当享受一次性照顾50万元的意见，本院认为，本案中，上诉人孙子杨×彬出生于2013年4月10日，系签约期到期后出生，与《补偿实施办法》中关于符合当地农村村民建房申请条件人口的认定条件即“签约期内其父母已被认定为本次征地房屋补偿中符合原当地农村村民建房申请条件的新出生婴儿”不符。上诉人认为签约期应延期至2013年11月18日，缺乏依据，本院难以采信。根据《关于对符合条件的新生婴儿照顾口径作进一步说明的通知》规定，符合被征收户已签约且按约搬离［不包括：责令交地的被补偿人（户）；原当地农村村民建房申请条件人员和居民户中的房屋使用人或租赁房屋实际同住人；在签约期后至2013年11月16日前出生的婴儿（再婚家庭中已有子女被认为符合原当地农村村民建房申请条件的或原当地农民户中已有子女被认定独生子女的除外）］等条件的，经核准后，可一次性照顾补偿50万元。本案中，上诉人孙子虽于签约期后至2013年11月16日期间出生，但因上诉人户未签约且按约搬离，属于责令交地的被补偿人（户），其条件明显不符合上述规定。上诉人要求给予一次性照顾50万元的主张，于法无据，本院亦不予支持。

关于涉案房屋的适用补偿标准。依据《暂行规定》第二十八条规定，对已征未拆地块，应当编制《征地房屋补偿方案》，并依照相关程序报区政府批准后实施。因此，适用经批准后的该地块《征地房屋补偿方案》对上诉人户实施补偿，符合《暂行规定》的相关规定，且并未损害该户的合法权益。上诉人认为适用2012年征收补偿标准违反相关规定的异议，本院不予采纳。货币安置与房屋安置方式并无优劣之分，上诉人户在法定期限内未能签约，经协调仍不能达成一致，××用地事务所依法实施具体补偿，符合法律规定。需要指出，原审认定事实部分，将杨××户宅基地使用证面积合计142.58平方米误写为146.58平方米，本院依法予以纠正。

综上，上诉人的上诉请求和理由不能成立，原审判决驳回杨××的诉讼请求正确，应予维持。据此，依据《中华人民共和国行政诉讼法》第八十六条、第八十九条第一款第（一）项之规定，判决如下：

驳回上诉，维持原判。

二审案件受理费人民币50元，由上诉人杨××负担。

本判决为终审判决。

审判长 朱××
审判员 陈××
审判员 程×
二〇二一年四月二十九日
（院印）

本件与原本核对无异

法官助理 张××
书记员 杨×

【简析】

本文书写符合第二审行政判决书的要求，尤其是对于当事人争议的内容以及法院认定的事实和证据方面列举到位，对有异议的事实和证据逐条进行分析批驳，条理清晰，论证有力。

【例文3】

广西壮族自治区××市中级人民法院
行政判决书

（2019）×行终24号

原告（被上诉人）：黄××。

委托代理人（一、二审）：阮××，广东××律师事务所律师。

委托代理人（一审）：胡××。

被告（上诉人）：××市工商行政管理局。地址：××市人民东路196号。

法定代表人：廖××，局长。

委托代理人（一审）：陈××，××市工商行政管理局公平交易与消费者权益保护科副科长。

委托代理人（一审）：梁××，××市工商行政管理局公平交易与消费者权益保护科科员。

委托代理人（二审）：李××，××律师事务所律师。

黄××不服××市工商行政管理局行政处罚一案，不服广西壮族自治区××市××区人民法院（2018）××行初23号判决书，向本院提起上诉。本院依法组成由审判员××担任审判长，审判员××、代理审判员××参加评议的合议庭，进行了审理，书记员××担任记录。本案现已审理终结。

一审法院审理查明：原告黄××在朋友苏×的介绍下，于2018年6月×日以××

市×××冰都食品经营部的名义与××通公司签订了一份《代理产品合同书》，同日黄××根据该合同约定将23 976元汇入施××个人账户，购得30张××通world软件，取得了××通公司三级代理商资格。之后，黄××介绍秦××、温××、唐×、李×、朱××分别与××通公司签订了《代理产品合同书》，并认购了××通world软件产品。其中秦××、唐×、李×、朱××分别汇款23 976元给施××个人账户，各自购得××通world软件30张，成为三级代理商。温××则介绍刘×签订合同后，刘×汇款23 976元给施××，购得××通world软件30张，也成为三级代理商。2018年8月6日，上诉人××市工商行政管理局的执法人员接到举报后，会同××市公安局××派出所的民警将黄××及温××、刘×从凯旋门大酒店带到××市工商行政管理局进行询问调查。经调查收集相关证据后，××市工商行政管理局于2018年9月9日作出了71号处罚决定，认定黄××构成《禁止传销条例》第七条规定的参加传销行为，对黄××作出立即改正违法行为并处以2 000元罚款的处罚决定。黄××不服，在自行缴纳罚款后向法院提起行政诉讼。

上述事实有下列证据证明：

1. 被告提供的证据：立案审批表、举报记录、71号处罚决定、行政处罚决定告知书、送达回证、黄××及温××和刘×三人各自的身份证复印件、黄××问话笔录共三份、温××问话笔录共二份、刘×问话笔录一份、黄××加入××通公司申请表、黄××与××通公司签订的合同、黄××在××通公司中层级表、黄××购买的部分注册卡、××通代理机制奖励模式、黄××自书材料、黄××绘制的网络图、香港××通公司深圳代表处执照及税务登记证、××通产品代理授权书、××市×××冰都食品经营部执照及委托书、××通国际手机广告传媒市场疑问回复、扣留及解除黄××有关手续、温××加入××通公司申请表、刘×加入××通公司申请表、温××提供的××通公司奖励机制、温××加入××通公司委托书、黄××下级朱××与××通公司签订的代理合同、黄××建行借记卡客户凭条、处罚决定审批表及调查报告、罚没款收据、案件移交公安部门的手续。上述证据证明原告黄××经苏×介绍购买了××通world软件30张后，又介绍温××等人购买××通产品的事实，而未能证明黄××因介绍他人购买××通产品取得了非法利益的事实。

2. 原告提供的证据：其与××通公司签订的代理产品合同书、香港××通公司深圳代表处执照及税务登记证等，证明原告按照其所签订的合同约定可以从事介绍他人购买××通产品的代理行为。证人温××出庭作证的证词，证明其经原告黄××介绍自行与××通公司签订了代理产品合同后购买××通产品的主要事实。

广西壮族自治区××市××区人民法院经审理认为：原告黄××以××市×××冰都食品经营部的名义与××通公司签订了《代理产品合同书》后取得了××通产品的代理资格，在××市工商行政管理局不提出质疑或提供相应证据对抗黄××提供的

××通公司深圳代表处执照及税务登记证等证据证明力存在的情况下，黄××可以进行介绍他人购买××通产品的代理行为。而在经商活动中，产品代理商的分级普遍存在并得到认同，在经商活动中形成网络的分级代理商之间的关系不能当然地等同于传销行为的上下线关系。本案中，黄××向温××等人介绍××通产品后，均由温××等人各自与××通公司签订合同并购买××通产品，而××市工商行政管理局不能提供充足证据证明黄××向温××等人介绍××通产品的同时要求被介绍人购买该产品的事实，因此，难以认定黄××与其介绍的温××等人之间形成了事实上的构成传销行为的上下线关系，此外，××市工商行政管理局提供的证据也无法证明黄××因介绍温××等人购买××通产品而牟取了非法利益的事实。综上所述，原告黄××经人介绍购买××通产品后又介绍他人购买的行为不具备参加传销行为的特征，××市工商行政管理局认定黄××已构成参加传销行为认定事实不清，主要证据不足。

广西壮族自治区××市××区人民法院依照《中华人民共和国行政诉讼法》第七十条第（一）项之规定，作出如下判决：

撤销××市工商行政管理局于2018年9月9日作出的×工商处字〔2018〕71号《行政处罚决定书》。

上诉人诉称：

71号处罚决定认定事实清楚、证据充分、程序合法、适用法律正确，处罚幅度也在合理范围内，一审判决认定黄××的行为构成参加传销行为事实不清、主要证据不足是错误的。

1. 黄××的行为确实已经构成了参加传销。黄××在苏×的介绍下以认购××通world软件的方式，交纳23 976元，一次性购注册会员卡30张，取得了从事××通产品代理的资格，成为三级代理商（编号YLW888）。其后，他发展了人员，取得了非法利益。至案发时，黄××直接介绍朱××、温××等5人交纳入门费加入××通，其中朱××等4人通过农行各向施××交纳23 976元，一次性购注册会员卡30张，分别获得三级代理商资格；温××向施××交纳4 496元，一次性购注册会员卡5张，获得零售经销点资格。温××又介绍刘×加入，刘×向施××交纳23 976元，一次性购注册会员卡30张，也获得三级代理商资格。黄××介绍五人加入××通获得直接提成8 121.92元，但黄××至案发一直未向××通公司申请将其提成汇入指定的银行账户，而是将投资××通公司的部分所得直接在网上购买了××通公司的3个手机（每款手机1 950元，共计5 850元），余款2 271.92元留在账号上未兑换提取现金。

2. 71号处罚决定对黄××的处罚证据充分，没有违反程序。

3. 71号处罚决定对黄××处罚幅度是合理的。黄××在参加传销的同时也存在介绍他人参加传销的情形，按照《禁止传销条例》第二十四条第二款、第三款的规定，介绍传销可处10万元以上50万元以下的罚款，参加传销可处2 000元以下罚款，上诉人本着教育与处罚相结合的原则，没有择其重者按介绍传销处罚，而是择其轻者按参加传销处罚 2 000 元，幅度是合理的。上诉人请求撤销一审判决，维持 71 号处罚决定。

被上诉人辩称：

黄××与其他人之间不存在上下线关系，与××通公司之间也不存在上下线关系，是平等的民事关系。黄××取得代理资格是附条件的民事法律行为。黄××与其他人之间不存在团队计酬的关系，黄××有权采取挂靠的关系进行经营。××通公司的运营模式是法律允许的分销代理，××通公司是合法注册的公司，有经营权。一审判决适用法律正确，认定事实清楚，请求驳回上诉人的上诉，维持一审判决。

广西壮族自治区××市中级人民法院经公开审理查明：被上诉人黄××在苏×的介绍下，通过××通公司深圳代表处于 2018 年 6 月×日以××市×××冰都食品经营部的名义与××通公司签订了《代理产品合同书》（编号 YL16888）、《代理招商委托协议书》各一份。同日黄××将 23 976 元汇入××通公司深圳代表处负责人施××个人账户，购得 30 张××通 world 软件，取得了××通三级代理商资格。之后，黄××介绍秦××、温××、唐×、李×、朱××分别与××通公司签订了《代理产品合同书》《代理招商委托协议书》，并认购了××通 worlc 软件产品。其中秦××、唐×、李×、朱××分别汇款 23 976 元给××通公司深圳代表处负责人施××个人账户，各自购得××通 world 软件 30 张，成为三级代理商。温××汇款 4 496 元给××通公司深圳代表处负责人施××个人账户，购得××通 world 软件 5 张，获得零售经销点资格。温××又介绍刘×签订合同，刘×汇款 23 976 元给××通公司深圳代表处负责人施××，购得××通 world 软件 30 张，也成为三级代理商。黄××购得××通 world 软件 30 张，成为三级代理商后，再没有进行产品销售，除点击××通公司每天发送的每张卡 30 条短信获得每条奖励 0.1 元外，黄××介绍五人加入××通公司，按照××通代理机制奖励模式同级对同级提成 8%、高级对低级提成 10%的规定，共获得直接提成 8 121.92 元，但黄××一直未向××通公司申请将其提成汇入指定的银行账户，而是将投资××通公司部分所得用××通通币直接在网上购买××通 3 个手机（每款手机 1 950 元，共计 5 850 元），余款 2 271.92 元留在账号上未兑换提取现金。2018 年 8 月 6 日，上诉人××市工商行政管理局的执法人员接到举报后，会同××市公安局××派出所的民警将黄××及温××、刘×从凯旋门大酒店带到××市工商行政管理局进行询问调查。经调查收集相关证据后，××市工商行政管理局于 2018 年9 月 9 日作出了×工商处字〔2018〕71 号《行政处罚决定书》，认定黄××构成《禁止传销条例》第七条参加传销行为，对黄××作出立即改正违法行为并处以 2 000 元罚款的处罚决定。黄××不服该处罚决定，在自行到银行缴纳罚款后向一审法院提起行政诉讼。一审法院审理后于 2018 年 12 月 15 日作出一审判决。上诉人××市工商行政管理局不服一审判决向本院提起上诉。上诉人××市工商行政管理局作出处罚后于 2018 年 10 月 30 日以黄××涉嫌构成犯罪，将案件移送××市公安局。××市公安局于 2018

年11月17日作出×市公立〔2018〕35号立案决定书，对黄××涉嫌非法经营案立案侦查，案件还在侦查中。

上述事实有下列证据证明：

1. 双方一致提供的证据：《代理产品合同书》、《代理招商委托协议书》、××通产品代理授权书、罚款收据、××市×××冰都食品经营部委托书、××市×××冰都食品经营部营业执照、××通公司深圳代表处执照及税务登记证。上述证据真实，与本案有关联性，可作为本案定案依据。

2. ××市工商行政管理局提供的证据：立案审批表、举报记录、行政处罚决定告知书、送达回证、代理商申请表三份、存款回单、黄××代理商的下级报表、苏×代理商的下级报表、代理会员卡部分账号、××通代理机制奖励模式、黄××绘制的代理业务网络图、××市×××冰都食品经营部委托书（温××）、××通招商代理的宣传资料、行政处罚案件有关事项审批表、扣留财物通知书、财物清单、送达回证、黄××客户凭条、行政处罚决定审批表、黄××传销案调查终结报告、案件移送函。上述证据可证明黄××经人介绍以认购××通 world 软件的方式变相交纳费用取得加入和发展其他人员加入的资格，并以其所介绍的人员认购××通 world 软件的款额计算非法利益的事实，符合证据采信特征，可作为本案定案依据。××市工商行政管理局对黄××、温××、刘×的询问调查笔录以及黄××代理××通产品的陈述、黄××绘制的代理业务网络图是依照法定程序收集的证据，且黄××未能提供相反的证据证明上述证据违反法定程序，因而可以作为本案定案依据。

3. 本院依职权调取的证据：××市公安局经济犯罪侦查支队的证明、立案决定书、案件移送函。上述证据真实、合法，可作为本案定案依据。

广西壮族自治区××市中级人民法院经审理认为：黄××及其介绍的温××等五人分别经××市×××冰都食品经营部委托，与××通公司签订《代理产品合同书》《代理招商委托协议书》购买了××通 world 软件，成为三级代理商或零售经销点，取得招商资格，但除了签订《代理产品合同书》《代理招商委托协议书》外，还需要填写代理商申请表，需要介绍人，并且黄××等人购买的产品没有再次进行销售，实际上是以变相购买商品的方式取得加入资格和发展人员的资格。黄××介绍其他人加入××通公司，从被介绍人认购××通 world 软件的款额中得到××通公司8%～10%共8 121.92元的提成，牟取了非法利益。黄××虽没有要求其他人参加，但××通公司以每天向 world 软件购买者的每张卡发送30条短信获得回复后每条短信奖励0.1元等方法为利诱，引诱社会公众参加。因此，应当认定黄××与其介绍的人之间形成了事实上的上下线关系。黄××实际上又已从其介绍的下线认购商品的款额中得到了报酬，牟取了非法利益，其行为符合《禁止传销条例》第七条第（二）项及第（三）项的规定，被上诉人黄××参加传销的事实清楚。综上所述，71号处罚决定认定黄××构成参加传销行为的事实清楚、证据确实充分、适用法律法规正确、程序合法，具备合法性，依法应当予以维持；一审判决认定事实不清、主要证据不足，应当予以撤销；被上诉人黄××辩称其取得××通代理资格是附条件民事法律行为，与其他人之间不存在上下线关系、不存在团队计酬、不构成参加传销行为的理由均不成立，本院依法不予采信和支持。

广西壮族自治区××市中级人民法院依照《中华人民共和国行政诉讼法》第七十条第（一）项、第八十九条第一款第（二）项之规定，判决如下：

一、撤销××市××区人民法院于2018年12月15日作出的（2018）××行初23号行政判决；

二、维持上诉人××市工商行政管理局于2018年9月9日作出的×工商处字〔2008〕71号《行政处罚决定书》。

本判决为终审判决。

审判长　××

审判员　××

代理审判员　××

二〇一九年六月十二日

（院印）

本件与原本核对无异

书记员　××

【简析】

该判决书列举事实充实，具有说服力。对双方辩论焦点进行了全面论述，对新证据以及法院依职权提取的证据进行了认定，体现了判决的公正。

特别提示

第二审行政判决书的结构、项目以及内容与第一审行政判决书基本相同，但是内容的侧重点以及具体的写法不完全相同。

在制作第二审行政判决书时，叙述第二审行政判决书的事实要体现出上诉审的特点，针对上诉人提出的问题及一审认定的事实进行重点叙述。在行文中，阐述理由亦需加强针对性和说服力，避免照抄原判理由，反对公式化的空洞语言。要围绕原判决是否正确，上诉是否有理进行具体的分析论证。

第八节　人民法院裁定书

一、裁定书的概念

裁定是人民法院在审理案件或者执行判决过程中，就程序问题或者部分实体问题所作的处理决定。裁定有书面和口头两种形式。凡用书面形式表达的，称为裁定书。

裁定书是人民法院常用的一种重要司法文书，其作用在于保障诉讼顺利进行，保障人民法院的判决得以实现。生效的裁定书与生效的判决书一样，都具有法律上的强制力。

裁定的种类很多：按案件性质分，有刑事裁定、民事裁定和行政裁定；按裁定的作用分，有程序问题的裁定和实体问题的裁定；按诉讼程序分，有一审裁定和二审裁定等。

裁定的使用范围较广，按照法律规定，在下列情况下都可以使用裁定：

延期审理，退回补充侦查，中止、终止案件，撤销原判、发回重审等有关程序的裁定。驳回自诉，驳回上诉，抗诉，减刑，假释，核准死刑，停止执行死刑，减少或者免除罚金以及诉讼保全和先行给付，准予或者不准撤诉，补正判决书中的失误等有关实体问题的裁定。

按照法律规定，有的裁定准许上诉，有的则不准上诉。一般来讲，凡是终结案件或者对当事人的实体利益具有较大影响的裁定，例如，驳回起诉的裁定等准许当事人上诉；关于诉讼保全和先行给付等裁定则不准许上诉。法律规定，裁定的上诉、抗诉法定期限，刑事案件为五日，民事案件为十日。

二、裁定书的要素内容和制作方法

裁定书有多种，内容不完全相同。现将常用的几种内容及写作要求加以简要介绍。

1. 解决程序问题使用的裁定书

这种裁定书由以下五个部分组成。

（1）名称与案号。写明“××人民法院刑事（或民事等）裁定书”，然后注明案号。

（2）被告人的姓名、性别、年龄、民族、籍贯、职业、住址等个人情况。刑事裁定书应写明是否在押。

（3）裁定案由及裁定的法律根据。应写明案件的性质，由何人提出裁定以及裁定所要解决的问题，人民法院裁定的法律根据。

（4）裁定的具体内容。这是裁定书的主体部分。在制作时应当注意：一要审查申请裁定的有关材料，写明关键问题；二要根据具体情况分别予以裁定；三要写明理由和具体裁定事项。譬如，退回人民检察院补充侦查的裁定，应当写明退回补充侦查的理由以及补充侦查的具体问题。

（5）署名并写明时间。这是裁定书的尾部。应由合议庭组成人员署名，书记员署名盖章。写明裁定的时间和制成裁定书正本的时间。同时注明“本件与原本核对无异”印戳。

2. 二审所使用的裁定书

这种裁定书由以下七部分构成。

（1）名称与案号。应写明“×××人民法院刑事（或民事等）裁定书”，并注明案号。

（2）上诉人、抗诉人、申诉人以及辩护人、代理人的个人情况。个人情况的写法同前。

（3）二审裁定的案由。写明二审裁定处理的是上诉、抗诉、申诉的何案、何人，该案由哪个法院在何时以何字号判决。

（4）审判组织情况。说明人民法院依法组成合议庭的情况；人民检察院是否派员出庭支持抗诉；案件是否公开审理，若系书面审理，则不需写此项。

（5）经二审查明的情况。这是裁定书的主体部分，主要内容如下：

其一，对一审判决认定的事实、证据，适用的法律，在全面审查后作出实事求是的结论。坚持有错必纠的方针。对于错误的，应当否定；对于正确的，必须予以肯定。

其二，对于上诉、抗诉、申诉的理由进行恰如其分的论证。对于原判事实清楚、适用法律适当的，应当驳回上诉、抗诉、申诉，反之，就应当发回重新审判。

其三，援引法律条款，写明援引何种法律，第几条几款。

（6）原判决事实不清，适用法律不当的，写明撤销原判决，发回×××人民法院重新审判。原判决正确的，写明驳回上诉（抗诉、申诉），维持原判。

（7）署名与时间。这部分与第一种裁定书相同。

3. 刑罚执行过程中减刑、假释所使用的裁定书

这种裁定书由六部分组成：

（1）名称与案号。写明“×××人民法院裁定书”，在名称之下写明案号。

（2）写明罪犯的姓名、性别、年龄、民族、籍贯、职业、服刑场所等。

（3）对罪犯的判刑情况及减刑或假释的理由根据，应写明何人、何罪、何时、在何处、何号判决、判处何种刑罚和刑期。执行机关提出减刑或假释建议的理由和根据，应当写明执行机关，罪犯表现情况，何时提出减刑或假释意见等。

（4）人民法院审核查实的罪犯表现和减刑、假释的法律根据。

（5）主文。

减刑裁定书的主文是：“对罪犯×××准予减刑×年。”

假释裁定书的主文是：“准予假释。”

（6）署名和时间。这部分与第一种裁定书相同。

4. 核准死刑、死刑缓期执行使用的裁定书

这种裁定书由以下七部分组成：

（1）名称与案号。应写明“×××人民法院刑事裁定书”，案号写明“（年度）×刑核×号”。死刑由最高人民法院核准，不写案号。

（2）被告人的个人情况。与第一种裁定书的第二项相同。

（3）案件的具体情况。首先写明一审判处死刑或死刑缓期执行的具体情况，应写明何案、何时、在何处、何号判决。

（4）写明“依法组成合议庭”进行复核。

（5）核准的理由和根据。应写明犯罪事实和有关法律规定。用词要准确，言简意赅。

（6）裁定主文。写明核准×原审或二审人民法院对被告人×××判处死刑（或死刑缓期二年执行），剥夺政治权利终身的判决。

（7）署名与时间。这部分与第一种裁定书相同。

三、裁定书的写作格式

【格式 1】

×××× 人民法院

刑事裁定书

（二审维持原判决用）

（年度）×刑终×号

原公诉机关：××××人民检察院。

上诉人（原审被告人）：________（写明姓名、性别、出生年月日、民族、籍贯、职业或工作单位和职务、住址和因本案所受强制措施情况等，现羁押处所）。

辩护人：________（写明姓名、性别、工作单位和职务）。

××××人民法院审理被告人________（写明姓名和案由）一案，于××××年××月××日作出（年度）×刑初×号刑事判决。被告人×××不服，提出上诉。本院依法组成合议庭，公开（或不公开）开庭审理了本案。××××人民检察院检察长（或员）×××出庭支持公诉，上诉人（原审被告人）×××及其辩护人×××、证人×××等到庭参加诉讼。本案现已审理终结。（未开庭的改为：“本院依法组成合议庭，审理了本案。现已审理终结。”）

________（首先概述原判决的基本内容，其次写明上诉、辩护的主要意见，最后写明检察院在二审提出的新意见）。

经审理查明，________（肯定原判决认定的事实、情节是正确的，证据确凿、充分。如果上诉、辩护等对事实、情节提出异议，应予重点分析否定）。

本院认为，________（根据二审确认的事实、情节和有关法律规定，分析、批驳上诉、辩护等对原判决定罪量刑方面的主要意见和理由，论证原审判决结果的正确性）。依照________（写明裁定所依据的法律条款项）之规定，裁定如下：

驳回上诉，维持原判。

本裁定为终审裁定。

审判长 ×××

审判员 ×××

审判员 ×××

××××年××月××日

（院印）

本件与原本核对无异

书记员 ×××

【格式 2】

××××人民法院

刑事附带民事裁定书

（二审维持原判决用）

（年度）×刑终×号

上诉人（原审自诉人兼附带民事诉讼原告人）：________（写明姓名、性别、出生年月日、民族、籍贯、职业或工作单位和职务、住址、因本案所受强制措施情况等，现羁押处所）。

委托代理人：________（写明姓名、性别、工作单位和职务等）。

原审被告人：________（写明姓名、性别、出生年月日、民族、籍贯、职业或工作单位和职务、住址等）。

辩护人：________（写明姓名、性别、工作单位和职务等）。

××××人民法院审理自诉人兼附带民事诉讼原告人×××控诉被告人×××________（写明案由）一案，于××××年××月××日作出（年度）×刑初×号刑事附带民事判决。自诉人兼附带民事诉讼原告人×××对判决的刑事部分和附带民事部分均不服，提出上诉。本院依法组成合议庭，公开（或不公开）开庭审理了本案。上诉人（原审自诉人兼附带民事诉讼原告人）×××及其委托代理人×××、被告人×××及其辩护人×××、证人×××等到庭参加诉讼。本案现已审理终结。（未开庭的改为："本院依法组成合议庭，审理了本案，现已审理终结。"）

________（首先概述原判决的基本内容，其次写明上诉、辩护的主要意见）。

经审理查明，________（肯定原判决认定的犯罪事实和造成被害人经济损失的情况是正确的，证据确凿、充分。如果上诉、辩护对事实、情况提出异议，应予重点分析否定）。

本院认为，________（根据二审确认的事实、情况和有关法律规定，分析、批驳上诉、辩护对原判决定罪量刑和责令赔偿经济损失方面的主要意见和理由，论证原判决是正确的）。依照________（写明裁定所依据的法律条款项）之规定，裁定如下：

驳回上诉，维持原判。

本裁定为终审裁定。

审判长　×××
审判员　×××
审判员　×××
××××年××月××日
（院印）

本件与原本核对无异

书记员　×××

【格式 3】

××××人民法院
刑事裁定书
（二审发回重审用）

（年度）×刑终×号

原公诉机关：××××人民检察院。

上诉人（原审被告人）：________（写明姓名、性别、出生年月日、民族、籍贯、职业或工作单位和职务、住址和因本案所受强制措施情况等，现羁押处所）。

辩护人：________（写明姓名、性别、工作单位和职务）。

××××人民法院审理被告人________（写明姓名和案由）一案，于××××年××月××日作出（年度）×刑初×号刑事判决，认定被告人×××犯××罪，判处________（简写判处结果）。被告人×××不服，以________（简写上诉的主要理由）为由，提出上诉。本院依法组成合议庭审理了本案（经过开庭审理的，还应写明庭审形式和到庭参加诉讼的人员）。本案现已审理终结。

本院认为，________（简述原判事实不清，证据不足，或者严重违反法律程序的情况）。依照________（写明裁定所依据的法律条款项）之规定，裁定如下：

一、撤销××××人民法院（年度）×刑初×号刑事判决；

二、发回××××人民法院重新审判。

本裁定为终审裁定。

审判长　×××
审判员　×××
审判员　×××
××××年××月××日
（院印）

本件与原本核对无异

书记员　×××

【格式 4】

×××× 人民法院

刑事附带民事裁定书

（二审发回重审用）

（年度）×刑终×号

上诉人（原审被告人）：________（写明姓名、性别、出生年月日、民族、籍贯、职业或工作单位和职务、住址等）。

辩护人：________（写明姓名、工作单位和职务）。

原审自诉人兼附带民事诉讼原告人：________（写明姓名、性别、出生年月日、民族、籍贯、职业或工作单位和职务、住址等）。

委托代理人：________（写明姓名、工作单位和职务）。

××××人民法院审理自诉人兼附带民事诉讼原告人×××控诉被告人×××（写明案由）一案，于××××年××月××日作出（年度）×刑初×号刑事附带民事判决，认定被告人×××犯××罪，判处________（简写判处的刑事和附带民事内容）。被告人不服，以________（简写上诉的主要理由）为由，提出上诉。本院依法组成合议庭审理了本案（经过开庭审理的，写为公开或不公开开庭审理了本案等）。本案现已审理终结。

本院认为，________（简述原判事实不清，证据不足，或者严重违反法律程序的情况）。依照________（写明裁定所依据的法律条款项）之规定，裁定如下：

一、撤销××××人民法院（年度）×刑初×号刑事附带民事判决；

二、发回××××人民法院重新审判。

本裁定为终审裁定。

审判长　×××

审判员　×××

审判员　×××

××××年××月××日

（院印）

本件与原本核对无异

书记员　×××

【格式 5】

×××× 人民法院

刑事裁定书

（二审维持、变更、撤销原裁定用）

（年度）×刑终×号

上诉人（原审自诉人）：________（写明姓名、性别、出生年月日、民族、籍贯、职业或工作单位和职务、住址等）。

原审被告人：________（写明姓名、性别、出生年月日、民族、籍贯、职业或工作单位和职务、住址等）。

××××人民法院审理自诉人×××控诉被告人×××（写明案由）一案，于××××年××月××日作出（年度）×刑初×号刑事裁定，驳回自诉人×××的控诉。自诉人×××不服，提出上诉。本院依法组成合议庭审理了本案，现已审理终结。

________（首先概述原裁定的主要内容，其次简述上诉人的上诉请求和上诉理由，再次写明二审查明的情况和分析论断）。

本院认为，________（写明二审裁定维持、变更或撤销一审法院裁定的理由）。依照________（写明裁定所依据的法律条款项）之规定，裁定如下：

________［写明裁定结果。分三种情况：

第一，驳回上诉，维持原裁定的，表述为：

“驳回上诉，维持原裁定。”

第二，变更原裁定的，表述为：

“一、撤销××××人民法院（年度）×刑初×号刑事裁定；

“二、（写明变更裁定的具体内容）。”

第三，撤销原裁定，发回重审的，表述为：

“一、撤销××××人民法院（年度）×刑初×号刑事裁定；

“二、发回××××人民法院重新审判。”］

本裁定为终审裁定。

审判长　×××

审判员　×××

审判员　×××

××××年××月××日

（院印）

本件与原本核对无异

书记员　×××

【格式 6】

中华人民共和国最高人民法院

刑事裁定书

（核准死刑用）

被告人：________（写明姓名、性别、出生年月日、民族、籍贯、职业或工作单位和职务、住址、因本案所受强制措施情况等，现羁押处所）。

××××中（高）级人民法院于××××年××月××日以（年度）×刑初×号刑事判决，认定被告人×××犯××罪，判处死刑，剥夺政治权利终身。________

（此处简写上诉、抗诉后经二审维持原判，或者没有上诉、抗诉经高级法院复核同意原判的情况）。××××高级人民法院依法报送本院核准。本院依法组成合议庭进行了复核，依法讯问了被告人。本案现已复核终结。

经复核确认，________（写明经复核肯定原判认定的犯罪事实、情节及其具体证据的内容）。

本院认为，________（阐明同意判处死刑的理由）。依照________（写明裁定所依据的法律条款项）之规定，裁定如下：

核准××××中（高）级人民法院（年度）×刑初（终）×号（维持一审）以××罪判处被告人×××死刑，剥夺政治权利终身的刑事判决（裁定）。

本裁定自宣告之日起即发生法律效力。

审判长　×××

审判员　×××

审判员　×××

××××年××月××日

（院印）

本件与原本核对无异

书记员　×××

【格式7】

××××高级人民法院

刑事裁定书

（核准死刑缓期执行用）

（年度）×刑核×号

被告人：________（写明姓名、性别、出生年月日、民族、籍贯、职业或工作单位和职务、住址、因本案所受强制措施等，现羁押处所）。

××××中级人民法院于××××年××月××日以（年度）×刑初×号刑事判决，认定被告人×××犯××罪，判处死刑，缓期二年执行，剥夺政治权利终身。在法定期限内没有上诉、抗诉。××××中级人民法院依法报送本院核准。本院依法组成合议庭进行了复核。本案现已复核终结。

本院经复核确认，________（写明经复核肯定原判认定的犯罪事实、情节及其具体证据的内容）。本院认为，________（阐明同意判处死刑缓期执行的理由）。依照________（写明裁定所依据的法律条款项）之规定，裁定如下：

核准××××中级人民法院（年度）×刑初×号以××罪判处被告人×××死刑，缓期二年执行，剥夺政治权利终身的刑事判决。

本裁定送达后即发生法律效力。

审判长　×××
审判员　×××
审判员　×××
××××年××月××日
（院印）

本件与原本核对无异

书记员　×××

【格式8】

中华人民共和国最高人民法院

刑事裁定书

（复核死刑发回重审用）

被告人：________（写明姓名、性别、出生年月日、民族、籍贯、职业或工作单位和职务、住址、因本案所受强制措施等，现羁押处所）。

××××中级人民法院于××××年××月××日以（年度）×刑初×号刑事判决，认定被告人×××犯××罪，判处死刑，剥夺政治权利终身。________（简要写明上诉、抗诉后经二审维持原判，或者没有上诉、抗诉的情况）。××××高级人民法院依法报送本院核准。本院依法组成合议庭进行了复核，依法讯问了被告人，现已复核终结。

本院认为，________（概述原判决事实不清，证据不足，或者适用法律有错误，或者量刑不当的情况）。依照________（写明裁定所依据的法律条款项）之规定，裁定如下：

一、撤销××××中级人民法院（年度）×刑初×号刑事判决（二审终审的要同时撤销二审法院维持原判的刑事裁定）；

二、发回××××人民法院重新审判。

本裁定自宣告之日起发生法律效力。

审判长　×××
审判员　×××
审判员　×××
××××年××月××日
（院印）

本件与原本核对无异

书记员　×××

【格式9】

××××高级人民法院

刑事裁定书

（复核死刑发回重审用）

（年度）×刑核×号

被告人：________（写明姓名、性别、出生年月日、民族、籍贯、职业或工作单位和职务、住址、因本案所受强制措施等，现羁押处所）。

××××中级人民法院于××××年××月××日以（年度）×刑初×号刑事判决，认定被告人×××犯××罪，判处死刑，剥夺政治权利终身。在法定期限内没有上诉、抗诉。××××中级人民法院依法报送本院复核。本院依法组成合议庭进行了复核。本案现已复核终结。

本院认为，______（概述原判决事实不清，证据不足，或者适用法律有错误，或者量刑不当的情况）。依照______（写明裁定所依据的法律条款项）之规定，裁定如下：

一、撤销××××中级人民法院（年度）×刑初×号刑事判决；

二、发回××××中级人民法院重新审判。

本裁定送达后即发生法律效力。

审判长　×××

审判员　×××

审判员　×××

××××年××月××日

（院印）

本件与原本核对无异

书记员　×××

【格式10】

××××高级人民法院

刑事裁定书

（复核死刑缓期执行发回重审用）

（年度）×刑核×号

被告人：________（写明姓名、性别、出生年月日、民族、籍贯、职业或工作单位和职务、住址、因本案所受强制措施等，现羁押处所）。

××××中级人民法院于××××年××月××日以（年度）×刑初×号刑事判决，认定被告人×××犯××罪，判处死刑，缓期二年执行，剥夺政治权利终身。在法定期限内没有上诉、抗诉。××××中级人民法院依法报送本院复核。本院依法组成合议庭进行了复核。现已复核终结。

本院认为，________（概述原判决事实不清，证据不足，或者适用法律有错误，或者量刑不当的情况）。依照________（写明裁定所依据的法律条款项）之规定，裁定如下：

一、撤销××××中级人民法院（年度）×刑初×号刑事判决；

二、发回××××中级人民法院重新审判。

本裁定送达后即发生法律效力。

审判长　×××

审判员　×××

审判员　×××

××××年××月××日

（院印）

本件与原本核对无异

书记员　×××

【格式11】

××××人民法院

刑事裁定书

（恢复审理用）

（年度）×刑初×号

公诉机关：××××人民检察院。

被告人：________（写明姓名、性别、出生年月日、民族、籍贯、职业或工作单位和职务、住址、因本案所受强制措施等，现羁押处所）。

本院于××××年××月××日以（年度）×刑初×号刑事裁定，对××××人民检察院起诉的被告人×××________（写明案由）一案中止审理。

经查，________（阐明恢复审理的原因）。依照________（写明裁定的法律依据）之规定，裁定如下：

本案恢复审理。

审判长　×××

审判员　×××

审判员　×××

××××年××月××日

（院印）

本件与原本核对无异

书记员 ×××

【格式12】

××××人民法院

刑事裁定书

（驳回自诉用）

（年度）×刑初×号

自诉人：________（写明姓名、性别、出生年月日、民族、籍贯、职业或工作单位和职务、住址等）。

被告人：________（写明姓名、性别、出生年月日、民族、籍贯、职业或工作单位和职务、住址等）。

自诉人×××于××××年××月××日以被告人×××犯××罪，向本院提起控诉。本院受理后，依法审理了本案。

本院认为，________（简写驳回自诉的理由）。依照________（写明裁定所依据的法律条款项）之规定，裁定如下：

驳回自诉人×××对被告人×××的控诉。

如不服本裁定，可在接到裁定书的第二日起五日内，通过本院或者直接向××××人民法院提出上诉。书面上诉的，应交上诉状正本一份，副本×份。

审判长 ×××

审判员 ×××

审判员 ×××

××××年××月××日

（院印）

本件与原本核对无异

书记员 ×××

【格式13】

××××人民法院

刑事裁定书

（减、免罚金用）

（年度）×刑×号

罪犯________（写明姓名和案由）一案，已经本院审理终结，于××××年××月××日作出（年度）×刑×号刑事判决（或裁定），已经发生法律效力。其中判处被告人×××罚金人民币××元部分，在执行期间，由于________（写明罪犯遭遇不能抗拒的灾祸等具体情况）缴纳罚金确有困难。经罪犯本人提出申请，本院查证属实。依照________（写明裁定所依据的法律条款项）之规定，裁定如下：

________（写明对罪犯×××减少或免除罚金的具体内容）。

本裁定送达后即发生法律效力。

审判长　×××

审判员　×××

审判员　×××

××××年××月××日

（院印）

本件与原本核对无异

书记员　×××

【格式 14】

××××人民法院

刑事裁定书

（终止审理用）

（年度）×刑初×号

公诉机关：××××人民检察院。

被告人：________（写明姓名、性别、出生年月日、民族、籍贯等身份事项，现已死亡）。

××××人民检察院于××××年××月××日以被告人×××犯××罪向本院提起公诉。本院依法组成合议庭（或依法由审判员×××独任审判）对本案进行审理。在审理过程中，被告人×××于××××年××月××日死亡。依照________（写明裁定所依据的法律条款项）之规定，裁定如下：

（写明裁定结果，分两种情况：

第一，根据已有材料能够确认被告人有罪的，表述为：

“本案终止审理，不追究被告人×××的刑事责任。”

第二，根据已有材料尚难认定被告人有罪的，表述为：

“本案终止审理。”）

本裁定送达后即发生法律效力。

审判长　×××

审判员　×××

审判员　×××

××××年××月××日

（院印）

本件与原本核对无异

书记员　×××

【格式15】

××××人民法院

刑事裁定书

（补正裁判文书失误用）

（年度）×刑××号

被告人________（写明姓名和案由）一案，经本院审理，于××××年××月××日作出（年度）×刑×号刑事判决书（裁定书或调解书）。现发现其中有错误（遗漏）字句，特此补充裁定如下：原××书________（写明错、漏的原字句及其所在页次和行数）；现更正为________（写明改正、补充的字句）。

本裁定书与被补正的××书同时发生法律效力。

审判长 ×××

审判员 ×××

审判员 ×××

××××年××月××日

（院印）

本件与原本核对无异

书记员 ×××

【格式16】

××××人民法院

刑事裁定书

（减刑、假释用）

（年度）×刑更×号

罪犯：______［写明姓名、性别、出生年月日（或年龄）、民族、籍贯和服刑处所］。

××××年××月××日××××人民法院作出（年度）×刑初×号刑事判决，认定罪犯×××犯××罪，判处________（写明主刑的刑种、刑期和附加剥夺政治权利及其刑期等）。________（此处写明上诉、抗诉后二审法院的裁判结果。未经二审的写“判决发生法律效力后交付执行”）。________（此处续写执行中的刑种、刑期变更情况。没有就不写）。

执行机关______（写明机关名称）于××××年××月××日以该犯在服刑期间确有悔改表现，______（立功表现或有特殊情节），提出减刑（或假释）建议书，报送本院审理。本院依法组成合议庭，对该犯在服刑期间的表现进行了审核，现已审理终结。

本院认为，________（写明该犯在服刑期间的具体悔改、立功表现或其他特殊情节，以及减刑或假释的理由）。依照________（写明裁定所依据的法律条款项）之规定，裁定如下：

________（写明罪犯姓名和对其减刑的具体内容或宣告假释）。

本裁定送达后即发生法律效力。

审判长　×××
审判员　×××
审判员　×××
××××年××月××日
（院印）

本件与原本核对无异

书记员　×××

【格式 17】

××××人民法院

民事裁定书

（不予受理起诉用）

（年度）×民初×号

起诉人：________（写明姓名或名称等基本情况）。

××××年××月××日，本院收到×××的起诉状，______（写明起诉的事由）。

经审查，本院认为，________（写明不符合起诉条件而不予受理的理由）。依照________（写明裁定所依据的法律条款项）之规定，裁定如下：

对×××的起诉，本院不予受理。

如不服本裁定，可在裁定书送达之日起十日内，向本院递交上诉状，上诉于××××人民法院。

审判员　×××
××××年××月××日
（院印）

本件与原本核对无异

书记员　×××

【格式 18】

××××人民法院

民事裁定书

（对管辖权提出异议的案件用）

（年度）×民初×号

原告：________（写明姓名或名称等基本情况）。

被告：________（写明姓名或名称等基本情况）。

（当事人及其他诉讼参加人的列项和基本情况的写法，与第一审民事判决书样式相同。）

本院受理________（写明当事人姓名或名称和案由）一案后，被告×××在提交答辩状期间对管辖权提出异议，认为________（写明异议的内容及理由）。

经审查，本院认为，________（写明异议成立或异议不成立的根据和理由）。依照《中华人民共和国民事诉讼法》第×条之规定，裁定如下：

________（写明裁定结果。分两种情况：

第一，异议成立的，写：

“被告×××对管辖权提出的异议成立，本案移送××××人民法院处理。”

第二，异议不成立的，写：

“驳回被告×××对本案管辖权提出的异议。”）

________（写明诉讼费用的负担）。

如不服本裁定，可在裁定书送达之日起十日内，向本院递交上诉状，并按照对方当事人的人数提出副本，上诉于××××人民法院。

审判员　×××

××××年××月××日

（院印）

本件与原本核对无异

书记员　×××

【格式19】

××××人民法院

民事裁定书

（驳回起诉用）

（年度）×民初×号

原告：________（写明姓名或名称等基本情况）。

被告：________（写明姓名或名称等基本情况）。

（当事人及其他诉讼参加人的列项和基本情况的写法，与第一审民事判决书样式相同。）

________（写明当事人姓名或名称和案由）一案，本院依法进行了审理，现已审理终结。

________（简述原告起诉的理由和诉讼请求）。

本院认为，________（写明驳回起诉的理由）。依照________（写明裁定所依据的法律条款项）之规定，裁定如下：

驳回×××的起诉。

________（写明诉讼费用的负担）。

如不服本裁定，可在裁定书送达之日起十日内，向本院递交上诉状，并按对方当事人的人数提出副本，上诉于××××人民法院。

审判长　×××

审判员　×××

审判员　×××

××××年××月××日

（院印）

本件与原本核对无异

书记员　×××

【格式 20】

××××人民法院

民事裁定书

（诉前财产保全用）

（年度）×财保×号

申请人：________（写明姓名或名称等基本情况）。

被申请人：________（写明姓名或名称等基本情况）。

申请人×××因________（写明申请诉前财产保全的原因），于××××年××月××日向本院提出申请，要求对被申请人________（写明申请采取财产保全措施的具体内容）。申请人已向本院提供________（写明担保的财产名称、数量或数额等）担保。

经审查，本院认为，________（写明采取财产保全的理由）。依照________（写明裁定所依据的法律条款项）之规定，裁定如下：

________（写明对被申请人的财产采取查封、扣押、冻结或者法律规定的其他保全措施的内容）。

案件申请费________（写明全额及由当事人负担情况）。

本裁定立即开始执行。

如不服本裁定，可以自收到裁定书之日起五日内向本院申请复议一次。复议期间不停止裁定的执行。

申请人应当在裁定书送达之日起三十日内向本院起诉，逾期不起诉的，本院将解除财产保全。

审判员　×××

××××年××月××日

（院印）

本件与原本核对无异

书记员　×××

【格式 21】

××××人民法院

民事裁定书

（诉讼财产保全用）

（年度）×财保×号

申请人：________（写明姓名或名称等基本情况）。

被申请人：________（写明姓名或名称等基本情况）。

（当事人及其他诉讼参加人的列项和基本情况的写法，与第一审民事判决书样式相同。）

本院在审理________（写明当事人的姓名或名称和案由）一案中，申请人×××于××××年××月××日向本院提出财产保全的申请，要求________（概括写明申请人的具体请求内容），并已提供担保（未提供担保的不写此句）。（法院依职权采取财产保全的，把“申请人×××……”一段删去，改为写明需要采取财产保全的事实根据。）

本院认为，申请人×××的申请符合法律规定。[法院依职权采取的，改为：“本院为了（写明需要采取财产保全的理由）。”] 依照________（写明裁定所依据的法律条款项）之规定，裁定如下：

________（写明采取财产保全的具体内容）。

案件申请费________（写明金额及由当事人负担情况）。

本裁定立即开始执行。

如不服本裁定，可以自收到裁定书之日起五日内向本院申请复议一次。复议期间不停止裁定的执行。

审判长 ×××

审判员 ×××

审判员 ×××

××××年××月××日

（院印）

本件与原本核对无异

书记员 ×××

【格式22】

××××人民法院

民事裁定书

（解除财产保全用）

（年度）×财保×号

解除保全申请人：________（写明姓名或名称等基本情况）。

被申请人：________（写明姓名或名称等基本情况）。

本院于××××年××月××日作出（年度）×财保×号财产保全的裁定，现因________（写明解除财产保全的理由），依照________（写明裁定所依据的法律条款项）之规定，裁定如下：

解除对×××的________（写明财产的名称、数量或数额等）的查封（或扣押、冻结等）。

案件申请费________（写明金额及由当事人负担情况）。

本裁定立即开始执行。

如不服本裁定，可以自收到裁定书之日起五日内向本院申请复议一次。复议期间不停止裁定的执行。

审判长　×××
审判员　×××
审判员　×××
××××年××月××日
（院印）

本件与原本核对无异

书记员　×××

【格式 23】

××××人民法院
民事裁定书
（先予执行用）

（年度）×民初×号

申请人：________（写明姓名或名称等基本情况）。

被申请人：________（写明姓名或名称等基本情况）。

（当事人及其他诉讼参加人的列项和基本情况的写法，与第一审民事判决书样式相同。）

本院在审理________（写明当事人的姓名或名称和案由）一案中，申请人×××于××××年××月××日向本院提出先予执行的申请，请求________（概括写明请求的具体内容），并已提供担保（未提供担保的不写此句）。

本院认为，________（写明决定先予执行的理由）。依照________（写明裁定所依据的法律条款项）之规定，裁定如下：

________（写明先予执行的内容及其时间和方式）。

案件申请费________（写明金额及由当事人负担情况）。

本裁定书送达后立即执行。

如不服本裁定，可以自收到裁定书之日起五日内向本院申请复议一次。复议期间不停止裁定的执行。

审判长　×××
审判员　×××
审判员　×××
××××年××月××日
（院印）

本件与原本核对无异

书记员　×××

【格式 24】

××××人民法院

民事裁定书

（按撤诉处理用）

（年度）×民初×号

原告：________（写明姓名或名称等基本情况）。

被告：________（写明姓名或名称等基本情况）。

（当事人及其他诉讼参加人的列项和基本情况的写法，与第一审民事判决书样式相同。）

本院在审理________（写明当事人的姓名或名称和案由）一案中，因________（写明原告不预交诉讼费，或者经传票传唤，无正当理由拒不到庭，或者到庭后未经法庭许可而中途退庭等情况），依照________（写明裁定所依据的法律条款项）之规定，裁定如下：

本案按撤诉处理。

本案受理费××元，由原告×××负担。

审判长 ×××

审判员 ×××

审判员 ×××

××××年××月××日

（院印）

本件与原本核对无异

书记员 ×××

【格式 25】

××××人民法院

民事裁定书

（准许或不准撤诉用）

（年度）×民初×号

原告：________（写明姓名或名称等基本情况）。

被告：________（写明姓名或名称等基本情况）。

（当事人及其他诉讼参加人的列项和基本情况的写法，与第一审民事判决书样式相同。）

本院在审理________（写明当事人的姓名或名称和案由）一案中，原告×××于××××年××月××日向本院提出撤诉申请。

本院认为，________（写明准许或不准撤诉的理由）。依照________（写明裁定所依据的法律条款项）之规定，裁定如下：

________［写明裁定结果。分两种情况：

第一，准许撤诉的，写：

"准许原告×××撤回起诉。

“________（写明诉讼费用的负担）。”

第二，不准撤诉的，写：

“不准原告×××撤回起诉，本案继续审理。”]

审判长　×××

审判员　×××

审判员　×××

××××年××月××日

（院印）

本件与原本核对无异

书记员　×××

【格式26】

××××人民法院

民事裁定书

（二审发回重审用）

（年度）×民终×号

上诉人（原审××）：________（写明姓名或名称等基本情况）。

被上诉人（原审××）：________（写明姓名或名称等基本情况）。

（当事人及其他诉讼参加人的列项和基本情况的写法，与第二审维持原判或者改判用的民事判决书样式相同。）

上诉人×××因________（写明案由）一案，不服××××人民法院（年度）×民初×号民事判决，向本院提起上诉。本院依法组成合议庭，公开（或不公开）开庭审理了本案。________（写明到庭的当事人、诉讼代理人等）到庭参加诉讼。（未开庭的，写：“本院依法组成合议庭审理了本案。”）

本院认为，________（概括指出发回重审的理由。如原判决认定事实错误或事实不清，证据不足，或者违反法定程序可能影响案件正确判决等）。依照________（写明裁定所依据的法律条款项）之规定，裁定如下：

一、撤销××××人民法院（年度）×民初×号民事判决；

二、发回××××人民法院重审。

上诉人××预交的二审案件受理费××元予以退回。

审判长　×××

审判员　×××

审判员　×××

××××年××月××日

（院印）

本件与原本核对无异

书记员　×××

【格式 27】

×××× 人民法院

民事裁定书

（对管辖权有异议的上诉案件用）

（年度）×民终×号

上诉人（原审××）：________（写明姓名或名称等基本情况）。

被上诉人（原审××）：________（写明姓名或名称等基本情况）。

（当事人及其他诉讼参加人的列项和基本情况的写法，与第二审维持原判或者改判用的民事判决书样式相同。）

上诉人×××不服××××人民法院（年度）×民初×号民事裁定，向本院提出上诉。________（概述上诉请求与理由、被上诉人的答辩）。

本院经审查认为，________（简要写明二审驳回上诉或者撤销原裁定的事实根据和理由）。

依照________（写明裁定所依据的法律条款项）之规定，裁定如下：

________［写明裁定结果。分两种情况：

第一，维持原裁定的，写：

“驳回上诉，维持原裁定。”

第二，撤销原裁定的，写：

“一、撤销××××人民法院（年度）×民初×号民事裁定；

“二、本案由××××人民法院管辖。（在本辖区外的写：‘本案移送××××人民法院处理。’）”］

本裁定为终审裁定。

审判长 ×××

审判员 ×××

审判员 ×××

××××年××月××日

（院印）

本件与原本核对无异

书记员 ×××

【格式 28】

×××× 人民法院

民事裁定书

（中止或终结诉讼用）

（年度）×民初×号

原告：________（写明姓名或名称等基本情况）。

被告：________（写明姓名或名称等基本情况）。

（当事人及其他诉讼参加人的列项和基本情况的写法，与第一审民事判决书样式相同。如果当事人已经死亡，其基本情况只写姓名、性别和死亡年月日。）

本院在审理________（写明当事人姓名或名称和案由）一案中，________（写明中止或终结诉讼的事实根据）。依照________（写明裁定所依据的法律条款项）之规定，裁定如下：________［写明裁定结果。分两种情况：

第一，中止诉讼的，写：

“本案中止诉讼。”

第二，终结诉讼的，写：

“本案终结诉讼。

“________（写明诉讼费用的负担）。”］

审判长　×××

审判员　×××

审判员　×××

××××年××月××日

（院印）

本件与原本核对无异

书记员　×××

【格式 29】

××××人民法院

民事裁定书

（对原审不予受理的上诉案件用）

（年度）×民终×号

上诉人：________（写明姓名或名称等基本情况）。

上诉人×××不服××××人民法院（年度）×民初×号不予受理起诉的民事裁定，向本院提起上诉。上诉人×××称，________（概述上诉请求与理由）。

本院经审查认为，________（简要写明驳回上诉或者撤销原裁定的理由）。依照________（写明裁定所依据的法律条款项）之规定，裁定如下：

________［写明裁定结果。分两种情况：

第一，维持原裁定的，写：

“驳回上诉，维持原裁定。”

第二，撤销原裁定的，写：

“一、撤销××××人民法院（年度）×民初×号民事裁定；

“二、本案由××××人民法院立案受理。”］

本裁定为终审裁定。

审判长　×××

审判员　×××

审判员 ×××
××××年××月××日
（院印）

本件与原本核对无异

书记员 ×××

【格式 30】

××××人民法院

民事裁定书

（对原审驳回起诉的上诉案件用）

（年度）×民终×号

上诉人（原审××）：________（写明姓名或名称等基本情况）。

被上诉人（原审××）：________（写明姓名或名称等基本情况）。

（当事人及其他诉讼参加人的列项和基本情况的写法，与第二审维持原判或者改判用的民事判决书样式相同。）

上诉人×××因________（写明案由）一案，不服××××人民法院（年度）×民初×号驳回起诉的民事裁定，向本院提起上诉。本院依法组成合议庭，公开（或不公开）开庭审理了本案。________（写明到庭的当事人和诉讼代理人等）到庭参加诉讼。（未开庭的，写："本院依法组成合议庭审理了本案。"）

________（概述原审裁定的主要内容和上诉人的上诉请求与理由、被上诉人的答辩等）。

本院经审查认为，________（简要叙述二审驳回上诉或者撤销原裁定的事实和理由。着重对原审裁定是否正确，上诉是否有理，进行分析评论）。依照________（写明裁定所依据的法律条款项）之规定，裁定如下：

________［写明裁定结果。分两种情况：

第一，维持原裁定的，写：

"驳回上诉，维持原裁定。

"________（写明诉讼费用的负担）。"

第二，撤销原裁定的，写：

"一、撤销××××人民法院（年度）×民初×号民事裁定；

"二、发回××××人民法院重审。"］

本裁定为终审裁定（发回重审的，此句不写）。

审判长 ×××
审判员 ×××
审判员 ×××
××××年××月××日
（院印）

本件与原本核对无异

书记员 ×××

【格式 31】

××××人民法院

民事裁定书

（准许或不准撤回上诉用）

（年度）×民终×号

上诉人（原审××）：________（写明姓名或名称等基本情况）。

被上诉人（原审××）：________（写明姓名或名称等基本情况）。

（当事人及其他诉讼参加人的列项和基本情况的写法，与第二审维持原判或者改判用的民事判决书样式相同。）

上诉人×××因________（写明案由）一案，不服××××人民法院（年度）×民初×号民事判决（或裁定），向本院提起上诉。本院在审理本案过程中，上诉人×××又以________（简述申请撤回上诉的理由），于××××年××月××日申请撤回上诉。

本院经审查认为，________（简述准许撤回上诉或者不准撤回上诉的理由）。依照________（写明裁定所依据的法律条款项）之规定，裁定如下：

________［写明裁定结果。分两种情况：

第一，准许撤回上诉的，写：

“准许上诉人×××撤回上诉，双方均按原审判决执行。

“________（写明诉讼费用的负担）。”

第二，不准撤回上诉的，写：

“不准上诉人×××撤回上诉，本案继续审理。”］

本裁定为终审裁定（不准撤回上诉的，此项不写）。

审判长　×××

审判员　×××

审判员　×××

××××年××月××日

（院印）

本件与原本核对无异

书记员　×××

【格式 32】

××××人民法院

行政裁定书

（不予受理起诉用）

（年度）×行初×号

起诉人：________（写明姓名或名称等基本情况）。

××××年××月××日，本院收到×××的起诉状，________（概括写明起诉的事由）。

经审查，本院认为，________（写明不予受理的理由）。依照________（写明引用的法律条款项）之规定，裁定如下：

对×××的起诉，本院不予受理。

如不服本裁定，可在裁定书送达之日起一日内，向本院递交上诉状，上诉于××××人民法院。

审判长 ×××

审判员 ×××

审判员 ×××

××××年××月××日

（院印）

本件与原本核对无异

书记员 ×××

【格式 33】

××××人民法院

行政裁定书

（驳回起诉用）

（年度）×行初×号

原告：________（写明姓名或名称等基本情况）。

被告：________（写明行政机关名称和所在地址）。

第三人：________（写明姓名或名称等基本情况）。

（当事人及其他诉讼参加人的列项和基本情况的写法，与第一审行政判决书样式相同。）

原告×××不服××××（行政机关名称）××××年××月××日×号处罚决定（复议决定或其他具体行政行为），向本院提起诉讼。本院受理后，依法组成合议庭，公开（或不公开）开庭审理了本案。

________（简述原告起诉的事由）。

本院认为，________（写明驳回起诉的理由）。依照________（写明引用的法律条款项）之规定，裁定如下：

驳回原告×××的起诉。

如不服本裁定，可在裁定书送达之日起十日内，向本院递交上诉状，并按对方当事人的人数提出副本，上诉于××××人民法院。

审判长 ×××

审判员　×××

审判员　×××

××××年××月××日

（院印）

本件与原本核对无异

书记员　×××

【格式 34】

××××人民法院

行政裁定书

（停止执行具体行政行为或驳回申请用）

（年度）×行初×号

原告：________（写明姓名或名称等基本情况）。

被告：________（写明行政机关名称和地址）。

第三人：________（写明姓名或名称等基本情况）。

（当事人及其他诉讼参加人的列项和基本情况的写法，与第一审行政判决书样式相同。）

原告×××不服××××（行政机关名称）××××年××月××日×号处罚决定（复议决定或其他具体行政行为），向本院提起诉讼，本院已依法受理。现原告以______（简写申请停止执行具体行政行为的理由）为由，向本院申请停止执行________（写明申请停止执行具体行政行为的名称）。

经审查，本院认为，________（写明应当停止执行具体行政行为或者驳回申请的理由）。依照《中华人民共和国行政诉讼法》第五十六条第一款（裁定停止执行的，尚需写明“第×项”）之规定，裁定如下：

________［写明裁定结果。分两种情况：

第一，停止执行的，写：

“在本案诉讼期间，停止执行（写明停止执行具体行政行为的名称）。”

第二，驳回申请的，写：

“驳回原告×××的申请。”］

如不服本裁定，可以向本院申请复议一次，复议期间不停止裁定的执行。

审判长　×××

审判员　×××

审判员　×××

××××年××月××日

（院印）

本件与原本核对无异

书记员　×××

【格式 35】

×××× 人民法院

行政裁定书

（准许或不准撤诉用）

（年度）×行初×号

原告：________（写明姓名或名称等基本情况）。

被告：________（写明行政机关名称和所在地址）。

第三人：________（写明姓名或名称等基本情况）。

（当事人及其他诉讼参加人的列项和基本情况的写法，与第一审行政判决书样式相同。）

原告×××不服××××（行政机关名称）××××年××月××日×号处罚决定（复议决定或其他具体行政行为），向本院提起诉讼，本院已依法受理。在审理过程中，原告×××________（简要写明原告提出的撤诉请求和理由）。

经审查，本院认为，________（写明准许撤诉或不准撤诉的理由）。依照《中华人民共和国行政诉讼法》第六十二条之规定，裁定如下：

________（写明裁定结果。分两种情况：

第一，准许撤诉的，写：

“准许原告×××撤回起诉。”

第二，不准撤诉的，写：

“不准原告×××撤诉，本案继续审理。”）

________（准许撤诉的，写明诉讼费用的负担；不准撤诉的，此项不写）。

审判长　×××

审判员　×××

审判员　×××

××××年××月××日

（院印）

本件与原本核对无异

书记员　×××

【格式 36】

×××× 人民法院

行政裁定书

（二审发回重审用）

（年度）×行终×号

上诉人（原审××）：________（写明姓名或名称等基本情况）。

被上诉人（原审××）：________（写明姓名或名称等基本情况）。

（当事人及其他诉讼参加人的列项和基本情况的写法，与第二审维持原判或改判用的行政判决书样式相同。）

上诉人×××因（写明案由）一案，不服××××人民法院（年度）×行初×号行政判决，向本院提起上诉。本院依法组成合议庭，公开（或不公开）开庭审理了本案。（未开庭的，写：“本院依法组成合议庭，审理了本案。”）

本院认为，________（简写发回重审的理由）。依照《中华人民共和国行政诉讼法》第八十九条第一款第（三）项之规定，裁定如下：

一、撤销××××人民法院（年度）×行初×号行政判决；

二、发回××××人民法院重审。

审判长　×××

审判员　×××

审判员　×××

××××年××月××日

（院印）

本件与原本核对无异

书记员　×××

【格式 37】

××××人民法院

行政裁定书

（二审准许或不准撤回上诉用）

（年度）×行终×号

上诉人（原审××）：×××（写明姓名或名称等基本情况）。

被上诉人（原审××）：×××（写明姓名或名称等基本情况）。

（当事人及其他诉讼参加人的列项和基本情况的写法，与第二审维持原判或改判用的行政判决书样式相同。）

上诉人×××因________（写明案由）一案，不服××××人民法院（年度）×行初×号行政判决，向本院提起上诉。在本院审理过程中，上诉人×××又以______（简要写明申请撤回上诉的理由）为由，申请撤回上诉。本院经审查认为，________（写明准许撤回上诉或者不准撤回上诉的理由）。依照________（写明引用的法律条款项）之规定，裁定如下：

________（写明裁定结果，分两种情况：

第一，准许撤回上诉的，写：

“准许上诉人×××撤回上诉，双方当事人按原审判决执行。”

第二，不准撤回上诉的，写：

“不准上诉人×××撤回上诉，本案继续审理。”）

________（准许撤回上诉的，写明诉讼费用的负担；不准撤回上诉的，此项不写）。

本裁定为终审裁定（不准撤回上诉的，此项不写）。

审判长　×××

审判员　×××

审判员　×××

××××年××月××日

（院印）

本件与原本核对无异

书记员　×××

【格式38】

××××人民法院

行政裁定书

（二审维持或撤销一审裁定用）

（年度）×行终×号

上诉人（原审××）：________（写明姓名或名称等基本情况）。

被上诉人（原审××）：________（写明姓名或名称等基本情况）。

（当事人及其他诉讼参加人的列项和基本情况的写法，与第二审维持原判或改判用的行政判决书样式相同。）

上诉人×××不服××××人民法院（年度）×行初×号行政裁定，向本院提起上诉。本院依法组成合议庭，审理了本案。

本院认为，________（写明二审裁定的理由）。依照________（写明引用的法律条款项）之规定，裁定如下：

________［写明裁定结果。分两种情况：

第一，驳回上诉，维持原裁定的，写：

“驳回上诉，维持原裁定。”

第二，撤销原裁定，应予立案受理的，写：

“一、撤销××××人民法院（年度）×行初×号行政裁定；

“二、本案由××××人民法院立案受理。”］

本裁定为终审裁定。

审判长　×××

审判员　×××

审判员　×××

××××年××月××日

（院印）

本件与原本核对无异

书记员　×××

病文诊疗

【原文】

××市中级人民法院

刑事裁定书

（××××）×刑更2756号

罪犯刘××，男，29岁，汉族，北京市人，现在××市第二监狱服刑。

2018年12月31日，××县人民法院作出（2018）×刑初184号刑事判决，认定罪犯刘××犯盗窃罪，判处有期徒刑六年，判决发生法律效力后交付执行。2021年9月10日，本院以（2021）×刑更2011号刑事裁定书，对其减刑一年三个月。

执行机关××市监狱于××××年××月××日以该犯在服刑期间确有悔改表现，提出假释建议书，报送本院审理。本院依法组成合议庭，对该犯在服刑期间的表现进行了审核，现已审理终结。

本院认为，罪犯刘××在服刑期间，认罪伏法，遵守监规纪律，积极参加学习和劳动。自2021年9月减刑后，仍继续努力改造自己，确有悔改表现。依照《中华人民共和国刑法》第八十一条、第八十三条和《中华人民共和国刑事诉讼法》第二百七十三条第二款之规定，裁定如下：

对罪犯刘××予以假释（假释考验期限自假释之日起，至××××年6月7日刑满止）。

本裁定送达后即发生法律效力。

审判长　×××

审判员　×××

代理审判员　×××

××××年××月××日

（院印）

本件与原本核对无异

书记员 ×××

【简析】

本裁定书的不足之处是：对刘××在服刑期间“确有悔改表现”的事实叙述比较笼统、简单。在假释裁定书中叙述罪犯表现，应当用经过查证属实的具体事实说话，不写空话、套话。根据《最高人民法院关于办理减刑、假释案件具体应用法律若干问题的规定》，减刑、假释裁定书，应当扼要写明罪犯确有悔改或者立功表现的事实。这是写好这类裁定书的关键所在。

【修改文】

××市中级人民法院

刑事裁定书

（××××）×刑更2756号

罪犯刘××，男，29岁，汉族，北京市人，现在××市第二监狱服刑。

2018年12月31日，××县人民法院作出（2018）×刑初184号刑事判决，认定罪犯刘××犯盗窃罪，判处有期徒刑六年，判决发生法律效力后交付执行。2021年9月10日，本院以（2021）×刑更2011号刑事裁定书，对其减刑一年三个月。

执行机关××市监狱于××××年××月××日以该犯在服刑期间确有悔改表现，提出假释建议书，报送本院审理。本院依法组成合议庭，对该犯在服刑期间的表现进行了审核，现已审理终结。

本院认为，罪犯刘××在服刑期间，认罪伏法，遵守监规纪律，积极参加学习和劳动，……（写明该犯在服刑期间的具体悔改、立功表现或其他特殊情节，以及假释的理由）。据此，依照《中华人民共和国刑法》第八十一条、第八十三条和《中华人民共和国刑事诉讼法》第二百七十三条第二款之规定，裁定如下：

对罪犯刘××予以假释（假释考验期限自假释之日起，至××××年6月7日刑满止）。

本裁定送达后即发生法律效力。

审判长 ×××

审判员 ×××

代理审判员 ×××

××××年××月××日

（院印）

本件与原本核对无异

书记员 ×××

范文评析

【例文 1】

××省××县人民法院

刑事裁定书

（年度）×刑初×号

自诉人：陈××，男，1968 年 10 月 14 日出生，汉族，××省××县人，农民，现住××省××县红旗乡。

被告人：贺××，1970 年 12 月 5 日出生，满族，××省××市人，农民，现住××省××县红旗乡。

自诉人陈××于××××年××月××日以被告人贺××犯故意伤害罪，向本院提起控诉。本院受理后，依法审理了本案。

本院认为，自诉人述被告人贺××对其故意伤害，但提不出确凿证据。经本院就地调查，在场目睹的群众，也不能证实被告人贺××有伤害自诉人的行为。因此，本案证据不足。依照《中华人民共和国刑事诉讼法》第二百一十一条第二款之规定，裁定如下：

驳回自诉人陈××对被告人贺××的控诉。

如不服本裁定，可在接到裁定书的第二日起五日内，通过本院或者直接向××中级人民法院提出上诉。书面上诉的，应交上诉状正本一份，副本一份。

审判员　×××

××××年××月××日

（院印）

本件与原本核对无异

书记员　×××

【简析】

本文格式规范，内容完整，理由充分，符合刑事裁定书制作要求。

【例文 2】

××省××市中级人民法院

刑事裁定书

（2019）×刑终 91 号

原公诉机关：××省××县人民检察院。

上诉人（原审被告人）：肖××。因倒卖车票于2013年3月30日被××市人民政府劳动教养管理委员会决定劳动教养一年。因涉嫌犯合同诈骗罪于2018年6月7日被××省××县公安局刑事拘留，同年7月6日被逮捕，现押于××市看守所。

××省××县人民法院审理××省××县人民检察院指控原审被告人肖××犯合同诈骗罪一案，于2018年11月22日作出（2018）×刑初165号刑事判决。原审被告人肖××不服，提出上诉。本院依法组成合议庭，经过阅卷，讯问上诉人，认为本案基本事实清楚，决定不开庭审理。现已审理终结。

原判认定：2015年至2017年12月期间，被告人肖××以支付高息为诱饵，编造做生意缺资金周转等理由，在明知自己无履行合同能力的情况下，多次与他人签订短期借款合同，骗得被害人李××等多人共计1 204万元用于放高利贷，造成所骗资金无法归还。2017年12月，被告人肖××潜逃。具体事实如下：

1.2015年10月7日，被告人肖××以做生意为名，向李××借款6万元，在未经其弟弟肖×同意的情况下，将肖×位于××县城关镇时代门诊巷内的一套住房的房产证（证号为：0133005）抵押给了李××。2016年8月2日，被告人肖××在××县房产局谎称0133005号房产证遗失，重新办理了肖×的房产证一本（证号为：0137326）。2017年1月10日，肖××又以搞房产需要资金周转为名，经危××介绍向张×借款2万元，又将肖×的房产证（证号：0137326）抵押给了张×。从而骗得李××现金6万元，张×现金2万元。

2.2017年2月22日、6月23日，被告人肖××以做生意为由，骗取被害人李××现金共计3万元。

3.2016年3月28日至2017年8月22日期间，被告人肖××以高速公路搞工程需要资金等为由，骗得被害人危××现金共计125万元。

…………

2018年6月6日，被告人肖××主动到××县公安局投案，并如实供述了自己的犯罪事实。

原判认定上述事实的证据有经庭审举证、质证的被告人肖××的供述、××市人民政府劳动教养管理委员会×劳教〔2013〕1009号劳动教养决定书、××县房地产管理局说明及相关档案材料、借条、证明等书证；证人肖××、施××、徐××、刘××的证言；被害人李××、张×、危××、余××、罗××、吴××、彭××、王×（1972年7月1日生）、王×（1972年1月29日生）、盛××、李×、郭××、王萍、邓××、赵××、杨××、熊××、陈××的陈述等证据证明。

原判认为，被告人肖××以非法占有为目的，在签订、履行合同过程中，骗取对方当事人财物，数额特别巨大，其行为已构成合同诈骗罪。其主动投案，并如实地供述了自己的犯罪事实，是自首，可以从轻处罚。依照《中华人民共和国刑法》第二百二十四条第一款第（五）项、第六十七条第一款之规定，判决：被告人肖××犯合同诈骗罪，判处有期徒刑十年，并处罚金人民币五万元。

原审被告人肖××不服，上诉提出：1. 有投案自首情节；2. 在一审宣判前其弟肖×已帮自己偿还了危××、张×的借款共计 145 万元，一审判决没有认定；3. 自己在余××处只借了 6 万元，另 6 万元是帮他人作的担保，不应当计算为其犯罪金额。请求二审再从轻判处。

经二审审理查明，原判认定上诉人肖××自 2015 年至 2017 年 12 月，在明知自己无履行合同能力的情况下，以支付高息为诱饵，多次与他人签订短期借款合同，骗得被害人危××、余××、李××等 18 人的现金共计人民币 1 204 万元的事实清楚，证据确实、充分，予以确认。

本院认为，上诉人肖××以非法占有为目的，以支付高息为诱饵，与他人签订短期借款合同骗取钱财，数额特别巨大，其行为已构成合同诈骗罪。上诉人肖××提出在一审判决前其弟已代为偿还了被害人危××、张×的借款共计人民币 145 万元，而一审判决书中没有体现，经查，案卷中没有任何证据证明该事实；提出只借了余×× 6 万元借款，另 6 万元是为他人作的担保，不应当认定为其犯罪金额，经查，此上诉意见与被害人余××所作的证言及上诉人肖××本人以前的供述不符，均不予采纳；还提出有投案自首情节的上诉意见属实，对此原判已认定，并在量刑上予以考虑。故请求本院再从轻判处的意见不予采纳。原判定罪准确，量刑适当，审判程序合法。依照《中华人民共和国刑事诉讼法》第二百三十六条第一款第（一）项之规定，裁定如下：

驳回上诉，维持原判。

本裁定为终审裁定。

审判长　×××

代理审判员　×××

代理审判员　×××

二〇一九年一月二十日

（院印）

本件与原本核对无异

书记员　×××

【简析】

本文在格式规范的基础上，事实清楚、证据充分，说理清晰，对于上诉理由有针对性地进行论证、批驳，充实而不冗杂。

【例文 3】

××省××市中级人民法院

刑事裁定书

(2019)×刑终 6 号

原公诉机关：××省××市人民检察院。

上诉人（原审被告人）：杨××，男，1969 年 2 月 25 日出生，汉族。××省××县××村农民，捕前住原籍。因盗窃，2018 年 4 月 25 日被收审，同年 9 月 27 日被逮捕。现押于××市看守所。

××省××市人民法院审理被告人杨××盗窃一案。于 2018 年 12 月 24 日作出(2018)×刑初 84 号刑事判决。认定被告人杨××犯盗窃罪，判处有期徒刑六年。剥夺政治权利一年。被告人杨××不服，以把路边没人管的木材拉回家不是盗窃、木材的方数和价值不对、量刑重为由，提出上诉。本院依法组成合议庭审理了本案。

本院认为，原判认定杨××所盗木材数量、价值和具体实施盗窃犯罪行为的事实不清，证据不足。依照《中华人民共和国刑事诉讼法》第二百三十六条第一款第（三）项之规定，裁定如下：

一、撤销××省××市人民法院（2018）×刑初 84 号刑事判决；

二、发回××省××市人民法院重新审判。

本裁定为终审裁定。

审判长　×××

审判员　×××

审判员　×××

××××年××月××日

（院印）

本件与原本核对无异

书记员　×××

【简析】

本文简单清楚，完整地交代了各个要素内容，结构完整，但是在裁定理由方面稍显不足。

【例文 4】

××省高级人民法院

刑事裁定书

(2022)×刑核 115 号

被告人：李××。因本案于 2021 年 11 月 17 日被刑事拘留，同年 12 月 21 日被逮捕。现押于××市看守所。

××省××市中级人民法院审理××省××市人民检察院指控被告人李××犯抢劫罪，附带民事诉讼原告人赖×龙、吴×红提起附带民事诉讼一案，于2022年10月22日作出（2022）×刑初279号刑事附带民事判决，认定被告人李××犯抢劫罪，判处死刑，缓期二年执行，剥夺政治权利终身，并处没收个人全部财产。本案在法定期限内没有上诉、抗诉。××省××市中级人民法院依法报送本院核准。本院依法组成合议庭进行了复核。现已复核终结。

经复核查明：2018年11月9日，被告人李××与周××、曹××（均另案处理）在××省××市××镇樟洋社区玩耍时，曹××提议抢他人财物，李××、周××表示同意。当日17时许，由李××携带弹簧刀，三人一起窜至××镇樟洋社区三区伺机作案，并商定由曹××、周××“望风”，李××动手抢。17时30分许，见被害人赖×城手持一部×品牌×型号手机（价值人民币1 200元）路过，曹××示意李××动手。李××上前趁赖不备抢走其手机后，迅速往社区小巷逃跑，赖×城随后紧追，曹××和周××尾随其后。李××逃至该社区三区141号门前路段时，被赖×城追上，赖从后将李××抱住，两人发生拉扯，李××遂掏出弹簧刀捅刺赖×城胸部一刀致赖倒地。李××逃离现场后，将所抢手机交给曹××，后该手机由周××保管、使用。赖×城经抢救无效于当日19时13分死亡。经法医鉴定，被害人赖×城系被他人用锐器刺中胸部致心脏破裂引起失血性休克死亡。

认定上述事实的证据有：现场勘查笔录及现场照片证实案发现场位于××市××镇樟洋社区三区141号门前路段；法医学尸体检验鉴定书及尸检照片证实被害人赖×城系被他人用锐器刺中胸部致心脏破裂引起失血性休克死亡；证人万××证实在案发后同案人曹××告诉她是李××抢劫并捅死被害人；同案人周××、曹××均供述其二人和李××一起作案，抢劫时李××用刀捅死被害人的情况；被告人李××归案后对其抢劫并用刀捅刺被害人的事实供认不讳。上述证据足以证明被告人李××抢劫致被害人死亡的犯罪事实。

本院认为，被告人李××以非法占有为目的，携带凶器抢夺他人财物，并使用暴力手段抗拒抓捕，其行为已构成抢劫罪。被告人李××在共同犯罪中实施暴力行为，是致被害人死亡的凶手，系主犯，罪行极其严重，应依法严惩。鉴于被告人李××归案后如实供述自己的罪行，依法可从轻处罚，对其判处死刑可不立即执行。原判认定事实清楚，证据确实、充分，定罪准确，量刑适当，审判程序合法。依照《中华人民共和国刑事诉讼法》第二百四十八条之规定，裁定如下：

核准××省××市中级人民法院（2022）×刑初279号以抢劫罪判处被告人李××死刑，缓期二年执行，剥夺政治权利终身，并处没收个人全部财产的刑事判决。

本裁定送达后即发生法律效力。

审判长 ×××

审判员 ×××

代理审判员 ×××

二〇二二年十一月三十日

（院印）

本件与原本核对无异

书记员 ××

【简析】

本裁定书在裁定结果的主刑部分，写明“判处死刑，缓期二年执行，剥夺政治权利终身，并处没收个人全部财产”，表达准确、完整，符合《刑法》规定和制作要求。

【例文 5】

××省××市中级人民法院

刑事裁定书

（2022）×刑监 3 号

原审被告人何××贪污一案，××省××市××区人民法院于××××年 2 月 15 日以（××××）×刑初 8 号刑事判决，认定被告人何××犯贪污罪，判处有期徒刑五年。判决已经发生法律效力。被告人何××及其妻李××向××市人民代表大会常务委员会及有关部门提出申诉。经我院对该案进行审查后，发现原判认定事实不清，证据不足，依照《中华人民共和国刑事诉讼法》第二百五十四条第一款之规定，由本院院长提交审判委员会第 25 次会议讨论并作出决定。裁定如下：

本案由本院另行组成合议庭进行再审。

院长 ×××

二〇二二年三月十八日

（院印）

本件与原本核对无异

书记员 ×××

【简析】

本裁定书语言简练，一目了然，但裁定原因部分稍有欠缺。

【例文6】

××省××市××区人民法院

刑事裁定书

（××××）×刑初41号

公诉机关：××省××市××区人民检察院。

被告人：邢××，男，1970年2月1日出生，汉族，××省××县人，现已死亡。

××省××市××区人民检察院于××××年7月13日以被告人邢××犯故意伤害罪向本院提起诉讼。本院依法组成合议庭对本案进行审理。在审理过程中，被告人邢××于××××年7月21日死亡。依照《中华人民共和国刑事诉讼法》第十六条第（五）项的规定，裁定如下：

本案终止审理，不追究被告人邢××的刑事责任。

本裁定送达后即发生法律效力。

审判长　×××

审判员　×××

代理审判员　×××

××××年七月二十三日

（院印）

本件与原本核对无异

书记员　×××

【简析】

该裁定书简洁明了，意思表达清楚明确，援引法条明确具体。

【例文7】

××市高级人民法院

刑事裁定书

（2016）×刑更107号

罪犯：王×，男，现年32岁，汉族，××市××县人，现在××市第二监狱服刑。

2013年5月22日，××县人民法院作出（2013）×刑初字第45号刑事判决，认定罪犯王×犯盗窃罪，判处无期徒刑，剥夺政治权利终身；犯贪污罪，判处有期徒刑六年，决定执行无期徒刑，剥夺政治权利终身。被告人王×不服，提出上诉。××市中级人民法院经过二审审理，于2013年7月19日以（2013）×中刑终字第79号裁定，驳回上诉，维持原判，交付执行。执行机关××市监狱于2016年4月20日，以该犯在服刑期间确有悔改表现，提出减刑建议书，经××监狱管理局审查同意后，报送本院审理。本院依法组成合议庭，对该犯在服刑期间的表现进行了审核。现已审理终结。

本院认为，罪犯王×在服刑中，能够认罪服判，接受改造，积极参加监狱组织的各项政治活动，历次考试成绩良好，2014年我国部分地区遭受洪灾，自愿捐款，同年"学规范促改造"评比活动中，被评为先进个人。该犯遵守监规纪律，在担任犯人班长期间，能协助干部工作，敢于同违纪行为作斗争。该犯态度端正，在"我为祖国多贡献"劳动竞赛中，被评为优胜个人；此外，还获得学习一等奖、二等奖、三等奖各一次，2015年下半年被评为学习积极分子并受记功奖励一次。鉴于该犯在服刑中确有悔改表现，依照《中华人民共和国刑法》第七十八条、第八十条、第五十七条第二款之规定，裁定如下：

对罪犯王×减为有期徒刑十七年零六个月（刑期自本裁定减刑之日起计算，即自2016年6月24日起至2033年12月23日止），剥夺政治权利八年。

本裁定送达后即发生法律效力。

审判长　张××

审判员　蒋××

代理审判员　张××

二○一六年六月二十四日

（院印）

本件与原本核对无异

书记员　王×

【简析】

这是一份写得较好的减刑刑事裁定书。

该裁定书在减刑理由部分，对罪犯在服刑期间的认罪悔罪表现，写得具体、详细，有事实，有根据。这种写法避免了空话、套话，值得借鉴。

裁定结果部分，减刑后主刑和附加刑的表述，应改为："将罪犯王×的无期徒刑改为有期徒刑十七年零六个月（刑期自本裁定减刑之日起计算，即自2016年6月24日起至2033年12月23日止），剥夺政治权利改为八年。"

【例文8】

××省××市高新技术产业开发区人民法院

民事裁定书

（2020）×民初1969号

原告：单×涛。

被告：金×娇。

本院在审理原告单×涛诉被告金×娇同居关系析产、子女抚养纠纷一案中，被告提交了原、被告于2007年2月1日在××县人民政府办理的结婚证。本院认为，当事人之间系夫妻关系的，一方至法院请求解除同居关系，人民法院应不予受理。依照《最高人民法院关于适用〈中华人民共和国婚姻法〉若干问题的解释（二）》第一条第一款之规定，裁定如下：

驳回单×涛的起诉。

如不服本判决，可在判决书送达之日起十日内向本院递交上诉状，并按对方当事人的人数提出副本，上诉于××省××市中级人民法院。

审判长　×××

审判员　×××

代理审判员　×××

二〇二〇年八月二日

（院印）

本件与原本核对无异

书记员　×××

【简析】

该裁定书格式规范，用词恰当，语言简练，裁定结果明确。但双方个人基本情况应列明。

【例文9】

××省××市××区人民法院

民事裁定书

（2022）×财保20781号

申请人：胡××。

被申请人：曾××。

被申请人：张××。

担保人：赵××。

本院在审理申请人胡××与被申请人曾××、张××民间借贷纠纷一案中，申请人胡××于2022年8月3日向本院提出财产保全的申请，要求依法冻结被申请人曾××、张××的银行存款30万元，或查封、扣押其价值相当的其他财产，担保人赵××自愿以其名下的车牌号为湘A×××××的斯巴鲁牌小型越野客车为申请人胡××的财产保全申请提供担保。

本院认为，申请人胡××的申请符合法律规定，所提供的财产担保合法、有效。依照

《中华人民共和国民事诉讼法》第一百零三条第一款，第一百零五条之规定，裁定如下：

一、冻结被申请人曾××、张××的银行存款30万元，或查封、扣押其价值相当的其他财产。

二、冻结担保人赵××提供的担保物车牌号为湘A×××××的斯巴鲁牌小型越野客车的交易手续。

案件申请费××元，由××负担。

本裁定立即执行。

如不服本裁定，可以自收到裁定书之日起五日内向本院申请复议一次。复议期间不停止裁定的执行。

审判员 ××

二〇二二年八月三日

（院印）

本件与原本核对无异

书记员 ××

【简析】

这是一份符合样式要求的较为全面、具体的诉讼财产保全民事裁定书。

由于原告在申请财产保全时提供了财产担保，所以在“本院认为”部分写明“原告胡××的申请符合法律规定，所提供的财产担保合法、有效”，既表明了法院对财产担保的认可，又确定了原告的担保责任。不足之处在于原告、被告、担保人的基本情况没有列明。

【例文10】

××省××市中级人民法院

刑事裁定书

（2022）××刑终73号

抗诉机关：××县人民检察院。

原审被告人：孙×静。系×村出纳。2021年2月9日被刑事拘留，同年2月25日被逮捕，2022年1月17日被取保候审。

××县人民法院审理××县人民检察院指控原审被告人孙×静挪用公款一案，于2022年2月24日作出（2022）×刑初10号裁定书，认为被告人孙×静犯罪已过追诉时效，裁定终止审理。××县人民检察院不服，提出抗诉。本院审理过程中，××省人民检察院××分院决定撤回抗诉。

本院认为，××检察分院撤回抗诉的决定，符合法律规定，依照《中华人民共和国刑事诉讼法》第二百三十二条第二款、《最高人民法院关于执行〈中华人民共和国刑事诉讼法〉若干问题的解释》第二百四十一条之规定，裁定如下：

准许××省人民检察院××分院撤回抗诉。

××县人民法院（2022）×刑初10号刑事裁定书自本裁定送达之日起发生法律效力。

本裁定为终审裁定。

审判长　×××

审判员　×××

代理审判员　×××

二〇二二年五月二十七日

（院印）

本件与原本核对无异

书记员　×××

【简析】

该裁定书较好地体现了“准许撤回抗诉裁定书”的要求，各要素交代完整。

特别提示

裁定书根据程序不同，可分为第一审民事裁定书、第二审民事裁定书、再审民事裁定书、督促程序的民事裁定书、公示催告程序的民事裁定书、企业法人破产还债程序的民事裁定书和执行程序的民事裁定书等。按照解决的问题不同，可以分为不予受理的民事裁定书、驳回起诉的民事裁定书、准予上诉的民事裁定书、准许复议的民事裁定书等。裁定书因种类的不同而格式、侧重点也稍有不同，因此在实际操作中一定要分清种类，规范格式。另外，还要注意裁定书的适用范围，不能将裁定书与判决书混为一谈。

第九节　人民法院调解书

一、调解书的概念

调解是在人民法院的主持下，在查明案件事实、分清是非的基础上，促使双方当事人互相谅解，达成协议，解决诉讼问题的一种方法。人民法院把经过调解达成的协议制作成具有法律效力的文书，称为调解书。

调解是人民法院处理民事案件和轻微刑事案件的一种重要方式，因而调解书是人民法院经常使用的一种司法文书。

按照《民事诉讼法》和其他有关法律、法规的规定，人民法院主持达成协议的调解，原则上都应制作调解书。这样有利于诉讼当事人遵守执行，有利于维护人民法院行使审判权的严肃性，也有利于上级人民法院对下级人民法院实行审判监督。

在人民法院审判人员主持下，按照自愿合法的原则，达成协议制作的调解书与判决书具有同等的法律效力。当事人应当遵守达成的协议，当事人一方不履行协议时，对方有权要求人民法院强制执行。对于已经生效的调解书，如果发现有错误的，应当按照审判监督程序予以变更或撤销。

二、调解书的要素内容和制作方法

调解书的格式、内容和写法同判决书基本相同，只是在内容上比较简单。

调解书一般由首部、事实、理由、调解协议和尾部五部分组成。

1. 首部

这部分应写明以下几项：

（1）标题，写明人民法院的名称和文书种类，如“××人民法院民事调解书”，其右下方注明案号。

（2）在当事人栏内，分别写明原告人和被告人的姓名、性别等个人身份情况。如果是二审程序的调解书，应将“原告人”和“被告人”栏目改为“上诉人”和“被上诉人”；如果是再审程序的调解书，则应将“原告人”和“被告人”改为“申诉人”和“被申诉人”。以下即转入正文（事实、调解、结果）。在行文上可作如下写法：“上列当事人因××一案，经本院审理，查明：……”

2. 事实

这部分应当写明以下几点：

（1）当事人双方的关系，发生纠纷的原因和争议的焦点。

（2）当事人双方对争议问题所持主张及各自的理由和所提供的证据。

（3）原告的要求。

事实部分的论述，应当简要一些，不要堆积案件事实。

3. 理由

理由是在查明案件事实的基础上，依据法律，分清是非，教育当事人相互谅解，接受调解达成协议的原因，因此，应当写明以下两方面的内容：

（1）对纠纷的事实和当事人双方争执的主要分歧，进行实事求是的分析，分清是非，讲清道理。

（2）根据政策和法律，对当事人双方各自的主张进行评定，对于合乎政策法律精神的，应予肯定，对于违反法律规定的非法行为，应坚决予以否定。使双方当事人都能够接受调解并达成协议。

4. 调解协议

这部分是调解达成协议的内容。协议内容必须合乎法律规定、双方自愿。这部分在写法上的基本要求是：协议内容必须明确、具体，具有解释的单一性。含含糊糊，拖泥带水，不仅不利于执行，而且有可能因此而发生争议。

以上2、3、4部分在具体案件调解书中所占的比重，应当根据具体案件的复杂程度而定。

5. 尾部

这部分应当写明以下几项：

（1）在达成协议的具体项目之下，写明“本调解书经双方当事人签收后，即具有法律效力”字样。还应注明调解成立的日期。调解成立日期是指当事人在法院主持下，最后达成协议的日期；调解生效日期则是调解书送达的日期。

（2）审判人员和人民陪审员署名。

（3）上项左下方，印“本件与原本核对无异”字样。其右下方，注明制成调解书正本的年月日。之下，书记员署名。加盖院印。

上诉案件，二审调解达成协议的，其调解书的内容、写法与此基本相同，但在调解书上应当写明原判决撤销，并署名合议庭成员姓名。

三、调解书的写作格式

××××人民法院

民事调解书

（年度）×民初×号

原告人：________（姓名、性别、年龄、民族、籍贯、职业、住址等）。

被告人：________（姓名、性别、年龄、民族、籍贯、职业、住址等）。

上列当事人因××一案，________（写明当事人诉讼请求和案件事实）。本案在审理过程中，经本院调解，双方自愿达成协议如下：

________（写明协议内容）。

________（写明诉讼费用的负担）。

上述协议，符合有关法律规定，本院予以确认。

本调解书经双方当事人签收后，即具有法律效力。

审判长　×××

审判员　×××

审判员　×××

××××年××月××日

（院印）

本件与原本核对无异

书记员　×××

附注：上诉案件，二审达成调解协议的，也可适用此调解书，但在调解书上须写明原判决撤销，并署合议庭成员姓名。

范文评析

【例文 1】

××省××县人民法院

民事调解书

（2020）×民初 66 号

原告：何××，××村村民，电话××××。

被告：胡××，××村村民，电话××××。

被告：李××，××村村民，电话××××。

本院于 2020 年 2 月 5 日立案受理了原告何××与被告胡××、李××买卖合同纠纷一案，依法由审判员李×飞适用简易程序公开进行了审理。原告诉称，2016 年 5 月 6 日胡××、李××夫妇在何××的商店购买了茶油，立具了 3 000 元的欠条，于 2018 年 2 月 5 日被告李××偿还了其中的 1 000 元，至今尚有 2 000 元未给付，故要求两被告连带偿还。被告胡××辩称，他愿意偿还其余的 2 000 元，但要 2020 年 5 月之前偿还。

审理查明，被告胡××于 2016 年 5 月 6 日向原告何××购买了茶油 3 000 元并立下欠条，于 2018 年 2 月 5 日被告李××偿还了其中的 1 000 元给原告何××，至今尚有 2 000 元未偿还。

本案在审理过程中，经本院主持调解，双方当事人自愿达成如下协议：

一、被告胡××偿还原告何××2 000 元，限 2020 年 5 月 31 日一次性给付；

二、原告何××自愿放弃其他诉讼请求；

三、本案受理费 50 元，被告胡××自愿承担；

四、双方当事人一致同意本调解协议自双方在调解协议上签名或捺印即具有法律效力。

上述协议，符合相关法律规定，本院予以确认。

双方当事人已在调解协议上签字，本调解书自即日起发生法律效力。

审判员　李×飞

二〇二〇年二月二十日

（院印）

本件与原本核对无异

书记员　袁××

【简析】

本文是一篇书写较为规范的民事调解书，内容完整，调解协议内容明确具体，可操作性强。

【例文 2】

××市第一中级人民法院

民事调解书

（2019）×民终×号

上诉人（原审原告）：张××。

上诉人（原审被告）：××出版社。

法定代表人：黄××，社长。

委托代理人：戴×，××市××律师事务所律师。

委托代理人：谭×，××市××律师事务所律师。

被上诉人（原审被告）：××图书大厦有限公司。

法定代表人：杨××，董事长。

委托代理人：彭××，××市××××律师事务所律师。

委托代理人：徐××，××市××××律师事务所律师。

案由：侵犯著作权纠纷。

上诉人张××、××出版社因侵犯著作权纠纷一案，不服××市××区人民法院（2018）×民初16479号民事判决，向本院提起上诉。本院于2019年3月10日受理后，依法组成合议庭，对本案进行了审理。上诉人张××，上诉人××出版社的委托代理人戴×、谭×，被上诉人××图书大厦有限公司的委托代理人彭××参加了诉讼。本案现已审理终结。

张××上诉称：

一、原审法院认定事实不清。

1. 原审判决对××出版社曾因侵犯他人著作权被追究民事责任的事实未予认定。

2. 原审法院认定张××名誉未受到实际影响是错误的。

3. 原审法院认定××出版社将《××市商品房预售合同与认购书实用手册》（简称《实用手册》）内容加入《律师教你买房》（简称《买房》）一书并无不当是错误的。首先，两书适用的时间不同。《买房》一书中适用的合同示范文本是建设部于2000年9月颁布的《商品房买卖合同》。《实用手册》适用的合同示范文本是××市建委、市工商局于2005年2月22日颁布的《××市商品房预售合同》和《××市商品房认购书》，上述两示范文本于2005年3月15日正式启用，即从2005年3月15日起在××市《实用手册》中适用的合同示范文本已取代了《买房》一书中适用的合同示范文本。其次，两书合并后体例重复。将两份适用不同时间的合同示范文本放在同一本书中，导致内容和体例重复是必然的结果。最后，《买房》和《实用手册》是张××创作的两个独立的作品，未经张××许可，任何人均不得将上述两作品合并为一新作品。因此，原审法院认定××出版社将《实用手册》内容加入《买房》一书并无不当是错误的。

二、原审法院适用法律错误。

1. 原审法院认定××出版社的行为仅是未经权利人许可的复制行为，并以此为由认定××出版社不侵犯张××汇编权是错误的。本案中××出版社将张××创作的两部作品采用重新编排目录、体例的方式交叉合并，并删减了原作品中的一些图表，同时增加了自行收集的相关企业信息查询方法、各地房地产交易管理网站、各地房地产相关部门网站等10个附录，并给作品重新命名为《购房维权法律通》(修订版)（简称《法律通》），××出版社的行为并不是简单的复制行为，而是具有创造内容的汇编行为。

2. 原审法院认定××出版社不侵犯张××署名权是错误的。本案中，张××是《买房》和《实用手册》两书的作者，而《法律通》一书是××出版社在未经张××许可的情况下擅自汇编形成的作品，××出版社擅自在该汇编作品上署名张××编著不但严重违背了张××的意愿，而且造成读者误认为该书是张××汇编的作品，因此，××出版社在擅自汇编形成的作品上署名张××编著的行为，侵犯了张××的署名权。

3. 原审判决确定的赔偿数额不但不能充分弥补张××所受经济损失，也低于××出版社的侵权所得，同时远低于××市高级人民法院规定的经济赔偿数额。

综上所述，原审法院在认定事实和适用法律上均存在错误，故请求二审人民法院依法维持原审判决中第一、二项判决，并改判××出版社赔偿张××经济损失人民币100 536元，改判××出版社赔偿张××精神损失人民币5万元。

××出版社上诉称：

一、原审法院对本案性质的认定是错误的，应该是著作权许可使用合同纠纷，并不涉及侵权问题。

第一，即便××出版社将张××的两部作品合为一部的行为超越了双方合同约定的范围，该行为也不必然构成侵犯著作权。本案的案由应该是著作权许可使用合同纠纷。本案中，××出版社超越双方合同约定范围的行为不构成侵权，而只是违反双方合同约定的行为。因为××出版社将《买房》修订稿件更名为《法律通》，经过编辑加工后，将其校样通过快递的方式寄给张××确定，但张××一直不给答复。××出版社考虑到张××本来就签订了《买房》和《实用手册》两书的出版合同，享有该两书的专有出版权，且《法律通》的出版时间紧，才按照出版行业惯例的做法，将《法律通》交付出版。需要强调的是，××出版社在收到张××对《法律通》异议的函件后，及时将尚未出售的《法律通》全部封存，以防止给张××造成不利的后果，可见，在本案中，××出版社并没有侵犯张××著作权的主观过错。

第二，从本案发生至今，××出版社将张××的两部作品合为一部出版的行为并没有给其造成任何物质上和精神上的损失。综上所述，本案不符合《中华人民共和国民法典》关于侵权行为的构成要件，应当属于著作权许可使用合同纠纷。

二、原审法院适用法律错误，应当予以纠正。

基于以上论述，××出版社认为原审法院适用《中华人民共和国著作权法》的相关规定是错误的，应当予以纠正。根据上述事实理由和有关法律规定，为维护××出版社的合法权益，请求撤销原判，依法改判，驳回张××的全部诉讼请求。

被上诉人××图书大厦有限公司未提交书面答辩意见。

经本院审理查明，2004 年 4 月，××出版社出版《买房》，书号为 ISBN××××，作者张××，144 千字，定价 10 元。该书第一章为购买新建房屋，分项有法律审查、签订购房合同、个人住房商业贷款、个人住房公积金贷款、应纳税费、房屋接收、纠纷处理；第二章为购买二手房，分项有法律审查、二手房购买流程、应纳税费、二手房贷款。该书正文共计 228 页，自第 130 页之后为 2 页律师警示录，4 页合同范本，6 页参照法律法规目录，2 页购房关联单位名录，其余均为常用法规汇编。该书前言后附作者声明，明确该版本内容的法律依据是 2004 年 2 月 29 日前颁布实施的法律、行政法规、规章、××市地方法规，未涉及××市以外地区的地方性法规。

2005 年 3 月，××出版社出版《实用手册》，书号为 ISBN××××，56 千字，定价 6 元，未注明作者，但出版说明的结尾有如下字样：对书中解读内容有不同见解或有心研究的读者可按下面方式与张××律师联系，同时附有××市××律师事务所的电话及其电子邮箱地址。该书在预售合同与认购书的条款后附阴影标注的“说明”和用黑框标注特别注意的“律师提醒”文字内容，对条款和相关注意事项予以说明和强调。

2006 年 7 月，××出版社出版《购房维权法律通》（修订版）一书，书号为 ISBN ××××，署名张××编著，221 千字，定价 18 元。该书属“大众维权实用指南”系列丛书第 13 本，封面下方注明：购书即可获得一次法律专家的免费法律咨询，并在最后一页的读者回执卡上将××市××律师事务所的地址、邮编公布，说明可将回执卡和需咨询的问题邮寄至该所。该书把作者声明中的法律法规依据截止时间更改为 2006 年 7 月 15 日，并在署名张××的前言最后注明其电子邮箱和律师事务所的电话号码。

2006 年 12 月 26 日，张××申请由××市××区公证处人员与其一起到××图书大厦有限公司购买《购房维权法律通》（修订版）两本，总价 36 元。××市××区公证处对上述购买过程进行了公证。为此张××支付公证费 500 元。

上述事实，有《买房》、《实用手册》、《购房维权法律通》（修订版），（2007）×证内 55 号公证书及所附的购书发票、销售小票和公证费交费凭据及双方当事人的陈述在案佐证。

在本案审理过程中，经本院主持调解，各方当事人自愿达成如下调解协议：

一、××出版社停止出版发行《购房维权法律通》（修订版）一书，被告××图书大厦有限公司停止销售该书。

二、××出版社自愿补偿张××经济损失48 000元。

三、一审案件受理费6 140元，按照一审判决确定的份额承担；二审案件受理费6 140元，减半收取3 070元，由××出版社承担（已交纳）。

四、双方当事人无其他争议，张××放弃其他诉讼请求。

上述协议，符合有关法律规定，本院予以确认。

本调解书经各方当事人签收后，即具有法律效力。

审判长 刘××

代理审判员 佟××

代理审判员 周××

二〇一九年四月十六日

（院印）

本件与原本核对无异

书记员 高××

【简析】

本案涉及的是著作权纠纷，调解书用语简洁，条理清晰，符合制作要求。

【例文3】

××省××县人民法院

刑事附带民事调解书

（2022）×刑初40号

自诉人暨附带民事诉讼原告人：谭××。

委托代理人：唐××，系××县城关中心法律服务所法律工作者。

被告人：周××。因涉嫌犯故意伤害罪，于2022年3月31日被刑事拘留，同年4月15日被逮捕，现押于××县看守所。

自诉人谭××以被告人周××犯故意伤害罪，并造成经济损失为由，于2022年4月15日向本院提起控诉。本院受理后，依法组成合议庭，公开开庭进行了审理。自诉人谭××及其委托代理人唐××、被告人周××均到庭参加诉讼。现已审理终结。

经审理查明：

自诉人谭××系××县××乡水尾村委三组村民，被告人谭××系××县××乡下庄村委茶冲村六组村民。自诉人谭××长期在××圩租赁摊位，贩卖蔬菜，被告人周××在××圩有一固定摊位，给人理发。2021 年 12 月 4 日上午 8 时许，自诉人谭××和其妻子曹××在××菜市场卖小菜，被告人周××骑摩托车要从自诉人谭××摆放小菜处经过，自诉人谭××不准，被告人周××就将自诉人谭××的菜倒在地上，双方遂发生口角，争吵中被告人周××打了曹××一个耳光，自诉人谭××即上前和周××对打起来，被告人周××随手在旁边杂货铺的摊板上拿起一把镰刀将谭××的下颌、左手掌和右上臂砍伤。自诉人谭××的妻子曹××见丈夫被砍伤，遂拿起扁担打周××，将被告人周××的头部打伤。被告人周××的头部被打伤后，带着作案镰刀到了××村卫生室上药。自诉人谭××随即被送往××医院止血，清创缝合。于当日转入××附属医院，并进行手术治疗。经鉴定，自诉人谭××之伤已构成轻伤。

在本院主持调解下，被告人周××主动承认错误，愿意承担民事赔偿责任，自诉人谭××对被告人周××的行为表示谅解，自愿撤回了对被告人周××的刑事指控。双方当事人自愿达成如下协议：

一、自诉人谭××对被告人周××的行为表示谅解，并请求撤回刑事自诉。

二、被告人周××赔偿自诉人谭××医疗费、护理费、误工费、营养补助费、鉴定费等一切经济损失共计人民币 13 700 元（已当庭给付）。

三、自诉人谭××自愿放弃其他附带民事诉讼请求。

上述协议不违反有关法律规定，本院予以确认。

本调解书经双方当事人签收后即具有法律效力。

审判长　刘××

人民陪审员　王××

人民陪审员　蒋××

二〇二二年五月三十日

（院印）

本件与原本核对无异

书记员　杜××

【简析】

本文在查清事实的基础上，根据法律，对诉讼当事人争议的问题做出了合理的评定，讲明道理，摆出态度，体现了调解的目的要求。不过本文在事实叙述方面不够简练，还需要在语言上进行概括精简。

特别提示

我国《民事诉讼法》第九十六条规定：“人民法院审理民事案件，根据当事人自愿的原则，在事实清楚的基础上，分清是非，进行调解。”调解应当遵循自愿与合法的原则。《民事诉讼法》第九十九条规定：“调解达成协议，必须双方自愿，不得强迫。调解协议的内容不得违反法律规定。”因此，一定要注意调解协议内容的自愿、合法性。同时协议内容也要明确具体，具有可操作性，否则便使调解书失去了定纷止争的作用，偏离了其目的。

在写作上，调解书不同于判决书。建立在双方互相谅解的基础上的调解书，在陈述事实与证据方面要概括精练，简明扼要，不必详细叙述。而理由则要根据案情不同，可繁可简。

第十节　笔录

笔录，是如实记载诉讼活动的一种文书。人民法院进行审判的一切活动，都应当有相应的文字记载，因此，人民法院所使用的笔录是比较多的。本节只选取法庭审理阶段最常使用的法庭笔录、合议庭评议笔录、宣判笔录，加以简要介绍。

人民法院的各种笔录是人民法院正确制作判决书的重要根据，因此，客观、全面地制作笔录，是书记员的一项重要任务。

一、法庭笔录

（一）法庭笔录的概念

法庭笔录，也叫庭审笔录，它是人民法院书记员在审判庭开庭时记载全部审判活动的笔录。法庭笔录的作用是：首先，有助于一审人民法院正确制作判决书；其次，是二审人民法院全面审查原审人民法院全部审判活动的重要依据；最后，便于保存案件审判的原始材料。

（二）法庭笔录的要素内容和制作方法

1. 法庭笔录的要素内容

（1）案由。

（2）开庭与闭庭时间。均用年、月、日、分记录。

（3）开庭地点。

（4）合议庭组成人员。审判长、审判员的姓名。

（5）书记员姓名。

（6）公诉人、辩护人、鉴定人、翻译人员的机关名称、姓名和职务。

（7）决定开庭后法庭进行准备工作的情况。

（8）是否公开审理，公开审理的案件何时公布案由、被告人姓名、开庭时间和地点。如果不公开审理，应当说明理由。

（9）当事人是否申请回避，人民法院对回避的决定。

（10）审判长宣布开庭的事项和被告人享有的辩护权利的情况。

（11）法庭开庭后庭审活动的情况：

A. 审判人员的活动与讯问；

B. 当事人的回答与陈述；

C. 公诉人的讯问与发言；

D. 鉴定人宣读鉴定结论；

E. 证人的证言以及出示物证的情形；

F. 辩护人的发问与发言；

G. 当事人的请求等。

（12）法庭辩论情况：

A. 公诉人发表公诉词或控告一方的发言；

B. 被告人陈述或辩护人发表辩护词；

C. 互相展开辩论的情况；

D. 法庭辩论终结，当事人做最后陈述等。

（13）法庭宣布休庭，合议庭评议情况（见合议庭评议笔录）。

（14）评议后或当庭审判或定期宣判（宣判活动另有宣判笔录）。

（15）审判过程中诉讼参与人有无违反法庭秩序等情况。

（16）有无延期审理的情况及其原因。

（17）笔录经审判长阅读后，由审判长和书记员签名。

2. 制作法庭笔录的要点

（1）对公诉人发言，主要是记清楚当庭对被告人的主要犯罪事实的揭发、出示的证据和对被告人（或其辩护人）答辩的驳斥要点，对于起诉书、公诉词中没有涉及的问题，应当详细记录。对于法庭上宣读的起诉书不必做记录，只写“公诉人宣读起诉书”即可。

（2）对辩护人的辩护发言，应详细记录其关于被告无罪、罪轻、减轻、免除处罚的意见以及所提出的证据。

（3）对证人的证言，特别是对证人证言的关键性问题，以及证人与被告人的关系，均应详细记载。

（4）对鉴定人的鉴定意见，主要记载鉴定结论的要点，鉴定人发表的科学、技术性分析论断，也应记下。

（三）法庭笔录的写作格式

××××人民法院

刑（民）事法庭笔录（第×次）

案由：×××

开庭时间：××××年××月××日××时×分至××时××分

开庭地点：×××

合议庭组成人员：审判长×××，审判员×××、×××

书记员：×××

记录如下：

…………

［注：（1）法庭笔录经审判长审阅后，由审判长和书记员签名。

（2）法庭笔录中的证人证言部分，应当当庭宣读或者交给证人阅读，证人在承认没有错误后，应当签名或者盖章。

（3）法庭笔录应当交给当事人阅读或者向他宣读。当事人认为记载有遗漏或者差错的，可以请求补充或改正。当事人承认没有错误后，应当签名或盖章。］

范文评析

【例文】

××市××区人民法院

庭审笔录（第一次）

案由：黄×与××饭店承包合同纠纷

开庭时间：2022年11月8日14时40分至16时38分

开庭地点：××市××区人民法院第八审判庭

法庭组成人员：审判长卢×，审判员王××、邱×，书记员陆××

审判长宣布公开开庭审理原告黄×与被告××饭店承包合同纠纷一案，记录如下：

书记员：请当事人、诉讼代理人入庭。

书记员：查明当事人、诉讼代理人到庭情况，核对证件。

书记员：请肃静，现在宣布法庭纪律。（略）

书记员：全体起立，请审判长、审判员入庭。

书记员：报告审判长，原告黄×、原告代理人任××、陈××，被告××饭店法定代表人刘×、被告代理人马××、金××已到庭。被告提供的证人李×在庭外候传。庭前准备工作就绪，请开庭。

审判长：根据《中华人民共和国民事诉讼法》第一百四十条第二款之规定，现在核对当事人，首先由原告向法庭报告你的姓名、性别，年龄、民族、出生年月日、工作单位、职务及家庭住址。

原告：黄×，男，41 岁，汉族，××××年××月××日出生，商人，××市××区解放路 8 号“望江楼”10 幢三单元 602 室。

审判长：由原告委托代理人依次向法庭报告你们的姓名、工作单位、代理权限。

原告委托代理人：任××、陈××，××市第一律师事务所律师，代理权限为一般代理。

审判长：由被告向法庭报告你的姓名、年龄、民族、出生年月日、工作单位、职务及家庭住址或名称及地址。

被告：××饭店，××市人民路 80—95 号。

审判长：由被告委托代理人依次向法庭报告你的姓名、工作单位、职务，代理权限。

被告委托代理人：马××、金××，××律师事务所律师，特殊授权。

审判长：原告对被告出庭人员有无异议？

原告：无。

审判长：被告对原告出庭人员有无异议？

被告：无。

审判长：原告、被告及双方委托代理人向法庭报告的内容与向本院提交的诉讼主体资格证明及委托书相一致，双方当事人及委托代理人出庭资格合法有效，准许参加诉讼。

审判长：（敲法槌）现在开庭。××区人民法院今天依法适用普通程序，公开开庭审理原告黄×与被告××饭店承包合同纠纷一案，下面宣布合议庭组成人员，由审判长卢×，审判员王××、邱×，组成合议庭，书记员陆××担任法庭记录。开庭前已经将《当事人的权利义务告知书》送达各方当事人，原告是否知悉自己在诉讼中的权利和义务？

原告：知悉。

审判长：被告是否知悉？

被告：知悉。

审判长：原告是否申请合议庭组成人员及书记员回避？

原告：不申请。

审判长：被告是否申请合议庭组成人员及书记员回避？（如果当事人提出法定的回避理由，法庭不必审查该理由是否成，立即宣布休庭。）

被告：不申请。

审判长：庭审活动分为法庭调查、法庭辩论、当事人最后陈述、法庭调解，调解不成的，法庭将休庭评议后进行宣判。各方当事人应当正确行使诉讼权利，切实履行诉讼义务，遵守法庭规则，服从法庭指挥，确保庭审活动的顺利进行。现在进行法庭调查。（敲法槌）法庭调查的重点是双方争议的事实。当事人对自己的主张有责任提供证据，反驳对方主张的，应当说明理由。当事人陈述应当围绕诉讼请求、争议事实等与本案有直接联系的内容进行。首先由当事人陈诉。请原告委托代理人宣读起诉状或者简要陈述诉讼请求及所依据的事实和理由。

原告：（宣读民事起诉状。）

审判长：现在请被告宣读答辩状或者简要陈述诉讼主张及所依据的事实和理由。

被告：（宣读民事答辩状。）

审判长：开庭前，依照法律规定，本院的立案流程机构已对双方提供的证据进行庭前交换，原告提交的证据被告是否收到？

原告：收到。

审判长：被告提交的证据原告是否收到？

被告：收到。

审判长：下面进行法庭质证，在质证过程中，双方当事人应当按照庭前所提交的证据清单所载明的序号出示证据，说明证据的名称、来源以及证据所要证明的对象，其他诉讼参与人在发表质证意见的时候，应当围绕证据的真实性、合法性、关联性、有无证据效力以及证明效力大小发表。首先由本案的原告出示证据，被告进行质证。

原告：《饭店承包意向书》原件。证明目的：1. 合同成立真实有效；2. 被告在没收定金前，有向原告书面催款的义务；3. 被告违约要负的法律后果。

审判长：请被告围绕证据的真实性、关联性和合法性对原告所提供的证据进行质证。

被告：无异议。

审判长：请原告继续举证。

原告：收款收据。证明目的：定金一万元现金已付。

审判长：请被告质证。

被告：无异议。

审判长：请原告继续举证。

原告：《饭店正式承包合同书》。证明目的：委托代理人不是以原告的名义签订的。

审判长：请被告质证。

被告：此证据与本案无关，不符合证据的关联性。

审判长：原告对被告的质证意见有无补充？

原告：无。

审判长：原告还有无其他证据？

原告：有，原告对李×的《委托代理合同书》。证明目的：李×的代理权限仅有洽谈饭店承包合同事宜，不包括接受《催款通知书》事宜。

审判长：原告方提交的证据清单中没有此证据。

原告：此证据未在开庭前载入证据提交清单，属于临时性提交。

审判长：请被告质证。

被告：不同意原告临时提交此证据。

审判长：原告还有无其他证据？

原告：无。

审判长：下面由被告按证据清单载明的序号出示证据，说明证据的名称、来源以及证据所要证明的对象，由原告进行质证。

被告：《饭店承包意向书》原件。证明目的：1. 合同成立真实有效；2. 原告有在收到《催款通知书》后，向被告交纳承包金的义务；3. 原告违约要承担的法律后果。

审判长：请原告质证。

原告：无异议。

审判长：请被告继续举证。

被告：《催款通知书》。证明目的：被告在没收定金前，已经尽了向原告书面催款的义务，不需要承担任何违约责任。

审判长：请原告质证。

原告：原告并未亲自收到《催款通知书》，李×没有权限收取《催款通知书》。

审判长：被告对原告的质证还有无补充？

被告：李×的代理权限应该包括收取《催款通知书》，李×属于全权代理，收取《催款通知书》事宜显然包括在内，属于概括代理。

审判长：原告对被告的质证意见还有无补充？

原告：原告委托代理人李×没有代收《催款通知书》的权限。

审判长：被告还有无其他证据？

被告：有，请证人李×出庭作证。

审判长：准予出庭。

审判长：被告对证人有无发问？

被告：李×，原告是否授权了全权代理饭店合同一事？

审判长：请证人回答。

证人：是的。

审判长：请问被告对证人有无其他发问？

被告：无。

审判长：原告对证人有无发问？

原告：被告有无要求你出示《委托代理合同书》？

证人：没有，但在合同签完后交予了被告。

审判长：原告对证人还有无其他发问？

原告：证人你是否将催款事项告知原告？

证人：没有。

审判长：原告对证人还有无其他发问？

原告：无。

审判长：证人对《委托代理合同书》和《饭店承包意向书》的理解是什么？

证人：我的理解是全权代理负责饭店承包事项，收取催款单的事情我没有告知原告。

审判长：证人，你的作证结束，请你退庭在庭外等候，闭庭后阅读证词签字。

审判长：被告还有无其他证据？

被告：无。

审判长：鉴于庭审前，已进行证据交换，双方当事人在举证期限内证据提交终结，现根据庭审调查，经合议庭评议确认，《饭店承包意向书》《饭店正式承包合同书》内容真实，形式合法，本庭予以采信。而《委托代理合同书》《催款通知书》和证人证言双方分歧较大，本庭不予采信。

审判长：至此法庭调查终结。依据《中华人民共和国民事诉讼法》第一百四十四条之规定，下面进行法庭辩论。（敲法槌）法庭辩论应紧密围绕本案争议事实进行，不得进行与本案无关的发言，不准使用侮辱、诽谤、人身攻击的语言，在辩论时不得重复发表意见，包括不再重复事实、不再重复证据以及质证意见。现在合议庭根据庭审质证和庭审调查已查明的事实，确定法庭辩论时双方当事人应围绕争议焦点进行：1. 李×只有《委托代理合同书》，没有《授权委托书》，而且，连《委托代理合同书》也未出示，是否构成有效授权？其所签承包合同是否有效？2. 李×以自己的名义签订承包合同，该合同是否拘束黄×？3. 李×未将饭店的《催款通知书》转告黄×，是否可以认定饭店已依约履行通知义务，从而没收黄×的一万元定金？对本庭归纳的争议焦点。原告方有无异议？

原告：没有异议。

审判长：被告方有无异议？

被告：没有异议。

审判长：下面让双方围绕争论焦点进行辩论，首先由原告委托代理人宣读代理词。

原告：委托代理人发表辩论意见（原告委托代理人宣读代理词）。

审判长：请被告委托代理人发表答辩意见。

被告：1. 关于李×代理义务不明，被告认为李×已构成有效代理，为概括代理；2. 李×全权负责代理饭店承包事宜，收取《催款通知书》理所当然；3. 被告将饭店转移给第三方是由于原告违约引起的，不需要承担违约责任。

审判长：原告对被告的辩论意见有无补充？

原告：1. 我方承认全权负责承包酒店事宜，不包括代收《催款通知书》；2. 被告基于认识的原因，未要求李×拿出《委托代理合同书》和《授权委托书》，被告方存在过错。

审判长：被告对原告的辩论意见还有无补充？

被告：原告与酒店签订意向书时，催款事项包含在《饭店承包意向书》事项中。

审判长：本庭对承包书中提及的“定金”，想请问原被告双方对其是如何理解的？“定金”分为“定约定金”和“违约定金”。

订约定金，又称为立约定金，是指为担保合同的订立而支付的一定数额的金钱。定约定金以一方拒绝订立主合同为适用条件。《民法典》第五百八十七条规定，当事人约定以交付定金作为订立主合同担保的，给付定金的一方拒绝订立主合同的，无权要求返还定金；收受定金的一方拒绝订立合同的，应双倍返还定金。

违约定金，指交付定金的一方当事人如不履行债务，接受定金的当事人可以不返还定金。违约定金具有间接地强制履行合同的效力。请原告回答。

原告：定约定金。

审判长：请被告回答。

被告：违约定金。

审判长：原告有无其他新的辩论意见。

原告：无。

审判长：被告有无其他新的辩论意见。

被告：无。

审判长：围绕争议事实，双方当事人进行了充分的法庭辩论，双方无新的辩论，辩论结束。现在依据《中华人民共和国民事诉讼法》第一百四十四条之规定，由双方当事人进行最后陈述，在最后陈述阶段双方当事人可以简单明确地表明对于本案的处理意见和各自是否坚持诉讼主张的意愿。首先，由原告发表你方的最后陈述意见。

原告：请法庭支持我的诉讼请求。

被告：请法院依法裁判。

审判长：下面依据《中华人民共和国民事诉讼法》第一百四十五条之规定，判决前能够进行调解的，应当进行调解，在法庭调解过程中，双方应根据法律的规定，进行协商解决。原告是否要求调解？

原告：同意调解。

被告：不同意调解。

审判长：由于原、被告双方意见分歧较大，无法达成协议，合议庭不再组织调解。合议庭需要对本案休庭10分钟进行评议，请双方当事人查阅庭审笔录，并且在庭审笔录上签字，如果认为庭审笔录有错误或者有遗漏，征得书记员许可后，可以申请另页补正。下面宣布休庭。（敲法槌）

书记员：全体起立，请审判长、审判员退庭。

书记员：全体起立，请审判长、审判员入庭。

…………

原告　黄×

被告　××饭店

证人　李×

审判长　卢×

审判员　王××　邱×

书记员　陆××

【简析】

这份法庭笔录制作得比较好。符合格式要求，对法庭公开审判的全过程都做了比较详细的记录。笔录抓住了案件的中心，对于案件事实的调查以及原、被告双方之间的辩护意见做了相当详细的记载，这样使得笔录重点突出。当然，在语言文字方面还存在一些有待改进的地方。

病文诊疗

【原文】

××市××区人民法院

庭审笔录

时间：202×年××月××日××时×分至××时××分

地点：第一法庭

是否公开审理：是

旁听人数：（略）

审判人员：刘××、张××、王××

书记员：胡××

记录如下：

书：下面宣布法庭纪律：

（一）未经许可，不得录音、录像和摄影；

（二）不得随意走动和进入审判区；

（三）不得鼓掌、喧哗、哄闹和实施其他妨害审判活动的行为；

（四）不得发言提问；

（五）不得吸烟和随地吐痰；

（六）随身携带的移动电话等通信工具必须关闭或调到振动位置；

（七）对法庭的审判活动有意见，可以在闭庭以后以书面或口头形式向人民法院提出；

（八）违反法庭纪律的，审判长可以当庭口头警告、训诫，也可以责令退出法庭，对于严重扰乱法庭秩序的人，将依法追究其刑事责任。

请审判长入庭，全体起立。

审：（敲法槌）现在开庭，传被告人赵××到庭。

（法警将被告人赵××带上法庭。）

审：被告人，你的姓名、出生日期、住址等情况？

被：我叫赵××，男，××××年××月××日出生，汉族，××市求贤中学初一年级学生，家住××市××区××路××号。

审：被告人法定代理人是否到庭？

被代：到庭。

审：你的姓名、出生日期、住址、与被告人的关系？

被代：赵×，男，××××年××月××日出生，汉族，无业，住××市××区××路××号，系被告人父亲。

审：被告人，你过去是否受到过法律处分？

被：没有。

审：被告人，你这次是否被采取强制措施？

被：××××年××月××日因涉嫌抢劫罪被××市公安局××分局刑事拘留，××××年××月××日被执行逮捕。××××年××月××日晚×点多在家里被抓。

审：被告人，检察机关的起诉书副本是否收到？何时收到？

被：收到，××××年××月××日收到的。

审：××市××区人民法院刑事审判庭，根据《中华人民共和国刑事诉讼法》第一百八十八条之规定，今天在本法庭对由××市××区人民检察院提起公诉的被告人赵××抢劫罪一案依法进行公开开庭审理。法庭由审判员刘××、审判员张××、代理审判员王××组成合议庭，刘××担任审判长，书记员胡××担任本庭记录。××市××区人民检察院指派检察员钱××、李××出庭支持公诉。××市公正律师事务所律师出庭为被告人赵××辩护，被告人赵××、被告人法定代理人赵×到庭参加诉讼。

审：根据《中华人民共和国刑事诉讼法》第一百九十条之规定，如果当事人对上述合议庭组成人员、书记员、公诉人，认为与本案有利害关系，可能影响本案的公正处理，有权申请回避。被告人是否申请回避？

被代：不申请。

审：根据《中华人民共和国刑事诉讼法》第一百九十条之规定，被告人在法庭上享有辩护的权利，你除了委托辩护人为你辩护外，还可以依据事实与法律自行辩护，是否听清？

被代：听清。

审：全体诉讼参与人还享有以下诉讼权利：

（一）被告人在法庭审理过程中，可以提出证明被告人有罪、无罪、罪重、罪轻的证据，申请通知新的证人到庭或调取新的物证，申请重新鉴定或者勘验。

（二）被告人在法庭辩论终结后有最后陈述的权利。

审：被告人，你听清了没有？

被代：听清。

审：首先由公诉人宣读起诉书。

公：（宣读起诉书。）（略）

审：被告人，起诉书内容是否听清？

被：听清。

审：被告人，起诉书指控是否是事实？

被：是事实。

审：被告人对起诉书指控你的罪名有无异议？

被：无异议。

审：被告人，你对事实有无补充？

被：没有。

审：下面公诉人就起诉书指控的犯罪事实对被告人进行讯问。

公：你以前所讲的是否是事实？

被：是事实。

公：你认为你的行为构成何罪？

被：抢劫罪。

公：案发当天你在干什么？

被：我在上网打游戏。

公：你是否经常上网？

被：是的，家里没有电脑，于是我经常上网吧。

公：你当时为何会找被害人？目的是什么？

被：当时只是想弄点钱，被害人是我的网友，又正好在网上所以想到他那里弄钱。

公：你对被害人干了什么？

被：我把他叫出来，问他要钱。

公：是拉出来，还是叫出来。

被：拉出来，他不肯跟我走。

公：出来后你对他干了什么？

被：我打了他两个耳光，还踢了他几下。

公：他有没有反抗？

被：没有。他很害怕。

公：你是否对被害人搜身？

被：搜了。共搜到 500 元钱。

公：你是怎么用这 500 元钱的？

被：100 元支付了上网的钱，200 元买了两包烟和珍珠奶茶，还剩 200 元没有花出去，放在了家里。

公：你是否知道被害人身上有钱？

被：不知道，我不认识他，但看他的穿着想他一定有钱。因为他穿了一身名牌。

公：和你一起抢钱的还有谁？

被：没有了。

公：王××和邓××你是否认识？

被：认识，他们是我的同学，但那天他们走了。

公：他们什么时候走的？

被：在我叫被害人出来之后走的。

公：他们有没有参与打被害人？

被：没有。

公：审判长，我没有问题了。

审：下面进行法庭举证，先由公诉人举证，并就证据的来源和证明力做简要评析。

公：［宣读被告人供述笔录节录（2020 年 3 月 31 日）。］（略）

审：被告人、被告人法定代理人及辩护人有无异议？

被：没有。

被代：没有。

辩：没有。

审：公诉人继续举证?

公：(宣读被告人法定代理人的笔录。)(略)

审：被告人及其辩护人有无异议?

被：没有。

辩：从笔录中可以看出，被告人以前学习成绩还是不错的，只是在迷恋网络游戏后才在品行上有改变。

审：公诉人继续举证?

公：[宣读被害人张××的笔录(笔录5)。](略)

审：被告人、被告人法定代理人及辩护人有无异议?

被：没有。

辩：从笔录中看出，被告人一开始并不是强行把被害人拉出网吧的。

审：公诉人继续举证?

公：(宣读证人王××的笔录。)(略)

审：被告人、被告人法定代理人及辩护人有无异议?

被：没有。

被代：没有。

辩：没有。

审：公诉人继续举证?

公：(宣读证人邓××的笔录。)(略)

审：被告人、被告人法定代理人及辩护人有无异议?

被：没有。

被代：没有。

辩：没有。

审：公诉人继续举证?

公：(宣读证人王××的笔录。)(略)

审：被告人、被告人法定代理人及辩护人有无异议?

被：没有。

被代：被告人是学生，一看就知道了，网吧老板明知道他是学生还让他进入，其实在这件事上网吧老板也有过错。

辩：没有。

审：公诉人继续举证?

公：出示学生证。(法警出示)

审：被告人、被告人法定代理人及辩护人有无异议？

被：没有。

被代：没有。

辩：没有。

审：公诉人继续举证？

公：（宣读案发经过。）（略）

审：被告人、被告人法定代理人及辩护人有无异议？

被：没有。

被代：没有。

辩：没有。

审：公诉人继续举证？

公：报告审判长，举证完毕。

审：辩护人有无问题要发问？

辩：被告人，你在见到被害人的时候是否想打他？

被：不想，只是想吓吓他，他比我小得多，我想他也许会自觉地拿出钱来。

辩：审判长，我没有问题发问了。

审：被告人、被告人代理人及辩护人对全案有无证据提供？

被：没有。

被代：没有。

辩：没有。

审：法庭事实调查结束，下面进行法庭辩论。首先由公诉人发表公诉意见。

公：本院指控被告人赵××构成抢劫罪，证据来源合法，具有证明力。被告人赵××以非法占有为目的，以暴力、胁迫的方法抢劫他人财物，数额为500元，其行为已触犯《中华人民共和国刑法》第二百六十三条，犯罪事实清楚，证据确实充分，应当以抢劫罪追究刑事责任。被告人系未成年人，根据《中华人民共和国刑法》第十七条第四款的规定，应当从轻或减轻处罚。公诉人认为，对被告人应处一年以上三年以下的有期徒刑。请法庭依法审判。

审：被告人自行辩护。

被：我知道错了，希望法庭给我个机会。

审：辩护人发表辩护意见？

辩：辩护人对公诉人指控的被告人的基本犯罪事实不持异议，但辩护人认为，被告人抢劫行为并未造成严重后果，其只是利用了自己与被害人相比身高上的优势，以此来威胁被害人，与一般的抢劫行为有所区别，另外，被告人系未成年人，还是在校学生，这次的行为也系初犯，无论是从法律规定还是从保护未成年人的身心发展来看，都不应当对被告人的行为定为犯罪。请求法庭判令被告无罪。

公：被告人虽为未成年人，但已年满十四周岁，根据《中华人民共和国刑法》规定，年满十四周岁不满十六周岁的人犯抢劫罪的应当负刑事责任，本案中被告人的行为明显具有暴力性质，其主观上又有非法强行抢劫他人财物的故意，客观上又实施了一定的暴力行为，使被害人不敢反抗，其行为性质已具有抢劫罪的构成要件，所以公诉人认为对被告人应当以抢劫罪定罪处罚，至于行为后果的严重程度系量刑的依据，不应当作为定性的标准。

辩：根据《最高人民法院关于审理未成年人刑事案件具体应用法律若干问题的解释》规定，“已满十四周岁不满十六周岁的人使用轻微暴力或者威胁，强行索要其他未成年人随身携带的生活、学习用品或者钱财数量不大”，可以不认为犯罪。本案中，被告人的行为显著轻微，如果定性为犯罪，将影响到被告人一生的发展前途。所以希望法庭能予以充分考虑。

审：公诉人有无新的意见？

公：坚持刚才的意见，没有新意见。

审：被告人及其法定代理人是否同意辩护意见？

被：同意。

被代：同意。

审：双方有何补充？

公：没有。

辩：没有了。

审：法庭辩论终结，根据法律规定，被告人有最后陈述的权利，被告人可做最后的陈述。

被：请求法庭给我个机会，我一定好好学习，不再迷恋网络游戏了。我也愿意给被害人赔礼道歉。

审：下面休庭（敲法槌）。进行合议庭评议。

（法警把被告人带下去。）

审：（敲法槌）下面继续开庭。

（法警把被告人带上法庭。）

审：经过合议庭评议，下面对被告人陈××抢劫罪一案进行宣判。

书：全体起立。

审：（宣读判决书。）（略）

审：被告人是否听清？是否有异议？

被：听清。无异议。

审：被告人赵××，法庭考虑到你是初犯，且行为显著轻微，而你本人认罪态度较好，也有悔过自新的要求，故对你的行为不以犯罪论处，但你的行为与一个学生的身份是极不相符的，我国政府明文规定“未成年人不得进入网吧、歌厅等营业性场所”，你的行为虽然不是犯罪，但确实违反了有关法律、法规的规定。青年人应以学业为重，网吧是现今青少年犯罪最集中的场所也是滋生地，希望今后你能吸取教训，正确认识自己的行为，摆正自己的人生观、价值观，做个有用青年。如果屡教不改，等待你的将是法律的严惩。是否听清？

被：听清。

公：被告人赵××，对于你的行为法庭并未以犯罪定罪处罚，公诉人考虑到你将来的发展，对法庭的判决表示同意。但对于你的行为，公诉人认为是你平时一贯对自己放松要求的结果，希望你今后远离网吧等场所，认真学习，做一名有用的青年。是否听清？

被：听清。

审：被告法定代理人，今后希望你们对赵××严加管教，多关心孩子的学习、生活，引导他们向正确的方向发展，尽到做父母应有的责任，如果再发现被告人有违法犯罪行为，本庭将要求对他进行法律惩处，是否听清？

被代：听清。

公：被告人法定代理人赵×，作为孩子的家长，对于孩子的身心教育起着极其重要的作用，赵××的所作所为在一定程度上也是你们疏于管教的结果，希望你们吸取这次的教训，对于赵××平时的行为多加注意，引导他走向正确的人生道路，尽好做法定代理人的责任和义务。是否听清？

被代：听清。

审：今天的庭审到此结束，庭后公诉人、被告人及其法定代理人、辩护人应当阅看笔录，如果没有异议应当签字。闭庭（敲法槌）。

被告人　赵××
审判长　刘××
书记员　胡××

【简析】

该笔录前面缺案由，最后缺少被告人陈词，显失法律的公平正义，造成程序上的瑕疵。

【修改文】

××市××区人民法院

庭审笔录

案由：赵××涉嫌抢劫罪一案

时间：202×年××月××日××时××分至××时××分

地点：第一法庭

是否公开审理：是

旁听人数：（略）

审判人员：刘××、张××、王××

书记员：胡××

记录如下：

书：下面宣布法庭纪律：

（一）未经许可，不得录音、录像和摄影；

（二）不得随意走动和进入审判区；

（三）不得鼓掌、喧哗、哄闹和实施其他妨害审判活动的行为；

（四）不得发言提问；

（五）不得吸烟和随地吐痰；

（六）随身携带的移动电话等通信工具必须关闭或调到振动位置；

（七）对法庭的审判活动有意见，可以在闭庭以后以书面或口头形式向人民法院提出；

（八）违反法庭纪律的，审判长可以当庭口头警告、训诫，也可以责令退出法庭，对于严重扰乱法庭秩序的人，将依法追究其刑事责任。

请审判长入庭，全体起立。

审：（敲法槌）现在开庭，传被告人赵××到庭。

（法警将被告人赵××带上法庭。）

审：被告人，你的姓名、出生日期、住址等情况？

被：我叫赵××，男，××××年××月××日出生，汉族，××市求贤中学初一年级学生，家住××市××区××路××号。

审：被告人法定代理人是否到庭？

被代：到庭。

审：你的姓名、出生日期、住址、与被告人的关系？

被代：赵×，男，××××年××月××日出生，汉族，无业，住××市××区××路××号，系被告人父亲。

审：被告人，你过去是否受到过法律处分？

被：没有。

审：被告人，你这次是否被采取强制措施？

被：××××年××月××日因涉嫌抢劫罪被××市公安局××分局刑事拘留，××××年××月××日被执行逮捕。××××年××月××日晚×点多在家里被抓。

审：被告人，检察机关的起诉书副本是否收到？何时收到？

被：收到，××××年××月××日收到的。

审：××市××区人民法院刑事审判庭，根据《中华人民共和国刑事诉讼法》第一百八十八条之规定，今天在本法庭对由××市××区人民检察院提起公诉的被告人赵××抢劫罪一案依法进行公开开庭审理。法庭由审判员刘××、审判员张××、代理审判员王××组成合议庭，刘××担任审判长，书记员胡××担任本庭记录。××市××区人民检察院指派检察员钱××、李××出庭支持公诉。××市公正律师事务所律师出庭为被告人赵××辩护，被告人赵××、被告人法定代理人赵×到庭参加诉讼。

审：根据《中华人民共和国刑事诉讼法》第一百九十条之规定，如果当事人对上述合议庭组成人员、书记员、公诉人，认为与本案有利害关系，可能影响本案的公正处理，有权申请回避。被告人是否申请回避？

被代：不申请。

审：根据《中华人民共和国刑事诉讼法》第一百九十条之规定，被告人在法庭上享有辩护的权利，你除了委托辩护人为你辩护外，还可以依据事实与法律自行辩护，是否听清？

被代：听清。

审：全体诉讼参与人还享有以下诉讼权利：

（一）被告人在法庭审理过程中，可以提出证明被告人有罪、无罪、罪重、罪轻的证据，申请通知新的证人到庭或调取新的物证，申请重新鉴定或者勘验。

（二）被告人在法庭辩论终结后有最后陈述的权利。

审：被告人，你听清了没有？

被代：听清。

审：首先由公诉人宣读起诉书。

公：（宣读起诉书。）（略）

审：被告人，起诉书内容是否听清？

被：听清。

审：被告人，起诉书指控是否是事实？

被：是事实。

审：被告人对起诉书指控你的罪名有无异议？

被：无异议。

审：被告人，你对事实有无补充？

被：没有。

审：下面公诉人就起诉书指控的犯罪事实对被告人进行讯问。

公：你以前所讲的是否是事实？

被：是事实。

公：你认为你的行为构成何罪？

被：抢劫罪。

公：案发当天你在干什么？

被：我在上网打游戏。

公：你是否经常上网？

被：是的，家里没有电脑，于是我经常上网吧。

公：你当时为何会找被害人？目的是什么？

被：当时只是想弄点钱，被害人是我的网友，又正好在网上所以想到他那里弄钱。

公：你对被害人干了什么？

被：我把他叫出来，问他要钱。

公：是拉出来，还是叫出来。

被：拉出来，他不肯跟我走。

公：出来后你对他干了什么？

被：我打了他两个耳光，还踢了他几下。

公：他有没有反抗？

被：没有。他很害怕。

公：你是否对被害人搜身？

被：搜了。共搜到 500 元钱。

公：你是怎么用这 500 元钱的？

被：100 元支付了上网的钱，200 元买了两包烟和珍珠奶茶，还剩 200 元没有花出去，放在了家里。

公：你是否知道被害人身上有钱？

被：不知道，我不认识他，但看他的穿着想他一定有钱。因为他穿了一身名牌。

公：和你一起抢钱的还有谁？

被：没有了。

公：王××和邓××你是否认识？

被：认识，他们是我的同学，但那天他们走了。

公：他们什么时候走的？

被：在我叫被害人出来之后走的。

公：他们有没有参与打被害人？

被：没有。

公：审判长，我没有问题了。

审：下面进行法庭举证，先由公诉人举证，并就证据的来源和证明力做简要评析。

公：[宣读被告人供述笔录节录（2020 年 3 月 31 日）。]（略）

审：被告人、被告人法定代理人及辩护人有无异议？

被：没有。

被代：没有。

辩：没有。

审：公诉人继续举证？

公：（宣读被告人法定代理人的笔录。）（略）

审：被告人及其辩护人有无异议？

被：没有。

辩：从笔录中可以看出，被告人以前学习成绩还是不错的，只是在迷恋网络游戏后才在品行上有改变。

审：公诉人继续举证？

公：［宣读被害人张××的笔录（笔录5）。］（略）

审：被告人、被告人法定代理人及辩护人有无异议？

被：没有。

辩：从笔录中看出，被告人一开始并不是强行把被害人拉出网吧的。

审：公诉人继续举证？

公：（宣读证人王××的笔录。）（略）

审：被告人、被告人法定代理人及辩护人有无异议？

被：没有。

被代：没有。

辩：没有。

审：公诉人继续举证？

公：（宣读证人邓××的笔录。）（略）

审：被告人、被告人法定代理人及辩护人有无异议？

被：没有。

被代：没有。

辩：没有。

审：公诉人继续举证？

公：（宣读证人王×的笔录。）（略）

审：被告人、被告人法定代理人及辩护人有无异议？

被：没有。

被代：被告人是学生，一看就知道了，网吧老板明知道他是学生还让他进入，其实在这件事上网吧老板也有过错。

辩：没有。

审：公诉人继续举证？

公：出示学生证。（法警出示）

审：被告人、被告人法定代理人及辩护人有无异议？

被：没有。

被代：没有。

辩：没有。

审：公诉人继续举证？

公：（宣读案发经过。）（略）

审：被告人、被告人法定代理人及辩护人有无异议？

被：没有。

被代：没有。

辩：没有。

审：公诉人继续举证？

公：报告审判长，举证完毕。

审：辩护人有无问题要发问？

辩：被告人，你在见到被害人的时候是否想打他？

被：不想，只是想吓吓他，他比我小得多，我想他也许会自觉地拿出钱来。

辩：审判长，我没有问题发问了。

审：被告人、被告人代理人及辩护人对全案有无证据提供？

被：没有。

被代：没有。

辩：没有。

审：法庭事实调查结束，下面进行法庭辩论。首先由公诉人发表公诉意见。

公：本院指控被告人赵××构成抢劫罪，证据来源合法，具有证明力。被告人赵××以非法占有为目的，以暴力、胁迫的方法抢劫他人财物，数额为500元，其行为已触犯《中华人民共和国刑法》第二百六十三条，犯罪事实清楚，证据确实充分，应当以抢劫罪追究刑事责任。被告人系未成年人，根据《中华人民共和国刑法》第十七条第四款的规定，应当从轻或减轻处罚。公诉人认为，对被告人应处一年以上三年以下的有期徒刑。请法庭依法审判。

审：被告人自行辩护。

被：我知道错了，希望法庭给我个机会。

审：辩护人发表辩护意见？

辩：辩护人对公诉人指控的被告人的基本犯罪事实不持异议，但辩护人认为，被告人抢劫行为并未造成严重后果，其只是利用了自己与被害人相比身高上的优势，以此来威胁被害人，与一般的抢劫行为有所区别，另外，被告人系未成年人，还是在校学生，这次的行为也系初犯，无论是从法律规定还是从保护未成年人的身心发展来看，都不应当对被告人的行为定为犯罪。请求法庭判令被告无罪。

公：被告人虽为未成年人，但已年满十四周岁，根据《中华人民共和国刑法》规定，年满十四周岁不满十六周岁的人犯抢劫罪的应当负刑事责任，本案中被告人的行为明显具有暴力性质，其主观上又有非法强行抢劫他人财物的故意，客观上又实施了一定的暴力行为，使被害人不敢反抗，其行为性质已具有抢劫罪的构成要件，所以公诉人认为对被告人应当以抢劫罪定罪处罚，至于行为后果的严重程度系量刑的依据，不应当作为定性的标准。

辩：根据《最高人民法院关于审理未成年人刑事案件具体应用法律若干问题的解释》规定，“已满十四周岁不满十六周岁的人使用轻微暴力或者威胁，强行索要其他未成年人随身携带的生活、学习用品或者钱财数量不大”，可以不认为犯罪。本案中，被告人的行为显著轻微，如果定性为犯罪，将影响到被告人一生的发展前途。所以希望法庭能予以充分考虑。

审：公诉人有无新的意见？

公：坚持刚才的意见，没有新意见。

审：被告人及其法定代理人是否同意辩护意见？

被：同意。

被代：同意。

审：双方有何补充？

公：没有。

辩：没有了。

审：法庭辩论终结，根据法律规定，被告人有最后陈述的权利，被告人可做最后的陈述。

被：请求法庭给我个机会，我一定好好学习，不再迷恋网络游戏了。我也愿意给被害人赔礼道歉。

审：下面休庭（敲法槌）。进行合议庭评议。

（法警把被告人带下去。）

审：（敲法槌）下面继续开庭。

（法警把被告人带上法庭。）

审：经过合议庭评议，下面对被告人陈××抢劫罪一案进行宣判。

书：全体起立。

审：（宣读判决书。）（略）

审：被告人是否听清？是否有异议？

被：听清。无异议。

审：被告人赵××，法庭考虑到你是初犯，且行为显著轻微，而你本人认罪态度较好，也有悔过自新的要求，故对你的行为不以犯罪论处，但你的行为与一个学生的身份是极不相符的，我国政府明文规定“未成年人不得进入网吧、歌厅等营业性场所”，你的行为虽然不是犯罪，但确实违反了有关法律、法规的规定。青年人应以学业为重，网吧是现今青少年犯罪最集中的场所也是滋生地，希望今后你能吸取教训，正确认识自己的行为，摆正自己的人生观、价值观，做个有用青年。如果屡教不改，等待你的将是法律的严惩。是否听清？

被：听清。

公：被告人赵××，对于你的行为法庭并未以犯罪定罪处罚，公诉人考虑到你将来的发展，对法庭的判决表示同意。但对于你的行为，公诉人认为是你平时一贯对自己放松要求的结果，希望你今后远离网吧等场所，认真学习，做一名有用的青年。是否听清？

被：听清。

审：被告法定代理人，今后希望你们对赵××严加管教，多关心孩子的学习、生活，引导他们向正确的方向发展，尽到做父母应有的责任，如果再发现被告人有违法犯罪行为，本庭将要求对他进行法律惩处，是否听清？

被代：听清。

公：被告人法定代理人赵×，作为孩子的家长，对于孩子的身心教育起着极其重要的作用，赵××的所作所为在一定程度上也是你们疏于管教的结果，希望你们吸取这次的教训，对于赵××平时的行为多加注意，引导他走向正确的人生道路，尽好做法定代理人的责任和义务。是否听清？

被代：听清。

审：被告人及其法定代理人还有何意见？

被：对这次的行为我已经充分地认识到了我的错误，感谢法庭对我的宽大处理，我保证今后一定吸取教训，不再进入网吧等营业性娱乐场所，认认真真学习，争取用自己的实际行动做一个合格的中学生。

被代：谢谢法庭的宽大处理，我们今后一定严加管教赵××，给予其家庭的关爱。不再让他远离家庭的教育，从这件事中我们也要吸取教训。

审：今天的庭审到此结束，庭后公诉人、被告人及其法定代理人、辩护人应当阅看笔录，如果没有异议应当签字。闭庭（敲法槌）。

被告人　赵××

审判长　刘××

书记员　胡××

特别提示

要制作好法庭笔录，应当注意以下几个问题。

（1）查阅案件材料，熟悉案情。熟悉案情是保证记录准确、迅速的首要条件，否则容易把当事人的姓名、住址以及与案件有关的科学术语记错，或遗漏、记错一些重要情节。因此，在开庭前，书记员应当查阅案卷材料，掌握案情重点，了解犯罪时间、地点、动机、目的、手段和后果，对于难记的，可以摘记下来，供记录时参考，避免因音同字不同而发生差错。开庭前，书记员应与审判员交换有关案件审讯的意见，熟悉审讯提纲，了解当庭审讯的要点、重点和审讯意图。必要时，书记员可以主动提示审判员让当事人（或他人）重述。

（2）注意原意，掌握记录的要点和重点。书记员要把审讯中每一句话一字不漏地记录下来是不大可能的，因此，在不违背当事人原意的前提下，可以把与案件无关的话略去，将与案件有关的都尽量详细记录下来。特别是案件中的时间、地点、姓名、财产数字等均应准确记录。对于当事人在法庭上的特殊表情，如哭、笑、低头不语、踌躇思考、支吾等，都应予以记录，这样才能全面地反映法庭活动情况。

（3）笔录头页的格式中有审判庭组成人员的姓名、当事人的姓名、交代的诉讼权利及法庭准备阶段的程序事项等固定内容，书记员可预先填好，以免临庭多占时间。另外，为了加快记录速度，跟上法庭的问答，可采用“?”“:”的符号取代问和答的文字。使用这种符号时，必须记清楚是谁的发问。如审判员发问即写成“审?”，陪审员发问即写成“陪?”，当事人回答，可写成“原:”或“被:”。

（4）笔录字迹力求清楚，文句要通顺，标点符号要正确，不写错别字。闭庭后，应及时检查、整理，改错补漏。

二、合议庭评议笔录

（一）合议庭评议笔录的概念

合议庭评议笔录，也称“评议笔录”。是人民法院合议庭在审理案件辩论终结，被告人最后陈述完毕，合议庭组成人员退庭，按照民主集中制原则，依法对案件进行评议时所作的记录。它是全面、完整、准确反映合议庭对案件的认定和处理意见的书面依据，也是制作判决书的依据。

（二）合议庭评议笔录的要素内容和制作方法

合议庭评议笔录由以下几个部分组成：

（1）案由。

（2）评议的时间、地点和组成人员。

（3）记录人：书记员姓名。

（4）评议的实质内容，包括：

A. 关于案情的认定；

B. 经过庭审，被告人被指控的事实、列举的证据等是否属实，有无出入；

C. 被告人的行为是否构成犯罪，如已构成犯罪，犯罪的性质是什么，应定何罪；

D. 是否给予刑罚处罚，有无从重或者从轻、减轻以至免刑的情节；

E. 应适用何种刑罚，有无附加刑，是否数罪并罚，刑期的确定（包括有无缓刑）等；

F. 附带民事诉讼应如何处理；

G. 适用法律的条款和理由；

H. 赃款、赃物的处理。

（5）合议庭成员分别在评议笔录上签名。

合议庭笔录的制作应当高度准确、全面。对于评议过程中的分歧意见，必须详细记载。

（三）合议庭评议笔录的写作格式

××××人民法院

合议庭评议笔录

案由：×××

评议时间：××××年××月××日××时××分至××时××分

评议地点：

参加人：审判长××，审判员××，××

记录人：书记员×××

评议记录如下：

…………

[注：(1) 本笔录刑、民通用。

(2) 本笔录结尾处应由合议庭成员分别签名。]

病文诊疗

【原文】

××市××区人民法院

合议庭评议笔录

案由：王×肖、王墨×故意杀人（未遂）一案

评议时间：2021 年 5 月 10 日

评议地点：××市××区人民法院第一庭

记录如下：

审判长（周×）：现在我们就王×肖、王墨×故意杀人（未遂）一案进行审判。本

案的大致情况大家都清楚，我也不再做过多的陈述。就我个人对此案的分析，我认为公诉人控告王×肖、王墨×父子犯故意杀人（未遂）的罪名不能成立，支持被告辩护人主张的故意伤害罪名。其原因在于公诉人提供的证据不足，事实认定不清楚。从公诉人提供的各个证据来看，不能排除合理的怀疑，与此同时，被告人提供的证据较公诉人的证据更有可信度。

审判员（许×）：我认为公诉人指控王×肖、王墨×父子犯故意杀人罪（未遂）的证据充分、认定事实正确。本案的争议点在于王×肖、王墨×到底是故意杀人还是故意伤害。当王×肖拿起石头砸向被害人后试了他有无呼吸，证实他还是有气息的，就继续向他拳打脚踢，其实这就有力地证明了他主观上有想把已经受伤的被害人杀死的动机；而且王×肖明知其子患有急性应激障碍的精神病，他利用其子的患病作案优势来杀害被害人。由以上两点，完全符合故意杀人的主观构成要件，因此我支持公诉人的指控。

人民陪审员（李×）：我认为公诉人指控的王×肖、王墨×父子犯故意杀人（未遂）罪名不成立，原因是其证据不足、提供的事实认定不清楚。而被告的辩护人提供的证据证明王×肖、王墨×父子当时是故意伤害而非故意杀人致人重伤，王×肖过于自信当时会有人员救助被害人，而且事后想去医院探看伤者的病情，王墨×则处于间歇性精神病的发病期，当时属于限制责任能力人，主观上并没有杀人的故意。所以我判定王×肖父子属于故意伤害罪更合情合法。

审判长（周×）：根据刚才的讨论，依据少数服从多数的原则，认定被告人王×肖、王墨×父子犯故意伤害致人重伤罪。鉴于被告人是初犯且犯罪后积极地筹集医疗费来救助被害人并有自首情节，故对其所犯罪行酌情从轻处罚。公诉机关指控的罪行事实存在，但认定的罪名有误。辩护人认定的关于被告人认罪态度良好且有悔罪表现，请求从轻处罚的建议予以采纳。

审判长　周×

审判员　许×

人民陪审员　李×

【简析】

该笔录缺少了评议具体时间起止，以及“参加人”和“记录人”，格式不完整。

【修改文】

××市××区人民法院

合议庭评议笔录

案由：王×肖、王墨×故意杀人（未遂）一案

评议时间：2021 年 5 月 10 日××时××分至××时××分

评议地点：××市××区人民法院第一庭

参加人：审判长周×，审判员许×，人民陪审员李×

记录人：金×

记录如下：

审判长（周×）：现在我们就王×肖、王墨×故意杀人（未遂）一案进行审判。本案的大致情况大家都清楚，我也不再做过多的陈述。就我个人对此案的分析，我认为公诉人控告王×肖、王墨×父子犯故意杀人（未遂）的罪名不能成立，支持被告辩护人主张的故意伤害罪名。其原因在于公诉人提供的证据不足，事实认定不清楚。从公诉人提供的各个证据来看，不能排除合理的怀疑，与此同时，被告人提供的证据较公诉人的证据更有可信度。

审判员（许×）：我认为公诉人指控王×肖、王墨×父子犯故意杀人罪（未遂）的证据充分、认定事实正确。本案的争议点在于王×肖、王墨×到底是故意杀人还是故意伤害。当王×肖拿起石头砸向被害人后试了他有无呼吸，证实他还是有气息的，就继续向他拳打脚踢，其实这就有力地证明了他主观上有想把已经受伤的被害人杀死的动机；而且王×肖明知其子患有急性应激障碍的精神病，他利用其子的患病作案优势来杀害被害人。由以上两点，完全符合故意杀人的主观构成要件，因此我支持公诉人的指控。

人民陪审员（李×）：我认为公诉人指控的王×肖、王墨×父子犯故意杀人（未遂）罪名不成立，原因是其证据不足、提供的事实认定不清楚。而被告的辩护人提供的证据证明王×肖、王墨×父子当时是故意伤害而非故意杀人致人重伤，王×肖过于自信当时会有人员救助被害人，而且事后想去医院探看伤者的病情，王墨×则处于间歇性精神病的发病期，当时属于限制责任能力人，主观上并没有杀人的故意。所以我判定王×肖父子属于故意伤害罪更合情合法。

审判长（周×）：根据刚才的讨论，依据少数服从多数的原则，认定被告人王×肖、王墨×父子犯故意伤害致人重伤罪。鉴于被告人是初犯且犯罪后积极地筹集医疗费来救助被害人并有自首情节，故对其所犯罪行酌情从轻处罚。公诉机关指控的罪行事实存在，但认定的罪名有误。辩护人认定的关于被告人认罪态度良好且有悔罪表现，请求从轻处罚的建议予以采纳。

审判长　周×

审判员　许×

人民陪审员　李×

三、宣判笔录

（一）宣判笔录的概念

宣判笔录是人民法院在庭审调查和合议庭评议的基础上，当庭宣告或定期宣告判决时所制作的笔录。在制作这种笔录时，应当注意：当庭宣读判决书全文的，应着重记载判决结论；当庭口头宣告判决结果的，应详细、全面地记载。

（二）宣判笔录的要素内容和制作方法

（1）案由。

（2）宣判开始、结束的时间和宣判地点。

（3）合议庭组成人员。

（4）书记员姓名。

（5）出庭人员（公诉案件写明人民检察院出庭人员姓名，自诉案件写明自诉人姓名）。

（6）到庭当事人的基本情况。

（7）审判长宣告判决结果：宣读判决书全文，或口头宣告判决结果。

（8）告诉被告人上诉权利。即：上诉期限、上诉状副本份数和上诉审法院名称。

（9）审判长、书记员签名。

（三）宣判笔录的写作格式

××××人民法院

宣判笔录

案由：×××

宣判时间：××××年××月××日××时××分起至××时××分

宣判地点：×××

审判长：×××

审判员：×××，×××

书记员：×××

出庭人：×××

到庭当事人：（姓名，性别，年龄，民族，籍贯，职业，住址等）

本院受理××一案，业已审理终结，现在宣判如下：

…………

如不服，可在接到判决书第二日起×日内通过本院或直接向××人民法院提出上诉。书面上诉的，应当提交上诉状正本×份，副本×份。

当事人　×××（签名或盖章）

宣判人　×××（签名）

书记员　×××（签名）

【例文】

××市××区人民法院

宣判笔录

案由：王××盗窃一案

宣判时间：2020 年××月××日 10 时 00 分至 10 时 20 分

宣判地点：××市××区人民法院×庭

审判长：张××

人民陪审员：陈××、刘××

书记员：李××

出庭人：××市××区人民检察院检察官张××

到庭当事人：王××，男，27 岁，汉族，安徽××市人，无业，现住安徽省××市××区××街道××小区××幢××单元××室

本院受理王××涉嫌盗窃一案，业已审理终结，现在宣判如下：

根据《中华人民共和国刑法》第二百六十四条之规定，王××犯盗窃罪，判处有期徒刑三年，并处罚金一万元。

（刑期从判决执行之日起计算。判决执行以前先行羁押的，羁押一日折抵刑期一日。即自 2020 年××月××日起至 2023 年××月××日止。）

如不服本判决，可在接到判决书第二日起十日内通过本院或者直接向××中级人民法院提出上诉。书面上诉的，应当提交上诉状正本一份，副本二份。

被告人　王××（签名或盖章）

审判长　徐××（签名）

书记员　李××（签名）

【简析】

宣判笔录记录的重点应当是对被告人所判刑罚以及告诉当事人上诉权的有关情况，这份宣判笔录抓住了重点。

特别提示

宣判笔录在制作和使用时要注意以下三点：

第一，本笔录刑、民宣判通用。

第二，检察院检察长（员）出庭时，可在出庭人栏填明。当事人栏填写原告人、被告人或关系人。

第三，当事人如有律师或代理人，应分别填写明白。

第五章
律师及当事人的主要文书

刑事自诉案件、民事案件和行政案件的自诉人、原告人、上诉人、申诉人用书面形式向人民法院说明起诉、上诉或申诉请求和理由，并由此引起一审程序、二审程序以及审判监督程序发生的起诉状、上诉状、申诉状以及与之相应的答辩状等统称为诉状。诉状也是一种十分重要的诉讼文书。

第一节　刑事诉状

一、刑事诉状的概念

刑事诉状又称为刑事起诉状。它是刑事自诉案件的被害人或其法定代理人，根据事实和法律直接向人民法院控告被告人的犯罪行为，要求追究被告人刑事责任的一种文书。

刑事诉状与人民检察院提起公诉的起诉书，在法律上具有相同的性质和作用，只不过前者是以自诉人个人的名义向人民法院提出的，而后者则是人民检察院以国家的名义向人民法院提出的。按照我国法律规定，自诉人提出刑事诉状案件的范围有以下三种：(1) 告诉才处理的案件；(2) 被害人有证据证明的轻微刑事案件；(3) 被害人有证据证明对被告人侵犯自己人身、财产权利的行为应当依法追究刑事责任，而公安机关或者人民检察院不予追究被告人刑事责任的案件。

为了切实保障自诉人的合法权益，自诉人不仅可自写诉状，而且可由其法定代理人或委托律师代写诉状。

二、刑事诉状的要素内容和制作方法

刑事诉状一般由以下四个部分组成。

1. 首部

这部分应当写明下列事项：

（1）标题，写明“刑事自诉状”字样。

（2）在原告人栏内，写明自诉人的姓名、性别、年龄、民族、籍贯、职业、住址等。

（3）在被告人栏内，写明被告人的姓名、性别、年龄、民族、籍贯、职业、住址等。

原告和被告如有数人时，应分别写明其个人情况。

附带民事诉讼的，写明自诉人即附带民事原告人。

2. 请求事项

这部分应当写明被告人所犯罪罪名，如写：“控告被告人×××犯暴力干涉婚姻自由罪，请求依法判决。”

应当注意，被告人的犯罪罪名应当写得具体明确、简明扼要，严格依照我国《刑法》规定的罪名提出控告。

3. 事实和理由

这部分是刑事诉状的主要部分，是提起诉讼，请求人民法院受理案件和进行审判的重要依据。

在写作这部分时，应当抱着实事求是的态度，严格依法办事。应当如实地反映案件的本来情况，既不夸大也不缩小。写明被告人犯罪的时间、地点、动机、目的、方式、手段、行为过程和后果等。此外，还应当写明能够证明所控犯罪的证据，如证人证言、书证、物证等。对于证人，应当写明其姓名、住址、职业，以便人民法院进行调查。证据可在叙述事实经过时写明，也可在所写事实之后提供。所谓依法办事，就是在书写诉状时，诉状所反映的情况构成什么犯罪，触犯什么法条，都要依据法律的规定写清楚。

事实和理由部分可以合在一起书写，也可以分开写。

这部分写完，正文即结束，然后写“此致××人民法院”。其右下方，具状人签名或盖章，并注明具状年月日。

4. 附项

这部分按规定应写明以下事项：

（1）本状副本×份；

（2）证物×件；

（3）书证×件。

三、刑事诉状的写作格式

刑事自诉状

（刑事自诉案件起诉用）

自诉人：××（身份事项）。

被告人：××（身份事项）。

案由和诉讼请求：××××××。

事实与理由：××××××。

证据和证据来源，证人姓名和住址：××××××。

此致

××人民法院

自诉人：××

××××年××月××日

附：本诉状副本×份

病文诊疗

【原文】

刑事自诉状

自诉人：贵××，男，19××年×月×日生，汉族，××县人，××县××乡政府干部，家住该县××乡××村。

被告人：史××，女，19××年×月×日生，汉族，××县人，××县××市场××餐馆业主，家住该县柳泉镇黑沟村。

案由和诉讼请求：被告人史××涉嫌侵占罪，请依法追究其刑事责任。

事实与理由：自诉人系史××所开××餐馆之顾客。20××年×月×日下午1时许，我和同事苏××、孔××三人在被告人开办的××餐馆吃饭，不慎将内装一万元现金和几张单据的棕色皮包遗忘在饭店餐桌上。史××在收拾餐桌时，见到该包，发现内有现金，即将该包藏匿。约一个小时后我发现丢失皮包，回忆起遗忘在史××的餐馆里，即和同事三人一同返回餐馆询问。史××矢口否认拾到皮包的事实。我当面表示，如交出皮包，愿意重谢，被告人仍不承认拾到皮包。当晚，自诉人又托与被告人丈夫熟悉的潘××前去说合。史××再次否认，我无奈，遂向××县公安局报案，经公安局传讯，史××还是否认拾到皮包之事。直到第三天公安人员向史××的家人询问此事并对被告人进行教育时，史××不得已交代了自己拾包及企图占有的事实，公安机关将皮包及一万元现金等物提取并发还给了我。

自诉人认为，被告人拾得自诉人财物后将其隐匿企图占为己有，并且在自诉人和公安人员追索时百般抵赖，拒不交出，其行为触犯了《中华人民共和国刑法》第二百七十条第二款之规定，已构成侵占罪。自诉人为了维护自身的合法权益，特向你院提起诉讼，请依法判处。

证据和证据来源，证人姓名和住址：

1. 证人苏××、孔××，系自诉人同事，各书写1份证明材料，证明被告人非法侵占财物属实。苏××住××县石村乡三水村，孔××住××县石村乡平原村。

2. ××县公安局讯问笔录1份，证明被告人非法侵占自诉人财物属实。

此致

××县人民法院

自诉人：贵××

二〇××年六月二十五日

附：本自诉状副本1份

【简析】

这份自诉状符合自诉案件的范围，事实清楚，并有人证，格式符合要求。但诉讼请求不够具体。

【修改文】

刑事自诉状

自诉人：贵××，男，19××年×月×日生，汉族，××县人，××县××乡政府干部，家住该县××乡××村。

被告人：史××，女，19××年×月×日生，汉族，××县人，××县××市场××餐馆业主，家住该县柳泉镇黑沟村。

案由和诉讼请求：被告人史××涉嫌侵占罪，请（具体诉讼请求）。

事实与理由：自诉人系史××所开××餐馆之顾客。20××年×月×日下午1时许，我和同事苏××、孔××三人在被告人开办的××餐馆吃饭，不慎将内装一万元现金和几张单据的棕色皮包遗忘在饭店餐桌上。史××在收拾餐桌时，见到该包，发现内有现金，即将该包藏匿。约一个小时后我发现丢失皮包，回忆起遗忘在史××的餐馆里，即和同事三人一同返回餐馆询问。史××矢口否认拾到皮包的事实。我当面表示，如交出皮包，愿意重谢，被告人仍不承认拾到皮包。当晚，自诉人又托与被告人丈夫熟悉的潘××前去说合。史××再次否认，我无奈，遂向××县公安局报案，经公安局传讯，史××还是否认拾到皮包之事。直到第三天公安人员向史××的家人询问此事并对被告人进行教育时，史××不得已交代了自己拾包及企图占有的事实，公安机关将皮包及一万元现金等物提取并发还给了我。

自诉人认为，被告人拾得自诉人财物后将其隐匿企图占为己有，并且在自诉人和公安人员追索时百般抵赖，拒不交出，其行为触犯了《中华人民共和国刑法》第二百七十条第二款之规定，已构成侵占罪。自诉人为了维护自身的合法权益，特向你院提起诉讼，请依法判处：

1. ××××××。

2. ××××××。

…………

证据和证据来源，证人姓名和住址：

1. 证人苏××、孔××，系自诉人同事，各书写 1 份证明材料，证明被告人非法侵占财物属实。苏××住××县石村乡三水村，孔××住××县石村乡平原村。

2. ××县公安局讯问笔录 1 份，证明被告人非法侵占自诉人财物属实。

此致

××县人民法院

自诉人：贵××

二〇××年六月二十五日

附：本自诉状副本 1 份

范文评析

【例文】

刑事反诉状

反诉人（本诉被告人）：史××，女，××岁，汉族，××县人，××县××市场××餐馆业主，住××县柳泉镇黑沟村。

被反诉人（本诉自诉人）：贵××，男，××岁，汉族，××县人，××县××乡政府干部，住××县××乡××村。

反诉请求：

1. 被反诉人贵××犯诽谤罪，请人民法院依法惩处。

2. 驳回被反诉人的诉讼请求。

事实与理由：

被反诉人系反诉人××餐馆顾客。20××年×月×日下午，被反诉人与其同事在反诉人所开××餐馆就餐后将一个棕色皮包遗留在饭桌上，反诉人在收拾餐桌时发现该皮包（包中有现金一万元和几张单据），因为不知是谁遗忘的，反诉人遂将该包暂放店里等待失主领取。随后，被反诉人两次找反诉人索要钱款，反诉人因无法确认对方身份而没有将钱物交出，直到公安机关对被反诉人身份予以确认后，反诉人认为没有问题，即主动交出。不料，被反诉人在两次索要未果后，竟在××市场四处散布谣言，说反诉人开的店是黑店，甚至利用其职权之便，公然在××市场门口张贴小字报，对反诉人进行造谣中伤、污蔑陷害，胡说反诉人是“黑沟村来的黑寡妇，宰人没商量”。被反诉人的这些行为是对反诉人人格的侮辱，败坏了反诉人的名声和餐馆的信誉，尤其在××市场，造成了极坏的影响。

反诉人认为，被反诉人采取散布流言蜚语和张贴小字报等手法，捏造事实，公然对反诉人进行诽谤，情节严重，其行为触犯了《中华人民共和国刑法》第二百四十六条第一款之规定，构成诽谤罪。被反诉人的犯罪行为，侮辱了反诉人的人格，败坏了反诉人的声誉，在群众中造成了恶劣的影响，给反诉人带来了重大的伤害。因此，请人民法院从重惩处。

证据和证据来源：

1.××市场保卫部门提供的被反诉人张贴的小字报影印件1份，证明被反诉人捏造事实、侮辱诽谤反诉人的罪行属实。

2.××市场××理发店学徒李××证言1份，证明小字报为被反诉人所贴。李××暂住××市场××理发店。

此致

××县人民法院

反诉人：史××

二〇××年八月八日

附：本反诉状副本1份

【简析】

自诉案件的被告人作为被害人控诉自诉人犯有与本案有联系的犯罪行为，请求人民法院追究其刑事责任即为反诉。该反诉状层次分明，结构完整，事实和理由叙述充分，证据列举规范，值得借鉴。

特别提示

刑事自诉状供刑事自诉案件起诉用。

“自诉人”“被告人”栏，均应写明姓名、性别、出生年月日、民族、籍贯、职业或工作单位和职务、住址等项。对被告人的出生年月日确实不知的，可写其年龄。

“案由和诉讼请求”栏，应写明控告的罪名和具体的诉讼请求。

自诉状副本份数，应按被告人的人数提交。

第二节　民事起诉状

一、民事起诉状的概念

民事起诉状，又称民事诉状，是民事案件原告人或其法定代理人，为了维护民事权益，就有关民事权利和义务的争执或纠纷，向人民法院提起诉讼的书状。它是依法维护民事原告人合法权益的文书。

民事案件主要有两大类：一是婚姻家庭案件，包括离婚、抚养、赡养、扶养等方面的纠纷；二是财产权益案件，包括所有权、继承、损害赔偿、合同纠纷等方面的案件。这些案件的当事人，既可以是自然人，也可以是法人或非法人团体。这些案件的原告向人民法院提出诉讼请求时，都应当使用民事诉状。

《民事诉讼法》第一百二十二条规定，起诉必须符合四个条件：（1）原告是与本案有直接利害关系的公民、法人和其他组织；（2）有明确的被告；（3）有具体的诉讼请求和事实、理由；（4）属于人民法院受理民事诉讼的范围和受诉人民法院管辖。只有这四个条件同时具备，法院才受理。

《民事诉讼法》第一百二十七条还规定了分别予以处理的情况，并在第一百二十四条中规定了诉状应当记明的事项，其中未规定“籍贯”一项，因此，在民事诉状中，可以不写当事人的籍贯。

二、民事起诉状的要素内容和制作方法

民事起诉状分为首部、正文、尾部（含附项）三部分。

1. 首部

依次写明下列事项。

（1）文书名称。在上部正中写“民事诉状”或“民事起诉状”。

（2）原告的身份事项。

原告是具有民事行为能力的公民，可根据需要写明姓名、性别、年龄、民族、职业、工作单位和住所、联系方式等。

原告是未成年人的，应在原告人下一项写明法定代理人及其姓名、性别、同原告的关系。

原告是法人或者其他组织的则写单位全称、住所等。下一项写明法定代表人姓名、职务等。如法定代表人有委托代理人的，在下一项写明委托代理人及其身份事项。

（3）被告的身份事项。同原告各项。

2. 正文

诉状的主体部分，包括下列各项。

（1）诉讼请求。是起诉人请求人民法院解决民事权益的具体事项，即起诉人所要达到的目的要求。要求写得明确、具体、合法、相对固定。即应当“四要四不要”：一要明确，不要含糊；二要具体，不要笼统；三要合理合法，不要提无理要求；四要相对固定，不要任意变换。对诉讼请求，在起诉时要慎重、周密考虑，力求周到，没有遗漏。在立案后，对诉讼请求如确有不实、不全、不确切之处，可以变更或提出新的请求。

此外，如有必要申请财产保全（即诉讼保全）或者先行给付的，应作为独立的一项要求提出来。如在立案后才提出诉讼保全或先行给付，则应另写申请书。

（2）事实。是指双方争议的事实或被告侵权的事实及其证据。案情事实的具体内容包括：当事人之间的法律关系，纠纷的发生发展过程，争执的焦点和具体内容，被告应承担的责任。如原告自己有一定责任，亦应提及，不能把过错完全推给被告。

叙述事实应当“六要六不要”：一要和诉讼请求一致，不要相互矛盾；二要写得具体清楚，不要抽象空洞；三要实事求是，不要扩大缩小；四要把关键情节交代清楚，不要含糊其词；五要有理有据，不要捕风捉影；六要心平气和地摆事实，不要刻薄挖苦。

事实必须有证据来证实。所谓证据，就是证明所叙事实的真实性、可靠性的依据。它决定着诉讼的胜负。根据“谁主张，谁举证”原则，原告有举证责任。对证据的要求是：一要列举证据名称和内容，证明何事；二要说明证据的来源和可靠程度；三要写明证人的姓名、职业、住所，便于调查；四要提交证据原件或复印件。一般是先提交复印件或抄件，到开庭时才提交原件。对证据的书写，一般是在叙述事实时就随着列举证据。可在叙述事实中，用括号加以注明，这样节省笔墨；也可以叙述事实之后，单列一段来交代证据。

原告如认为证据有可能灭失或以后难以取得的情况，在起诉时可以申请证据保全。

（3）理由。在讲清楚事实之后，应概括地分析纠纷的性质、危害、结果及责任，同时提出诉讼请求所依据的法律条款，以论证诉讼请求的合理合法。理由包括两方面：一是认定案件事实的理由；二是提出法律根据的理由。引用法律条文要全面、具体，应引到条、款、项，不能只引条。书写理由应做到“三要三不要”：一要讲道理，不要强词夺理；二要提供证据，不要空口无凭；三要有针对性地引用法律条款，不要没有法律根据。

理由的书写，例如：“综上所述，（分析说明纠纷的性质，过错及危害后果），根据××法第×条第×项之规定，（说明被告应负的责任）。请求人民法院依法裁决，以实现诉讼请求。”

3. 尾部

主要依次写明各项：

（1）致送法院名称。

（2）起诉人签名盖章。

（3）起诉时间。

（4）附项。如“附：本状副本×份”，根据被告人数而定份数。如在正文中未写明证据、证人等项时，也可写在附项里，具体写为：

此致

××人民法院

起诉人：××（签名或盖章）

××××年××月××日

附：本状副本×份

起诉状如由代书人代书，应在年月日的右下角写明代书人姓名、工作单位和职务。

三、民事起诉状的写作格式

【格式1】

起诉状

（公民提起民事、行政诉讼用）

原告：×××（身份事项）。

被告：×××（身份事项）。

诉讼请求：××××××。

事实与理由：×××××××××××××。

证据和证据来源，证人姓名和住址：×××××××××××××。

此致

××人民法院

起诉人：×××

××××年××月××日

附：本诉状副本×份

【格式2】

起诉状

（法人或其他组织提起民事、行政诉讼用）

原告名称：×××。

所在地址：××××××。

法定代表人（或代表人）：×××。

被告名称：×××。

所在地址：××××××。

法定代表人（或代表人）：×××。

诉讼请求：×××××××××。

事实与理由：××××××××××××××××。

证据和证据来源，证人姓名和住址：××××××××××××××××。

此致

××人民法院

起诉人：×××

××××年××月××日

附：本诉状副本×份

病文诊疗

【原文】

民事起诉状

原告1：张×惠，男，汉族，1945年9月11日出生，身份证号码：××××，联系地址：××市××区向西路向景楼15号，联系电话：××××。

原告2：张×兴，女，汉族，1949年2月5日出生，身份证号码：××××，联系地址：××市××区向西路向景楼15号，联系电话：××××。

原告3：张×荣，男，汉族，1975年2月15日出生，身份证号码：××××，联系地址：××市××区向西路向景楼15号，联系电话：××××。

被告：张×贤，男，汉族，1973年7月9日出生，英国护照：××××，联系地址：××市××区××上村82号A座×室，联系电话：××××。

诉讼请求：

1. 请求确认2017年3月9日签订的《关于父子合资建筑房屋的分配协议》及《补充协议》无效。

2. 请求法院撤销被告与新旺实业发展（××）有限公司签订的《××××旧村改造拆迁安置赔偿协议》。

3. 请求法院依法判决被告承担本案的诉讼费用。

事实与理由：

2017年3月9日，原告1、原告2、原告3与被告签订了《关于父子合资建筑房屋的分配协议》，协议内容：2007年3月9日张×惠与儿子张×贤因合资共建上村82号A座房屋分配而引起纠纷，并到××居委会要求调解。经居委会调解得知当时合资情况：张×惠出资人民币柒拾万元整，儿子张×贤出资人民币陆拾贰万元整。经居委会与××股份有限公司张××等人调解后，现双方一致达成共识并议定：一楼、二楼、四楼、六楼、801室、802室分配给父亲张×惠，三楼、五楼、七楼、803室及上村旧屋266号房屋经张×惠与张×兴同意分配给儿子张×贤。原告与被告的合资建房，虽然冠以父子合资建筑房屋的分配协议，但审查协议内容，并结合案件事实进行分析，该协议符合合资建房的法律特征，2017年3月12日，双方又达成《补充协议》，双方约定：双方因××上村82号A座房屋产权一事，已于2017年3月9日在××社区调解委员会和××股份有限公司张××的调解下达成了《关于父子合资建筑房屋的分配协议》。现为防止日后某一方产权人因其他原因重提以上房屋的产权之争，双方经充分协商再次在××社区调委会的工作人员主持下，双方自愿达成以下《补充协议》：

1. 张×惠与张×兴夫妇自愿将自己名下拥有的××上村82号A座一楼、二楼、四楼、六楼以及八楼的801、802室的房屋（详见《关于父子合资建筑房屋的分配协议》）以现金英镑柒万伍仟元折价给本人亲生儿子张×贤名下所有。

2. 张×贤应于2017年5月31日前将折价款现金英镑柒万伍仟元支付给父亲张×惠与母亲张×兴夫妇名下，张×惠与张×兴夫妇收款后应出具收据且自收到此款后从此不再对个人名下的房屋产权提出异议，××上村82号A楼全栋房屋的产权全部归本人亲生儿子张×贤名下所有。

附加条件：双方折价房屋款付清后，本协议正式生效，此补充协议一式五份。

但协议签订之后，被告未履行付款义务，且与原告1和原告2断绝父子母子关系，不履行对原告的照顾义务，原告1与原告2已经近八十岁，生活全部靠原告3的悉心照顾，后原告1与原告2立下遗嘱，将××上村266号给原告3所有。《补充协议》为《关于父子合资建筑房屋的分配协议》主合同的补充或修改，根据《补充协议》的约定，双方折价房屋款付清后，本协议正式生效，但协议签订后，被告张×贤未履行付款义务，未对××上村82号楼付款，根据约定，主合同与《补充协议》均无效。根据约定，原告1与原告2收到被告所付的款项后，不得再对××上村82号产权提出异议，这是一个附条件的约定，即如果原告1与原告2没有收到被告所付款项，有权对××上村82号产权提出异议，因在××上村82号分配中包含××上村266号的分配，故也包括有权对××上村266号提出异议。异议的法律解释为不同的意见，即表明原被告在《补充协议》中已经约定，如果被告不履行协议，则被告同意原告有权对××上村A座82号的分配协议有不同的意见。

根据《民法典·物权编》相关规定，财产所有权的取得，不得违反法律规定，没有合法的建设手续，不享有物权，既然该建造行为违法，被告无法进行初始登记，也就无法对其进行处分，或者说，其处分不发生物权效力。根据《民法典·合同编》相关规定，在违反法律、行政法规的强制性规定时，合同无效，被告实施的合资建筑房屋的法律行为，因违反了法律、行政法规的强制性规定，合资建筑的口头协议无效，建筑房屋的法律行为也无效。既然建造人对违章建筑不享有所有权，权利都不存在又如何能够分配呢？违法建筑不是合法的财产，法律不予保护，因此不能作为财产进行分配。因此《关于父子合资建筑房屋的分配协议》应该无效，《关于父子合资建筑房屋的分配协议》中包含着266号房屋的分配也应该是无效，2021年9月27日××市××股份有限公司出具《房屋产权证明》，证明××上村266号的所有权人仍然是张×惠。因此法院应撤销被告与新旺实业发展（××）有限公司签订的《××××旧村改造拆迁安置赔偿协议》，当事人确认合同无效的请求，不受诉讼时效期间的限制。

因此原告特向法院提起民事诉讼，请求判决如下：

1. 请求确认2017年3月9日签订的《关于父子合资建筑房屋的分配协议》及《补充协议》无效。

2. 请求法院撤销被告与新旺实业发展（××）有限公司签订的《××××旧村改造拆迁安置赔偿协议》。

3. 请求法院依法判决被告承担本案的诉讼费用。

此致

××市××区人民法院

具状人：×××

二〇二二年六月四日

附：本起诉状副本1份

【简析】

该诉状缺乏证据支持，应拿出《关于父子合资建筑房屋的分配协议》及《补充协议》《××××旧村改造拆迁安置赔偿协议》等相关证据，增强说服力。

【修改文】

民事起诉状

原告1：张×惠，男，汉族，1945年9月11日出生，身份证号码：××××，联系地址：××市××区向西路向景楼15号，联系电话：××××。

原告2：张×兴，女，汉族，1949年2月5日出生，身份证号码：××××，联系地址：××市××区向西路向景楼15号，联系电话：××××。

原告3：张×荣，男，汉族，1975年2月15日出生，身份证号码：××××，联系地址：××市××区向西路向景楼15号，联系电话：××××。

被告：张×贤，男，汉族，1973年7月9日出生，英国护照：××××，联系地址：××市××区××上村82号A座×室，联系电话：××××。

诉讼请求：

1. 请求确认2017年3月9日签订的《关于父子合资建筑房屋的分配协议》及《补充协议》无效。

2. 请求法院撤销被告与新旺实业发展（××）有限公司签订的《××××旧村改造拆迁安置赔偿协议》。

3. 请求法院依法判决被告承担本案的诉讼费用。

事实与理由：

2017年3月9日，原告1、原告2、原告3与被告签订了《关于父子合资建筑房屋的分配协议》，协议内容：2017年3月9日张×惠与儿子张×贤因合资共建上村82号A座房屋分配而引起纠纷，并到××居委会要求调解。经居委会调解得知当时合资情况：张×惠出资人民币柒拾万元整，儿子张×贤出资人民币陆拾贰万元整。经居委会与××股份有限公司张××等人调解后，现双方一致达成共识并议定：一楼、二楼、四楼、六楼、801室、802室分配给父亲张×惠，三楼、五楼、七楼、803室及上村旧屋266号房屋经张×惠与张×兴同意分配给儿子张×贤。原告与被告的合资建房，虽然冠以父子合资建筑房屋的分配协议，但审查协议内容，并结合案件事实进行分析，该协议符合合资建房的法律特征，2017年3月12日，双方又达成《补充协议》，双方约定：双方因××上村82号A座房屋产权一事，已于2017年3月9日在××社区调解委员会和××股份有限公司张××的调解下达成了《关于父子合资建筑房屋的分配协议》。现为防止日后某一方产权人因其他原因重提以上房屋的产权之争，双方经充分协商再次在××社区调委会的工作人员主持下，双方自愿达成以下《补充协议》：

1. 张×惠与张×兴夫妇自愿将自己名下拥有的××上村82号A座一楼、二楼、四楼、六楼以及八楼的801、802室的房屋（详见《关于父子合资建筑房屋的分配协议》）以现金英镑柒万伍仟元折价给本人亲生儿子张×贤名下所有。

2. 张×贤应于2017年5月31日前将折价款现金英镑柒万伍仟元支付给父亲张×惠与母亲张×兴夫妇名下，张×惠与张×兴夫妇收款后应出具收据且自收到此款后从此不再对个人名下的房屋产权提出异议，××上村82号A楼全栋房屋的产权全部归本人亲生儿子张×贤名下所有。

附加条件：双方折价房屋款付清后，本协议正式生效，此补充协议一式五份。

但协议签订之后，被告未履行付款义务，且与原告1和原告2断绝父子母子关系，不履行对原告的照顾义务，原告1与原告2已经近八十岁，生活全部靠原告3的悉心照顾，后原告1与原告2立下遗嘱，将××上村266号给原告3所有。《补充协议》为《关于父子合资建筑房屋的分配协议》主合同的补充或修改，根据《补充协议》的约定，双方折价房屋款付清后，本协议正式生效，但协议签订后，被告张×贤未履行付款义务，未对××上村82号楼付款，根据约定，主合同与《补充协议》均无效。根据约定，原告1与原告2收到被告所付的款项后，不得再对××上村82号产权提出异议，这是一个附条件的约定，即如果原告1与原告2没有收到被告所付款项，有权对××上村82号产权提出异议，因在××上村82号分配中包含××上村266号的分配，故也包括有权对××上村266号提出异议。异议的法律解释为不同的意见，即表明原被告在《补充协议》中已经约定，如果被告不履行协议，则被告同意原告有权对××上村A座82号的分配协议有不同的意见。

根据《民法典·物权编》相关规定，财产所有权的取得，不得违反法律规定，没有合法的建设手续，不享有物权，既然该建造行为违法，被告无法进行初始登记，也就无法对其进行处分，或者说，其处分不发生物权效力。根据《民法典·合同编》相关规定，在违反法律、行政法规的强制性规定时，合同无效，被告实施的合资建筑房屋的法律行为，因违反了法律、行政法规的强制性规定，合资建筑的口头协议无效，建筑房屋的法律行为也无效。既然建造人对违章建筑不享有所有权，权利都不存在又如何能够分配呢？违法建筑不是合法的财产，法律不予保护，因此不能作为财产进行分配。因此《关于父子合资建筑房屋的分配协议》应该无效，《关于父子合资建筑房屋的分配协议》中包含着266号房屋的分配也应该是无效，2021年9月27日××市××股份有限公司出具《房屋产权证明》，证明××上村266号的所有权人仍然是张×惠。因此法院应撤销被告与新旺实业发展（××）有限公司签订的《××××旧村改造拆迁安置赔偿协议》，当事人确认合同无效的请求，不受诉讼时效期间的限制。

证据和证据来源：

…………

因此原告特向法院提起民事诉讼，请求判决如下：

1. 请求确认2017年3月9日签订的《关于父子合资建筑房屋的分配协议》及《补充协议》无效。

2. 请求法院撤销被告与新旺实业发展（××）有限公司签订的《××××旧村改造拆迁安置赔偿协议》。

3. 请求法院依法判决被告承担本案的诉讼费用。

此致

××市××区人民法院

具状人：×××

二〇二二年六月四日

附：本起诉状副本1份

范文评析

【例文1】

民事起诉状

原告：童××，男，1980年×月×日出生，现居住于××市××区学院路×号。

原告：张×妨，女，1978年×月×日出生，现居住于××市××区学院路×号。

被告：张×方，男，1974年×月×日出生，现居住于××市××区莲花池东路甲×号院×号楼×室。

诉讼请求：

1. 请求判令解除原被告双方签订的《××市存量房屋买卖合同》。

2. 请求判令被告返还支付的十万元定金，并支付20%的违约金。

3. 本案诉讼费用由被告承担。

事实与理由：

2021年7月26日，原告与被告签订《××市存量房屋买卖合同》（见证据1），被告将位于××市××区××路13号B单元1602号房屋出售给原告，房屋成交价为人民币三百五十五万元。买房支付定金十万元（见证据3）。在原告办理户口迁入手续时，发现该房屋无法落户。而被告已将原房屋出售并将户口迁出。根据合同附件八的规定，被告在签订合同时并没有如实告知该房屋无法落户，没有如实履约，违反了合同的附随义务。

原告为了维护自身的合法权益，特诉至贵院，请求判令：解除原被告双方签订的《××市存量房屋买卖合同》；被告返还原告支付的十万元定金并按合同规定支付20%的违约金；被告承担诉讼费用。恳请支持原告的诉讼请求，以维护原告的合法权益不受非法侵害。

证据和证据来源：

1. 原被告签订《××市存量房屋买卖合同》1份。

2. 《××市存量房屋买卖合同》附件及补充协议1份。

3. 买方支付十万元定金收条一份。

此致

××市××区人民法院

起诉人：童××　张×妨

二〇二二年三月十一日

附：本诉状副本1份

【简析】

这份起诉状，诉讼请求明确、具体，事实叙述清楚；当事人双方的法律关系明确；理由充分，并提供了证据；文字简明扼要。

【例文2】

民事起诉状

原告：王××，女，汉族，1987年×月×日出生，住××市××区××村××里

×号×楼×室。联系方式：××××。

委托代理人：曾××律师，联系方式：××××。

被告：滑××，男，汉族，1983年×月×日出生，住××市××区××村××里×号×楼×室，联系方式：××××。

案由：离婚纠纷。

诉讼请求：

1. 请求判决原告与被告离婚；

2. 请求依法分割位于××市××区××村××里×号×楼×室的房屋（双方前期曾商定由原告给予被告一次性补偿房屋差价人民币伍拾万元整后，房屋所有权归原告）；

3. 请求依法判处登记在原告名下位于××区××街××号院××幢××层××号的车位所有权归原告；

4. 请求判决原、被告双方婚前各自财产归各自所有，原、被告双方各自私人生活用品及首饰归各自所有；

5. 请求判决原、被告双方各自名下的银行卡存款归各自所有，不再进行分割；

6. 请求判决由被告承担本案诉讼费用。

事实与理由：

原告王××与被告滑××于2013年在网上结识相恋，后原、被告双方于2014年10月20日××市××县民政局登记结婚。婚后被告母亲多次干涉夫妻日常生活，包括但不仅限于对原告进行辱骂、劝夫妻双方尽快离婚等情况，被告作为丈夫在这种情况下却拒绝沟通协调，对原告实施各类冷暴力，还曾因双方口角砸坏原告手机一部（有公安机关出警记录为证）。原告长期以来遭受了巨大的精神压力，认为双方感情确已破裂，遂于2021年7月开始与被告沟通进行协议离婚并达成了相关离婚协议，但在履行离婚协议过程中原、被告双方就房产分割事宜发生了争议，被告态度强硬、拒绝沟通，致使离婚进程停滞不前，原告只得借款还贷，不堪重负，遂向贵院起诉离婚。

综上，原、被告双方感情确已破裂，并无和好可能，特向贵院提起诉讼，请依法判处！

此致

××市××区人民法院

起诉人：王××

二〇二一年八月二十一日

【简析】

离婚诉状，应当写明婚姻基础和感情状况、有无子女（案中双方并无子女）和如何扶养、财产状况和如何分割、住房等四方面的问题。本诉状对这些问题写得简明扼要。

【例文 3】

民事起诉状

原告：×××通讯电子技术有限公司。

住所地：××省××市××区××路 102 号 207 室。

法定代表人：王××，董事长。

被告：××电××技术开发有限公司。

住所地：××省××市××路××号。

法定代表人：李××，董事长。

诉讼请求：

1. 请依法判决被告履行合同，付清所欠货款；

2. 请依法判决被告按合同履行约定支付催款费用、欠款利息、违约金；

3. 本案全部诉讼费用由被告承担。

事实和理由：

2014 年 5 月至 10 月，××电××技术开发有限公司（以下简称电××公司）多次从我公司采购产品，其所购总额为 213 050 元，10 月 20 日曾电汇还款 20 000 元，现所欠余额为 193 050 元（大写：壹拾玖万叁仟零伍拾元整）至今尚未付清。

从 2014 年 5 月至 10 月，电××公司向我公司采购产品，所签订合同共 13 份，签订金额 213 050 元，我公司均已发货，具体明细可见于所附对账单。按照双方合同约定，付款周期不超过 20 天，供货周期为 7～15 天。

5 月 23 日，我公司将已发货物增值税专用发票×××给电××公司，6 月初电××公司提出发票上有文字错误，要求调换发票，我公司即重开发票并派员工于×送到电××公司办公室。

6 月 25 日，我公司收到电××公司 CWHZHT04007057 号采购合同，我公司经考虑进行了发货。

此后，电××公司又少量多次向我公司发出订单，我方均积极配合，及时发货。以上事实均有购销合同及对账单可证明。

我公司的发货渠道有三种：一是通过电××公司在××上城区设立的办事处交货；二是通过中诚快递交货，有快递凭证；三是通过××东站的长途汽车带货。发货的次数及数量均可查证。

我公司曾多次以各种渠道向电××公司进行催款，但都索要未果，且电××公司缺乏诚意合作的态度。现有催款函 2 份以证明我公司积极行使权利。

11 月 24 日、12 月 6 日，我公司总经理王××两次到电××公司为欠款事项商谈，电××公司提出货款下浮 12%的要求，现有 2014 年 11 月 30 日要求×××通讯电子技术有限公司所有产品降价 12%的函 1 份予以证明。

为此，根据《中华人民共和国民事诉讼法》的有关规定，请求贵院依法确认双方所签订合同的法律效力，判令被告履行合同，全额支付所欠款项，并赔偿我公司由此带来的损失，包括欠款利息及违约金。请求贵院支持。

此致

××市××区人民法院

起诉人：×××通讯电子技术有限公司

二〇一四年十二月十八日

附：(1) 购销合同14份（其中按订立时间的先后顺序，1～7份为同一格式合同文本，8～14份为同一格式合同文本）；

(2) 对账单2份；

(3) ××增值税专用发票4份；

(4) ×××通讯电子技术有限公司催款函2份；

(5) 2014年11月30日要求×××通讯电子技术有限公司所有产品降价12%的函1份；

(6) 中诚快递交货存根4份。

【简析】

经济纠纷起诉状，在首部应写明原告的企业性质、经营范围、营业执照、开户银行和账号等，但在实践中，对这些项目也可另行提供，而不写在诉状中。本诉状叙述事实清楚，矛盾焦点突出。

特别提示

制作民事起诉状应该注意以下几点：

(1) 主体要适格。根据《民事诉讼法》相关规定，原告必须与本案有直接利害关系，因此，一定要注意诉讼主体的资格，即便当事人为无民事行为能力人，其监护人也不能取而代之。由此可见，对原告的身份说明一定要准确详细，特别是关系到原告主体是否适合的年龄问题。

(2) 在事实与理由方面，事实叙述要详细具体，重点突出，以便使法官对案情有明晰的了解；说理要有理有据，合理合法，论证有力。

(3) 法院的管辖权问题。起诉状最终要递至法院，因此，为了尽可能节省诉讼成本，缩短诉讼时间，争取对自己更有利的判决，一定要注意法院的管辖权问题，在选择受理法院的时候要权衡斟酌。

第三节　行政起诉状

一、行政起诉状的概念

行政起诉状，又称行政诉状，是公民、法人或者其他组织，认为行政机关及其工作人员的具体行政行为侵犯其合法权益时，依据事实和法律，向人民法院提起行政诉讼，要求裁判所提出的书面请求。

《行政诉讼法》第四十九条规定，提起行政诉讼必须符合四个条件，这与提起民事诉讼的四个条件基本相同。提起行政诉讼还要根据《行政诉讼法》第十二条规定的人民法院受理行政案件的范围。人民法院接到起诉状，经审查，应当在七日内立案或者作出裁定不予受理。原告对裁定不服的，可以提起上诉。

二、行政起诉状的要素内容和制作方法

行政起诉状的格式与民事起诉状的格式相同，这里不赘述。制作行政起诉状，应注意以下问题。

第一，要全面、正确地书写行政诉讼参加人。

当事人双方应称原告、被告，不能称为“起诉人”“应诉人”。原告包括公民、法人或者其他组织。如果有权提起诉讼的公民已死亡，其近亲属可以代为提起诉讼。如果有权提起诉讼的法人或者其他组织已终止，承受其权利的法人或者其他组织可以提起诉讼。

被告只能是行政机关。原告直接向人民法院提起诉讼的，作出具体行政行为的行政机关是被告。经复议的案件，复议机关决定维持原具体行政行为的，作出原具体行政行为的行政机关是被告；复议机关改变原具体行政行为的，复议机关是被告。两个以上行政机关作出同一具体行政行为的，共同作出具体行政行为的行政机关是共同被告。由法律、法规授权的组织作出具体行政行为的，被授权的组织是被告。由行政机关委托的组织作出具体行政行为的，委托的行政机关是被告。行政机关被撤销的，继续行使其职权的行政机关是被告。被告的法定代表人的姓名和职务，在起诉状中，可以写也可以不写。

第二，要在诉讼时效期限内向有管辖权的人民法院提交起诉状。

行政诉讼的时效期限，一般为 15 天，也有比这短或长的时间，应根据具体法律、法规而定。一审行政案件一般由基层人民法院管辖，即一般由最初作出具体行政行为的行政机关所在地人民法院管辖。经复议的案件，复议机关改变原具体行政行为的，也可以由复议机关所在地人民法院管辖。只有极少数第一审案件，如确认发明专利权的案件、海关处理的案件、对省级人民政府以上提起诉讼的案件，以及重大复杂的案

件，才由中级以上人民法院管辖。

第三，要把诉讼请求和事实根据写具体。

对被告的具体行政行为，要针对如下情况提出诉讼请求：

（1）如认为被告的行政行为所根据的主要证据不足、适用法律法规错误、违反法定程序、超越职权、滥用职权等，可以请求法院判决予以撤销或者部分撤销；

（2）对被告不履行或者拖延履行法定职责的，可以请求人民法院判决其在一定期限内履行；

（3）对行政处罚显失公允的，可以请求人民法院判决变更处罚。

叙述事实，要针对具体行政行为及其依据来写，能提出有力的反证更好。

第四，起诉状应附行政处罚决定书或行政复议决定书。

第五，其他方面参照前述民事起诉状的制作方法，不赘述。

三、行政起诉状的写作格式

行政起诉状的格式参见民事起诉状。

范文评析

【例文 1】

行政起诉状

原告：李××，男，汉族，19××年×月×日出生，住××市××区××村×号×楼×室，联系方式：××××。

委托代理人：××律师，联系方式：××××。

被告：××区××镇人民政府。

住所地：××省××市××区××镇××村××号。

法定代表人：××，镇长。

诉讼请求：

1. 请求依法确认被告强制拆除原告的养殖大棚的行为违法；

2. 请求判令被告依法赔偿原告的各项经济损失共计××元；

3. 本案诉讼费用由被告承担。

事实与理由：

原告在××省××市××区××镇××村 1901 号拥有合法所有权的住宅、养殖大棚及使用权的土地。2014 年 6 月 29 日，××区土地征收管理中心以土地征收为由，制作了针对原告的《保护性（施工）通知书》。该通知书称：为了确保基础设施及重大项目建设有序推进，特进行保护性施工（拆除）。后 2014 年 7 月 11 日，原告及家人被不法分子采取严密的控制措施，限制人身自由后，其养殖大棚被不法分子用挖掘机等工具强行推毁，导致原告损失惨重。为此原告向××区公安局报案，要求查明是谁组织并实施的强拆。可是××区公安局迟迟不予立案不予查明。为此原告一直耿耿于怀，势要查明究竟何人，在国家三令五申严禁强拆的情况下，光天化日实施强拆。但是一直不知道是被告实施的强拆。当时，原告以为是××区土地征收管理中心实施的强拆，因为2014年6月29日××区土地征收管理中心对原告下发了《保护性（施工）通知书》，所以在2014年7月11日原告的蔬菜大棚被强拆的5日后，原告立即以××区土地征收管理中心为被告，诉××区土地征收管理中心强拆违法。××市××区人民法院作出了（2014）×行初字第29号《行政裁定书》，认定××区土地征收管理中心为事业单位，不具备行政主体的资格，驳回原告的起诉。原告于2014年12月23日收到这份行政裁定书。原告不服上诉至××中级人民法院。2015年3月19日在××市中级人民法院，××市中级人民法院开庭审理了原告诉××区土地征收管理中心强拆违法一案的二审，在庭上，××区土地征收管理中心的代理律师声称××区土地征收管理中心没有实施拆除原告的养殖大棚的行为，是××镇人民政府实施的。至此，原告才恍然得知非法实施强拆其养殖大棚的原来是××镇人民政府。

为此原告曾于2015年5月12日向××区管理委员会申请行政复议，××区管理委员会于2016年3月18日作出×政复字〔2015〕3号《驳回行政复议申请决定书》。现原告认为，被告在没有履行任何合法程序的情况下，强拆原告的养殖大棚的行为严重违法，并给原告带来了巨大的经济损失，侵害了原告的合法权益。原告特根据《中华人民共和国行政诉讼法》相关规定，向贵院提起诉讼，望贵院能高屋建瓴，全面审查被告强拆原告养殖大棚的违法性，作出公正判决，切实保护原告的合法权益。

此致

××省××市××区人民法院

具状人：李××

二〇一六年四月×日

附：1. 本行政起诉状副本2份；

2. 原告身份证、土地权属证明复印件1份；

3. 报警通话记录详单1份；

4. 现场照片若干张；

5. ××区管理委员会《驳回行政复议申请决定书》（×政复字〔2015〕3号）复印件1份；

6. ××市××区人民法院（2014）×行初字第29号《行政裁定书》复印件1份；

7. ××市中级人民法院（2015）×行终字第21号《行政裁定书》复印件1份；

8. ××市中级人民法院2015年3月19日开庭笔录复印件1份。

【例文 2】

行政起诉状

原告：张×，男，汉族，19××年××月××日出生，单位：×××，现住××市××区××路30号B座。

委托代理人：郝××，××律师事务所律师。

被告：××市××区城市交通行政执法大队。

住所地：××市××区××路778号。

法定代表人：刘××，大队长。

诉讼请求：

1. 依法判决撤销被告作出的第××号行政处罚决定；

2. 本案诉讼费用由被告承担。

事实和理由：

2019年9月8日，原告开车去单位，在元江路口等候红灯时，遇一白衣男子，该男子以自己肚子疼却打不到出租车为由恳求原告开车带他一段路，原告本着对病人的同情心及助人为乐的精神让其搭载车辆并拒绝了其两次主动提出的付费请求。当车开至北松公路转弯处，白衣男子说过了，叫原告倒车回头，原告往回倒了一些，刚一停车，此白衣男子伸手抢拔原告的车钥匙，紧接着突然冒出七八个穿制服的男子一拥而上将原告从车上拖下来并强行抢走车钥匙。这群人不容原告辩解，像抓犯人一样将原告双手反扣，卡住原告脖子推搡至一辆面包车里，同时强行搜身，搜去了原告的行驶证（后来原告取车时，被告工作人员把行驶证返还原告），并拿出一份准备好了的调查书（临时填上了原告车牌号）叫原告签字，原告拒绝签字，原告认为自己没干任何违法的事情，问对方是什么人。其中一人出示了证件却遮住证件上的名字，告诉原告他们是城市交通行政执法大队。在非法拘禁原告半小时后，他们扔给原告一纸《××区城市交通行政执法大队调查处理通知书》并将原告推下汽车，扬长而去。

被告的工作人员在原告并未非法营运的情况下，以原告擅自从事出租汽车经营为由，扣押了原告的车辆，并在扣车过程中粗暴野蛮地对原告进行人身攻击、限制原告人身自由并非法搜身。事后，原告多次向被告及其主管部门投诉，在答复原告的投诉时，被告及其主管部门存在许多与其法定职责和诚实信用原则不相符合的言行。被告未经法定程序和认真调查，在非法剥夺了原告的陈述、申辩等权利的情况下，于2019年9月14日对原告作出了第××号行政处罚决定。

原告事后得知，该事件是被告故意设计陷阱，被告雇用社会不良人员冒充犯病乘客，利用原告同情心搭载原告汽车，以便诬陷原告非法营运，被告以此为由对原告处以高额罚款，其雇用的社会不良人员也会因此而获得奖金。

原告认为，被告作出的第××号行政处罚决定，没有事实和法律依据，且程序违法，被告的行为给原告造成了巨大的财产损失和精神损害。

为此，原告依据我国《××法》第×条规定，向贵院提起诉讼，请求贵院依法裁判，维护原告的合法权益。

此致

××市××区人民法院

起诉人：张×

二〇一九年九月二十八日

附：××市××区城市交通行政执法大队第××号行政处罚决定1件（复印件）

【简析】

这两份行政起诉状行文流畅，说理清楚，意思表达明确。但在事实叙述方面稍欠凝练。

特别提示

行政起诉状格式与民事起诉状大致相同，可参考民事起诉状的写法。另外所附行政处罚决定书等文书应予一并写明。

第四节　刑事上诉状

一、刑事上诉状的概念

刑事诉讼当事人及其法定代理人不服地方各级人民法院第一审的刑事判决或裁定，依照法定程序和期限向上一级人民法院上诉，请求撤销、变更原裁判，或重新审理而提出的文书，称为刑事上诉状。

两审终审制是我国的一项重要审判制度，因此依法进行上诉是当事人的一项重要诉讼权利。对被告人的上诉权，不得以任何借口加以剥夺。按照我国《刑事诉讼法》第二百二十七条的规定，有权进行上诉的人是当事人和他们的法定代理人。被告人的近亲属和他的辩护人经被告人同意也可以提出上诉。附带民事诉讼的当事人和他们的法定代理人可以对附带民事诉讼部分提出上诉。上诉一般要用书状提出，但也可以用口头方式提出。

按照《刑事诉讼法》第二百三十条的规定，不服判决的上诉期限是十日；不服裁定的上诉期限为五日，从接到判决书、裁定书的第二日起算。

二、刑事上诉状的要素内容和制作方法

刑事上诉状主要由以下三个部分组成。

1. 首部

这部分应当写明以下事项：

（1）标题，写明“刑事上诉状”字样。

（2）在上诉人栏内，写明上诉人的姓名、性别、年龄、民族、籍贯、职业、住址等。

（3）在被上诉人栏内，写明被上诉人的姓名、性别、民族、年龄、籍贯、职业、住址等。刑事公诉案件被告人提出上诉不列此栏。

（4）案由，写明不服原审判决（或裁定）的事由：“上诉人因××一案，不服×××人民法院××××年××月××日（年度）×号刑事判决（或裁定），现提出上诉，上诉的请求和理由如下”。以下分别写明上诉的请求和理由。

2. 请求和理由

上诉请求，主要写明上诉人不服原审裁判，要求二审法院撤销、变更原审裁判，或请求重新审理。在书写这部分时，可以从以下几个方面提出相应的请求：

（1）原审裁判事实认定有错误，有出入，不清楚，或者有遗漏，以及认定的事实根本不存在等。

（2）原审裁判认定上诉人的行为已构成犯罪，而上诉人只有一般违法行为，或者情节显著轻微。

（3）原审裁判适用法律不当，定性、定罪不准。

（4）原审裁判违反法定诉讼程序等。

上诉理由部分主要针对原审裁判的不当，采用驳论手法，在反驳中正面说理，阐述上诉的根据。

具体写法有以下两种：

第一，先摆出不服的论点，然后逐一进行反驳。一般采取两种方法：一是从裁判文书中找出不服的地方，进行综合归纳，概括成几个论点，一并摆出，然后一一反驳。二是把概括出来的论点一个一个地摆出，摆一个驳一个。

第二，用摆事实讲道理的方法进行反驳，既可以直接驳其论点，也可以通过反驳论据和论证的方法反驳论点。

在书写上诉请求和理由部分时，应当注意以下几点：

（1）要有针对性，主要是针对原审裁判的不当，而不是针对对方当事人（反诉除外）。因此，认为原审裁判哪一部分有问题，就对哪一部分提出意见和理由。若是全

部有错，则提出全部否定的理由，切忌笼统、含糊。

（2）提出的事实要有根据，真实可靠，理由应当充分，不可强词夺理、无理取闹。

（3）在结构安排上，应当开门见山，不说空话、废话。

这部分写完，正文即结束，下面写：

……为此，特向你院上诉，请求依法撤销原判决（或裁定），予以改判（或重新审判）。

此致

××人民法院

其右下方，上诉人签名或盖章，注明具状年月日。

3. 附项

这部分按规定主要写明下列事项：

（1）本状副本×份；

（2）证物×件；

（3）书证×件。

三、刑事上诉状的写作格式

刑事上诉状

（当事人上诉用）

上诉人：×××（身份事项）。

被上诉人：×××（身份事项）。

上诉人因××一案，不服×××人民法院××××年××月××日（年度）×号刑事判决（或裁定），现提出上诉。

上诉请求：×××××××××。

上诉理由：×××××××××。

此致

××人民法院

上诉人：×××

××××年××月××日

附：本上诉状副本×份

病文诊疗

【原文】

刑事上诉状

上诉人（原审被告人）：刘×，男，汉族，38岁，身份证号：××××，初中文化，河南省开封市××人，现住河南省开封市×街×号院×号楼×号。

辩护人：陈×，××律师事务所律师。

上诉人因涉嫌合同诈骗罪一案，不服河南省××市人民法院（2019）×刑初×号刑事判决，故提出上诉。

上诉请求：

1. 撤销××市人民法院（2019）×刑初×号刑事判决书；

2. 改判被告人不构成犯罪，不承担刑事责任。

事实与理由：

1. 上诉人在本案中的地位决定上诉人无从知晓河南××文化投资有限公司（以下称文化公司）无履行合同的能力。

文化公司为本案第一被告人丁×发起成立，在设立公司之时，丁×向工商登记部门投送的各种资料及公司的设立过程，上诉人均不知晓。上诉人开始只是丁×的一个司机，后被丁×派到郑州分公司任副经理，从事的都是按照丁×的指令做的一些具体事务，包括文化公司对外招标的其他各种事宜，上诉人均不知晓，故上诉人没有机会知道文化公司的资金运作状况。再者，上诉人原来没有从事过项目投资方面的工作，加上自身文化程度较低，也无能力判断文化公司是否投资该项目的资金状况。但××市人民法院（2019）×刑初×号判决书认定上诉人明知被告人丁×无履行能力，仍介绍被害人施工企业签订工程施工合同，骗取合同履约金，属认定事实错误。

2. 上诉人无非法占有的主观目的，客观上也没有占有施工企业的钱财。

上诉人虽然介绍了两家企业和文化公司签订了合同，但所收的这两家企业的合同履行金，均按照丁×的指示，全部交给了丁×本人或汇到了丁×指定的账户上。至今为止，上诉人为文化公司工作时垫付的各项费用6万多元（已向法院提交证据）也无着落。客观地说，上诉人本人也是本案的受害者，何来占有受害企业钱财之谈，更谈不上主观上的占有。

综上所述，××市人民法院（2019）×刑初×号判决书针对上诉人而言，查明事实不清，适用法律错误，恳请二审法院本着实事求是、认真负责，有错必究的工作态度，给上诉人一个公平的判决。

此致

××市中级人民法院

上诉人：刘×
辩护人：陈×
二〇一九年十一月二十七日

附：本状副本1份

【简析】

本文未恰当体现原判决内容，因而上诉意见的提出显得缺少对比与根据。

【修改文】

刑事上诉状

上诉人（原审被告人）：刘×，男，汉族，38岁，身份证号：××××，初中文化，河南省开封市××人，现住河南省开封市×街×号院×号楼×号。

辩护人：陈×，××律师事务所律师。

上诉人因涉嫌合同诈骗罪一案，不服河南省××市人民法院（2019）×刑初×号刑事判决，故提出上诉。

上诉请求：

1. 撤销××市人民法院（2019）×刑初×号刑事判决书；

2. 改判被告人不构成犯罪，不承担刑事责任。

事实与理由：

1. 原判决认为××××。

然而上诉人在本案中的地位决定上诉人无从知晓河南××文化投资有限公司（以下称文化公司）无履行合同的能力。

文化公司为本案第一被告人丁×发起成立，在设立公司之时，丁×向工商登记部门投送的各种资料及公司的设立过程，上诉人均不知晓。上诉人开始只是丁×的一个司机，后被丁×派到郑州分公司任副经理，从事的都是按照丁×的指令做的一些具体事务，包括文化公司对外招标的其他各种事宜，上诉人均不知晓，故上诉人没有机会知道文化公司的资金运作状况。再者，上诉人原来没有从事过项目投资方面的工作，加上自身文化程度较低，也无能力判断文化公司是否投资该项目的资金状况。但××市人民法院（2019）×刑初×号判决书认定上诉人明知被告人丁×无履行能力，仍介绍被害人施工企业签订工程施工合同，骗取合同履约金，属认定事实错误。

2. 原判决认为××××。

事实上，上诉人无非法占有的主观目的，客观上也没有占有施工企业的钱财。

上诉人虽然介绍了两家企业和文化公司签订了合同，但所收的这两家企业的合同履行金，均按照丁×的指示，全部交给了丁×本人或汇到了丁×指定的账户上。至今为止，上诉人为文化公司工作时垫付的各项费用6万多元（已向法院提交证据）也无着落。客观地说，上诉人本人也是本案的受害者，何来占有受害企业钱财之谈，更谈不上主观上的占有。

综上所述，××市人民法院（2019）×刑初×号判决书针对上诉人而言，查明事实不清，适用法律错误，恳请二审法院本着实事求是，认真负责，有错必究的工作态度，给上诉人一个公平的判决。

此致

××市中级人民法院

上诉人：刘×
辩护人：陈×
二〇一九年十一月二十七日

附：本状副本1份

范文评析

【例文】

刑事上诉状

上诉人：匡××，女，××××年××月××日出生于北京市朝阳区，公民身份号码××××，汉族，硕士学历，原湖南××有限公司（简称××公司）、××保险经纪有限公司董事长，户籍所在地××。现因涉嫌职务侵占罪被羁押于××市第二看守所。

辩护人：杨××，北京××律师事务所律师，地址：北京市××，联系方式××。

现因匡××本人不服《湖南省××市××区人民法院刑事判决书》[（2020）××刑初494号]（下称一审判决书），特依据《刑事诉讼法》第二百二十七条及相关法律规定，提出上诉。

上诉请求：

撤销一审判决书，改判匡××无罪。

事实与理由：

一、一审判决书错误认定直保业务、再保险业务与公务机业务属于内部业务。

一审判决书第43～44页，一审法院通过综合××集团2002年针对××保险经纪有限公司下发的奖惩通知（617号文件）的内容和××公司与××保险经纪有限公司签订的《委托协议》，便草率认定直保业务、再保险业务与公务机业务均属于内部业务，这是明显的事实认定错误。原因在于：一方面，617号文件与××公司无关，因为617号文件是××集团在2002年给××保险经纪有限公司下发的激励性文件，而××公司是在2003年成立的。617号文件出台的时候，××公司还没有成立。××公司和××保险经纪有限公司是完全独立的两个公司。起诉书指控的是××公司财务问题，与××保险经纪有限公司，与617号文件无关。另一方面，《委托协议》没有约束力，仅仅是意向性文件，案卷资料显示，××保险经纪有限公司与××公司签订的协议共有四份，涉及2013年到2017年这个时间段的委托协议有两份：一份是2011年签订的，一份是2014年签订的，且涉及甲方的范围、定义、内容不完全一致。这份协议只是双方合作的意向性文件，不具有约束力。详细分析可参考一审辩护人向法院提交的辩护意见。

二、一审判决书错误认定匡××将企业单位财物据为己有。

一审判决书第45～46页，认定匡××存在将单位财物据为己有的行为且属于职务侵占罪的主犯。这一事实认定也存在错误。

原因在于：第一，匡××主观上没有职务侵占的故意。匡××等被告人都认为只要不是××公司付费的保险业务就是可以提成发奖金福利的业务，也即所谓的外部业务，且匡××等被告人认为给员工用来发奖金的保险经纪服务费属于外部业务收入，是可以发放才发的，并不是明知不可为而为，明知不能给大家发奖金而乱发奖金，更不是为了侵占公司的资产而合谋私分。这证明涉案被告人都没有侵占公司资产的主观故意，充其量是认识错误。职务侵占罪是故意犯罪，没有侵占的故意，就不构成犯罪。第二，匡××的行为没有损害公司任何利益。××公司股东会没有对董事长匡××的岗位职责、业绩考核、管理方法做出清晰的规定。匡××完全是根据管理经验和市场需求支配××公司的资金。并且匡××的做法使得××公司的业务收入不断提高，也提升了员工的工作积极性，事实上对企业起到了很好的管理效果，为公司开拓了市场，增加了收入，为员工创造了福利，增加了公司的凝聚力和发展动力。第三，匡××从来没有把涉案资金占为己有。“大众参与、大众认同、大众成就、大众分享。”这是××公司的基本理念，其中大众分享，强调的就是企业利润与员工共享。本案中，涉案资金用于公司全员福利和业务发展，没有被匡××等几名被告人据为己有，这与××公司的经营理念是一致的。

三、一审判决错误将审计报告当作司法会计鉴定意见使用，一审定罪量刑证据方面存在重大瑕疵。

一审判决书第46～47页，直接将审前机关聘请会计师事务所出具的审计报告用作定罪的证据。将审计报告当作司法会计鉴定意见使用，这根本上是错误的。

原因在于，司法会计鉴定与审计存在根本不同：司法会计鉴定是指在诉讼中，为了查明案情，指派或聘请司法会计鉴定人员，运用审计学、会计学、法学的专门知识，对案件中涉及的有关财务会计专门性问题进行鉴别和判断并提供鉴定意见的一项司法诉讼活动。审计是由独立于被审计单位的机构和人员，依据相关法律法规对被审计单位的财政、财务收支及其有关的经济活动的真实、合法和效益进行检查、评价、公证的一种监督活动。审计的本质是一项具有独立性的经济监督活动。因此，一审法院使用的审计报告根本不属于《刑事诉讼法》规定的鉴定意见，审计报告属于非法证据，一审法院将审计报告作为定案依据属于根本错误。

此外，用作定案的审计报告在证据能力、证明力方面同样存在诸多瑕疵，详细分析可参见一审辩护人向法院提交的辩护意见。

本案起诉书指控匡××的涉案行为主要是涉嫌不适当发放奖金和审批展业费。支出展业费也是为了扩大业务、开展业务。而匡××等人发放的资金，是业务人员开展业务赚来的业务费的一部分，企业是经营盈利状态下的一种利润再分配，是正向激励。匡××的涉案行为只是行使管理职权恰当不恰当的问题，是管理问题，不是法律问题。管理行为是不是适当，也不是法律人所能判断的，是企业家的事，不是法律的事。如果××公司属于国有企业，匡××的涉案行为是不是构成私分国有资产罪还有讨论的余地，××公司是民营企业，《刑法》没有规定私分公司资产罪，那就不是犯罪。罪刑法定是《刑法》的基本原则，守住法律基本原则，就是守住我们法律人的底线。

综上，匡××没有侵占公司财产的行为，匡××无罪！恳请二审法院积极纠正一审法院的错误判决，改判匡××无罪！

此致

湖南省××市中级人民法院

上诉人：匡××

辩护人：杨××律师

二〇二二年八月××日

附：

1. 本状副本×份。

2.《湖南省××市××区人民法院刑事判决书》[（2020）××刑初494号]。

3. 匡××辩护人一审阶段向法院提交的辩护意见。

【简析】

该刑事上诉状在阐述理由时，先援引相关法律法规，而后结合事实，提出应宣告上诉人无罪的请求，符合上诉状要求。

特别提示

（1）本节所述上诉状只适用于刑事案件的公民当事人对一审判决、裁定不服提起上诉用。

（2）上诉状副本份数，应按被上诉人的人数提交。

第五节　民事上诉状

一、民事上诉状的概念

民事诉讼当事人及法定代理人不服地方各级人民法院第一审民事判决或裁定，依法向上一级人民法院上诉，请求撤销、变更原审裁判，或重新审判而提出的书状，称为民事上诉状。它是保护民事案件当事人特别是败诉一方当事人合法权益的一种诉讼文书。

按照法律规定，不服第一审人民法院判决的上诉期限为15日，不服第一审人民法院裁定的上诉期限为10日，从接到判决书或裁定书的第二日起算。上诉人通过原审人民法院或者直接向第二审人民法院提出民事上诉状的，应按照对方当事人的人数提出上诉状副本。

二、民事上诉状的要素内容和制作方法

民事上诉状的格式、项目与刑事上诉状一样，可以通用。因此，民事上诉状也由以下三部分组成。

1. 首部

这部分主要应当写明以下事项：

（1）标题，写明“民事上诉状”字样。

（2）在上诉人栏内，写明上诉人的姓名、性别、年龄、民族、籍贯、职业、住址等。

（3）在被上诉人栏内，写明被上诉人的姓名、性别、年龄、民族、籍贯、职业、住址等。

（4）案由，写明上诉人不服原审判决（或裁定）的事由：“上诉人因××一案，不服××人民法院××××年××月××日（年度）×号民事判决（或裁定），现提出上诉，上诉的请求和理由如下”。以下即分别写明上诉的请求和理由。

2. 上诉的请求和理由

请求部分主要写明上诉人不服原审判决（或裁定），要求上诉审法院撤销、变更，或请求重新审判。

民事上诉状的理由部分，主要写明不服原审判决（或裁定），提出上诉请求的依据。

请求和理由部分的写法，可参阅刑事上诉状一节内所述。

这部分写完，正文即结束，下面写：

……为此，特向你院上诉，请求依法撤销原判（或裁定），予以改判（或重新审判）。

此致

××人民法院

其下右方，上诉人签名或盖章，注明具状年月日。

3. 附项

这部分按规定主要写明下列事项：

（1）上诉状副本×份；

（2）证物×件；

（3）书证×件。

三、民事上诉状的写作格式

【格式 1】

民事上诉状

（民事、行政案件公民当事人提出上诉用）

上诉人：×××（身份事项）。

被上诉人：×××（身份事项）。

上诉人因×××一案，不服××人民法院××××年××月××日（年度）×号判决（或裁定），现提出上诉。

上诉请求：××××××××××。

上诉理由：××××××××××。

此致

××人民法院

上诉人：×××

××××年××月××日

附：本上诉状副本×份

【格式 2】

民事上诉状

（民事、行政案件的法人、其他组织或行政机关提出上诉用）

上诉人：×××。

所在地址：×××。

法定代表人（或代表人）：×××（姓名、职务等）。

被上诉人：×××。

所在地址：××××××。

法定代表人（或代表人）：×××（姓名、职务等）。

上诉人因一案，不服××人民法院××××年××月××日（年度）×号判决（或裁定），现提出上诉。

上诉请求：××××××××××。

上诉理由：××××××××××。

此致

××人民法院

上诉人：×××

××××年××月××日

附：本上诉状副本×份

病文诊疗

【原文】

民事上诉状

上诉人：××公司。

法定代表人：××，董事长。

地址：××××××。

被上诉人：×××，女，××岁，身份证号：××××。

住址：××××××。

联系电话：××××。

上诉人与被上诉人因劳动合同纠纷一案，不服××区人民法院（2019）××民初××号判决书，提起上诉。

事实及理由：

一、上诉人与被上诉人存在实质的劳动合同，被上诉人故意不与上诉人改签规范的劳动合同，无权要求两倍工资。上诉人与被上诉人签订了《2018年财务文员考核制度》，该文件明确约定了用人单位的名称、劳动者的姓名、劳动合同期限、工作内容和工作地点、工作时间和休息休假、劳动报酬等事项，符合《劳动合同法》第十七条的规定，名为考核制度，实为双方签订的实质的劳动合同。

双方签订的《2018年财务文员考核制度》第三条第9小条，约定被上诉人的工作职责为：严格按员工聘任管理制度和程序办理员工入职、在职和离职手续。负责具体考勤统计，每月按时统计和打印考勤表，提供财务核算及发放工资的依据。办好新员工入职手续和保管好员工的一切资料。而依照《员工聘任管理制度》第三条规定，上诉人本应在入职后一个月内为自己改签劳动局规范的劳动合同，但其为达到谋取双倍工资的目的，给其他员工改签了规范的劳动合同，却未为自己改签。因为保管人事档案是被上诉人的职责，所以员工的劳动合同都保存在被上诉人手上，上诉人一直以为被上诉人为自己签订了规范劳动合同。

综上所述，被上诉人为了个人私利，利用工作便利，在与上诉人签订《2018年财务文员考核制度》后，故意不与上诉人改签规范的劳动合同。属于广东省高级人民法院、广东省劳动争议仲裁委员会《关于适用〈劳动争议调解仲裁法〉、〈劳动合同法〉

若干问题的指导意见》第二十一条第二款之情形，依法不须支付两倍工资。

二、原审法院判决书认定双倍工资差额为××元存在明显的错误。

依照原审法院在事实查明部分的数据，可以计算得出被上诉人的××××年××月××日至××××年××月××日的工资总额为××元，但原审判决在本院认为部分又认定上诉人应支付被上诉人两倍差额为××元，重复计算了××元，属于明显计算错误。

综上所述，一审判决认定事实错误，适用法律不当，请求贵院依法查清事实，支持上诉人的诉讼请求。

此致

××市中级人民法院

上诉人：××公司

××××年××月××日

附：本状副本×份

【简析】

本文的致命伤在于没有写上诉请求，这在实际操作中是千万要避免的。

【修改文】

民事上诉状

上诉人：××公司。

法定代表人：××，董事长。

地址：××××××。

被上诉人：×××，女，××岁，身份证号：××××。

住址：××××××。

联系电话：××××。

上诉人与被上诉人因劳动合同纠纷一案，不服××区人民法院（2019）××民初××号判决书，提起上诉。

上诉请求：

1. 撤销原判，改判上诉人不须支付被上诉人未签订劳动合同的双倍工资差额××元；

2. 诉讼费用由被上诉人承担。

事实及理由：

一、上诉人与被上诉人存在实质的劳动合同，被上诉人故意不与上诉人改签规范的劳动合同，无权要求双倍工资。上诉人与被上诉人签订了《2018年财务文员考核制度》，该文件明确约定了用人单位的名称、劳动者的姓名、劳动合同期限、工作内容和工作地点、工作时间和休息休假、劳动报酬等事项，符合《劳动合同法》第十七条的规定，名为考核制度，实为双方签订的实质的劳动合同。

双方签订的《2018年财务文员考核制度》第三条第9小条，约定被上诉人的工作职责为：严格按员工聘任管理制度和程序办理员工入职、在职和离职手续。负责具体考勤统计，每月按时统计和打印考勤表，提供财务核算及发放工资的依据。办好新员工入职手续和保管好员工的一切资料。而依照《员工聘任管理制度》第三条规定，上诉人本应在入职后一个月内为自己改签劳动局规范的劳动合同，但其为达到谋取双倍工资的目的，给其他员工改签了规范的劳动合同，却未为自己改签。因为保管人事档案是被上诉人的职责，所以员工的劳动合同都保存在被上诉人手上，上诉人一直以为被上诉人为自己签订了规范劳动合同。

综上所述，被上诉人为了个人私利，利用工作便利，在与上诉人签订《2018年财务文员考核制度》后，故意不与上诉人改签规范的劳动合同。属于广东省高级人民法院、广东省劳动争议仲裁委员会《关于适用〈劳动争议调解仲裁法〉、〈劳动合同法〉若干问题的指导意见》第二十一条第二款之情形，依法不须支付双倍工资。

二、原审法院判决书认定双倍工资差额为××元存在明显的错误。

依照原审法院在事实查明部分的数据，可以计算得出被上诉人的××××年××月××日至××××年××月××日的工资总额为××元，但原审判决在本院认为部分又认定上诉人应支付被上诉人二倍差额为××元，重复计算了××元，属于明显计算错误。

综上所述，一审判决认定事实错误，适用法律不当，请求贵院依法查清事实，支持上诉人的诉讼请求。

此致

××市中级人民法院

上诉人：××公司

××××年××月××日

附：本状副本×份

范文评析

【例文1】

民事上诉状

上诉人：乔×一，男，1964年3月出生，汉族，退休教师，住××县×水镇解放道40号，身份证号：××××。

被上诉人：赵×华，女，1964年9月出生，汉族，市民，住××县×水镇解放道44号，身份证号：××××。

上诉人起诉被上诉人离婚后财产纠纷一案，××县人民法院作出了（2019）×民初533号民事判决书，上诉人不服该判决，依法提起上诉，呈请二审人民法院依法撤销原判决，依法改判或发回重审。

上诉事实与理由：

一、上诉人起诉被上诉人赵×华离婚案件，××县人民法院作出（2018）×民初30号判决中，判令夫妻共同财产中的存款31 000元归赵×华所有，该笔存款是赵×华在庭审中自己认可的，是存在××花园邮政储蓄所的定期五年的存款30 000元，双方发生纠纷时，该款没有到期，被上诉人将其取出，本息共计31 000元，而在（2019）×民初533号案件中，法院已查明被上诉人在××邮政储蓄银行行政路营业所有存款11 000元，定期一年，加上在××农村信用合作社的几笔存款共计60 000元，也就是说原离婚案件中已处理的31 000元存款根本不在这次通过法院查询的60 000元之中，一审法院将查询到的夫妻共同存款60 000元减去已作过处理的31 000元存款是错误的。

二、根据上诉人提供的被上诉人亲笔记录的存款记录，被上诉人经手存入的夫妻共同存款除去已处理过的31 000元，还应该有10万元之多，而一审法院没有完全彻底地依照上诉人的申请进行查询，致使夫妻共同存款根据被上诉人的记录看，还有5万元没有查到，一审法院没有依据上诉人的申请查清存款的做法是错误的。

综上所述，一审人民法院作出（2019）×民初533号民事判决中认定事实错误，程序违法，造成该判决结果错误，为此，上诉人特依法提起上诉，呈请二审人民法院依法作出公正的判决。

此致

××中级人民法院

上诉人：乔×一
二〇二〇年二月十五日

附：本状副本1份

【简析】

这份上诉状的特点是针对原判决论点进行辩驳，阐明了不同意原判决的理由。

【例文2】

民事上诉状

上诉人：王×爱（一审原告），女，1971年5月出生，汉族，农民，住××县××乡油坊村委石河寨村组。

上诉人：谷×同（一审原告），男，1961年8月出生，汉族，农民，住址同上。

上诉人：王×玲（一审原告），女，1961年11月出生，汉族，农民，住址同上。

上诉人：谷×存（一审原告），女，1994年11月出生，汉族，学生，住址同上。

上诉人：谷××（一审原告），女，1998年6月出生，汉族，学生，住址同上。

上诉人：谷×举（一审原告），男，1999年11月出生，汉族，学生，住址同上。

被上诉人：张××（一审被告），男，1964年5月出生，汉族，农民，住××县××乡荣庄村委王庄组。

被上诉人：李××（一审被告），女，1967年3月出生，汉族，教师，住××县××乡闫洼村委闫洼村组，现住××乡中心中学。

被上诉人：谷×选（一审被告），男，1968年10月出生，汉族，农民，住××县××乡油坊村委谷杰庄村组。

被上诉人：李×伟（一审被告），男，1964年5月出生，汉族，农民，住××县××乡油坊村委石河寨村组。

上诉人不服××县人民法院（2020）×民初1029号民事判决书，特提出上诉，有如下上诉请求：

1. 要求依法撤销××县人民法院（2020）×民初1029号民事判决书，直接改判或将此案发回重审；

2. 本案的一、二审诉讼费用全部由被上诉人承担。

事实与理由：

1. 一审判决对上诉人不予赔偿精神抚慰金于法无据。

一审法院以部分被告已被追究刑事责任，对上诉人请求精神抚慰金不予支持，是没有法律依据的。谷×伟是在有雇用关系的工作中死亡，作为雇主的被告应该赔偿法律规定的相关赔偿，当然包括精神抚慰金。而部分被告被追究刑事责任，是因为他们触犯了相关法律强制性规定，在他们的刑事诉讼中，上诉人并没主张民事赔偿，因而，被上诉人应赔偿上诉人精神抚慰金。

2. 一审判决谷×伟承担20%的责任显属不当。

谷×伟之所以在施工过程中死亡，完全是因被上诉人等使用国家禁止的建筑设施，最终造成谷×伟死亡。在此事故中，作为雇员的谷×伟按照指派进行工作，其本人没有任何过错，不应承担任何责任。因而，一审判决谷×伟承担20%的责任明显不当。

3. 一审漏判65 000元赔偿款。

在公诉机关追究被上诉人张××刑事责任时，张××主动赔偿上诉人现金65 000元，请求对其予以谅解。经协商，双方约定“张××赔偿上诉人65 000元。如法院判决张××承担的赔偿数额超过该赔偿额，张××应依判决支付下余差额；如判决低于该数额，上诉人不再退还，也不顶替其他责任人应承担的赔偿数额”。在一审庭审期间，张××提交了双方的协议，该协议在张××的刑事卷宗中也有存卷。但一审却忽略了该事实，判决在实际执行中应扣除几被告已支付的赔偿款90 000元，该90 000元中包括张××支付的65 000元。该判决结果显属损害上诉人的合法权益。

4. 第一和第二被上诉人不但应承担连带赔偿责任，也应根据他们的过错承担相应的实际赔偿责任。

在此次事故中，第一、第二被上诉人存在诸多过错，也是造成谷×伟死亡的综合原因，因而，他们除应承担连带责任外，还应承担部分实际赔偿责任，医而，一审仅判决他们承担连带责任，明显错误。

综上，一审判决结果显失公正，明显损害了上诉人的合法权益。为此，特具文上诉，请求对上诉人的请求依法给予支持。

此致

××市中级人民法院

上诉人：王×爱　谷×同
王×玲　谷×存
谷××　谷×举
二〇二一年二月二十二日

附：本状副本 6 份

【简析】

这份上诉状以法律为根据，提出一审判决对上诉人不予赔偿精神抚慰金于法无据、判决谷×伟承担 20%的责任显属不当、漏判 55 000 元赔偿款、第一和第二被上诉人应根据他们的过错承担相应的实际赔偿责任等上诉事实和理由。诉状摆事实、讲道理，使人信服，是一篇符合制作要求的民事上诉状。

特别提示

上诉建立在当事人对一审判决不服的基础上，因此在民事上诉书中应阐明不服的理由，提出所根据的事实和理由，包括在一审程序中未提供的事实、理由和证据。对一审判决不服的理由总结起来大致有以下几点：(1) 原审定性不当；(2) 原审认定事实错误，包括部分错误和全部错误；(3) 原审援引实体法不准确；(4) 原审程序错误或有瑕疵，影响判决的公平公正性。在阐述的时候应有的放矢，有针对性地进行批驳。另外在论证理由的时候，主要针对原审裁判说话，而不是针对对方当事人，这个应把握准确。

第六节　行政上诉状

一、行政上诉状的概念

行政上诉状是当事人（原告或被告）不服人民法院的第一审行政判决、裁定，依照法定程序和期限，要求上一级人民法院撤销、变更原裁判的书面请求。

二、行政上诉状的要素内容和制作方法

行政上诉状的要素内容和制作方法，与民事上诉状相同，不重述。

三、行政上诉状的写作格式

行政上诉状的写作格式与民事上诉状相同，不重述。

病文诊疗

【原文】

行政上诉状

上诉人（原审原告）：陈××，女，生于1960年2月19日，汉族，驾驶员，住重庆市××区××路末端418号。

被上诉人（原审被告）：重庆市××区公路运输管理处（以下简称区运管处）。

上诉人因诉被上诉人请求确认具体行政行为违法一案，不服重庆市××中级人民法院2016年8月11日作出的（2016）××号行政判决，现提出上诉。

上诉请求：

1. 撤销重庆市××中级人民法院2016年8月11日作出的（2016）××号行政判决，并依法改判；

2. 由被告承担本案一审、二审诉讼费用。

上诉理由：

1. 一审判决认定"××区人民政府就××区解决出租汽车经营权有关问题的方案，向市政府请示……重庆市人民政府对请示批复同意"，其审批程序合法。上诉人认为对这一事实的认定是错误的，按照国办发〔20××〕81号规定："对出租车经营权出让数量、金额、期限、审批程序……进行全面清理和规范"，对于"审批程序"，

国办发〔19××〕94号早就有规定是“直辖市人民政府批准，并分别征得国家财政部、国家计委同意”，由此可见“批准”和“同意”是概念不同的行政程序，不能用“同意”代替“批准”。重庆市人民政府应当是行使批准权，而不是同意。因此××区人民政府就××区解决出租汽车经营权有关问题的方案的审批程序是不合法的。

2. 一审法院认定“××区人民政府在20××年清理和规范本区出租汽车经营权有关问题”即属于“已经实行出租汽车经营权有偿出让的”“不属于新出台出租汽车经营权出让政策”。对此，上诉人认为一审法院的这一认定是错误的。从被告出具的证据来看，××区出台过三次出租车经营权政策，即第一次是19××年10月，出让期限是5年，出让金额是3万元，准入条件是：凡产业从事出租车客运的单位和个人；第二次是20××年，出让时间是1月1日起，出让期限是8年，出让价格5万元，准入条件是：出让给有经营资质条件的出租汽车公司，统一经营；第三次是20××年7月，出让方式是：在本区1 040个出租汽车经营权指标总量内，将20××年年底前投放的每三个到期的出租汽车经营权指标和协议、承诺给公司尚未履行兑现的每三个经营权指标换取一个经营期限为24年的出租汽车经营权指标，每个经营权指标有偿使用费7万元，准入条件是：个体经营、出租汽车公司统一经营管理。从上列情形看来，每一次出台的政策从出让的期限，到下次出让时间的衔接、出让价格、准入条件以及出让的方式都完全不同。根本没有政策上的连续性，完全属于新政策出台。

3.《重庆道条》与《中华人民共和国行政许可法》的规定是相抵触的。按照《中华人民共和国立法法》的规定：“在国家制定的法律或者行政法规生效后，地方性法规同法律或者行政法规相抵触的规定无效”。由此可见《重庆道条》与《中华人民共和国行政许可法》相抵触的条款，已无法律效力，更不能作为行政机关设定行政许可的依据。

4. 按照“依法行政”的原则，行政机关应当依照法律、法规、规章实施行政行为。被告没有依法实施行政许可行为，而是根据“××区人民政府〔20××〕124号文件”精神。“××区人民政府〔20××〕124号文件”不是《中华人民共和国行政许可法》所规定的法律、法规、规章等规范性文件，不能作为实施具体行政许可的依据。因此被告所实施的行政许可行为是违法的。

综上所述，上诉人认为一审认定事实错误，适用法律、法规错误，导致作出不公正、不合法的判决。为此，现依据《中华人民共和国行政诉讼法》之规定，特向贵院提起上诉，望撤销重庆市××中级人民法院2016年8月11日作出的（2016）××号行政判决，并依法改判。

此致

重庆市高级人民法院

上诉人：陈××

二〇一六年八月十五日

【简析】

本文总体来说是比较规范的，然而对上诉理由第三条的阐述却不够到位，对《重庆道条》定位未加以解释，缺乏说服力。上诉状应根据被上诉人数提交副本，而本文却未提及，此为明显错误。

【修改文】

行政上诉状

上诉人（原审原告）：陈××，女，生于1960年2月19日，汉族，驾驶员，住重庆市××区××路末端418号。

被上诉人（原审被告）：重庆市××区公路运输管理处（以下简称区运管处）。

上诉人因诉被上诉人请求确认具体行政行为违法一案，不服重庆市××中级人民法院2016年8月11日作出的（2016）××号行政判决，现提出上诉。

上诉请求：

1. 撤销重庆市××中级人民法院2016年8月11日作出的（2016）××号行政判决，并依法改判；

2. 由被告承担本案一审、二审诉讼费用。

上诉理由：

1. 一审判决认定"××区人民政府就万州区解决出租汽车经营权有关问题的方案，向市政府请示……重庆市人民政府对请示批复同意"，其审批程序合法。上诉人认为对这一事实的认定是错误的，按照国办发〔20××〕81号规定："对出租车经营权出让数量、金额、期限、审批程序……进行全面清理和规范"，对于"审批程序"，国办发〔19××〕94号早就有规定是"直辖市人民政府批准，并分别征得国家财政部、国家计委同意"，由此可见"批准"和"同意"是概念不同的行政程序，不能用"同意"代替"批准"。重庆市人民政府应当是行使批准权，而不是同意。因此××区人民政府就××区解决出租汽车经营权有关问题的方案的审批程序是不合法的。

2. 一审法院认定"××区人民政府在20××年清理和规范本区出租汽车经营权有关问题"即属于"已经实行出租汽车经营权有偿出让的""不属于新出台出租汽车经营权出让政策"。对此，上诉人认为一审法院的这一认定是错误的。从被告出具的证据来看，××区出台过三次出租车经营权政策，即第一次是19××年10月，出让期限是5年，出让金额是3万元，准入条件是：凡开业从事出租车客运的单位和个人；第二次是20××年，出让时间是1月1日起，出让期限是8年，出让价格5万元，准入条件是：出让给有经营资质条件的出租汽车公司，统一经营；第三次是20××年7月，出让方式是：在本区1 040个出租汽车经营权指标总量内，将20××年年底前投放的每三个到期的出租汽车经营权指标和协议、承诺给公司尚未履行兑现的每三个经营权指标换取一个经营期限为24年的出租汽车经营权指标，每个经营权指标有偿使用费7万元，准入条件是：个体经营、出租汽车公司统一经营管理。从上列情形看来，每一次出台的政策从出让的期限，到下次出让时间的衔接、出让价格、准入条件以及出让的方式都完全不同。根本没有政策上的连续性，完全属于新政策出台。

3. 一审法院认为：《重庆市道路运输管理条例》（以下简称《重庆道条》）属于地方法规，符合《中华人民共和国行政许可法》地方法规可以设定行政许可的规定，不与《中华人民共和国行政许可法》相抵触。对此上诉人认为，《中华人民共和国行政许可法》规定，行政许可收费项目的设立形式只能是法律和行政法规，即设立权的主体只能是全国人大及其常委会和国务院，其他任何机关无权设立行政许可收费项目。因此，《重庆道条》与《中华人民共和国行政许可法》的规定是相抵触的。按照《中华人民共和国立法法》的规定："在国家制定的法律或者行政法规生效后，地方性法规同法律或者行政法规相抵触的规定无效。"由此可见《重庆道条》与《中华人民共和国行政许可法》相抵触的条款，已无法律效力，更不能作为行政机关设定行政许可的依据。

4. 按照"依法行政"的原则，行政机关应当依照法律、法规、规章实施行政行为。被告没有依法实施行政许可行为，而是根据"××区人民政府〔20××〕124号文件"精神。"××区人民政府〔20××〕124号文件"不是《中华人民共和国行政许可法》所规定的法律、法规、规章等规范性文件，不能作为实施具体行政许可的依据。因此被告所实施的行政许可行为是违法的。

综上所述，上诉人认为一审认定事实错误，适用法律、法规错误，导致作出不公正、不合法的判决。为此，现依据《中华人民共和国行政诉讼法》之规定，特向贵院提起上诉，望撤销重庆市××中级人民法院2016年8月11日作出的（2016）××号行政判决，并依法改判。

此致

重庆市高级人民法院

上诉人：陈××

二〇一六年八月十五日

附：本上诉状副本×份

范文评析

【例文】

行政上诉状

上诉人（原审原告）：季×峰，男，46岁，汉族，地址：××市荷花村66号楼

104 室。

被上诉人（原审被告）：××市人民政府，地址：××市××镇一号。

法定代表人：蔡×熙，男，市长。

第三人：××市佳源房地产开发有限公司。

法定代表人：许×，地址：××市××镇人民中路99号附10号楼。

上诉人不服××市人民法院于2019年12月16日作出的（2019）×行初0038号行政裁定书一案，根据《中华人民共和国行政诉讼法》第五十一条依法提起上诉。

上诉请求：

1. 判令撤销××市人民法院（2019）×行初0038号行政裁定书；

2. 判令被上诉人承担本案诉讼费。

上诉理由：

上诉人于2019年9月2日向××市中级人民法院提起行政诉讼，诉讼被上诉人滥用职权，玩忽职守，违法向第三人发放×国用〔2018〕××号土地使用证的行政许可行为，同月29日××市中级人民法院将此案裁定移交基层××市人民法院审理。一审法院经合议庭书面审理，主观认为被上诉人发放的×国用〔2018〕××号土地使用证和原告没有法律上的利害关系，上诉人对被上诉人不具有行政诉讼的主体资格。一审裁定认定事实错误，其裁定理由与法理不符。

根据《土地登记办法》的相关规定："依法以出让方式取得国有建设用地使用权的，当事人应当在付清全部国有土地出让价款后，持国有建设用地使用权出让合同和土地出让价款缴纳凭证等相关证明材料，申请出让国有建设用地使用权初始登记。"而第三人向被上诉人申请领取×国用〔2018〕××号土地使用证时根本没有进行土地预审登记。

上诉人在一审法院诉状中诉称，根据《国务院办公厅关于规范国有土地使用权出让收支管理的通知》（国办发〔2006〕100号），对未按照合同约定足额缴纳土地出让收入，并提供有效缴款凭证的，国土资源管理部门不予核发国有土地使用证。在第三人主体资格不确定、第三人没有向其提交土地预审登记表、没有2018年年度拆迁计划、没有建设用地规划许可证、没有国有土地使用权批准文件、没有签订《国有土地使用权出让合同》、没有上缴国有土地使用权出让金等情况下，被上诉人就违规给第三人发放×国用〔2018〕××号土地使用证。

被上诉人辩称："2019年2月28日，××市国土资源局（下称国土局）与第三人签订了《国有土地使用权出让合同》，同日，第三人向国土局办理××大道南、人民中路东侧国有土地使用权初始登记，并提交土地初始登记申请书、土地使用权出让合同、申请人的身份证明文件等申请材料。国土局经地籍调查，初步审查后，于2018年3月7日向第三人发放了×国用〔2018〕××号土地使用证。被告诉称，至于第三人是否领取建设用地规划许可证以及是否有国有土地使用权批准文件与本案不是同一法律关系，被告向第三人发放的土地使用证宗地是××大道南、人民中路东侧（原××机械厂），而原告的房屋位于××镇荷花村66号楼104室，不在该证登记范围内，原告与被告的该土地登记行为没有法律上的利害关系，不具有诉讼主体资格。”向法庭请求驳回原告的起诉。

就被上诉人答辩而言，不难看出，被上诉人××市人民政府真有特异功能，能让时光倒流。第三人于2019年2月28日向被上诉人及国土局提交《国有土地使用权出让合同》，提交土地初始登记申请书、土地使用权出让合同、申请人的身份证明文件等申请材料。被上诉人及国土局经初步核查于2018年3月7日向第三人发放了×国用〔2018〕××号土地使用证。从第三人向被上诉人提交的土地初始登记申请书，不难看出被上诉人在这起违法发放土地使用证过程中存在着证据造假行为。根据《××省城镇国有土地使用权出让和转让实施办法（修正）》第×条第××项：“受让人按土地使用权出让合同规定支付土地使用权出让金后，应在30日内到市、县人民政府城市规划部门办理建设用地规划许可证后，到土地管理部门办理土地登记，领取土地使用证，取得土地使用权。”所以被上诉人辩称的“第三人是否领取建设用地规划许可证以及是否有国有土地使用权批准文件与本案不是同一法律关系”是一种狡辩行为，其谬论是为了掩盖违法犯罪行为。

被上诉人帮助第三人伪造证据土地初始登记申请书的行为，根据《中华人民共和国刑法》第三百零七条：“以暴力、威胁、贿买等方法阻止证人作证或者指使他人作伪证的，处三年以下有期徒刑或者拘役；情节严重的，处三年以上七年以下有期徒刑。帮助当事人毁灭、伪造证据，情节严重的，处三年以下有期徒刑或者拘役。司法工作人员犯前两款罪的，从重处罚。”

一审法院经审查认为，被告向第三人发放×拆许字〔2018〕第02号房屋拆迁许可证，同意第三人按四至范围实施房屋拆迁。原告对发放拆迁许可证行为不服，于2019年8月3日提起行政诉讼，同年9月16日，本院作出（2019）×行初0026号行政判决，驳回原告的诉讼请求，原告不服提起上诉，××市中级人民法院作出（2019）×行终114号行政判决，驳回原告上诉。国有土地使用权批准、建设用地规划许可等属于房屋拆迁许可的前置行为。本院和××市中级人民法院生效的行政判决已对拆迁许可的前置行为进行了确认，在拆迁许可诉讼作出判决后，原告对前置行为提起诉讼，人民法院不再审理。且原告所诉的×国用〔2018〕××号宗地是××大道南、人民中路东侧（原××机械厂），而原告的房屋位于××镇荷花村66号楼104室，不在该证登记宗地范围内，原告与被告的该土地登记行为没有法律上的利害关系，不具有诉讼主体资格。依照《最高人民法院关于执行〈中华人民共和国行政诉讼法〉若干问题的解释》相关规定，裁定如下：驳回原告季×峰对被告××市人民政府的起诉。

一审法院认定事实不清，定案错误：

1. 被上诉人××市人民政府没有向第三人发放过所谓的“×拆许字〔2018〕第02

号房屋拆迁许可证”，上诉人更没有就第三人拆迁许可主体是否合法而走上法庭和被上诉人质证，更没有一审法院于同年9月16日作出（2019）×行初0026号行政判决，驳回原告的诉讼请求，原告不服提起上诉，××市中级人民法院作出（2019）×行终114号行政判决，驳回原告上诉诉求。此乃一审法院的“莫须有”之谬论，纯系“张冠李戴”。一审法院的这种草率定案裁决行为是对共和国法律的践踏。

2. 上诉人于2019年8月3日对××市建设局违法向××市佳源房地产开发有限公司发放“×拆许字〔2018〕第02号房屋拆迁许可证”一案提起行政诉讼，一审法院于同年9月16日作出（2019）×行初0026号行政判决，驳回原告季×峰的诉讼请求，原告不服提起上诉，××市中级人民法院作出（2019）×行终114号行政判决，驳回原告上诉诉求。上诉人于2019年9月2日对被上诉人××市人民政府非法出让“原××厂地段”11 389平方米国有土地使用权行为侵犯上诉人合法私有财产及生存权提起行政诉讼，××市中级人民法院于同日受理，同月29日××市中级人民法院将此案裁定移交基层××市人民法院审理。根据法理，上诉人诉被上诉人非法出让“原××厂地段”11 389平方米国有土地使用权一案是在诉××市建设局违法发放房屋拆迁许可证一案判决前，在××市中级人民法院受理立案，我户于2019年9月10日在××市人民法院行政庭将一份××市中级人民法院《受理案件通知书》当面递交给法官单×，当时有法官杨×在场。所以，一审法院所说的拆迁许可前置行为与上诉人的诉求不合法，不予开庭审理，一审法院以这一于法无据的前置条件作为裁定依据，从而否定上诉人的合法诉权，让上诉人无法通过合法行为维护自己合法私有财产不受侵犯，一审法院的裁定违反了《中华人民共和国法官法》相关规定。

3. 被上诉人在答辩书中否定上诉人的被拆迁人身份是因为害怕承担非法出让国有土地使用权责任（119亩土地使用权出让金44 113万元，第三人至今还欠缴2.4亿元以上土地出让金事实），一审法院将该案不开庭审理，同样作出了否定上诉人被拆迁人的身份的决定，上诉人在2019年9月2日在××市中级人民法院立案时是经过中院立案庭严格审查后才准予立案，中院认为上诉人对被上诉人提起行政诉讼，其诉讼理由成立，符合《中华人民共和国行政诉讼法》第五十一条之规定。第三人于2018年11月17日向××市建设局申请对上诉人位于××市××镇荷花村66号104室的合法私有房屋行政裁决时提交的就是原××机械厂地块的“建设用地规划许可证”11 389平方米（约17亩）和国土局出示的原××机械厂的挂牌证明，两份证据中显示上诉人是原××机械厂11 389平方米范围内的被拆迁户，上诉人有权对任何政府职能部门在“××不夜城”地段119亩土地的违法出让行为提起行政诉讼，有权维护自己的合法权益不受侵犯。

综上，一审法院裁定违反法定程序，认定事实不清，定案于法无据。其草率裁定行为严重违反了《中华人民共和国行政诉讼法》《最高人民法院关于执行〈中华人民共和国行政诉讼法〉若干问题的解释》《中华人民共和国法官法》《最高人民法院关于重新印发〈中华人民共和国法官职业道德基本准则〉的通知》《最高人民法院关于严格执行〈中华人民共和国法官法〉有关惩戒制度的若干规定》等法律法规。恳请××市中级人民法院在以事实为根据、以法律为准绳的基础上，根据《人民法院审判人员违法审判责任追究办法（试行）》依法追究某些法官渎职责任，撤销一审××市人民法院（2019）×行初0038号行政裁定书。上诉人请求二审法院将该案依法发回一审法院开庭重新审理或作出异地审理决定，以维护法律之尊严，恳请××市中级人民法院判准上诉人的诉求。

此致

××市中级人民法院

上诉人：季×峰

二〇一九年×月×日

附：本状副本1份

【简析】

这份上诉状对原审判决进行了有力的批驳，在大量事实的基础上，援引相关法律法规，条理清晰，并富有感情地充分表达了己方观点、态度。

行政上诉只能采取书面形式，因此，如果当事人仅在法定期间内口头表示上诉而未在法定期间内递交上诉状，则视为未提出上诉。另外，上诉是当事人享有的诉权，一审原、被告及被判决承担责任的第三人均有权上诉。

第七节　申诉状

一、申诉状的概念

诉讼当事人及其法定代理人、被害人及其家属或其他公民认为已经发生法律效力的判决、裁定有错误，向人民法院或人民检察院提出申请复查纠正的书状，称为申诉状。无论是刑事案件，还是民事案件，都可以提出申诉状。它是运用审判监督程序维护社会主义法制、保证准确裁判的一种诉讼文书。

申诉案件一般由原审人民法院审查处理，是人民法院再审案件的来源之一。

申诉和上诉也是不同的，前者运用审判监督程序，而后者则引起第二审审判程序。

二、申诉状的要素内容和制作方法

申诉状的格式、内容和写法要求大体与上诉状相同。一般由以下几个部分组成。

1. 首部

这部分主要写明以下事项：

（1）标题，根据具体案件情况，写明“刑事申诉状”或“民事申诉状”。

（2）申诉人身份情况，写明申诉人姓名、性别、年龄、民族、籍贯、职业、住址等。如果申诉人在押，应写明现押处所。如果是被告人的辩护人、近亲属或其他公民申诉，应写明申诉人姓名、职业、同被告人的关系。民事案件当事人申诉的，应将对方当事人的身份情况写明。

（3）案由，应当写明申诉人是何人、因何案、不服何处人民法院何号判决或裁定而提出申诉。可作如下写法：“申诉人×××因××一案，不服×××人民法院×号刑（民）事判决（裁定）。”

2. 请求的事项

这部分应简明扼要地提出申诉要求。明确提出要求撤销、变更原裁判，或再审，以纠正原裁判之不当。

3. 事实与理由

这部分是申诉状的主要部分。在写作时应当注意以下两个方面的问题。

一是针对原判决、裁定在认定事实或适用法律上的错误，摆事实讲道理，逐一加以申辩和反驳。在摆事实时力求客观全面，不应把道听途说未经证实的传闻作为反驳原判决、裁定的依据。对于原判决、裁定适用法律不当的，应当在申诉状中提出正确适用的法律和应当援引的具体条款。

二是为了增强申诉的说服力，应当提供足够的证据，以利于查明案件的情况，正确地适用法律。这部分的写法要求与上诉状基本相同。应当注意的是，申诉状中，除了反驳原判决、裁定错误之处外，还常常列举新的事实和证据，从另一个方面论证原判决、裁定的错误。

4. 结尾

这部分写明申诉状递交的单位，即写：“此致××人民法院”，写明申诉人姓名，签名或盖章，并注明具状年月日。如果是代书的，则应注明代书单位。

三、申诉状的写作格式

申诉状

申诉人：×××（姓名、性别、年龄、民族、籍贯、职业、住址等）。

申诉人因××一案，不服××人民法院×号刑（民）事判决（裁定），提出申诉。

申诉请求：×××××××××。

事实与理由：×××××××××××××。

此致

××人民法院

申诉人：×××

××××年××月××日

病文诊疗

【原文】

民事申诉状

申诉人（原审被告）：××市××百货商店。

法定代表人：该店经理××，身份证号：××××，住址：××××。

委托代理人：××，男，×岁，×族，原籍××市，现住××市××区××街×号，该店副经理。

被申诉人（原审原告）：×市×厂。

法定代表人：××，该厂厂长。

委托代理人：××，该厂副厂长。

申诉人因货款纠纷一案不服，其事实与理由如下：

申诉人和被申诉人于××××年××月××日签订购销合同两份：一分是申诉人向被申诉人订购×型男凉皮鞋×双，另一份是订购各式男女皮夹克×件。因这些商品具有很强的季节性，双方协议确定：必须于××××年××月××日前，将上述商品发至××市，以应市场需求。

可是，上诉人未按协议约定将上述商品按时发至××市。其中，皮夹克于××××年××月××日才到达，拖期达一个半月之久，大大错过了××市市场的销售旺季，致使这些商品积压于仓库，严重影响了申诉人的资金周转，至今尚有男凉皮鞋×双、各式皮夹克×件卖不出去，共折合人民币×余元。

尽管如此，为照顾彼此之间的商业信誉，申诉人曾于××××年××月××日出具《经济合同问题答辩书》，说明了拖欠货款的原因，主动提出偿还货款的计划。

不料，贵院在未进行调查研究的情况下，公然判令："……依法采取诉讼保全措施……冻结百货商店在××市××区园路信用社的银行存款×元。"这是不公允的。申诉人重申：仍然按照××××年××月××日提出的还款计划执行。对于目前库存积压的商品，积极采取削价处理措施，将实收货款付给被上诉人；或将积压的商品退回给被上诉人，退回中发生的运杂费，可由申诉人负担。

此致

×××人民法院

申诉人：××市××百货商店
法定代表人：××
××××年××月××日

【简析】

本文的症结在于案由仅简单地提了一句“因货款纠纷一案不服”，太过简略，不够具体明确，而且未提上一审的判决书（或裁定书），此为结构不完整。此外，未明确提出申诉要求。

【修改文】

民事申诉状

申诉人（原审被告）：××市××百货商店。

法定代表人：该店经理××，身份证号：××××，住址：××××。

委托代理人：××，男，×岁，×族，原籍××市，现住××市××区××街×号，该店副经理。

被申诉人（原审原告）：×市×厂。

法定代表人：××，该厂厂长。

委托代理人：××，该厂副厂长。

申诉人因货款纠纷一案不服××人民法院×号民事裁定书，认为该裁定书认定事实不准，裁定不公正，特提起申诉，请求撤销原×号裁定，进行改判。其事实与理由如下：

申诉人和被申诉人于××××年××月××日签订购销合同两份：一份是申诉人向被申诉人订购×型男凉皮鞋×双，另一份是订购各式男女皮夹克×件。因这些商品具有很强的季节性，双方协议确定：必须于××××年××月××日前，将上述商品发至××市，以应市场需求。

可是，上诉人未按协议约定将上述商品按时发至××市。其中，皮夹克于××××年××月××日才到达，拖期达一个半月之久，大大错过了××市市场的销售旺季，致使这些商品积压于仓库，严重影响了申诉人的资金周转，至今尚有男凉皮鞋×双、各式皮夹克×件卖不出去，共折合人民币×余元。

尽管如此，为照顾彼此之间的商业信誉，申诉人曾于×年×月×日出具《经济合同问题答辩书》，说明了拖欠货款的原因，主动提出偿还货款的计划。

不料，贵院在未进行调查研究的情况下，公然判令：“……依法采取诉讼保全措施……冻结百货商店在××市××区园路信用社的银行存款×元。”这是不公允的。申诉人重申：仍然按照××××年××月××日提出的还款计划执行。对于目前库存积压的商品，积极采取削价处理措施，将实收货款付给被上诉人；或将积压的商品退回给被上诉人，退回中发生的运杂费，可由申诉人负担。

此致

×××人民法院

申诉人：××市××百货商店

法定代表人：××

××××年××月××日

范文评析

【例文 1】

刑事申诉状

申诉人：张××，女，××岁，汉族，河北省××人，××文化，捕前系天津市××公司职工，住天津市××区××路××号。现在天津市××监狱服刑。

申诉人因故意杀人罪一案，不服天津市高级人民法院（2008）津刑终字第×号刑事判决，特提出申诉。

请求事项：

请求撤销原判决，重新审理此案，并依法予以改判。

事实和理由：

一、原判决定性错误，适用法律不当。

原判决认定申诉人系对被害人林×调戏行为不满而产生杀人之念，造成被害人身中二十余刀而亡，并不存在防卫目的，这与事实不符。事实是申诉人与被害人素无交往，根本没有杀害被害人的动机和目的。2007 年 7 月 22 日下午 2 时许，被害人应邀前来向申诉人解释申诉人男友李××之事，见李××不在，被害人遂起歹意，对申诉人进行调戏并欲行强奸。为免遭不法侵害，申诉人借口到另一房间喝水，顺手藏起一把小宝剑。出来后被害人欲再行调戏，申诉人欲行反抗，但不是被害人的对手。无奈之下，申诉人用小宝剑将被害人刺伤，被害人被刺伤后，凶相毕露，申诉人为避免被害人继续伤害，情急之中不知所措，连续捅了被害人几剑，制止了被害人的不法侵害行为。从申诉人的遭受伤害的事实来看，完全符合《中华人民共和国刑法》第二十条第一款、第二款的规定，属于正当防卫，原审判决将申诉人行为单纯地定为故意杀人罪而忽视了申诉人的行为是具有防卫性质的，定性错误，适用法律也有不当。

二、原判决量刑畸重。

由于对本案定性错误以及适用法律不当，原判决对申诉人作出的判决量刑过重。从本案来看，申诉人的行为属于正当防卫，对造成被害人的死亡，申诉人的行为超过了必要的限度，应构成防卫过当。根据《中华人民共和国刑法》第二十条第二款规定，防卫过当应当减轻或免除处罚。加之犯罪后申诉人主动投案，应视为自首，应当予以减轻处罚。原判决忽视了这两点，进而导致了量刑的畸重。

基于以上情况，申诉人请求撤销原判决，重新审理，并依法改判。

此致

中华人民共和国最高人民法院

申诉人：张××

二〇一六年八月二十四日

附：原审判决书复印件 1 份

【简析】

这份申诉状的申诉请求简明扼要，明确提出了申请改判的请求。在陈述事实理由方面，层次分明，条理清晰。

【例文 2】

刑事申诉状

再审申请人：欧××，男，19××年××月××日出生于黑龙江省××市，公民身份号码 ××××，汉族，本科学历，原××派出所副所长，住××××。现因涉嫌滥用职权罪被羁押。

现因欧××本人不服《××市××区人民法院刑事判决书》[（2021）黑××刑初181号]（下称一审判决书）与《黑龙江省××市中级人民法院刑事判决书》[（2021）黑××刑终372号]（下称二审判决书）（一审二审判决书，在下文或合称生效判决书），特依据《刑事诉讼法》第二百五十二条、二百五十三条的规定，申请再审。

请求事项：

1. 请求黑龙江省高级人民法院依法启动审判监督程序，再审欧××滥用职权一案；

2. 撤销一审、二审判决书，改判欧××无罪。

事实与理由：

生效判决书在法律适用方面确有错误。一方面在于，一审、二审均错误认定欧××的职权范围，将本应由副所长级别领导承办的案件认定应由基层民警欧××承办；另一方面在于，在未查清欧××职权范围的情况下，错误适用《刑法》滥用职权罪的规定。

事实和理由：

欧××无罪的主要理由在于，欧××没有岗位职责去侦破李××案，更谈不上滥用职权。《刑法》第三百九十七条规定："国家机关工作人员滥用职权或者玩忽职守，致使公共财产、国家和人民利益遭受重大损失的，处三年以下有期徒刑或者拘役；情节特别严重的，处三年以上七年以下有期徒刑。"《最高人民检察院关于渎职侵权犯罪案件立案标准的规定》（高检发释字〔2006〕2号）规定："滥用职权罪是指国家机关工作人员超越职权，违法决定、处理其无权决定、处理的事项，或者违反规定处理公务，致使公共财产、国家和人民利益遭受重大损失的行为。""玩忽职守罪是指国家机关工作人员严重不负责任，不履行或者不认真履行职责，致使公共财产、国家和人民利益遭受重大损失的行为。"本案指控的基本事实是"严重不负责任，不履行或者不认真履行职责"的行为，欧××没有侦破李××案的岗位职责，更不应当为此承担责任。

1. 侦破李××案是金××的岗位职责。

确定岗位职责要根据相关规定和派出所领导以职权分配的工作内容来确定，不能根据辅警等工作人员的推断和误解去确定。2014 年《××市公安局中层领导执法办案和审核审批案件规定》第六条规定："值班所领导必须严格履行坐堂值班制度，对值班期间的受立案、传唤询问、巡逻盘查、物品扣押等关键环节，以及出入办案区人、物、视频等情况加强审核把关，做到底数清、情况明，及时发现和堵塞工作中出现的漏洞，并对当日发生的案件取证情况、未破（结）原因、后续工作进行剖析、部署，值班当日未能依法处结的执法事项，应当跟踪落实领导督办职责。"2015 年××月××日××派出所的工作日志以及案卷明确记载：值班领导是全××。当天工作日志记载的警情是："23 点 55 分，邮局附近有人持刀伤人，受伤者已经送××医院抢救"。抢救，这说明伤者有生命危险，这是一起严重的恶性案件。正常履职，值班领导应当在第一时间到现场出警，事后应当做好妥善部署和督办工作。《公安机关办理伤害案件规定》第四条、第五条规定，公安派出所只能办理轻伤害以下的案件；重伤害案件应当由公安机关刑事侦查部门管辖。《××市公安局中层领导执法办案和审核审批案件规定》规定："中层干部（包括所长、副所长）必须办理复杂疑难的刑事案件和行政案件，并且有一定的数量要求，疑难刑事案件数量不够的情况下，才能办理其他违法案件。"结合公安部的规定，可以认定重伤害案件在派出所属于"复杂疑难的刑事案件"，应当由所长、副所长办理。××派出所时任所长艾××在 2020 年××月××日笔录："本所管辖的重伤害案件只能由所长、副所长办理。"即使管理规定不是特别明确，艾××作为××派出所的所长，也有权力做出这样的职责分工，形成新的岗位职责。2021 年××派出所侦破李××案，承办人也是副所长。这说明，从规定到实际执行，××派出所副所长才是侦办李××故意伤害案的责任人，如果追究渎职责任，应当追究全××的责任。这是本案的最关键的事实之一。

2. 欧××发现问题，及时汇报，不是渎职。

其一，侦破李××案不是欧××的岗位职责；其二，没有人以职权把李××案交给欧××办理；其三，欧××没有抢功揽案；民事赔偿调解，也不是结案；其四，欧××及时向所长汇报了此案，并把案件主动交出。

3. 艾××接到汇报后草率处置，应当承担全部责任。

如前所述，李××故意伤害案本来就是所长或者副所长承办的案件，艾××在证言里也提到了这一点。公安打防控系统信息也显示，欧××曾在 2015 年××月××日下午 4 时后向他汇报过此案，并建议积极调查处理；艾××本人也批示同意调查处理。艾××事后没有认真对待李××案，而是交给其他民警草草归档。欧××是在 2015 年 11 月下旬至 2016 年××月抽调到禁毒大队工作的。李××案是在 2015 年 12 月××日归档的。从档案管理员张××的证言可知，当时是法制员把案卷送给她归档的。欧××能看出来这是个刑事案件，法制员也应当能看出来。除非是艾××让归档的，法制员才敢拿去归档。艾××提交的 2015 年 11 月 17 日的笔录可以证明艾××对此类伤害类的案件的处理态度一贯的违法违规。从艾××提交的他在 2015 年××月××日工作记录可以看出来，他在当天就有两起违法渎职行为：当天工作的第五项，艾××拜访××电机公司，向该公司索要了10辆电瓶车。××市纪委对于艾××要了××宾馆8条烟就给了警告处分，对于索要10辆电瓶车却没有处理，后者情节更严重。这是第一起违法事件。第二起违法事件是当天工作第六项：××村和××村打架，造成一方鼻梁骨粉碎性骨折、一方肾挫伤。鼻梁骨粉碎性骨折和肾挫伤，完全构成轻伤以上伤情，有可能构成重伤，按照《刑法》第二百三十四条的规定，必须追究刑事责任。艾××却指使经办人不要做鉴定，让双方私下和解。这和处理李××案的工作思路如出一辙。如果说这种把刑事案件当民事案件处理掉的行为构成犯罪，艾××才是真正的渎职犯罪嫌疑人，并且是两起案件的渎职犯罪嫌疑人，请检察员和法官依照一个标准处理，如果构成犯罪，请依法移送。

4. 本案整体上达不到定罪入刑的标准。

本案并未造成严重后果。在欧××的努力下，受害人杨××及时获得了赔偿，李××盗窃案也没有造成实际损失，所有赃物均被追回，达不到最高人民法院、最高人民检察院《关于办理渎职刑事案件适用法律若干问题的解释（一）》规定的入罪标准。最高人民法院、最高人民检察院《关于办理渎职刑事案件适用法律若干问题的解释（一）》第一条规定：国家机关工作人员滥用职权或者玩忽职守，具有下列情形之一的，应当认定为《刑法》第三百九十七条规定的“致使公共财产、国家和人民利益遭受重大损失”：（一）造成死亡1人以上，或者重伤3人以上，或者轻伤9人以上，或者重伤2人、轻伤3人以上，或者重伤1人、轻伤6人以上的；（二）造成经济损失30万元以上的；（三）造成恶劣社会影响的；（四）其他致使公共财产、国家和人民利益遭受重大损失的情形。

综上，恳请黑龙江高院的诸位法官能够顶住逆流，公正司法，勇敢纠错，改判欧××无罪！

此致

黑龙江省高级人民法院

申诉人：欧××

日期：二〇二二年××月××日

附：

1.《××市××区人民法院刑事判决书》[（2021）黑××刑初181号]

2.《黑龙江省××市中级人民法院刑事判决书》[（2021）黑××刑终372号]

3. 欧××辩护人一审、二审的辩护词

【简析】

这份申诉状主要从定性、事实和适用法律等方面反驳了原判决，提出了申诉意见。重点突出，反驳有力。

特别提示

申诉状的主要目的在于申请再审，因此重点应阐明不服原审判决的理由，摆事实讲道理，充分论证，对异议部分进行有理有据的批驳。

第八节　辩护词与各类申请

一、辩护词的概念

我国宪法和法律赋予犯罪嫌疑人和被告人以辩护权。犯罪嫌疑人和被告人及其辩护人针对控诉，根据事实和法律，提出证明犯罪嫌疑人和被告人无罪、罪轻或者减轻、免除其刑事责任的材料和意见，维护犯罪嫌疑人、被告人的合法权益。辩护人是接受犯罪嫌疑人、被告人的委托，或者经人民法院指定参加诉讼，帮助犯罪嫌疑人、被告人行使辩护权，依法维护犯罪嫌疑人、被告人合法权益的诉讼参与人。辩护人依据事实和法律，把向法庭提出的关于被告人行为定性和量刑上的材料与意见，整理成逻辑清晰、事实确凿的系统的发言，就是辩护词。辩护词通常与检察机关的起诉书相对应。

二、辩护词的写作的基本格式

辩护词的结构，通常分为首部、序言、正文（说理和结论两部分）、尾部四部分。

1. 首部

（1）正中书写标题“辩护词”。

（2）称呼语写“尊敬的审判长、审判员（人民陪审员）”。

2. 序言

说明辩护人出庭辩护的法律依据；简要说明辩护人在庭前为此案辩护进行的活动，向法庭表明辩护人为辩护做了充分的准备活动，本辩护词的结论是在调查、分析的基础上得出的；承启下文，此处写明“提出如下几点意见”，起到引出下文的作用。

3. 正文

这一部分是辩护词的主要部分，也是评价辩护词是否有力和成功的标准。辩护人要依据事实和法律，从本案被告人的具体情况出发，全面考虑问题，进行深入的分析。

4. 尾部

辩护词的尾部仍然是程序上固定化的内容。在辩护词全文的右下方署辩护人的姓名，下一行注明年月日。

范文评析

【例文】

辩护词

尊敬的审判长、人民陪审员：

北京××律师事务所接受被告人符×亲属的委托，并经符×同意，指派我们担任其被控犯开设赌场罪一案的辩护人。辩护人自接受委托后，查阅了本案全部卷宗材料，多次听取被告人符×的供述和辩解，今天又参加了法庭调查，现提出如下辩护意见，供法庭参考。

辩护人认为，起诉书指控被告人符×犯开设赌场罪的事实不清，证据不足，根据现有证据，只能认定被告人符×构成帮助信息网络犯罪活动罪。

具体理由如下：

第一，起诉书指控认定，被告人符×通过吕××（在逃）介绍，以营利为目的，在明知为赌博网站赌资非法转账的情况下，仍在淘宝上注册“××课堂”“××网课”淘宝店铺，并上传不等金额的虚假商品，为赌博网站进行跑分服务，共计流水160万元，获利1.5万元等事实不清，证据不足。

1. 被告人符×的讯问笔录前后供述不一致，仅仅只能认定符×以自己的名义或者其老婆周×的名义开设淘宝店铺，通过虚假售卖商品的模式收取资金。

被告人符×自到案以来，一直否认跑分平台由其控制。2021年9月26日第2次讯问笔录（证据卷75页）载：“大概今年4月份的时候……当时我还问他我们帮别人收的是什么钱，是不是诈骗的钱，吕××跟我说这个钱不是诈骗的钱，是别人网络充值的钱。后来到了5月底的时候，我的奶茶店生意不好，我就同意和吕××一起开一个淘宝店帮赌博网站的人收钱。”其在2021年10月21日第3次讯问笔录（证据卷77页）中辩解：“刚开始做的时候我觉得是违法的钱，但是我后面没有去问”。“而且以我信息注册的淘宝店铺是吕××在使用，我只是通过我老婆周×的淘宝店铺进行跑分的”。2021年11月17日第5次讯问笔录（证据82页）中当侦查人员问“你是否清楚跑分的那些钱是什么钱？”时，符×回答：“我当时认为可能是网络违法赌博的钱，我就一直做到9月份的样子，当时有一次吕××跟我明确说是网络赌博充值的钱。”

以上辩解中，符×在多次讯问中都称该淘宝两个账号不是全部由其拥有控制，而一个是通过其老婆周×的淘宝店铺进行跑分的，另外一个其自己名下的账户上家吕××在使用，而且具体什么时候开始跑分的、是否知道是跑分的钱，符×的多次笔录对于该事实辩解不一致，不能排除该辩解成立的可能性。

2. 现有证据无法证明符×为开设赌场而进行密谋的主观故意，符×也未参与建立、研发、出租赌博网站。

主观上同案主犯吕××与符×事先并无开设赌场的共谋，本案中被告人符×除了领取结算的服务费，并未参与赌资分成，因此被告人只是知道吕××教他使用跑分平台，并未参与赌博网站的建立、研发、出租等赌博网站的行为，依法应当以帮助信息网络犯罪活动追究被告人的刑事责任。

3. 根据现有证据及被告人符×本人的供述，可以对符×以帮助信息网络犯罪活动罪从轻处罚。

被告人符×开设赌博网站的事实不清、证据不足。即使根据被告人符×的供述以及现有的其他证据，也只能认定符×仅具有“通过利用注册淘宝店铺，通过虚假售卖商品的模式帮助收取转移充值赌资”的行为，根据《刑法》第二百八十七条之二：“明知他人利用信息网络实施犯罪，为其犯罪提供互联网接入、服务器托管、网络存储、通讯传输等技术支持，或者提供广告推广、支付结算等帮助，情节严重的，处三年以下有期徒刑或者拘役，并处或者单处罚金。”以及《最高人民法院、最高人民检察院关于办理非法利用信息网络、帮助信息网络犯罪活动等刑事案件适用法律若干问题的解释》第十二条，如现有证据不足以证明符×参与赌博网站的建立、研发、出租等赌博网站的行为，对其可以帮助信息网络犯罪活动罪追究刑事责任。

综上，起诉书指控的事实不清，证据不足。可以对符×以帮助信息网络犯罪活动罪从轻处罚。

第二，即便认为符×构成开设赌场罪，如果按照符×本人承认的，其明知该网站是赌博网站，而帮助该网站跑分，其获利也并非起诉书指控的1.5万元金额，帮助收取赌资也并非160万元。

1. 符×多次陈述其在6月份开始为上家吕××（在逃）进行跑分，而且多次使用“我当时认为可能是网络违法赌博的钱”陈述，那么在6月份之前的往来的流水，符×主观上不明知该款项系网络赌博充值的钱，该部分流水应当不予计算在符×的犯罪数额内。

2. 符×以自己名义注册的淘宝店账号由上家吕××（在逃）使用，其中的保证金20 000元应当在160万元内予以扣除。以及上家吕××使用的淘宝店的资金流水也应该予以扣除。

3. 关于符×的获利，应当按照扣除以上数额且收取赌资后的数额进行计算。

综上，请求法庭在量刑时因认定犯罪数额减少，酌情考虑对符×予以从轻、减轻处罚。

第三，即便认为符×构成开设赌场罪，如果按照符×本人承认的，其明知该网站是赌博网站，而帮助该网站跑分，那也只能是一种帮助行为，根据有关司法解释的规定，符×进行通过淘宝虚假交易的方式进行资金结算的行为属于帮助行为，作用小，系从犯，其系初犯、偶犯，认罪认罚，综合其他情节，可以从轻或者减轻处罚。

1. 根据《最高人民法院、最高人民检察院、公安部关于办理网络赌博犯罪案件适用法律若干问题的意见》，明知是赌博网站，而为其提供下列服务或者帮助的，属于开设赌场罪的共同犯罪，依照《刑法》第三百零三条第二款的规定处罚：（一）为赌博网站提供互联网接入、服务器托管、网络存储空间、通讯传输通道、投放广告、发展会员、软件开发、技术支持等服务，收取服务费数额在 2 万元以上的；（二）为赌博网站提供资金支付结算服务，收取服务费数额在 1 万元以上或者帮助收取赌资 20 万元以上的；（三）为 10 个以上赌博网站投放与网址、赔率等信息有关的广告或者为赌博网站投放广告累计 100 条以上的。其中只有第（二）项的规定与符×的涉案行为有关，但符×仅通过一家淘宝店铺进行收付赌博的充值金额，获利的金额没有达到 1 万元以上，但是符×帮助收取赌资 20 万元以上，作用小且系从犯，可以从轻或者减轻处罚。

符×在本案中起次要、辅助作用，属从犯，依法可以从轻、减轻处罚或者免除处罚，就符×在本案中的地位、作用问题，定其属于从犯，不再赘述。根据《刑法》第二十七条“在共同犯罪中起次要或者辅助作用的，是从犯。对于从犯，应当从轻、减轻处罚或者免除处罚”之规定，对符×应当从轻、减轻或者免除处罚。

2. 符×在侦查、审查起诉阶段，如实供述了自己的罪行，构成坦白，依法可以从轻处罚。符×在侦查、审查起诉阶段和刚才的庭审中均如实供述了自己参与赌资结算的全部犯罪事实，依法构成坦白。根据《刑法》第六十七条第三款“犯罪嫌疑人虽不具有前两款规定的自首情节，但是如实供述自己罪行的，可以从轻处罚”和修订后的《刑事诉讼法》第十五条“犯罪嫌疑人、被告人自愿如实供述自己的罪行，承认指控的犯罪事实，愿意接受处罚的，可以依法从宽处理”之规定，依法可以对符×从轻处罚。

3. 符×的犯罪动机是为了维持家里的开支，与一般的开设赌场罪的动机不同。根据经过庭审质证的证据，符×的目的是由于疫情导致奶茶店收益不高，为了家庭增加一点收入，其主观恶性不大，可以酌情从轻处罚。

4. 符×愿意退赔违法所得，可作为对符×酌定从轻处罚之理由。

5. 符×社会危害性小，严格遵守相关规定，没有任何逃避行为，也没有再发生任何社会危险性，此事实也证明了如果对符×适用缓刑并没有社会危险性。

6. 符×系初犯、偶犯，对其判处缓刑，更有利于符×照顾家庭，从法律效果和社会效果考虑，对其判处缓刑更有利于社会。

综合考虑如上诸多法定、酌定从轻、减轻、免除处罚情节以及符×认罪、悔罪的态度，其没有再犯罪的现实危险，如果对其宣告缓刑对所居住的社区也没有不良影响，符合《刑法》关于缓刑的规定，我们认为，完全可以对符×判处三年以下有期徒刑并适用缓刑。

以上辩护意见，恳请法庭充分考虑并予采纳。

辩护人：×××
北京××律师事务所律师
二〇二二年六月二十日

【简析】

这份辩护词，意见清晰，说理周密，值得认真学习。

三、各类程序性申请

刑事辩护活动中，辩护方除去需要准备向法庭提交的辩护词以外，对于申请取保候审、羁押必要性审查、证人出庭、重新鉴定等事项，仍需向法庭提交书面的申请书。

范文评析

【例文 1】

取保候审申请

申请人：杨××，北京市××律师事务所律师，孙××的辩护人。

被申请取保候审犯罪嫌疑人：孙××，男，45 岁，因××一案，于××××年××月××日被××公安局刑事拘留，现羁押于×看守所。

申请事项：

申请对犯罪嫌疑人孙××变更强制措施为取保候审。

事实与理由：

一、孙××涉案的主罪名受贿罪为职务类犯罪，孙××本人社会危险性较低，对孙××采取取保候审不致发生社会危险性。

本案中孙××主要涉嫌罪名为受贿罪，系职务类犯罪，本身在于利用职务之便为自身谋取不当经济利益，该罪的社会危害性不强，尤其孙××当前已被停职，已无再犯可能。因此，孙××本人的人身危险性较低，对孙××采取取保候审不会导致社会危害进一步扩大，更不致发生新的社会危险性。

二、孙××涉案金额较低、行为显著轻微，很有可能被判处缓刑或免于处罚，对孙××采取取保候审不致发生社会危险性。

本案中孙××的涉案金额较低，除去孙××为设立派出所“小金库”维持日常开支的金额，孙××涉案金额不过几万元，且孙××还存在退赔退赃等法定从轻情节，孙××一案很有可能被判处缓刑或免于刑罚。因此，对孙××采取取保候审不致发生社会危险性。

三、孙××本人在××本地有固定居所，主要社会关系也在××当地，其有能力提出适格保证人或交纳足额保证金，客观条件上也符合适用取保候审的条件。

孙××本人是××本地人，其近亲属均在××当地，主要社会关系也都在××当地，孙××有能力提出适格保证人或交纳足额保证金，积极配合公安机关监管，随传随到，且取保候审期间孙××无发生脱逃可能。

综上，依据现行《刑事诉讼法》第六十七条至七十三条及相关规定，特向贵院申请变更孙××的强制措施为取保候审。

此致

河北省××市人民法院

申请人：杨××律师

北京市××律师事务所

二〇二二年四月十五日

【例文 2】

证人出庭申请

申请人：赵××，北京市××律师事务所律师，周××的辩护人。

申请事项：

申请证人韩××、吴××出庭接受质证。

事实与理由：

韩××、吴××为××一案的证人。

1. 证人：韩××，身份证号：××××，联系方式：××××。

韩××是永州市××有限责任公司总经理，其本人出具证人证言明确表明，其与周××之间一共5笔经济往来均是出于兄弟之间的情谊，其从未想过要与周××搞权钱交易，事实上，从相关证据来看韩××也从未委托周××利用职权为其谋取任何利益，二人之间的经济往来应当被视为赠与或借贷。上述相关事实，韩××本人愿意亲自出庭向法庭说明。

2. 证人：吴××，身份证号：××××，联系方式：××××。

吴××是永州市公安局××派出所辅警，在2020年至2021年期间曾承担××派出所部分财务工作，周××将部分收来的款项交由吴××进行入账，但辩护人通过仔细研读《起诉书》与周××和吴××等人的笔录发现，《起诉书》所指控的金额与吴××向监察委所提供的“吴××与周××的经济往来”明细中的数额存在一定的出入，不能排除吴××提供了虚假证人证言的可能，故应当传唤吴××出庭接受质证。

《刑事诉讼法》第六十一条规定：“证人证言必须在法庭上经过公诉人、被害人和被告人、辩护人双方质证并且查实以后，才能作为定案的根据。法庭查明证人有意作伪证或者隐匿罪证的时候，应当依法处理。”第一百九十七条规定：“法庭审理过程中，当事人和辩护人、诉讼代理人有权申请通知新的证人到庭，调取新的物证，申请重新鉴定或者勘验。”

综上，为确保查明真相，恳请法庭通知上述证人出庭接受质证。

此致

湖南省永州市人民法院

申请人：赵××

北京市××律师事务所律师

二〇二二年七月十日

【简析】

这两份程序性申请，格式工整，法律适用准确。

第九节　答辩状

一、答辩状的概念

答辩状是指在诉讼活动中，被告人、被上诉人等针对原告人、上诉人的起诉状、上诉状的内容，提出的答复和辩护的书状。答辩状分刑事答辩状和民事、行政答辩状，它是与起诉状、上诉状相对应的一种诉讼文书。

在诉讼活动过程中，被告人、被上诉人通过答辩状反驳原告人、上诉人的诉讼请求，阐述自己的正当要求，这不仅有利于保护被告人、被上诉人的合法权利，而且有利于人民法院全面客观地查清案件事实，正确地适用法律。

二、答辩状的要素内容和制作方法

答辩状分首部、答辩理由和答辩意见、结尾三部分，分述如下。

1. 首部

（1）标题，应写“答辩状”字样。

（2）答辩人身份事项，项目与上诉状相同。

（3）案由，写明为何人提出的何案提出答辩。行文可如下：“现因××为××（案由）一案，提出答辩如下”。

2. 答辩理由和答辩意见

答辩理由应当明确地回答诉状中提出的问题，阐明自己对案件的具体主张和理由。

在充分阐明答辩理由的基础上，提出自己的答辩意见。答辩意见一般应包括以下两方面的内容：其一，依据法律和事实，说明答辩理由的正确性；其二，揭示对方诉状中的矛盾，请求人民法院依法准确裁判。

在写作这部分时，应当注意两点：

（1）答辩应当具有针对性。有的放矢，不要把与本案无关的事实牵连进来，更不可答非所问。

（2）答辩应当合情、合理、合法，不能强词夺理，无理诡辩。

3. 结尾

写明答辩状应送交的人民法院、答辩人姓名，并注明答辩年月日。

三、答辩状的写作格式

【格式1】

刑事答辩状

（公民对刑事起诉提出答辩用）

答辩人：×××（身份事项）。

因××一案，提出答辩如下：×××××××××××××。

此致

××人民法院

答辩人：×××

××××年××月××日

附：本答辩状副本×份

【格式2】

民事答辩状

（法人或其他组织对民事起诉提出答辩用）

答辩人名称：×××。

所在地址：×××××××××。

法定代表人（或代表人）：×××（姓名、职务等）。

因××一案，提出答辩如下：××××××××××××××××。

此致

××人民法院

答辩人：×××

××××年××月××日

附：本答辩状副本×份

【格式3】

行政答辩状

（被诉行政机关提出答辩用）

答辩人名称：×××。

所在地址：××××××。

法定代表人：×××（姓名、职务等）。

因××一案，提出答辩如下：×××××××××××××。

此致

××人民法院

答辩人：×××

××××年××月××日

附：本答辩状副本×份

范文评析

【例文 1】

民事答辩状

答辩人：刘×虎，男，生于1972年2月8日，汉族，佳县××乡××村农民。现住榆阳区××湾二队。

答辩人：朱×浩，男，生于1982年9月2日，汉族，清涧县××镇××村农民。现住址同上。

答辩人：高×军，男，生于1973年3月10日，汉族，神木市××镇××村农民。现住址同上。

答辩人：米×才，男，生于1968年3月15日，汉族，榆阳区××镇××村××小组农民。现住址同上。

答辩人：惠×胜，男，生于1970年4月17日，汉族，清涧县××乡××村农民。现住址同上。

答辩人：张×利，男，生于1967年10月13日，汉族，神木市××乡××村农民。现住址同上。

答辩人：苗×恩，男，生于1958年2月13日，汉族，榆阳区××镇××村农民。现住址同上。

答辩人：李×生，男，生于1964年6月16日，汉族，榆阳区××镇××村农民。现住址同上。

因合同纠纷一案，××市××生态农业有限公司刘×红提起上诉，被上诉人提出答辩如下：

一、上诉人所述事实不符，答辩人与上诉人于2021年11月1日签订《市场转让合同》，答辩人按合同约定，于11月15日将八个摊位移交给上诉人，并将答辩人所有客户介绍给上诉人，答辩人从此退出豆芽生意。上诉人随之就占用了八个摊位，开始营业。同时上诉人又将2021年12月、2022年1月和2月三个月的转让费24万元付给答辩人，怎能说答辩人将八个摊位时至今日一直未过户给上诉人呢？如果没有将八个摊位移交给上诉人，上诉人为什么又给答辩人三个月的转让费呢？为什么占用这八个摊位呢？至于“户”的问题，答辩人租赁××农贸综合大市场（以下简称综合市场）的八个摊位是场地摊位，没有建筑物，亦无工商登记手续，根本没有户，只是占地皮摊位，户在综合市场处，答辩人哪有权给上诉人过户呢？答辩人给综合市场出的是占场地费，就是管理费，出了管理费才能在综合市场内卖豆芽，上诉人亦知此事。如果答辩人不转让摊位及经营豆芽权给上诉人，综合市场就不让上诉人进入市场卖豆芽。答辩人于2021年5月20日给综合市场处交了八个摊位一年的租赁费，至2022年5月29日止。上诉人亦知，到2022年5月29日上诉人再交八个摊位的租赁费，就能继续占用，根本不存在办理过户事宜。

二、上诉人述所谓“致使摊位管理方××农贸综合大市场又将该摊位另行出租给第三人杜××，上诉人一审中所举的第四份证据已经明确予以证明”。上诉人所举杜××的租赁合同纯属假证，亦超过举证时效。上诉人在一审开庭时，根本没有举这份假证据，开庭后三个多月才提交的，更重要的是这是一份假证据，请法庭注意该假证据是2021年2月14日以杜××的名义签订的，手机号又是其夫曹××的。答辩人是2021年5月20日给综合市场交的租赁费，2021年11月1日与上诉人签订《市场转让合同》，从时间上看，上诉人提供的证据与答辩人与上诉人签订《市场转让合同》无任何关系。从内容上看，上诉人提供的杜××的合同是彩钢房，而答辩人的是场地，无任何建筑物，所以说上诉人提供假证据应负法律责任。另外说明杜××是曹××之妻，曹××是上诉人外甥。更重要的是该八个摊位现在还是上诉人占用，如果该八个摊位被别人租赁，上诉人为什么至今还能在综合市场内卖豆芽呢？

三、答辩人与上诉人签订的《市场转让合同》是双方在自愿的基础上签订的。说是市场转让，实际是答辩人将经营权一并转让给上诉人，而且亦不违背法律、法规的规定，同时履行了相关的义务，合同应是有效的。上诉人不按时交纳转让费属违约行为。

故原审认定事实清楚，证据确凿，适用法律适当，请贵院予以维持原审判决。上诉人所持理由不能成立，请贵院予以驳回。

此致

××市中级人民法院

答辩人：刘×虎　朱×浩

高×军　米×才

惠×胜　张×利

苗×恩　李×生

二〇二二年十二月八日

附：本状副本1份

【简析】

本答辩状针对上诉状歪曲的事实，予以澄清。摆事实，讲道理，提出证据；文字简洁；格式符合要求。

【例文 2】

民事答辩状

答辩人（被告）：翟××，男，1962 年××月××日出生，汉族，住××市××区五象大道 17 号宿舍。

委托代理人：吴××，××律师事务所律师。

被答辩人（原告）：伍××，男，1972 年××月××日出生，汉族，住××市××区××路××号。

答辩人就被答辩人伍××诉答辩人民间借贷纠纷一案，提出答辩如下。

被答辩人诉称答辩人向其借款 30 万元一事纯属虚构，理由如下。

一、答辩人认为，本案并非简单的民间借贷纠纷，而是案情复杂、双方权利义务关系不明确且对责任的承担问题存在重大争议的民事纠纷。答辩人与被答辩人并非朋友关系，该笔汇款亦非简单的民间借贷关系，双方其实是间接通过翟×琮而进行的工程合作关系，在该笔款项汇入前双方互不相识，被答辩人汇入答辩人账号的 30 万元并非借款，而是翟×琮与被答辩人共同付给答辩人先期垫付的工程前期投入的费用（包括工程投标费用）及二人自愿付给答辩人的工程可预期的利润。被答辩人违反诚信原则，违背客观事实，企图通过汇款单再捞一笔不义之财。

另，在没有能提供充分证实借贷关系的借条或欠条的情况下，仅凭一份银行汇款单就认定是原告借钱给被告是远远不够的，相反，答辩人也可以说是被答辩人之前借答辩人的钱，而汇款给答辩人是还钱给答辩人。所以，对于双方有争议的借贷纠纷，光凭一份汇款单还不能证明是借贷关系，还要结合其他证据（例如证人证言、录音材料等）形成一个完整证据链才能充分证实。

二、本案客观事实如下：

答辩人以所在的公司——××环城建设工程有限公司的名义向发包单位××科技股份有限公司投标，取得××科技股份有限公司“热电厂主厂房工程”（以下简称热电厂工程）的建设项目承包权。由于答辩人工程繁多忙不过来，便找到翟×琮合作，把此建设项目转给翟×琮来负责施工。翟×琮又找到答辩人根本不认识的被答辩人一起合作共同施工。由于答辩人在热电厂工程的投标工作中付出了巨大努力，并在参加热电厂工程的投标工作中支出了十几万元的投标费用，翟×琮在接手这项工程后便答应给付答辩人先垫付的投标费用，考虑到承建该工程有利可赚，翟×琮并答应提前给付答辩人一部分工程利润，这两项合计为 343 380 元。由于当时翟×琮找到被答辩人合作并把答辩人的账户提供给了被答辩人，于是，这笔钱便由被答辩人汇入答辩人的账户中。事实上，答辩人与被答辩人从未认识，也从未有过任何业务往来或经济往来。被答辩人连答辩人是谁都搞不清，依常理不可能会把如此巨额的款项借给一个陌生人，并连一张借据都不写！而且当时被答辩人汇给答辩人的款项是343 380元而并非整数30万元，根据常理可推断这笔款并非借款。被答辩人心虚，也意识到了这一点，便把这笔款的用途分开来说明，谎称一部分是借款一部分是投标资料费。

三、退一步来说，即使本案属于民间借贷纠纷，被答辩人在时隔四年当中从未向答辩人主张过权利，该“债权”也早已超过诉讼时效。被答辩人为证明此笔所谓的“债权”没有超过诉讼时效，谎称答辩人承诺于热电厂工程结算审核之日返还借款，欲以此理由来中断诉讼时效。试想，此热电厂工程是由被答辩人具体实际施工而不是由答辩人实际施工的，工程结算款也是被答辩人结算领取的，而不是由答辩人结算领取的，答辩人即使借被答辩人的钱，也不可能承诺在被答辩人结算领到工程款当天还款给被答辩人。这不符合正常的逻辑，根据日常生活经验法则可推定被答辩人在撒弥天大谎，也就是说，此还款日期是被答辩人为伪造债务而自己选定的。

四、答辩人与被答辩人素不相识，依常理而言，如果本案属于民间借贷纠纷，被答辩人把这么大笔的款项借给答辩人，一定会要求答辩人出具一张借条，而且在“借款”后的整整四年中，被答辩人也一定会向答辩人主张权利要求还钱。但事实并非如此。被答辩人不仅没向答辩人要求出具借条，而且在四年当中也从未向答辩人主张过权利。如果是借贷纠纷，被答辩人怎会如此地沉得住气，这太不正常！反之，可证明这笔款的性质并非借款，而是涉及工程方面的款项，被答辩人四年来才不敢理直气壮地来“要债”。

综上所述，被答辩人汇给答辩人的汇款并非借款，而是翟×琼与被答辩人共同给付答辩人先期垫付的工程前期投入的费用（包括工程投标费用）及二人自愿给付答辩人的工程可预期的利润。请人民法院以事实为根据，以法律为准绳，依法查明案情，驳回原告无理的诉讼请求。

此致

××市××区人民法院

答辩人：翟××

二〇二一年八月十二日

附：答辩状副本1份

【简析】

这份答辩状针对起诉状逐条驳斥，有理有据有力。

【例文3】

行政答辩状

答辩人：××县房产管理局。

所在地址：××县城关镇中大街十三号。

法定代表人：朱×庆，局长，电话：××××。

委托答辩人：陈×情，法规股股长，电话：××××。

因何×平房产行政确认纠纷向法院起诉一案，我局向法庭提出如下答辩。

一、答辩人为李×香（系本案第三人）办理房屋产权证的依据合法。

2020 年 3 月 25 日，李×香携带相关材料到县房产管理局产权中心办理产权证。经工作人员仔细审核，认为李×香提供的材料，即××县房屋所有权登记申请书、国有土地使用权证、房屋测绘报告及李×香身份证明等相关资料符合办理房屋产权证书的条件，就受理了申请人的登记申请，又经过权属审核，核准了申请登记，为申请人颁发了房屋权属证书。

《城市房屋权属登记管理办法》第二十三条的规定："有下列情形之一的，登记机关应当作出不予登记的决定：（一）属于违章建筑的；（二）属于临时建筑的；（三）法律、法规规定的其他情形。"申请人所要办理产权的建筑不属于这些情形。根据《城市房屋权属登记管理办法》第二十七条的规定："登记机关应当对权利人（申请人）的申请进行审查。凡权属清楚、产权来源资料齐全的，初始登记、转移登记、变更登记、他项权利登记应当在受理登记后的 30 日内核准登记，并颁发房屋权属证书；注销登记应当在受理登记后的 15 日内核准注销，并注销房屋权属证书。"申请人提供的材料真实有效，答辩人没有理由不予办理。

二、起诉状中说："……第三人李×香弄虚作假申报不实，而被告的工作人员工作失误审核不严造成房屋权属登记不实，侵害了原告的合法权益。"该说法没有任何依据！我局工作人员在办理申请人的申请过程中，严格依照法律办事，在程序上严格把关，经过权属审核，核准了申请登记后，才为申请人颁发了房屋权属证书。因此，原告在起诉书中所言我方"工作人员工作失误审核不严造成房屋权属登记不实，侵害了原告的合法权益"无任何法律依据，因此是站不住脚的。

综上所述，原告的请求是没有法律依据的，而答辩人为申请人李×香办理房屋权属证书是完全合乎法律规定的。请人民法院查清事实，驳回原告无理的诉讼请求。

此致

××县人民法院

答辩人：××县房产管理局（公章）

二〇二一年四月十六日

附：答辩状副本 1 份

【简析】

这份答辩状摆出事实，举出相关法律根据，格式也符合要求，是一份很好的答辩状。

第十节　证据目录

一、证据目录的主要目的与运用场景

通常在民事诉讼、行政诉讼实务中，当事人为了更为清晰准确地向法院展示本方的证据，会以证据目录的形式将所要提交的证据材料罗列出来，便于法院审理。

二、证据目录的要素内容与制作方法

证据目录（见下表）一般应包含证据名称、证据来源、主要内容、证明对象四个要素。通常证据目录以表格的形式呈现出来。

（1）标题，居中写明“证据目录”或“××案证据目录”；

（2）以表格的形式将证据名称、证据来源、主要内容、证明对象等要素依次罗列出来；

（3）将要向法庭提交的证据按照证据目录的顺序依次排列。

证据目录

序号	证据名称	证据来源	主要内容	证明对象
第一组证据	××			
第二组证据	××			
第三组证据	××			
……	××			

第十一节　律师函

一、律师函的概念

律师函是律师接受客户的委托就有关事实或法律问题进行披露、评价，进而提出要求以达到一定效果而制作、发送的专业法律文书。律师函主要表达当事人对事件的某种看法，并不具备法律效力，发函的目的是通过律师表明权利人的主张，对侵权或者违约行为的性质、后果、法律责任等进行法律阐述，使责任人知悉存在可能侵害他人权利的事实，清楚其行为应当承担的法律后果，自行停止侵权或与权利人积极沟通、协商解决纠纷，使得权利人无须再提起侵权之诉寻求公力救济。

二、律师函的要素内容和制作方法

律师函目前尚无明确的统一格式，实务中律师函通常包括以下几个方面的内容：

（1）函告方的名称及其他信息；

（2）律师与委托人之间的关系；

（3）调查、掌握的有关情况；

（4）我方的诉求与律师的意见；

（5）适用的有关法律规定。

最后应当注明律师事务所的名称、律师的姓名．并可以留下联系方式。

范文评析

【例文】

律师函

××××股份有限公司

董事长××先生：

上海市××律师事务所接受刘××先生、季×曰先生、季×乙先生的委托，指派朱××、李××律师就××××股份有限公司与委托人之间关于××××股份有限公司债券兑付一事，致函阁下：

刘××先生、季×甲先生、季×乙先生三人共拥有××××股份有限公司债券面值255万元。该批债券由××××股份有限公司发行，承销人为××证券有限公司。发行章程规定：本债券为不记名、不挂失，可抵押；期限三年，年利率为15%，计单利，不实行保值贴补，满三年后一次性还本付息，逾期部分不另计息计算；债券到期在原销售机构兑付。现在××证券有限公司已经破产，无法代理××××股份有限公司兑付。故恳请××××股份有限公司按照发行章程的承诺向刘××等三人履行兑付义务。请××××股份有限公司在2022年××月××日之前给予是否兑付以及如何兑付的答复，以免诉累。

特此致函，速回复为盼。

上海市××律师事务所

朱××、李××律师

联系方式：××

二〇二二年××月××日

【简析】

这份律师函直接摆出事实，列出相关要求，让对方充分知晓我方看法，格式也比较符合要求，属于一份不错的律师函。

后　记

距上次《司法文书写作》修订，已过去了10年有余，其间《中华人民共和国刑事诉讼法》《中华人民共和国民事诉讼法》《中华人民共和国行政诉讼法》均进行了修正。因此，有必要适时对本书内容进行删减、新增和调整。

第三版较上版修改的内容主要包括：第一章，司法文书写作概述。删掉了原第三节司法文书的性质和第六节制作司法文书的意义和要求，新增了现有的第五节制作司法文书的原则和基本要求，除第二节外，各小节的标题均与原有标题进行了整合，主要内容也依据中共二十大的精神和相关法律的修改进行了丰富与扩充。第二章，公安机关的主要司法文书。新增了取保候审决定书、执行通知书和通缉令两个小节。第三章，人民检察院的主要司法文书。新增了批准逮捕决定书、认罪认罚具结书、量刑建议书、公诉意见书、补充侦查决定书以及检察建议书。第四章，人民法院的主要司法文书。新增了适用认罪认罚案件，适用审判监督程序、简易程序和速裁程序进行审理的刑事判决书。第五章，标题改为“律师及当事人的主要文书”。新增了辩护词与各类申请、证据目录及律师函三节。此外，还对全书的法条、案例、文书样式等进行了全面更新。经过本次精修，本书既可以供教学科研使用，也具备了一定的实务参考价值。

本次修订由陈卫东主持，法学院博士研究生崔鲲鹏、欧书沁、伍素贞、匡旭东、艾丽再巴叶尔、张超、赵一平协助本人完成了部分修订工作，最终由本人逐一进行校对和调整，将该书以崭新的面貌呈现给大家。另，由衷感谢中国人民大学出版社各位领导对本书的支持与帮助，及各位编辑为本书修订出版付出的辛劳！

陈卫东

2023年7月于中国人民大学明德法学楼

图书在版编目（CIP）数据

司法文书写作／陈卫东编著．--3 版．--北京：
中国人民大学出版社，2024.1
大学写作系列教材
ISBN 978-7-300-32017-5

Ⅰ．①司… Ⅱ．①陈… Ⅲ．①法律文书-写作-中国
-高等学校-教材 Ⅳ．①D926.13

中国国家版本馆 CIP 数据核字（2023）第 150140 号

大学写作系列教材
司法文书写作
（第三版）
陈卫东 编著
Sifa Wenshu Xiezuo

出版发行	中国人民大学出版社		
社　　址	北京中关村大街 31 号	**邮政编码**	100080
电　　话	010－62511242（总编室）		010－62511770（质管部）
	010－82501766（邮购部）		010－62514148（门市部）
	010－62511173（发行公司）		010－62515275（盗版举报）
网　　址	http://www.crup.com.cn		
经　　销	新华书店		
印　　刷	北京溢漾印刷有限公司	**版　　次**	1997 年 5 月第 1 版
开　　本	787 mm×1092 mm　1/16		2024 年 1 月第 3 版
印　　张	23.5	**印　　次**	2025 年 5 月第 2 次印刷
字　　数	482 000	**定　　价**	59.00 元

关联课程教材推荐

ISBN	书名	作者	定价（元）
978-7-300-27496-6	写作学教程（第五版）	段轩如	49.00
978-7-300-30714-5	应用文写作教程（第四版）	段轩如　高　玲	49.90
978-7-300-29741-5	应用写作教程（第五版）	孙秀秋　吴锡山	49.90
978-7-300-32868-3	大学创意写作（第二版）	葛红兵　许道军	49.00
978-7-300-28090-5	大学写作训练（第四版）	任遂虎	45.00
978-7-300-22884-6	高等基础写作训练教程（第二版）	马正平	39.80
978-7-300-20876-3	科技应用文写作	邱飞廉	25.00
978-7-300-13374-4	新闻应用写作	汪　莉	48.00
978-7-300-13373-7	行政管理应用写作	洪威雷等	39.80
978-7-300-19565-0	政务信息写作	曾文芳	35.00
978-7-300-29638-8	中文学科论文写作（第三版）	卢卓群　普丽华	49.00

配套教学资源支持

尊敬的老师：

衷心感谢您选择使用人大版教材，欢迎您随时反馈教材使用过程中的疑问或修订建议！相关的配套教学资源，请到中国人民大学出版社网站（www.crup.com.cn）免费下载，或是直接与我们联系。

样书申请及课件处理，请联系：

龚洪训　　电话：010-62515637　　电子邮件：6130616@qq.com

地址：北京海淀区中关村大街 31 号　　邮编：100080

欢迎任课教师加入全国写作学教师群，QQ 群号为 51424313，或扫码入群。

全国写作学教师群
扫一扫二维码，加入群聊。

俯仰天地　心系人文

www.crup.com.cn

中国人民大学出版社网站

欢迎登录浏览，了解图书信息，下载教学资源